Das große Autoreisebuch

»Das Reisen ist auch solch ein Element,
das sich jeder Definition entzieht.
Wie schnell ist man weit vom gestrigen Tag ...«
Hugo von Hofmannsthal

Das große Autoreisebuch

Deutschland neu entdecken auf den 100 schönsten Touren

BRUCKMANN

Inhalt

Quer durch Deutschland

1	Deutsche Märchenstraße	10
2	Deutsche Alleenstraße	14
3	Immer die A7 entlang	20
4	Deutsche Fachwerkstraße	26
5	Deutsche Technik »erfahren«	32
6	Deutsche Limesstraße	38

Im Norden von Deutschland

7	UNESCO-Route: von Lübeck nach Bremen	44
8	Immer an der Ostsee entlang	46
9	Ausflug nach Dänemark	50
10	Zurück in die Steinzeit	54
11	Grüne Küstenstraße	56
12	Industrieroute I	58
13	Alte Salzstraße	60
14	Deutsche Fährstraße	62
15	LiteraTouren I	64
16	Schlösser-Route durchs Münsterland	66
17	Durch Europas alten jungen Nordosten	68

Im Osten und in der Mitte Deutschlands

18	Hansische Ostseestraße	74
19	Um Mecklenburgs Seenplatte	76
20	Schlösser, Herrenhäuser, Parkanlagen	78
21	Märkische Eiszeitstraße	80
22	Einmal Polen rundherum	82

23	Durch Ermland und Masuren	86
24	UNESCO-Route: Bad Muskau–Berlin–Stralsund–Rügen	88
25	Sächsische Silberstraße	92
26	Dem Himmel entgegen	94
27	Auf den Spuren von Martin Luther	96
28	Auf den Spuren von Johann Sebastian Bach	98
29	Durch das Elbsandsteingebirge	100
30	Straße der Romanik (Südroute)	102
31	UNESCO-Route: Von Dessau nach Kassel	104
32	Auf dem Schottenring	106
33	UNESCO-Route: Eisenach–Weimar–Dessau–Potsdam	108
34	Auf den Spuren deutscher Dichter und Denker	110
35	Klassikerstraße	114
36	Sauerland-Tour	116

Im Westen von Deutschland

37	Grüne Straße Eifel-Ardennen	120
38	Deutsche Weinstraße	122
39	Von der Darmstädter Künstlerkolonie zum Karlsruher Malerdorf	124
40	UNESCO-Route: Maulbronn–Speyer–Trier	126
41	Mittelrheintal	128
42	Sauerland-Höhenstraße	130
43	Niederrheinroute	132
44	Burgenstraße	134
45	Südwestfälische Eisenstraße	138
46	Industrieroute II	140

Vorherige Seite: Ausflug nach Italien: Das Stilfser Joch ist mit 2757 m Italiens höchster Gebirgspass.
Links: Blick über die Weinberge auf Oberbergen und Totenkopf im Kaiserstuhl. Rechts oben: Oldtimertreff in Baden-Baden.
Unten: Ein Jaguar E-Type bei der Silvretta Classic Rallye Montafon.
Nächste Seite: Blick vom Höhenschwand auf die Schweizer Alpen.

51	Auf der Romanischen Straße durchs Elsass	152
52	Rundtour durch Luxemburg	154
53	Entlang der Mosel nach Lothringen	156
54	Hunsrückhöhenstraße	158
55	Nibelungen-Siegfried-Straße	160
56	Rheinischer Sagenweg	162
57	Durchs Bergische Land	164
58	Moselweinstraße	168
59	Spessart-Höhenstraße	172
60	Naheweinstraße	174
61	Lahn-Ferienstraße	176
62	Badische Weinstraße	178

Im Süden von Deutschland

63	UNESCO-Route: Vom Bodensee in den Pfaffenwinkel	182
64	Berta Benz Memorial Route	184
65	Oberschwäbische Barockstraße	186
66	Bis zur Quelle des Rheins	188
67	Württemberger Weinstraße	190
68	Rund um die bayerischen Königsschlösser	192
69	Salve auf den Straßen der Römer	194
70	Romantische Straße	196
71	Auf den Spuren schwäbischer Dichter	198
72	Schwarzwaldhochstraße	200
73	UNESCO-Route: Von Regensburg nach Bad Homburg	202
74	Von Bayern nach Böhmen	204
75	Von Passau nach Südböhmen	206
76	Deutsche Hopfenstraße	210
77	Glasstraße	212
78	LiteraTouren II	214

79	Inn und Salzach entdecken: Von Passau zum Waginger See	216
80	Kaiserpfad und Königsweg	220
81	Fränkische und Aischgründer Bierstraße	226
82	Entlang des Böhmerwalds	228
83	Auf den Spuren des »Blauen Reiter«	230
84	Die Dientzenhofers – von Bamberg nach Prag	232
85	Fünf-Seen-Land	234
86	Durchs Altmühltal	236
87	Die Klöster am oberbayerischen Inn	238
88	Durch die wilde Wachau	240

In den Alpen

89	Über den Hochtannbergpass	244
90	Silvretta-Hochalpenstraße	246
91	Über den Reschenpass	250
92	Über den Achenpass	254
93	Deutsche Alpenstraße	256
94	Timmelsjoch	260
95	Brennerpass	264
96	Über den Gerlospass	268
97	Durchs Salzkammergut	270
98	Großglockner-Hochalpenstraße	272
99	Große Dolomitenstraße	278
100	Übers Stilfser Joch in die Lombardei	280

Register	286
Impressum	288

Quer durch Deutschland

1 Deutsche Märchenstraße

HIGHLIGHTS

Kassel. Bergpark Wilhelmshöhe, Schloss und Herkules; Brüder Grimm-Museum in barockem Stadtpalais; Fachwerkhaus in Kassel-Niederzwehren: das einstige Wohnhaus der Märchenerzählerin Dorothea Viehmann.

Hameln. Prachtvolle Fachwerk- und Weser-Renaissance-Bauten, Rattenfängerbrunnen, -haus und -Festspielbühne.

FESTE UND VERANSTALTUNGEN

Brüder Grimm Märchenfestspiele. Im Park und in der Orangerie von Schloss Philippsruhe in Hanau, Mai bis August.

Marionettentheater. Das Theater im Marstall in Steinau bietet fast täglich Märchenaufführungen.

Rotkäppchenwoche. Im Juli/August im Schwälmer Land.

Wilhelmshöher Berg- und Lichterfest. Im September in Kassel.

Rattenfänger-Festspiel. Mai bis September jeden Sonntag in Hameln.

Musical Rats. Mai bis September jeden Mittwoch in Hameln.

Stadtmusikanten-Märchenspiel. Mai bis September jeden Sonntag auf dem Domhof in Bremen.

Historische Bürgerhäuser säumen den großartigen Marktplatz der Hansestadt Bremen.

Die Lebensstationen der Brüder Jacob und Wilhelm Grimm sowie die Orte, an denen sie vor 200 Jahren den Märchenerzählerinnen lauschten, die Märchen sammelten und aufschrieben, dazu sagenumwobene Schauplätze beliebter Märchen, tiefe Wälder, malerische Burgen und alte Städte – die Märchenstraße lädt ein zu einer erlebnisreichen Fahrt durch deutsche Natur- und Kulturlandschaften zwischen Main und Meer.

Auf den Spuren der Brüder Grimm

An der Mündung der Kinzig in den Main liegt die einstige Residenzstadt **Hanau**, in der Jacob Grimm (1785–1863) und sein jüngerer Bruder Wilhelm (1786–1859) zur Welt kamen. Am Marktplatz, direkt vor dem barocken Rathaus, steht das Standbild der berühmten Brüder. Jahre ihrer Kindheit verbrachten sie in **Steinau an der Straße** im damaligen Amtshaus, einem prachtvollen Fachwerkgebäude, das heute als Gedenkstätte und Museum eingerichtet ist. Hübsch anzusehen ist der Brunnen mit den Märchenfiguren, und auch in der Marionettensammlung von Schloss Steinau findet man Schneewittchen und der Gestiefelte Kater und all die anderen. In **Alsfeld**, dem mauerumgürteten Fachwerkstädtchen mit dem mittelalterlichen Stadtbild, lädt das Märchenhaus zum Besuch ein. Nicht nur die Kinder dürfen hier der Märchenerzählerin lauschen und die Puppenstubensammlung bestaunen!

Hessen, Thüringen, Nordrhein-Westfalen, Niedersachsen, Bremen

Nächste Station ist die alte Universitätsstadt **Marburg**, wo die Brüder Grimm Rechtswissenschaft studierten, aber mit bedeutend größerer Leidenschaft Privatstudien zur deutschen Sprache und Literatur betrieben. 1806 begannen sie mit ihrer Sammlung von deutschen Märchen und Sagen, die ihnen Weltruhm einbrachte. Die Grimmschen Handexemplare der beiden Bände *Kinder- und Hausmärchen*, erschienen 1812 und 1815, hat die UNESCO jüngst zum Weltdokumentenerbe erklärt.

Verschlungene Wege nach Kassel

Zwischen Marburg und Fürstenberg teilt sich die Märchenstraße in mehrere Routen. Eine führt nach **Schwalmstadt** im Schwälmer Land, das sich auch Rotkäppchenland nennt, gehört doch die rot geschmückte Kappe zur hiesigen Frauentracht. Und weiter geht's von **Hessisch Lichtenau** hinein in den Naturpark Meißner-Kaufunger Wald, die sagenhafte Heimat von Frau Holle. An einer anderen Route liegt am Rand des Naturparks Kellerwald **Bad Wildungen** mit seinen Villen aus der Gründerzeit. Zum Stadtgebiet gehört das Schneewittchendorf **Bergfreiheit** mit Besucherbergwerk und Museum; es informiert über die historischen Hintergründe des Märchens und zeigt zur Freude der Kinder das zwergenhaft kleine Schneewittchenhaus. Auf beiden Reisewegen erreicht man **Kassel**, das drei Jahrzehnte lang der Lebensmittelpunkt der Brüder war. Im barocken Stadtpalais Bellevue, in dessen Nachbarschaft sie einst wohnten, ist das Brüder-Grimm-Museum mit einer Dauerausstellung zu Leben und Werk sowie Archiv und Forschungsinstitut eingerichtet. Eine Hauptquelle für die Grimmsche Märchensammlung war Dorothea Viehmann, deren Wohnhaus in Kassel-Niederzwehren noch steht.

An der Weser zu den Bremer Stadtmusikanten

Wir passieren **Hann. Münden**, die schönste Fachwerkstadt im Weserbergland, und erreichen die mittelalterliche **Sababurg**. So märchenhaft erhebt sich das alte Gemäuer mitten im Reinhardswald, dass der Beiname »Dornröschenschloss« absolut passend ist. Ein kurzer Umweg führt von der Weser an die Diemel nach **Trendelburg**: Motive aus Grimms Märchen schmücken die Laternen des Fachwerkstädtchens, und

Nebel senkt sich im Reinhardswald, dem Schauplatz vieler Märchen und Sagen.

Persönlicher Tipp

ZU FRAU HOLLE AUF DEM HOHEN MEISSNER

Es war einmal ein gutes Mädchen, das von seiner bösen Stiefmutter gezwungen wurde, in einen tiefen Brunnen zu springen. Doch es ertrank nicht etwa, sondern landete in Frau Holles Welt hoch über den Wolken. Das Mädchen diente Frau Holle artig, schüttelte die Betten aus, woraufhin es auf der Erde schneite, und wurde zum Lohn mit Gold überschüttet, sodass es als Goldmarie heimkehrte. Die Stiefmutter schickte nun ihre eigene Tochter zu Frau Holle, doch weil sie unartig und faul war, wurde sie zur Strafe mit Pech übergossen und kehrte als Pechmarie heim … Von Frau Holle erzählte man sich schon vor über 1000 Jahren – einer der ältesten, auch heute noch weithin bekannten Mythen. Der Sage nach wohnt sie auf dem Hohen Meißner (754 m) bei Hessisch Lichtenau im Naturpark Meißner-Kaufunger Wald. An der Ostflanke liegt mitten im Wald der idyllische Frau-Holle-Teich, der den Zugang zu Frau Holles Reich bilden soll und heute ein beliebtes Wander- und Ausflugsziel mit Picknickplatz und Frau-Holle-Statue ist.

Persönlicher Tipp

ZU HASE UND IGEL NACH BUXTEHUDE

Eine Seitenstrecke der Märchenstraße führt vor die Tore Hamburgs, nach Buxtehude, wo sich einstmals der Wettlauf zwischen dem schnellen, aber dummen Hasen und dem listigen Igel zugetragen haben soll. Aufgeschrieben hat das alte niederdeutsche Märchen zuerst der Heimatdichter Wilhelm Schröder, danach nahmen es die Brüder Grimm in ihren Märchenschatz auf. Mehr darüber erfährt man im Buxtehude-Museum für Regionalgeschichte und Kunst, das seinen Sitz in einem aufwendig gestalteten Fachwerkhaus hat. Einen Ehrenplatz im Stadtzentrum nimmt die liebenswürdige Hase-und-Igel-Skulptur ein. Buxtehude, am Rand des Alten Landes gelegen, erlebte seine Blütezeit im Spätmittelalter als Mitglied der Hanse. Um 1300 entstand die gotische Backsteinkirche St. Petri, um die sich enge Gassen gruppieren. Ein Stadtbrand im Jahr 1911 hat viel wertvolle historische Bausubstanz zerstört, aber am Westfleth beispielsweise kann man noch die traditionelle giebelständige Bauweise der Fachwerk- und Backsteinhäuser sehen.

Der »Flethenkieker« am historischen Westfleth in der Märchenstadt Buxtehude

Das Schweinedenkmal in der Bremer Sögestraße – Plattdeutsch für Sauenstraße

in luftiger Höhe thront die Burg, von deren Turm einst Rapunzel ihr Haar herunterließ – so wenigstens erzählt man sich. In der Münchhausenstadt **Bodenwerder** dient das einstige Herrenhaus derer von Münchhausen, in dem der »Lügenbaron« 1720 geboren ist und auch seinen Lebensabend verbrachte, heute als Rathaus und Museum. Auf dem Brunnen davor zeigt eine Skulptur den fantasievollen Geschichtenerzähler, der als Offizier in russischen Diensten auch so manche reale Gefahr überstand, bei seinem Ritt auf einem halben Pferd.

Nach einem Stopp bei Schloss Hämelschenburg, einem Glanzstück der Weserrenaissance, ist **Hameln** erreicht – mit seinen prachtvollen Fachwerk- und Steinbauten der Weserrenaissance und der bekannten Sage vom Rattenfänger ein Höhepunkt an der Märchenstraße. In der Altstadt begegnet man dem Rattenfänger allerorten, am Rathausbrunnen genauso wie im Rattenfängerhaus und beim Rattenfänger-Freilichtspiel. Es wird vor dem Hochzeitshaus aufgeführt, dessen Glockenspiel mehrmals täglich das Rattenfängerlied spielt. Dem Lauf der Weser folgend kommt man nach **Bad Oeynhausen**, wo in einer stilvollen Villa am Kurpark das Deutsche Märchen- und Wesersagenmuseum seine umfangreichen Sammlungen zeigt. Letzte Station an der Märchenstraße ist die alte Hansestadt **Bremen**, deren tierische Stadtmusikanten als Skulptur vor dem grandiosen Rathaus (UNESCO-Welterbe) verewigt sind.

Deutsche Märchenstraße

Infos und Adressen

REISEROUTE
Hanau–Steinau an der Straße–Alsfeld–Marburg–Schwalmstadt–Hessisch Lichtenau/Hoher Meißner–Bad Wildungen mit Bergfreiheit–Kassel–Hann. Münden–Sababurg/Hofgeismar–Trendelburg–Fürstenberg–Bodenwerder–Hameln–Bad Oeynhausen–Bremen; ca. 800 km

BESTE REISEZEIT
Ganzjährig

SEHENSWERT
Hanau. Geburtsstadt von Jacob und Wilhelm Grimm mit Nationaldenkmal der Brüder, imposantes Schloss Philippsruhe mit Parkanlage und Historischem Museum.
Steinau an der Straße. Museum Brüder-Grimm-Haus in prächtigem Fachwerkhaus; Märchenbrunnen; Marionettenmuseum im Schloss, Marionettenbühne im Marstall.
Alsfeld. Schöne Fachwerkstadt (Europäische Modellstadt für Denkmalschutz) mit großartigem Rathaus; im Märchenhaus Märchenerzählerin und Puppenstubensammlung.
Marburg. Universitätsstadt an der Lahn, Studienort der Brüder Grimm, auf dem Schlossberg das mächtige Landgrafenschloss (»Wiege Hessens«), Fachwerk-Altstadt mit frühgotischer Elisabethkirche.
Schwalmstadt. Fachwerkstädtchen im Schwälmer Land, im Museum der Schwalm Trachtenabteilung (»Rotkäppchen«).
Hessisch Lichtenau. Fachwerkstädtchen am Fuß des Hohen Meißner, »Tor zum Frau-Holle-Land« mit Erlebnismuseum Holleum, Frau-Holle-Teich, Frau-Holle-Pfad.
Bergfreiheit. Ehemaliges Bergarbeiterdorf im Kellerwald, heute bekannt als Schneewittchendorf mit Besucherbergwerk und Schneewittchenhaus.
Hann. Münden. Schönste Fachwerkstadt im Weserbergland in einzigartiger Lage am Zusammenfluss von Werra und Fulda zur Weser.
Sababurg. Mittelalterliche Burg auf einem Basaltkegel im Reinhardswald, als Dornröschenschloss bekannt, viel besuchtes Ausflugsziel mit Tierpark.
Trendelburg. Fachwerk-Altstadt und Höhenburg mit Rapunzel-Turm.
Bodenwerder. Münchhausen-Stadt mit Museum im Geburtshaus des »Lügenbarons«.
Bad Oeynhausen. Deutsches Märchen- und Wesersagenmuseum mit Sammlungen von historischen Märchenbüchern, -illustrationen, Spielsachen und vielem mehr.
Bremen. Geschichtsträchtige Hansestadt mit UNESCO-Weltkulturerbe-Rathaus und Roland; am Marktplatz auch die Bronzefiguren der Bremer Stadtmusikanten Esel, Hund, Katze, Hahn; Überseemuseum, eines der meistbesuchten Museen Deutschlands.
Buxtehude. Hansestadt vor den Toren Hamburgs, märchenhafter Schauplatz des Wettlaufs von Hase und Igel, in der Innenstadt Hase-und-Igel-Skulptur.

ESSEN UND TRINKEN
Druckhaus am Main. Restaurant mit Biergarten in Hanau. www.druckhaus-hanau.de
Landgasthof Grüner Baum. Traditionshaus mit regionaler Küche in Steinau. www.gruenerbaum-steinau.de
Roth's Gasthof zur Linde. Hessische Küche und Biergarten in Alsfeld. www.gasthof-roth.de
Ratsbrauhaus Hann. Münden. Direkt am Marktplatz. www.ratsbrauhaus.de
Bremer Ratskeller. 600 Jahre Tradition im Herzen der Hansestadt. www.ratskeller-bremen.de

ÜBERNACHTEN
Hotel Villa Stokkum. Klassizistische Villa in Hanau-Steinheim. www.villastokkum.de
Hotel Marburger Hof. Mitten in der Marburger Altstadt. www.marburgerhof.de
Hotel Gude. Modernes Haus mit »Märchen-Lobby« in Kassel. www.hotel-gude.de
Dornröschenschloss Sababurg. »Märchenhaft« übernachten bei Hofgeismar. www.sababurg.de
Göbel's Hotel Quellenhof. Traditionshaus in Bad Wildungen. www.goebel-hotels.com
Hotel Stadt Hameln: Mitten in der »Rattenfängerstadt«. www.hotel-stadthameln.de

WEITERE INFOS
Deutsche Märchenstraße: www.deutsche-maerchenstrasse.de

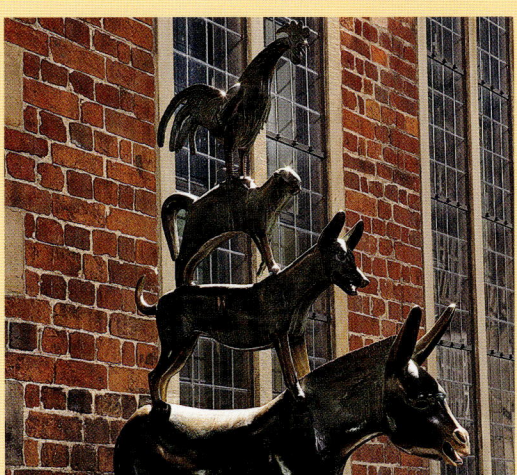

Die Bremer Stadtmusikanten von Gerhard Marcks zieren seit 1953 das Stadtbild.

Quer durch Deutschland

2 Deutsche Alleenstraße

Knorrig ist kein Muss: schlanke Alleebäume zwischen Rapsfeldern bei Duderstadt

HIGHLIGHTS

Stralsund. Mittelalter und faszinierende Museen; Blick vom Turm der Marienkirche.

Museumsdorf Alt Schwerin. Historischen Alltag in Mecklenburgs Dörfern erleben.

Silberbergwerk Goslar. Weltrekord: Bis 1998 war es mehr als 1000 Jahre in Betrieb.

Fürstenallee bei Schlangen, Kreis Lippe. Vierreihige Eichenallee beim Jagdschloss Oesterholz.

Ravensburg. Deutschlands größte Barock-Basilika.

FESTE UND VERANSTALTUNGEN

Kurt-Weill-Festival. Zwei Wochen im Februar und März Musik, Vorträge und Ausstellungen in Dessau.

Internationales Dixieland-Festival Dresden. Seit 1971 Dixieland-Jazz im Mai.

TFF Rudolstadt. Eines der größten Weltmusik-Festivals Europas, im Juli.

DomStufen-Festspiele Erfurt. Oper, Rock-Oper, Kinder-Oper, Juli bis August.

Ruhr-Triennale. Welt-Kunstfestival von August bis Oktober rund um Dortmund.

Immer gut behütet – oder »bedacht« – sind Autofahrer auf der Alleenstraße zwischen dem Bodensee im Südwesten des Landes und seiner nordöstlichsten Ecke auf der Insel Rügen. Schattiges Grün hält im Sommer die brennende Sonne ab, und die Bäume liefern den Rahmen für großartige Panoramablicke.

Zauber der grünen Tunnel

Die Franzosen haben's erfunden: Das Wort »Allee«, vom französischen *aller*, gehen, soll zuerst schützende Wege für Soldaten benannt haben. Friedlich setzten sich Alleen als Prachtstraßen und regionale Schmucklinien durch. Doch im 20. Jh. litten sie, konnten den wachsenden Verkehr kaum mehr bewältigen. Zudem waren Alleen manchen Stadtvätern lästig, brauchten sie doch Pflege. Schließlich war das Netz der »grünen Tunnel« stark ausgedünnt. Doch im Osten der wiedervereinten Republik hatten einige alte Baumreihen überlebt. Vor allem auf ihnen fußte die Initiative von Naturschutz- und Verkehrsverbänden, das »Kultur-Erbe Allee« neu erblühen zu lassen: 1993 wurde die erste Teilstrecke der »Deutschen Alleenstraße«, zwischen Rügen und der Mecklenburgischen Seenplatte, eröffnet. Braune Logo-Schilder kennzeichnen den Verlauf der Ferienroute: 2900 Kilometer in zehn Abschnitten.

Deutschland

Quer durch den Nordosten

Am Kap Arkona oder im Seebad Sellin auf **Rügen** beginnt Teilstrecke 1. Über **Putbus** geht es in die UNESCO-Welterbestadt **Stralsund** und dann strikt nach Süden: durch **Grimmen** mit drei Stadttoren nach **Demmin**, wo schon Karl der Große und Zar Peter I. residierten. Nach **Malchin** voller Tore und Türme folgt **Malchow** am Fleesensee, dann erreicht man die große Müritz und die Strelitzer Seenplatte sowie **Wesenberg** und **Rheinsberg** mit Rokokoschlösschen.

Abschnitt 2 führt durch Brandenburg und das Havelland, zunächst vorbei an der Fontane- und Schinkel-Stadt **Neuruppin**. In **Hakenberg** unterlagen 1675 die Schweden. **Linum** hingegen ist für seine Störche und **Grünefeld** als hübschestes Dorf der Region bekannt. **Brandenburg an der Havel** beeindruckt mit Kirchen, Mauern und einer einmaligen Sumpfzypressenallee. Dann streift der Weg in **Belzig** Norddeutschlands größte Höhenfestung, bevor es entweder in die Luther- und UNESCO-Stadt **Wittenberg** geht oder direkt ins Wörlitzer Gartenreich samt Bauhaus-Hochburg **Dessau**.

Ab durch Deutschlands Mitte

Gleich sechs Abschnitte teilen sich den Weg durch den Bauch der Republik und bilden zusammen eine liegende, variabel befahrbare Acht zwischen Dresden und Dortmund. Ab Dessau führt Teilstrecke 3 quer durch den malerischen Harz nach Westen. Via **Staßfurt**, eine der weltweit ersten Salzbergbau-Städte, geht es zum Bischofssitz **Halberstadt**

Persönlicher Tipp

WASSERWANDERN UND ABSTECHER

Von der Mecklenburgischen Schweiz bis ins Havelland: Auch abseits der Alleen liegen zahlreiche hübsche Zwischenstopps, die eine Erwähnung wert sind. Angesichts der vielen Wasserwege in der von Gletschern gekerbten Landschaft bietet sich auch das eine oder andere Mal an, für einen halben Tag ein Boot (oder das Rad für Nichtpaddler) zu mieten, sich treiben zu lassen oder den Orten vom Wasser aus zu nähern. Sehenswert beidseitig der Teilstrecken 1 und 2 sind etwa die 15-seitige Fachwerkkapelle am Schloss von Griebenow und die Hünengräber von Sassen. In Teterow warnt der Hechtbrunnen vor Schildbürgerdenken, in Stavenhagen hat Mecklenburgs Nationaldichter Fritz Reuter sein Museum und Denkmal. Die Schlösser Schlitz und Klink sind wieder prachtvoll renoviert, ebenso Schlosskirche und -garten in Neustrelitz. Dank seiner Altstadt gehört Gransee zu Brandenburgs schönsten Städten, während im nahen Lindow sowie in Lehnin bei Potsdam noch bemerkenswerte Klosterbauten oder -ruinen stehen.

Kunstwerke und Menschen an der Uferpromenade von Meersburg, Zielort am Bodensee

Dichtes Allee-Grün rahmt auch den Englischen Pavillon von Schloss Pillnitz an der Elbe

Malerisch ist das Schloss Lichtenstein (Schwäbische Alb) im Herbst.

Persönlicher Tipp

MÄRCHEN- UND SCHLÖSSERLAND

Dicht bewaldete Mittelgebirge sind die passende Kulisse für trutzige Ritterburgen und romantische Märchenschlösser – viele davon hat die Alleenstraße zu bieten, hier sind nur einige der reizvollsten genannt. So winkt hoch über der Saale Schloss Bernburg und nahe Quedlinburg die schräge Roseburg. Wie aus dem Bilderbuch scheinen Schloss Wernigerode und Burg Eltz in der Eifel. Schloss Burg in Solingen ist voll rekonstruiert, bei Königswinter besticht die Burgruine Drachenfels. In Torgau prunkt das Renaissanceschloss Hartenfels, bei Dresden Schloss Moritzburg, in Schleusingen die siebentürmige Bertholdsburg und bei Meiningen Schloss Elisabethenburg. Nicht fehlen dürfen hier natürlich Eisenachs Wartburg, die Koblenzer Festung Ehrenbreitstein und das Hambacher Schloss. Diez, Schlitz und Bacharach sind gleich von mehreren Prachtbauten umstellt, während die Saalburg in Hessen schon von den Römern stammt. Die Krönung ist vielleicht Schloss Lichtenstein – erbaut nach einem Märchen von Wilhelm Hauff.

und der Barock-pur-Klosterkirche Huysburg. Dann lockt **Goslar** mit Fach- und Silberbergwerk – und schließlich das mittelalterliche **Duderstadt**.

Wer nun weiter westwärts fahren möchte, der folgt Abschnitt 4 vom Weserbergland über Münster- und Sauerland bis an die Ruhr. Von der Weserrenaissance in **Höxter** geht es nach **Lippspringe** mit Kuranlagen. **Paderborn** bietet Dom, Adam-und-Eva-Haus und Wewelsburg. Auf die Türmestadt **Lippstadt** folgt ein Schlenker am Möhnesee entlang nach **Schwerte**, Heimat der Kartoffelpuffer, in die Zechenstadt **Dortmund**.

Die Route 5 führt nach Süden durchs Bergische Land. Neben **Herdeckes** hübscher Altstadt besticht der Eisenbahnviadukt, in **Schwelm** das alte Rittergut, in **Altenberg** der prächtige Dom. In der Papierstadt **Bergisch-Gladbach** steht das markante Bensberger Rathaus, das ländliche Lohmar hat viel Fachwerk, fünf Burgen und ein Schloss. Das historische **Siegburg** windet sich rund um den Michaelsberg, und in **Bad Honnef** steht Konrad Adenauers Geburtshaus.

Die südlichen drei Abschnitte durch Deutschlands Mitte beginnen mit Route 6 in **Dessau** und führen an der Elbe entlang durch **Torgau** und das gartenreiche **Oschatz**. Nach **Meißen** folgt die Karl-May-Stadt **Radebeul** mit der »Villa Shatterhand«. Nach **Dresden** geht die altwüchsige Alleenstraße in neu gepflanzte Bereiche über: am Erzgebirge entlang durch die Uhrenstadt **Glashütte**, das Spielzeugdorf **Seiffen** und die Silberstadt **Marienberg**. Aus **Annaberg-Buchholz** stammt Adam Riese, aus **Morgenröthe-Rautenkranz** der erste deutsche Astronaut, Sigmund Jähn, und aus **Plauen** die berühmte Tüllspitze.

Route 7 in Y-Form schließt die Lücke zwischen Plauen und Duderstadt und führt nach Hessen. Hinter Plauen locken bei **Saalfeld** die Feengrotten, in **Rudolstadt** Barockschloss und Freilichtmuseum und in **Arnstadt** das Erbe der Musikerfamilie Bach. **Oberhof** war schon in der DDR eine Hochburg des Wintersports und **Meiningen** eine des Theaters. Dann trifft die Strecke auf den Weg von **Duderstadt**, vom Sole-Heilbad **Heiligenstadt**, der Rosenstadt **Bad Langensalza** und Luthers **Eisenach**. Vereint geht es durch die Rhön zur barocken Domstadt **Fulda**.

Der 8. Abschnitt komplettiert die Mitte: vorbei an Vulkan-, Römer- und Ritterspuren, an der »Strumpfstadt« **Lauterbach**, Elvis Presleys **Friedberg** und dem Jugendstil-Kurort

Deutschland

Bad Nauheim. Bei **Weilburg** lädt die Kristallhöhle zum Besuch, in **Limburg** der Dom, einige junge Alleen später das UNESCO-Römerkastell **Holzhausen**. Hier trifft auch die Weiterführung der Route 5 ein, von **Bad Honnef** via **Koblenz** am Deutschen Eck. Es folgen der Schinderhannes-Ort **Simmern**, das Freilichtmuseum **Bad Sobernheim** und die Wein- und Kurstadt **Bad Kreuznach**.

Bis ans »Schwäbische Meer«

Ziel der letzten zwei Teilstrecken ist der Bodensee. Route 9 führt von Rheinhessen nach Rheinland-Pfalz, zunächst in die Nibelungenstadt **Alzey**. Der Weinbau prägt **Bad Dürckheim** mit Riesenfass, Wachenheim mit Sektkellerei, **Deidesheim** mit »Eva« und **Edenkoben** mit Klosterwein. **Klingenmünster** hat die Burg Landeck zu bieten und **Bad Bergzabern** eine hübsche Altstadt. Nach der Gartenstadt **Karlsruhe** folgt **Ettlingen**, »Tor zum Schwarzwald«, vor **Bad Wildbad** und dem großen Marktplatz von **Freudenstadt**.

Für die Tour 10 leiten jungen Alleen durch Baden-Württemberg. Sehenswert in **Dornstetten** ist das Rundfachwerk, in **Horb am Neckar** die treppenreiche Altstadt, in **Tübingen** das Studentenflair. Auf Gotik und Fachwerk in **Reutlingen** folgen **Riedlingen** mit einem Acker-Bürgerhaus und **Hundersingen** mit Kelten- und Steinzeit-Spuren. Via **Ravensburg** geht es nach **Meersburg** und über den Bodensee ins prächtige **Konstanz**, bevor gleich zwei Alleen die Fahrt krönen: 300 m Urwaldmammutbäume auf der »Blumeninsel« **Mainau** und auf der UNESCO-Insel **Reichenau** 1300 m Pappeln.

Persönlicher Tipp

ZEITREISE DURCH SÜDDEUTSCHLAND

Auch der Süden rund um Strecke 9 und 10 der Alleenstraße hat eigentlich viel zu viele Sehenswürdigkeiten, um allen gerecht zu werden. Warum nicht mal eine Zeitreise durch die Kulturen wagen? Ein Abstecher nach Worms am Rhein etwa führt zum Schauplatz des Nibelungenlieds – zum Dom, der in der Saga eine Kulisse bietet. Derselbe Dom, in dem Martin Luther sich 1521 weigerte zu widerrufen. Das Örtchen Meisenheim in der Nordpfalz ist mit Schlosskirche, Bürgerhäusern und Adelshöfen fast wie im 15. Jh. erhalten – während in Hechingen/Stein ein detailgetreuer Gutshof die Zeit der Römer in Deutschland lebendig macht. Das Freilichtmuseum Kürnbach zeigt den bäuerlichen Alltag im Bodenseeraum anschaulich in Häusern und Werkstätten. In der Bärenhöhle von Erpfingen lebten nicht nur Bären, Höhlenlöwen und Nashörner vor 20 000 Jahren, vor 8000 Jahren siedelten dort auch Menschen. Und in Unteruhldingen am Bodensee zeigt das Freilichtmuseum das Leben der Steinzeitmenschen in original rekonstruierten Pfahlbauten.

Kunst an der Uferpromenade in Meersburg

Auf Rügen führt unter anderem diese Ahornallee zwischen üppigen Feldern hindurch.

Deutsche Alleenstraße

Infos und Adressen

REISEROUTE
Auf 10 Teilstrecken von Nordost bis Südwest: Rügen–Rheinsberg (270 km); Rheinsberg–Wittenberg bzw. Dessau (270 km); Dessau–Duderstadt (280 km); Höxter–Dortmund (220 km); Dortmund–Bad Honnef (190 km); Dresden–Wittenberg–Plauen (430 km); Plauen bzw. Duderstadt–Fulda (414 plus 60 km); Fulda–Bad Kreuznach (420 km); Bad Kreuznach–Freudenstadt (300 km); Freudenstadt–Konstanz (260 km)

BESTE REISEZEIT
Vor allem Frühjahr–Herbst.

SEHENSWERT
Mönchsguter Freilichtmuseen, Rügen. Gleich sieben kleine Museen bieten Information und Nostalgie, vom Heimat- übers Schul- bis zum Küstenfischermuseum.
Ivenacker Eichen. Nahe der Reuter-Stadt Stavenhagen stehen mehrere Stieleichen, mit bis zu 1000 Jahren einige der ältesten Europas – im Tiergarten des derzeit noch maroden Schlosses Ivenack.
Museum des Dreißigjährigen Kriegs, Wittstock. Der große Krieg im 17. Jh. wogte auch in dieser Region.
Ribbecks Birnbaum. »Herr von Ribbeck auf Ribbeck im Havelland« beginnt eine von Theodor Fontanes berühmtesten Balladen. Die Nachfolger des nämlichen Birnbaums sind heute Touristenmagnete.
Lutherstadt Wittenberg. Hier begann die Reformation, an die Schlosskirche nagelte Luther 1517 seine kühnen Thesen. Auch Wohnhaus, Grabmal und mehr sind erhalten.
Köthen. Kleiner Ort, große Geister – Johann Sebastian Bach war hier Hofkapellmeister und der Homöopath Samuel Hahnemann Fürstlicher Leibarzt.
Externsteine. Markante Felsformationen im Teutoburger Wald, Kultort wohl schon in der Steinzeit.
Schloss Corvey. Einstiges Benediktinerkloster, UNESCO-Weltkulturerbe, Abtei mit fürstlichen Räumen, barocke Abteikirche und Westwerk mit Wandmalereien.
Drachenfels am Rhein. Siebengebirgskuppe mit Ruine der Burg Drachenfels, Schloss Drachenburg und Zahnradbahn auf den »meistbestiegenen Berg Europas«.
Schleizer Dreieck. Deutschlands älteste Natur-Rennstrecke für Motorräder, heute auch für Oldtimer- und Bergrennen.
Wartburg, Eisenach. UNESCO-Welterbe hoch über der Stadt, wo Luther einst die Bibel ins Deutsche übersetzte. In Eisenach verbrachte Johann Sebastian Bach seine Kindheit.
Porzellanstadt Meißen. In der hoch thronenden Albrechtsburg erfand Alchimist Johann Friedrich Böttcher das »weiße Gold«.
Hermannsdenkmal. Mitten im Teutoburger Wald bezeugt es die legendäre, siegreiche Varus-Schlacht gegen die Römer.
Max-und-Moritz-Mühle und Museum Ebergötzen. Bei Göttingen liegt der Ort von Wilhelm Buschs Kindheit.
Wasserkuppe. Auf dem Gipfel der Rhön, der »Wiege des Segelflugs« mit Museum, auch heute ein Flieger-Eldorado.
Soest. Rund 600 Fachwerkhäuser stehen um den St. Patrokli-Dom. Die historische »Teichwippe« macht Büßer öffentlich nass.

Die Nibelungenstadt Worms am Rhein, mit St. Peter-Dom, ist den Kurzausflug wert.

ESSEN UND TRINKEN
Wulflamstuben. Rustikal und herzhaft originelle Kombinationen in Backsteingotik direkt beim Alten Rathaus von Stralsund. www.wulflamstuben.de
Zum Alten Fritz. 100-jähriges Restaurant in Rheinsberg, exzellente Küche im gediegenen Ambiente. Besonders: historisches König-Friedrich-Menü. www.alterfritz-rheinsberg.de
Norddeutscher Bund. Gediegene regionale und saisonale Küche, hausgemachtes Bier. Heilbad Heiligenstadt. www.hotel-norddeutscher-bund.de

Pferdestall. Deftig-delikates im historischen Stall auf hohem Niveau – Teil des Gräflichen Parks in Bad Driburg. www.graeflicher-park.de

Pfefferkorn, Dortmund. Steakhouse mit gehobenem Anspruch auch bei Fisch und Wein, nostalgisch-kunstvolles Ambiente. In Dortmund. www.dortmund.pfefferkorn-restaurants.de

Anders auf dem Turmberg. Sterneküche kombiniert mit Bistro, weiter Blick über die Stadt Karlsruhe. www.anders-turmberg.de

Café Guglhupf. Kuchen, hervorragendes Frühstück und delikat Würziges am Abend. In Koblenz.

esslbar. Klein, aber fein – sympathisches Konzeptrestaurant in Konstanz mit täglich wechselnden Kreationen. www.essbar-konstanz.de

SHOPPING

Rügenhof Arkona. Sanddornschnaps, Rügenhonig, Bernstein und andere typische Mitbringsel. www.kap-arkona.de

Harzer Baumkuchen. Typisch in vielen Cafés, zentral im Baumkuchenhaus in Wernigerode. www.harzer-baumkuchen-friedrich.de

Porzellan in Rudolstadt. Gleich zwei der ältesten Manufakturen bieten hier Werksverkauf. www.porzellankaemmer.de, www.glaeserneporzellanmanufaktur.eu/vks/

Zeche Zollern, Dortmund. Souvenirs von Bergbau- und Industriekultur führt der Museumsladen. Mehr Design hat die Essener Zeche Zollverein. www.lwl.org

Traubenreich am Bodensee. Wein und Sekt, Gelee oder Essige direkt vom Hof – besonders die »Meersburger Essigpralinen«.

AUSGEHEN

M3. Die größte Diskothek auf Deutschlands größter Insel Rügen belegt 5 Etagen im »Koloss von Prora«. www.m3-prora.de

Malzhaus Plauen. Anspruchsvolle Konzerte, Filme, Kleinkunst, Vorträge und Ausstellungen in Thüringens Provinz. www.malzhaus.de

Harzer Bergtheater. Deutschlands ältestes Freilichttheater, von Operette bis Kindertheater, grandioser Harzblick. In Thale. www.harzer-bergtheater.de

Kühlschiff Unna. Herzstück der alten Lindenbrauerei, heute Ort für Konzerte, Lesungen und Disco. www.lindenbrauerei.de

Jazzkeller Tübingen. Jahrzehntealte Institution, je nach Tag auch Hip-Hop, Reggae oder Mixed. www.jazzclub-tuebingen.de

ÜBERNACHTEN

Seeschloss Sellin. Drei Sterne, aber Wohlfühlatmosphäre für fünf, Ostseeblick mit Wellnessbereich. www.seeschloss-sellin.de

Schlosshotel Burg Schlitz. Fünfsternehaus mit alter Alleenauffahrt und allen erwartbaren »Schikanen«. Hohen Demzin. www.burg-schlitz.de

Hotel Alte Canzley. Direkt an der Thesenkirche in Wittenberg, früher logierten hier Kurfürsten, heute ist alles gekonnt auf Luther ausgerichtet, Biorestaurant. www.alte-canzley.com/de/

Ringhotel Niedersachsen. Zentrales Viersternehaus mit Wellness-Therme und Öko-Anspruch. In Höxter. www.hotelniedersachsen.de

Hotel Kasserolle. Originelles rundes Hotel im Ex-Kino, jeder Raum ist anders, Drei-Sterne-Familienbetrieb mit guter Küche. In Siegburg. www.kasserolle.de/hotel.html

Hotel Ohm Patt. Reizendes Familienhotel in Pastell, herzliches Flair, komfortable Räume mitten in Boppard. www.hotelweinhauspatt.de

WEITERE INFOS

Überblick mit exakten Streckenkarten als PDF: www.deutsche-alleenstrasse.de

Weitere Alleen in Deutschland: www.alleen-fan.de

Und natürlich nach Dresden führen Alleen. Prachtvoll hier der Hof des Zwingers

Quer durch Deutschland

3 Immer die A7 entlang

Deutschlands längste Autobahn führt mitten durchs Land, durchquert Flach- und Hügelland, geht durch Tunnel und über Brücken, von der Grenze mit Dänemark bis nach Österreich. Doch wer nicht nur Kilometer »fressen« will, findet auf beiden Seiten schon unweit der Straße spannende Ziele – und das eine oder andere UNESCO-Weltkulturerbe.

Vielfalt jenseits der Raststätten

Am **Kilometer Null** am **Grenzübergang Ellund** geht Dänemarks A10 über in die **Bundesautobahn 7**. Ab jetzt gehört der Asphalt unter den Reifen der längsten Straße der Republik, Europas zweitlängster nationaler Autobahn. Die **A7** teilt Deutschland vertikal in zwei fast perfekte Hälften und wird erst nach 963 km an Österreichs Grenze enden.

Erstes Ziel am Wegesrand ist die alte Handelsstadt **Flensburg**. Von der Autobahn bis zur Innenstadt und zum Historischen Hafen sind es gerade mal fünf Minuten. Vorbei an **Schleswig an der Schlei** und dem **Wikinger-Erbe Haithabu** fährt der Wagen dann hoch über den Nord-Ostsee-Kanal auf der elegant geschwungenen, 1498 m langen **Rader Hochbrücke**, an deren Stahl der Zahn der Zeit nagt.

Die »Pferdestadt« **Neumünster** ist die letzte größere Stadt an der A7 vor Hamburg – Indianerfreunde hingegen verlassen die Autobahn etwas weiter südlich beim Moorheilbad **Bad Bramstedt**. Eine halbe Stunde nach Osten lockt **Bad Segeberg** mit seinen Karl-May-Festspielen.

HIGHLIGHTS

Wasserschloss Glücksburg. Nur 10 km östlich von Flensburg steht eins der bedeutendsten Renaissance-Schlösser Nordeuropas.

Fasanerie. Bei Fulda steht Hessens schönstes Barockschloss: Zwischen Buchsbaum wandeln und dann edel im Restaurant eine kleine Mahlzeit einnehmen, toppt jede Autobahnraststätte.

Ulmer Münster. Sein Turm ist mit 161 m der höchste der Welt, zu erklettern für besten Ausblick über Ulm.

König-Ludwig-Brücke Kempten. Hoch über der Iller trug die Holzfachwerkbrücke einst ganze Eisenbahnzüge.

FESTE UND VERANSTALTUNGEN

Kemptener Jazz Frühling. 9 Tage Mai-Jazz im Allgäu mit internationalen Musikern.

Kinderfest Giengen an der Brenz. Seit 300 Jahren zu Pfingsten auf dem Schießberg.

Schützenfest Hannover. Weltgrößtes Schützenfest, im Juli.

documenta Kassel. 100 Tage zeitgenössische Kunst alle 5 Jahre, wieder 2017.

Wallensteinfestspiele Memmingen. Europas größtes Historienfestspiel, mit Bürgerbeteiligung, alle 4 Jahre, wieder 2016.

In der Flensburger Förde spiegeln sich Sonnenaufgang und Wasserschloss Glücksburg.

Deutschland

Beim Musicaltheater im Hamburger Hafen ankert das Museumsschiff »Rickmer Rickmers«.

Hamburg, Heide, Hannover und Hildesheim

40 km weiter führt die A7 mitten durch **Hamburg**, in den Röhren des Neuen Elbtunnels unter dem Fluss hindurch und dann auf der 4285 m langen Hochstraße Elbmarsch – Deutschlands längster Straßenbrücke – hoch über den Hamburger Hafen hinweg, schnelle Blicke auf Containerschiffe und Verladekräne inklusive.

Hinter der Hansestadt beginnen auch schon die **Harburger Berge**, de facto bis zu 150 m hohe Hügel: Perfekt für Familien ist der Wildpark Schwarze Berge mit Luchsen, Steinböcken und mehr. Freunde der Landkultur lädt das Freilichtmuseum am Kiekeberg zum Picknickstopp.

Dann folgt die **Lüneburger Heide**, Spielort unzähliger Heimatfilme aus den Wirtschaftswunderjahren und im Herbst, zur Heidekrautblüte, violett überhaucht. Für Architekturfreunde lohnt ab Seevetal ein Abstecher von der A7 nach **Lüneburg** und **Uelzen**. Spaßsuchende finden bis **Soltau** Attraktionen von Skihalle über Barfuß-Pfad bis Heide-Park. Ernsterer Natur ist die **Gedenkstätte Bergen-Belsen**, eine halbe Stunde östlich der Autobahn gelegen.

Rund 60 km später geht es an **Hannover** vorbei, Niedersachsens Landeshauptstadt, aus der Queen Elizabeths Vorfahren stammen. Die Herrenhäuser Gärten und das wieder aufgebaute Schloss waren ihr Zuhause. Und wenig später liegt schon die Domstadt **Hildesheim** am Rand der Autobahn. In der Fachwerk-Altstadt gehören die Michaeliskirche und der Mariendom zum UNESCO-Weltkulturerbe, samt dem »Tausendjährigen Rosenstock«.

Persönlicher Tipp

HANSESTADT NICHT NUR FÜR AUTOFAHRER

Wer nicht im Stau steht, ist schnell hindurch durch Hamburg – doch das wäre zu schade, hat die Stadt an der Alster doch so viele Facetten, dass selbst eine Woche zum Erkunden eigentlich nicht ausreicht. Wer gerade mit Schwung durch den Elbtunnel kam, kann sich die Lage im Alten Elbtunnel zu Fuß genauer anschauen. Oder im Museum der Arbeit in Barmbek »TRUDE« besichtigen, das Tunnelmonster, das die Röhren einst gegraben hat. Eine Autobahn findet sich natürlich auch im Miniatur-Wunderland in der Speicherstadt, nur 87-mal kleiner – neben mehr als 13 km Eisenbahngleisen. Wenn auch die Reeperbahn irgendwie mit Verkehr zu tun hat, zeugt doch eher die Auswandererwelt Ballinstadt von richtig langen Reisen. In den kommenden Jahren bekommt die A7 in Hamburg übrigens drei Deckel verpasst: Um die steigende Lärmbelastung durch mehr Fahrspuren im Stadtgebiet aufzufangen, werden diese einfach überdacht. Große Parkanlagen und Kleingärten obendrauf bieten dann Grünflächen und Naherholungswert dank Autobahn.

Heidschnucken, Heidekraut und spitze Wacholderbüsche – typisch Lüneburger Heide

Persönlicher Tipp

NATUR UND ACTION RUND UM DIE HEIDE

Heidschnucken mit urigem Schäfer findet man noch immer in der Lüneburger Heide, Heidschnuckenbraten mit Preiselbeeren gar in vielen hiesigen Gasthäusern. Doch wer die Natur lieber schauend genießt, findet ein dichtes Wander- und Radwegenetz durch Heidekraut und Wachholderbusch – und romantische Kutschfahrten rund um den 196 m hohen Wilseder Berg. Neben dem Heidemuseum bietet die Region ein attraktives Walderlebniszentrum sowie den Wildpark Lüneburger Heide. Entlang der A7 hingegen winkt ein ungewöhnlich dichtes Spaß- und Action-Angebot: Bei Egestorf lockt ein Barfußpark, bei Bispingen gleich drei Attraktionen: das Indoor-Skiparadies Snow Dome, die Ralf Schumacher-Kartbahn sowie über Kopf das Verrückte Haus. Und weiter südlich wartet mehr: der Heide-Park Soltau mit Colossos, der weltgrößten Holzachterbahn. In Müden/Örtze ein Wild- und Abenteuerpark. In Walsrode der weltgrößte Vogelpark. Und in Hodenhagen der Serengeti-Park für Selbstfahrer-Safaris zwischen Löwen und Giraffen.

Wie aus dem Bilderbuch: Schäfer nahe Bispingen im Naturpark Lüneburger Heide

Mitten durch Deutschland

Es folgen 300 km, die als die schönsten der ganzen A7 gelten – zumindest für Freunde von Kurvenfahrten: Vom Dreieck Salzgitter bis zum Kreuz Biebelried bei Würzburg geht es quer durch *Mittelgebirgszüge*. Ausläufer des **Harz** sind die ersten, Richtung Osten spannt sich der zugehörige Nationalpark. Je etwa 30 Minuten von der Autobahn entfernt liegt zunächst die Kaiserstadt **Goslar**, deren Altstadt samt nahem Erzbergwerk Rammelsberg ebenfalls zum UNESCO-Welterbe gehören. Dann lädt in der Bergstadt **Clausthal-Zellerfeld** das Oberharzer Bergwerksmuseum samt Wasserwirtschaft, auch UNESCO-gelistet. **Osterode** schließlich ist Startpunkt für den 10 km langen »Harzer Hexenstieg«. Westlich der Autobahn ziehen derweil im Weserbergland der Solling, Wald des Jahres 2013, sowie die Bierstadt **Einbeck** mit mittelalterlichem Fachwerkkern vorüber.

Historisch bedeutend folgt der nächste Teil der A7: 1937 wurde zwischen Göttingen und Kassel der erste Autobahnabschnitt eröffnet. Die alte Universitätsstadt **Göttingen** bietet gotische Gewölbe, Glockenspiel und Gänseliesebrunnen. Eine halbe Stunde weiter folgt **Hannoversch-Münden** – wo »Werra sich und Fulda küssen« und zur Weser werden. Die Strecke führt über das Jahrhundertbauwerk **Werratalbrücke**, knapp 60 m hoch und 1937 begonnen – und schont damit den westlich gelegenen, urtümlichen **Reinhardtswald** samt **Sababurg**.

Eine halbe Stunde weiter kommt **Kassel** in Sicht, Stadt der Schlösser, Residenzen und Parks. Auch der Bergpark Wilhelmshöhe ist UNESCO-Welterbe, der aufragende Herkules und Schloss Wilhelmshöhe sind Wahrzeichen der Stadt. Zurück in die Natur führt das nahe **Melsungen**: Auf dem 70 km langen Kunstpfad Ars Natura wollen mehr als 100 Kunstwerke entdeckt werden. Kultur bietet bald wieder die Kurstadt **Bad Hersfeld**, auch für ihre Festspiele in der romanischen Stiftskirchenruine bekannt. Ebenso **Fulda**, 50 km südlich – eine Bischofsstadt voller Kirchen, Klöster und dem beeindruckenden Dom St. Salvator.

Durchs Allgäu den Alpen entgegen

Die Rosengarten-Stadt **Bad Kissingen** an der Rhön gilt als bekanntester Kurort Deutschlands. Wer stattdessen auf natürliche Fußmassage setzt, sollte 40 Minuten später an der Raststätte **Gramschatzer Wald** haltmachen: Dort beginnt

Deutschland

ein 3 km langer Barfußpfad. Erholt geht es dann nach **Würzburg**, mehr als 1300 Jahre alt und ein weiterer Bischofssitz. Gut erhaltene, ehrwürdige Gebäude wie die Residenz sind UNESCO-Weltkulturerbe. Bekanntestes Bauwerk ist aber wohl die trutzige Marienfeste hoch über der Stadt. Mittelalterlich ist auch **Rothenburg ob der Tauber** rund 40 Minuten weiter südlich mit seinem verschachtelten Bilderbuch-Fachwerk. Ab Würzburg führt die A7 nun durchs Grenzgebiet Baden-Württemberg/Bayern, von **Aalen** bis **Ulm** zudem über die **Schwäbische Alb.** An der Ausfahrt **Aalen**, das – wie das Limes-Freilichtmuseum zeigt – schon den Römern als Stützpunkt diente, lädt der Stausee Buch mit Tretbooten und Strandbad zur Pause ein.

Vorbei an der alten Reichsstadt **Ulm**, Heimat von Albert Einstein und Sophie Scholl, ist schließlich **Illertal-Ost** zu sehen, Deutschlands einzige Kunstraststätte: Poppig verspielt im Hundertwasser-Stil, stammt sie vom Österreicher Herbert Maierhofer. Die nächste Raststätte, **Allgäuer Tor**, gilt dann als erste mit gutem Fernblick auf die Gipfel der Alpen. Knapp 10 km weiter wartet **Kempten**, von den Römern *Cambodunum* genannt, eine der ältesten Städte der Republik. Und dann sind es nur noch 35 km bis **Füssen**, wo die A7 auf Österreichs Landesgrenze trifft. Für sein Barockkloster ist der Ort bekannt, in der nahen Schlucht stürzt der Lech in die Tiefe. Krönender Abschluss ist aber ein Bummel durch Füssens brunnenreiche Altstadt.

Fein gearbeitete Sandsteinfiguren schmücken Kirchen und Dome schon seit Jahrhunderten.

Persönlicher Tipp

MITTELALTER ZWISCHEN KITSCH UND GRUSEL

Amerikaner und Japaner lieben das Flair von Rothenburg ob der Tauber: typisch Mittelalter und das ganze Jahr über Weihnachten. Wer in Stimmung ist, besucht nicht nur im Dezember den hübschen Weihnachtsmarkt der Kleinstadt. Auch im Hochsommer sind das »Weihnachtsdorf« mit Christbäumen, Nussknackern und Weihnachtspyramiden sowie das Deutsche Weihnachtsmuseum geöffnet. Doch auch ohne Lametta ist die gut erhaltene Altstadt zu erbummeln. So authentisch wirken die verschachtelten Gassen und Plätze, dass sie des Öfteren als Filmkulisse herhalten dürfen. Oben auf der Stadtmauer mit immer wieder schönen Ausblicken lässt sich der Ort fast komplett umrunden. Über das Leben im Mittelalter informiert das Historiengewölbe mit Staatsverlies im Rathauskeller. Und wer sich an die dunklen Seiten jener Zeit herantraut, wagt sich ins Mittelalterliche Kriminalmuseum – mit Schandmasken und Halsgeigen, Eisernen Jungfrauen und anderen Folterinstrumenten informativ, aber nichts für schwache Nerven.

Wie ein großer Bilderrahmen fasst dieses documenta-Kunstwerk den Blick auf Kassel.

Immer die A7 entlang

Infos und Adressen

Ülzens Hundertwasser-Bahnhof, ein Schmuckstück mit Kurven, Kacheln und Goldkugeln

REISEROUTE
Mit dem Auto: Immer der Autobahn nach, hier von Nord nach Süd.

SEHENSWERT
Historischer Hafen Flensburg. Schifffahrts-, Rum- und Werftmuseum rund um Hafenkran, Salondampfer und unzählige Segler in der Förde.

Schleswig & Haithabu. Am Ende des langen Ostseefjordes warten Schloss und Dom, Wikingturm, Bauhaus- und Altstadtarchitektur – und der Wikinger-Museumsort Haithabu.

Schwebefähre Rendsburg. Wer schon immer mal schweben wollte – unter der Eisenbahnbrücke befördert eine seltene Fähre an langen Stahlkabeln Autos und Fußgänger über den Kanal.

Pferdestadt Neumünster. Zucht- und Reiterhochburg im Norden, neue Heimat der ostpreußischen Trakehner, großer Hengstmarkt im August.

Kalkberghöhle Bad Segeberg. Die nördlichste Schauhöhle des Landes, wichtiges Winterquartier für zigtausend Fledermäuse und einzige Heimat des Segeberger Höhlenkäfers.

Hundertwasserbahnhof Ülzen. Friedensreich Hundertwasser machte den alten Backstein-Bahnhof zum anarchisch bunten Kunstwerk, mit Café.

Hannover. Zu den Sehenswürdigkeiten der Leine-Stadt führt der »Rote Faden«, vom Alten und Neuen Rathaus über den verdrehten Gehry-Tower bis zu Niki de St. Phalles drallbunten »Nanas«. Der Flohmarkt am Leineufer ist der älteste Deutschlands, der Zoo einer der erlebnisreichsten.

Oberharzer Wasserregal. Die Rinnen, Teiche und Göpelanlagen dienten vom 16. bis 19. Jh. als »Motor« der Harzer Bergwerke. Führungen im Wald und unter Tage sind ein Muss. Seit 2010 UNESCO-Weltkulturerbe.

Sababurg Hofgeismar. Mitten im geschützten Urwald Reinhardtswald das Dornröschenschloss der Brüder Grimm. Mit dem »ältesten Thiergarten« Deutschlands, von 1571, sowie Restaurant und Hotel.

Marienfeste Würzburg. In den Weinbergen hoch über der Mainstadt – fast schöner als Museen und Kaffeepause in der Burg ist die Wanderung dorthin.

Steiff-Museum. In Giengen an der Brenz informieren Teddybären & Co. über ihre Geschichte mit Knopf im Ohr, samt Nähzimmer von Margarete Steiff.

Museum der Brotkultur Ulm. Einst das erste Brotmuseum der Welt, beherbergt es alles Wissenswerte über sechs Jahrtausende Laibe, Fladen, Zöpfe und das Drumherum.

ESSEN UND TRINKEN
Fischereihafen-Restaurant, Hamburg. Hamburg besuchen heißt frischen Fisch essen. Direkt am Altonaer Fischmarkt. www.fischereihafen restaurant.de

Dornröschenschloss Sababurg. Wildschweinschinken, Rhöner Apfelsherry und Dornröschenbecher – Regionales plus Märchenatmosphäre. www.sababurg.de

El Erni. Außen unscheinbar, innen »hui« – spanische Feinschmeckerküche in romantischem Ambiente. In Kassel. www.el-erni.de

Zum Stachel. Das älteste Gasthaus Würzburgs serviert »fränkische Gastronomie mit Pfiff«. www.weinhaus-stachel.de

Wirtshaus zur Brezel. Bier, Brezn und donnerstags Haxn –

herzhaft Bayerisch-Schwäbisches in der Ulmer Altstadt, Spezialität ist das »Ulmer Schnitzel«.
www.wirtshaus-zur-brezel.de
Weinstube Weber Am Bach. Beste schwäbische Küche und Gourmet-Häppchen im urigen Wirtshaus – angeblich schon im Mittelalter. In Memmingen. www.weberambach.de
Madame Plüsch. Wie bei Oma daheim – kleines Altstadt-Lokal in Füssen mit bestem Essen und charmantem Service. www.madame-pluesch.de

SHOPPING
Hamburg früh bis spät. Sonntagfrüh ab fünf startet der Fischmarkt in Altona – mit Fisch und Bananen, Marktschreiern und viel Krimskrams. Alles andere bietet der Rest der Stadt, von edlen Boutiquen über die alternative »Schanze« bis zur breiten »Mö«.
Designer-Outlet-Center Soltau. Direkt an der Abfahrt Soltau-Ost in hübschen Reetdachhäusern, rund 60 Markenhersteller von Asics bis Versace nehmen hier reduzierte Preise. www.designeroutletsoltau.com
Trigema-Outlet. Am Kirchheimer Dreieck Günstiges von Trigema, der als wohl einzigen komplett in Deutschland produzierenden Bekleidungsfirma. www.trigema.de
Wertheim-Village. Rund 40 Minuten westlich der A7, 110 Luxushersteller bestücken das Outlet, mit Personal Shopper-Service und gratis »Hundebehausung«. www.wertheimvillage.com
Käthe Wohlfahrts Weihnachtsdorf. Krippen, Sterne, Engel, Lametta und mehr gibt es in Rothenburg ganzjährig – von Kitsch bis zu traditioneller Handarbeit. Herrngasse 1, www.wohlfahrt.com

AUSGEHEN
Orpheus-Theater Flensburg. Edle Klub-Atmosphäre für nur 60 Gäste, feine Bühnenshows und Jazzmusik. www.orpheustheater.de
Musical-Hochburg Hamburg. Große Shows vom HH-Musical *Linie S1* über das *Phantom der Oper* bis zum *Wunder von Bern* – allen voran der *König der Löwen* mitten im Hafen.
GOP Hannover. Varieté im hannoverschen Georgspalast, wie in den Goldenen Zwanzigern.
Das Boot Würzburg. Schwimmende Kult-Diskothek am Main, auf drei Etagen eines früheren Kohledampfers. www.das-boot.com
Theater Ulm. Deutschlands ältestes städtisches Theater seit 1641, Schauspiel, Ballett und Oper. Einsame nutzen die »Mitgehbörse«. www.theater.ulm.de

ÜBERNACHTEN
Schäferdorf Lüneburger Heide. Rustikal im Schäferwagen in »Deutschlands erstem Schäferdorf«. Nindorf-Hanstedt, www.schaeferdorf.de
Bergström Lüneburg. Vier-Sterne-Romantikhotel in der Altstadt, besonders beliebt bei Fans der TV-Serie *Rote Rosen*. Bei der Lüner Mühle, www.bergstroem.de
Van der Valk-Hotel Hildesheim. Direkt am historischen Marktplatz, hinter Rokoko- und Fachwerkfassade, mit Vier-Sterne-Flair und gutem Restaurant. www.hildesheim.vandervalk.de
Safari Lodges. Übernachten mit Löwengebrüll und Afrika-Feeling in den neuen Masai-Mara-Lodges – samt WLAN und Blick auf die Wildtiere. Im Serengeti-Park Hodenhagen. www.serengeti-park.de/uebernachten
Hotel Herrnschlösschen. Moderner Viersterneservice in einem der ältesten Häuser Rothenburgs. Mit großem Barockgarten. www.hotel-rothenburg.de
Schmales Haus Ulm. Charmantes Bed & Breakfast-Hotel im Fischerviertel.

WEITERE INFOS
Kilometrierung und Details: www.autobahnatlas-online.de/A7.htm

Das aufstrebende Kunstwerk »Himmelsstürmer« ziert die documenta-Stadt Kassel seit 1992.

Quer durch Deutschland

4 Deutsche Fachwerkstraße

Ein Kopfsteinpflasterbummel wie hier in Hannoversch-Münden gefällt Jung und Alt.

HIGHLIGHTS

Burg Hornberg, Neckarzimmern. Original-Gemäuer des Ritters Götz von Berlichingen.

Faguswerk Alfeld. Schuhfabrik von Gropius, heute UNESCO-Welterbe.

Herzog August Bibliothek, Wolfenbüttel. Bücherschätze vieler Jahrhunderte.

Blautopf Blaubeuren. Tiefste und größte Quelle Deutschlands.

Adventskalenderhaus Gengenbach. Jeden Dezember wird das Rathaus zum weltgrößten Adventskalender.

FESTE UND VERANSTALTUNGEN

Fasend. Gengenbach ist die Hochburg der schwäbisch-alemannischen Fastnacht.

Bad Hersfelder Festspiele. Oper, Theater und Musicals, Juni bis August.

Uracher Schäferlauf. Alle zwei Jahre zeigen Schäfer im Juli ihr Können – seit 1723.

Schmalkalder Hirschessen. Alter Brauch von 1379 – heute Ende August als kulinarisches Stadtfest gefeiert.

Christkindchenwiegen. Fackeln und Choralgesang an Heiligabend in Korbach.

Von der Elbmündung an der Nordsee bis zum Bodensee an der Grenze zur Schweiz und Österreich: Gut erhaltene Fachwerkhäuser aus den vergangenen Jahrhunderten findet man allerorten in Deutschland. Auf rund 3000 km Strecke – von Niedersachsen und Sachsen-Anhalt durch Hessen und Thüringen bis Baden-Württemberg und Bayern – sind sie bestens zu erkunden.

Holz, Stein und Lehm zum Kunstwerk

Wenn Häuser erzählen könnten! Gerade Fachwerkhäuser hätten viel zu berichten über den Lauf der Geschichte – sind die meisten doch viele Hundert Jahre alt und stehen mitten im Ortszentrum oder stattlich in der Landschaft als Heim eines Grundbesitzers. Oft sind ganze Ortskerne denkmalgeschützt, ist das nicht irgendwann immer gleich? Nie, sagen Fans: Neben diversen Stilrichtungen ist jedes einzelne Haus anders. Beschnitzt, bemalt oder mit »Neidköpfen« gegen böse Blicke: echte Handwerkskunst. Um dieses kulturelle Erbe zu betonen, haben sich rund 100 Fachwerk-Orte zusammengetan – in mehreren Teilen zieht sich die »Deutsche Fachwerkstraße« mitten durch die Republik.

Norden: Zwischen Meer und Harz

Sie beginnt mit der Qual der Wahl zwischen West- und Ostroute – oder dem Entschluss zur Rundtour, von der Elb-

Deutschland

mündung über Weserbergland und Harz und anschließend durchs Wendland zurück.

Im Westen beginnt die Strecke zum Weserbergland in **Stade**, wo die Elbe die Nordsee küsst: im historischen Zentrum rund um den Hansehafen. In **Nienburg** mit Stockturm locken Giebelhaus und Rathaus, in **Bad Essen** Kirchplatz und Alte Wassermühle, in **Stadthagen** das viele Fachwerk rund um den Markt. In **Alfeld** besticht die »Lateinschule«, in der Hanse- und Bierstadt **Einbeck** die Häusermenge. Und in **Northeim** steht ein ganzes Ensemble innerhalb alter Stadtmauern.

Die östliche Route beginnt in der Elbtalaue: In **Bleckede** sind die Gefache meist mit Backstein ausgemauert, in **Hitzacker** hingegen oft verputzt. Viele nordische Fachwerkhäuser bieten auch **Lüchow** und **Dannenberg** im Wendland sowie die Hansestadt **Salzwedel**, übertrumpft nur von der Residenzstadt **Celle** mit Welfenschloss. **Königslutter** lockt mit zwei Rathäusern und Kaiserdom. **Wolfenbüttel** gehört mit Schloss und »Klein-Venedig« zu Niedersachsens schönsten Städten, kurz vor **Hornburg** und **Osterwieck**, »Perle von Sachsen-Anhalt«. Im alten Bischofssitz **Halberstadt** sticht die Fachwerkkirche St. Johannis hervor, in **Wernigerode** das Rathaus und das »Kleinste Haus«. Der bunte Zielort **Duderstadt** gehört zu den beliebtesten der ganzen Straße.

Mitte: Hessen, Thüringer Wald und Odenwald

Der mittlere Teil der Fachwerkstraße gliedert sich in drei parallele Strecken durch Hessen und Thüringen, bevor die vierte bis an den Odenwald führt. Im Osten geht's los in der

Persönlicher Tipp

FACHWERK AUF NIEDERDEUTSCH

Geradlinig, schlicht und fast streng, aber mit reichem Schnitzwerk: Quer durch den Norden, von Holland bis Ostpreußen, findet man meist den niederdeutschen oder (nieder-)sächsischen Baustil – die Balken in sehr regelmäßigen Abständen, die Zwischenräume mit Ziegeln ausgemauert. Typisch sind große Hallenhäuser mit mittiger Diele und Vieh in den Seitenschiffen, besonders schön zu sehen im Freilichtmuseum Hitzacker. In den Orten und Städtchen hingegen rückten die Häuser als Bürgerhäuser enger zusammen. Große Ställe waren weniger wichtig, doch »Utluchten« und andere Erker schmücken viel häufiger die Fassaden – etwa in Lüchow, Worbis, Einbeck oder Wernigerode. Auch vorkragende Giebel waren mehr eine Sache der Städter, etwa in Stade oder Bothfeld. Ganze Kirchen aus Fachwerk stehen in Groß Vielen oder Pinnow (Breesen), einzelne Türme beispielsweise im Kloster Loccum und in Detzel (Haldensleben), der Taubenturm im Kloster Marienrode und der Glockenturm der Brandenburger Dorfkirche Prenden.

Typisch niedersächsisch sind die großen Tore der Fachwerkhöfe, hier im Wendland.

Neben Fachwerk stehen frühklassizistische Bauten, wie das Rathaus von Gengenbach.

Persönlicher Tipp

MITTELDEUTSCH VERZAPFT

Lebhafter und ein wenig rebellisch wirkt das mitteldeutsche oder fränkische Fachwerk: Die Balken stehen in unregelmäßigen Abständen, mal weiter, mal enger, gern mit diversen Ziervarianten wie dem Andreaskreuz oder dem »Wilden Mann«. Aber immer sicher verzapft. Meist stehen die Häuser mit dem Giebel zur Straße hin – in den Mittelgebirgen bis an den Neckar und Odenwald, vom Elsass im Westen bis nach Polen, aber auch in Franken. Deutlicher als im Norden scheint das Haus in die Höhe zu streben, der Giebel ragt eher steil auf – ideal für dicht besiedelte, wachsende Orte. Vorn lag die »gute Stube«, hinten waren die Schlafräume, für Stall und Erntelager gab es eigene Bauten. Draußen auf dem Land herrschte das Ernhaus vor, ebenfalls von vorn nach hinten gegliedert. Als Beispiele für fränkisches Fachwerk stehen viele zwischen Harz und Odenwald, so auch im Hessenpark und in Michelstadt. Besonders prächtig wurden oft die Rathäuser errichtet, dazu gehörte auch der Frankfurter Römer.

Frankfurts Rathausplatz, der Römerberg, ist seit dem Mittelalter Zentrum der Stadt.

Auf vielen Marktplätzen locken lauschige Cafés am Brunnen, hier in Bad Camberg.

ersten »Historischen Europastadt«, **Stolberg**, über **Bleicherode** mit Bergbauanlagen bis **Worbis** im Eichsfeld. Die Hansestadt **Mühlhausen** genoss schon Johann Sebastian Bach, in **Wanfried** lockt der historische Werrahafen und in **Treffurt** die knuffige Burg Normannstein. **Vacha** mit herrlichem Rathaus ist das »Tor zur Rhön«, und in **Schmalkalden** bietet das Fachwerkerlebnishaus alte Baukunst zum Anfassen.

Im Weserbergland startet die zweite Teiltour in der »Fachwerk-Metropole« **Hannoversch-Münden** und mäandert über **Eschwege** – mit mehr als 1000 Fachwerkhäusern – via **Melsungen** und die Brüder-Grimm-Stadt **Wolfhagen** nach **Korbach**. Im fürstlichen **Bad Arolsen** entschied sich die Zukunft der Niederlande, in **Korbach** schmückt ein Pranger den Markt, während **Fritzlar** von alter Größe als Dom- und Kaiserstadt träumt. Hoch über **Homberg/Efze** bietet die Hohenburg den wohl schönsten Panoramablick über eine Altstadt, während **Rotenburg an der Fulda** von mittelalterlichen Mauern und Türmen gerahmt ist. In **Bad Hersfeld** steht die größte romanische Kirchenruine von Europa, **Schwalmstadt** hat gleich zwei Fachwerkkerne und **Schlitz** mehrere Burgruinen. Zum Schluss geht es rund um den erloschenen Vulkan Vogelsberg über **Lauterbach**, **Grünberg**, **Lich**, **Butzbach** und das wehrhafte **Büdingen** bis nach **Steinau an der Straße** – kurz hinter der Domstadt **Gelnhausen**, von Barbarossa als Kaiserpfalz gegründet.

Die dritte Tour beginnt im Oranier-Ort **Dillenburg** und führt über **Herborn**, **Wetzlar**, **Braunfels** und **Hadamar** bis

Deutschland

zur Bischofsstadt **Limburg an der Lahn**. Sehenswert neben Dom und Schloss ist auch das »Haus der sieben Laster«. Kneippen kann man in **Bad Camberg**, während **Idstein** mit Burg und Hexenturm im Zentrum lockt. Die Sekt- und Gutenbergstadt **Eltville** kombiniert Fachwerk mit prunkvollen Patrizierhäusern.

Von hier geht es aufs letzte Teilstück nach Südhessen: **Trebur**, **Dreieich** und **Dieburg**, wichtig im mittelalterlichen Kaiserreich. Malerisch ist die Brüder-Grimm-Stadt **Hanau** mit **Steinheim**, beeindruckend **Seligenstadt** mit Papstbasilika und Kloster. Es folgen die Residenzstadt **Babenhausen** und die Schlösserstadt **Groß-Umstadt**, kurz vor dem Odenwald – Heimat der Glas- und Elfenbeinkunst. **Wertheim** und **Miltenberg**, **Walldürn**, **Erbach** und **Reichelsheim** erzählen von vergangenem Reichtum.

Süden: Zum Schwarzwald und zum Bodensee

Die südlichste Route beginnt am Neckar, im Fachwerkstädtchen **Mosbach** mit dem Palmschen Haus. Durch **Eppingen** führt gar ein Fachwerklehrpfad, durch **Besigheim** ein Skulpturenpfad, in **Bietigheim-Bissingen** locken Eisenbahnviadukt und Hornmoldhaus. In **Vaihingen** wacht Schloss Kaltenstein über das Fachwerk-Ensemble, in Markgröningen die trutzige St.-Bartholomäus-Kirche. In **Marbach am Neckar** steht Schillers Geburtshaus, in **Schorndorf** das von Gottlieb Daimler und die prächtige Palmsche Apotheke, und **Esslingen** punktet mit der ältesten Fachwerkzeile Deutschlands. **Kirchheim unter Teck** gilt auch als Fliegerstadt. In **Bad Urach** – mit Wasserfall und Fachwerkschloss – teilt sich die Strecke.

Richtung Schwarzwald geht es nach **Herrenberg** mit Fachwerkpfad, über **Calw** – mit Hermann Hesses Geburtshaus, Klosterruine und Wasserrad – bis in die Flößerstadt **Altensteig**. **Dornstetten** bietet einmaliges Rundfachwerk, **Schiltach** ein Apothekermuseum am Bilderbuch-Marktplatz. Nach **Haslach** mit dem Schwarzwälder Trachtenmuseum folgen **Gengenbachs** Türmesilhouette und das Blumen- und Weindorf **Sasbachwalden**.

Ostwärts führt der Weg ab **Bad Urach** zunächst durch **Blaubeuren** mit Fachwerkkloster, gefolgt von **Riedlingen**, **Biberach** – Station der »Schwäb'schen Eisenbahne« – und **Pfullendorf**. Ziel ist **Meersburg** am Bodensee, »Juwel europäischen Städtebaus«.

Gotisches Haus erbaut um 1340 — Ältestes Fachwerkhaus Hessens

Das Gotische Haus von Gelnhausen ist eines der ältesten Fachwerkhäuser Hessens.

Persönlicher Tipp

SÜDDEUTSCH VERNAGELT

Am breiten Abstand zwischen den Ständerbalken und den sogenannten doppelten Rähmhölzern ist das oberdeutsche oder alemannische Fachwerk zu erkennen. Zwischen Neckar und Bodensee bis hinunter in die Schweiz und nach Österreich war es verbreitet, vom Schwarzwald bis zum Böhmerwald. Diese Fachwerkbauten gehören zu den ältesten Deutschlands, sie datieren bis zurück ins 14. Jh. und wurden im 16. Jh. sogar verboten. Denn die Balken wurden »verblattet« und mit Holznägeln verbunden, was sich mit der Zeit als weniger stabil herausstellte, besonders wenn ein Haus brannte. Spätestens nach drei Jahrhunderten hatte sich deshalb auch im Süden das fränkische Fachwerk durchgesetzt. Gut erhaltene Beispiele sind selten, etwa das »Nonnenhaus« in Rottenburg am Neckar, das »Gotische Haus« in Gelnhausen, die Rathäuser in Besigheim und Markgröningen, Teile der Altstadt von Esslingen/Neckar, das Frechshaus in Forchheim sowie das prächtige Palmsche Haus im ohnehin sehenswerten Marktplatz-Ensemble in Mosbach.

Deutsche Fachwerkstraße

Infos und Adressen

REISEROUTE
Zusammen rund 3000 km, wird noch erweitert. Nordstrecken: von Stade bzw. Bleckede nach Duderstadt. Mittelstrecken: von Stolberg nach Schmalkalden, von Hann. Münden nach Steinau, von Dillenburg nach Frankfurt-Höchst und von Trebur nach Wertheim. Südstrecken: von Mosbach nach Bad Urach, ab dort westlich bis Sasbachwalden, östlich bis Meersburg

BESTE REISEZEIT
Ganzjährig, besonders schön im Frühjahr und Sommer.

SEHENSWERT
Rundlingsmuseum Lubeln. Das Freilichtmuseum im Wendland zeigt die uralte Siedlungsform, mit noch 13 historischen Höfen – im Sommer mit Aktionstagen.
Wolfcenter Dörverden. Ziel ist, dass Wölfe nicht als Bestien behandelt werden. Hier erlebt man sie artgerecht. Auch Übernachten und Speisen möglich.
Natur- und Geopark TERRA.vita, Bad Essen. UNESCO-gelisteter Geopark mit 300 Millionen Jahren Erdgeschichte.
Tübingens »Nonnenhaus« von 1488 war bis Mitte des 16. Jh. Heimstatt von Ordensfrauen.

Bockbier in Einbeck. Im 13. Jh. kreierten hiesige Brauer das Bockbier – heute führt ein Bierpfad durch den Ort, samt Stadtmuseum mit Bockbierabteilung.
Alte Posthalterei, Stolberg. Mit der historischen Postkutsche durch den Südharz, rund um den Erlebnishof mit Café, Bioscheune und Deutschlands einzigem Holzwurmmuseum.
Hessenpark, Neu-Anspach. Rund 100 Baudenkmäler aus ganz Hessen sind hier original wieder aufgebaut. Mit altem Handwerk und Freilichttheater.
Mikwe, Rotenburg. Informatives jüdisches Museum rund um ein rituelles Tauchbad im kleinen Fachwerkhaus.
Märchenbrunnen Wolfhagen. Verkörpert das Stadtmärchen vom Wolf und den sieben Geißlein. Lesungen in »Grimms Märchenkeller« sind ein Erlebnis.
Weltgrößte Weihnachtskerze, Schlitz. Weihnachtsmarkt der hessischen Kleinstadt rund um den als 42 m hohe rote Kerze verkleideten Turm.
»Teufelshöhle«, Steinau. Hessens älteste Tropfsteingrotte mit Stalaktiten, Fledermäusen und Dom.
Burgruine Eppstein. Hoch überm Taunusstädtchen, beherbergt sehenswertes Rittermuseum, Spielort jährlicher Burgfestspiele.
Deutsches Elfenbeinmuseum, Erbach. Fürsten und Könige bezogen feinste Elfenbein-Schnitzereien aus den Odenwälder Werkstätten, das einmalige Museum zeigt Jahrhunderte dieser Handwerkskunst.
»Schöne Eiche« von Harreshausen. Markanter 550 Jahre alter Baum, Mutter aller Stieleichen Europas.
Flößerführung Altensteig. Hier wird das alte Handwerk wieder lebendig, im September geht's zum Flößerfest gar aufs Wasser.
Blutwunder von Walldürn. Wallfahrtskirche rund um das Ereignis von 1330 – heute größter eucharistischer Wallfahrtsort Deutschlands.

ESSEN UND TRINKEN
Knechthausen. Beste junge Küche in Stade, natürlich im rustikalen Fachwerkhaus. www.restaurant-knechthausen.de
Torschreiberhaus. Feine Frischeküche mit rustikaler Note, freundliches Ambiente mit Sommerterrasse. In Stadthagen. www.torschreiberhaus.de
Brodhaus Einbeck. Niedersachsens ältestes Wirtshaus, seit 1333 am Marktplatz – frische, urige Regionalküche mit gezapftem Einbecker Bockbier. www.mackes-brodhaus.de

Löwenherz. Überraschend Kreatives im hessischen Landgasthof in Wehrheim, Eventgastronomie mit *Ebbelwoi* und Selbstgebranntem.
www.löwen-herz.com

Pflasterschisser. Uriges Traditionslokal im Schatten der Burg in Eppstein, leckere Kombinationen, im Sommer auch auf dem Kopfsteinpflaster.
www.pflasterschisser.com

Farmerhaus. Ein Hauch von Afrika in den hessischen Weinbergen, Leckeres auf hohem Niveau. In Groß-Umstadt.
www.farmerhaus.de

Michelstädter Rathausbräu. Frisch gebraut – und gebrannt – mitten im Odenwald, Deftiges in gemütlicher Gaststube.
www.rathausbraeu.de

Pedi Restaurant & Vinothek. Familiäres Restaurant mitten in der Biberacher Altstadt, gehobene Weinkarte und Biergarten.
www.pedi-bc.com

SHOPPING

Handwerk im Harz. Für Glaskunst, Porzellan, Baumkuchen und Schmiedehandwerk ist der Harz bekannt – hier findet man auch Europas kleinste Porzellanmanufaktur.
www.porzellan-huetter.de

Biohof Gensler, Rhön. Kulinarisches direkt vom Hersteller – vom Bio- und Erlebnis-Bauernhof in Poppenhausen, samt Frischem aus dem Holzbackofen.
www.bio-hof-gensler.de

Schmuck im Odenwald. Die Elfenbeinschnitzer begründeten die Tradition, fein gearbeiteten Schmuck vom Juwelier bieten Erbach und Wertheim.

Outletcity Metzingen. Gehobene Marken von Armani bis WMF, versammelt. www.outletcity.com/de/metzingen/

Schmuckwelten Pforzheim. Erlebniswelt, Shoppingcenter und Museum rund um Uhren, Mineralien und Schmuck auf rund 4000 m².
www.schmuckwelten.de

AUSGEHEN

Schlosstheater Celle. Ältestes Barocktheater Europas, bunter Spielplan.
www.schlosstheater-celle.de

Kunstmühle in Veckenstedt/Harz. Musik und Theater, Literatur und Tanz nahe Wernigerode. www.kunstmuehle-veckenstedt.com

Buchcafé Bad Hersfeld. Kleinkunst, Kabarett, Konzerte – rund 100 Events pro Jahr im Kulturzentrum. www.buchcafe-badhersfeld.de

Rockarena Limburg. Kulturzentrum mit Konzerten, Motto-Partys und Diskothek.
www.rockarena-limburg.com

Lilli Chapeau. Kleinstes Theater der Welt, 31 Sitzplätze und vielfältiges Programm. In Miltenberg. www.lilli-chapeau.de

ÜBERNACHTEN

Hotel Union. Hübsches familiäres Viersternehaus in der Salzwedeler Altstadt, mit Restaurant und Biergarten. www.hotel-union-salzwedel.de

Hotel Schifferkrug. Charmantes Fachwerkhotel in der Altstadt von Celle, rustikal und herzlich, mit großem Gartenlokal. www.schifferkrug.de

Herberge im Kleegarten. Im historischen Fachwerk-Gutshof in Heldra im Werratal kann man im Himmelbett nächtigen, auf dem Strohsacklager oder im Zigeunerwagen. www.herberge-im-kleegarten.de

Hotel Kloster Haydau. Modern behaglich am alten Kloster von Morschen, mit gutem Restaurant.
www.hotel-klosterhaydau.de

Die Reichsstadt. Mitten in die Gengenbacher Altstadt eingebettetes Vier-Sterne-Boutiquehotel mit Spa, Garten und bester Küche. www.die-reichsstadt.de

Hotel Villa Seeschau. Feines Familienhotel mit Fernblick hoch überm Bodensee, mit Liebe zum Detail. In Meersburg.
www.hotel-seeschau.de

WEITERE INFOS

Deutsche Fachwerkstraße: www.deutsche-fachwerk-strasse.de

Seinem Namen treu ist das »Kleinste Haus« in Wernigerode, tatsächlich ist es nur 2,95 m breit.

Quer durch Deutschland

5 Deutsche Technik »erfahren«

HIGHLIGHTS

Gutenberg-Museum Mainz. Wie schrieben die Ägypter, wie die Mönche? Spielerisch zu erforschen.

BASF Ludwigshafen. Die spannende Welt der Chemie im Alltag erkunden, auf dem größten Chemieareal der Welt.

Museumsschiff-Raddampfer Kaiser Wilhelm. Dieses Museum, mit 110 Jahren Deutschlands ältester noch arbeitender Raddampfer, bewegt sich über Lauenburgs Gewässer.

Gläserne Manufaktur Dresden. Vor aller Augen fertigt VW seinen Phaeton.

FESTE UND VERANSTALTUNGEN

Movimentos. Internationale Kulturwochen rund um den Tanz, von April bis Juni in Wolfsburg.

Kieler Woche. Das größte Segelsportevent der Welt, im Juni.

Heidelberger Schlossfestspiele. Theater, Oper und Konzerte von Juni bis August.

UFA Filmnächte. Stummfilm-Szenen unterm Sternenhimmel, mit Live-Klaviermusik, im August mitten in Berlin.

Oktoberfest. Ende September bis Anfang Oktober in München.

Tief unterm Harz geht's im Besucherbergwerk Rammelsberg an mächtigen Rädern vorbei.

Langweilig und theoretisch? Im Gegenteil: Tief eintauchen und selbst erforschen ist quasi das Motto der »Deutschen Technikstraße«. Zwar ist sie keine Straße im eigentlichen Sinne, weil die Orte verstreut liegen am Straßennetz der Republik. Doch unter dem Namen sind zahlreich jene Plätze im ganzen Land versammelt, wo sich die spannenden Seiten von Naturwissenschaft und Technik direkt erleben lassen.

Innovation und Achterbahn

Autostadt oder Zeppeline? Seifenblase oder freundlicher Algorithmus? Schnittige Segelschiffe, riesige Bergbau-Bagger oder Mini-Modellbahnwelt? Es gibt eigentlich nur zwei Empfehlungen für Besucher der »Deutschen Technikstraße«: erstens hinfahren, zweitens mitmachen. Im Uhrzeigersinn startet der Überblick im Westen.

»Tief im Westen, wo die Sonne versinkt«, sang Herbert Grönemeyer über Bochum. Genau dort zeigt das **Deutsche Bergbau-Museum**, wie die Arbeit der Kumpels unter Tage ihr Leben und die ganze Region prägte. Die **Zeche Zollverein** in Essen ist heute gar Kulturzentrum und ebenso Teil des UNESCO-Welterbes wie die **Völklinger Hütte**. Mit Helm und Lampe können Besucher mancherorts selbst Stollen erforschen, etwa in Witten in der **Zeche Nachtigall**, in der **Bergbau-Erlebniswelt** in Imsbach, im **Besucherbergwerk Rischbachstollen** in St. Ingbert oder im **Saarländischen**

Deutschland

Das altehrwürdige Gebäude des Deutschen Museums steht mitten auf einer Isar-Insel.

Bergbaumuseum in Bexbach. Für Kinder besonders spannend die »Zeche Knirps« in der Bochumer **Zeche Hannover**.

Um Elektrizität im Alltag geht es beim ersten **Elektrizitätswerk** Deutschlands in Engelskirchen und im **Museum Strom und Leben** in Recklinghausen. Transportgeschichte spiegelt sich im **Deutschen Straßenmuseum** Germersheim und dem **Eisenbahnmuseum Bochum-Dahlhausen** wider.

Der Norden in Bewegung

Wasser, Schiffe, mehr? Tatsächlich locken marine Technik in den Norden der Republik, allen voran das **Deutsche Schifffahrtsmuseum** in Bremerhaven. Varianten zeigen die **Maritimen oder Schiffsmuseen** in Hamburg, Lauenburg, Husum und Kiel – während in den **Nordseewerken Emden** und der **Meyer Werft** Papenburg tatsächlich noch gebaut wird.

In und um die Luft geht es vielmehr bei **Airbus** und bei **Lufthansa** in Hamburg, hier wird Technik konstruiert und gewartet. Historisches zeigen das **Hubschraubermuseum Bückeburg**, das **Luftfahrtmuseum Laatzen** – und nicht zuletzt Henrich Fockes erstaunlicher **Windkanal** in Bremen. Schiffe, Flieger, Bahnen und Autos kombiniert grandios das **Miniatur-Wunderland Hamburg**, die weltgrößte Modelleisenbahnanlage der Welt.

Naturwissenschaft allgemein? Interaktive Antworten liefern die Science Centers **Universum** in Bremen, **Phänomenta** in Flensburg und **Phaeno** in Wolfsburg, während das **Elektromuseum** in Rendsburg, das **Historische Sägewerk** in Kappeln und das **Landwirtschaftsmuseum** in Meldorf voll auf handfeste historische Technik setzen. Rund ums weiße Körnige geht es etwa im **Deutschen Salzmuseum** an der Lüneburger Saline und am **Museum für Kali- und Salzbergbau** in Ronnenberg, während es bei **Nordwolle** in Delmenhorst flauschiger wird. Und schließlich bieten das **Besucherbergwerk Rammelsberg** als UNESCO-Welterbe in Goslar und das **Oberharzer Bergwerkmuseum** in Clausthal-Zellerfeld Einblicke in den Bergbau im Harz.

Der Osten brummte

Wassertransporte dokumentiert das **Schiffbau- und Schifffahrtsmuseum**, ebenso das **Schiffshebewerk Niederfinow** und das **Wasserstraßenkreuz Magdeburg**, das größte Europas. Das **Historisch-Technische Informationszentrum Peenemünde** informiert derweil über Raketen-

Persönlicher Tipp

GRÖSSTES TECHNIKMUSEUM DER WELT

Gaaaanz langsam schwingt es, mehrere Stockwerke höher an der Decke befestigt, das Focaultsche Pendel. Mit Umberto Eco ist es auch in die Literaturgeschichte eingezogen, eigentlich zeigt es aber ganz anschaulich, dass sich die Erde dreht. Unter der Spitze des riesigen Pendels hinweg. Kinder stehen meist mit offenem Mund davor – Erwachsene ebenso. Und dies ist nur eins der vielen Exponate im Deutschen Museum in München. Hier sind die real gewordenen Träume von Tüftlern und Forschern ausgestellt, vom mittelalterlichen Alchimisten-Labor bis zum Teilchenbeschleuniger. Künstliche Blitze kann man erleben, ein enges kaiserliches U-Boot durchklettern oder tief in den künstlichen Bergbaustollen unter dem Museum eintauchen. Aber auch DNA-Technik, Raumfahrt oder Neue Energien kommen nicht zu kurz, Sonderausstellungen liefern zusätzliche Aspekte – sodass ein Tag den meisten Besuchern hier zu kurz ist. Selbst den Kleinen: Die vergnügen sich bei Spiel und Experiment im »Kinderreich«.

Persönlicher Tipp

KLIMAHAUS BREMERHAVEN

Wüste, Eismeer, Trockensteppe: Immer am 8. Längengrad entlang führt das Haus spielerisch und eindrucksvoll einmal rund um die Welt. Mitten hindurch durch die verschiedensten Klimazonen. Auf fast 19 000 m² sind viele detaillierte Szenerien möglich, die Besucher queren fast lebensechte Naturlandschaften – in der »Antarktis« ist es wirklich unter 0 °C, in »Afrika« tropisch heiß. Natürlich stehen dabei auch Probleme im Fokus: aufgehängt an vergangenen Klimaveränderungen der Erdgeschichte, die Tiere und später auch Menschen auf dem Erdball umherziehen ließen. Vulkane können ausbrechen, Gewitterstürme loslegen bei den Besucher-Experimenten im Klimahaus. Moderne Erkenntnisse der Klimaforschung unterfüttern die Erlebnisse anschaulich, zusammen mit Ideen zum Umgang mit Energie und Klimawandel. Wer tiefer in die Materie eindringen will, findet hier Material für Tage. Doch auch das schnelle Herumspielen im Bereich Chancen könnte den CO_2-Ausstoß senken helfen.

Das Bremerhavener Klimahaus, abends schön erleuchtet, gehört zum erneuerten Hafen.

technik. Auch Schienentechnik bietet der Osten, vom **Eisenbahn- und Technikmuseum** in Schwerin bis zum **Berliner S-Bahn-Museum** in Potsdam. Luftfahrt hingegen zeigen das **Technikmuseum Hugo Junkers** Dessau-Roßlau und das **Otto-Lilienthal-Museum** Anklam. In Zwickau locken das **August Horch Museum** und auf Schloss Augustusburg das **Motorrad-Museum**.

Während das **Feuerwehr- und Technikmuseum Eisenhüttenstadt** sich auf historische Löschtechnik konzentriert, lässt das **Ferropolis** in Gräfenhainichen gigantische Schaufelrad- und Eimerkettenbagger bestaunen. Und auch im **Museum Eisenhüttenwerk** in Peitz gibt es Schwerindustrie zum Berühren.

Tagebau war nicht selten in Sachsen und Thüringen, wie auch die **Brikettfabrik Louise** in Domsdorf und das **Museum Saigerhütte** in Olbernhau zeigen. In Großräschen jedoch wurden Tagebaugruben wieder geflutet und beherbergen jetzt schwimmende Häuser, Jachthäfen und eine neue alte Burganlage der **Internationalen Bauausstellung Fürst-Pückler-Land**.

Berühmt ist der Osten Deutschlands aber wohl für seine Feinindustrie – von der **Staatlichen Porzellan-Manufaktur Meißen** samt Schauwerkstätten bis zum **Historischen Glasapparatemuseum** in Cursdorf, wo technische Röhren

In Volkswagens Gläserner Manufaktur Dresden ist fast jeder Produktionsschritt mitzuerleben.

Deutschland

Das Trockendock der Papenburger Meyer Werft – Geburtsort vieler Kreuzfahrtschiffe

noch aktiv gezeigt werden. Da darf natürlich auch das **Optik Industrie Museum Rathenow** nicht fehlen, aus deren Werken das erste Weitwinkelobjektiv der Welt stammt. Auch das **Optische Museum Jena**, das mit Mikroskopen, Ferngläsern und -rohren sowie Kameraobjektiven Ernst Abbés Erbe weiterführt. In Königs Wusterhausen zeigt das **Sender- und Funktechnikmuseum** die Wiege des Rundfunks in Deutschland.

Tüftler im Süden

Die Arbeit von Glasmachern ist auch in der **Glashütte Eisch** in Frauenau erlebbar, während die **Fraunhofer-Glashütte** in Benediktbeuern und der **Optikparcours** in der Leica-Stadt Wetzlar auf optische Instrumente setzen. Das **Deutsche Uhrenmuseum** steht in Furtwangen und das **Uhrenindustriemuseum** in Villingen-Schwenningen. Und das **Elztalmuseum Waldkirch** bietet 200 Jahre Orgelbau- und Orgelspieltradition.

Einzelne Tüftler waren so herausragend, dass sie ihr eigenes Museum bekamen, allen voran das **Konrad-Zuse-Haus** in Hünfeld, dem Konstrukteur des 1938 ersten Computers Z1 gewidmet. Das **Liebig-Museum** in Gießen ehrt den Vater der modernen Chemie in seinem Original-Labor, das **Carl-Bosch-Museum** in Heidelberg den Chemie-Nobelpreisträger und das **Philipp-Reis-Haus** in Friedrichsdorf den Telefonie-Erfinder.

Verschiedene **Bergbau-Museen oder Stollen** hat auch der Süden zu bieten, etwa in Solms-Oberbiel, Heringen, Aalen-Wasseralfingen, Schriesheim und Berchtesgarden. Und selbstverständlich geben auch hier die Autobauer Einblicke in Werk und Geschichte: im **Mercedes-Benz-Museum** Stuttgart, im **Porsche-Museum** Stuttgart-Zuffenhausen und in der **BMW Welt München** – ergänzt vom **Auto- und Technik-Museum** in Sinsheim.

Wer sich nun in die Luft erheben möchte, sollte an den Bodensee fahren, zu **Werft und Museum der Zeppeline**. In der **Flugwerft Schleißheim** in Oberschleißheim dreht sich alles um Flieger von Lilienthals Segler bis zu Überschalljets. Wenigstens etwas über die Erde geht es mit den **Heidelberger Bergbahnen**, ebenfalls im Rahmen der Technikstraße. Und noch rasanter, vielleicht zum Abschluss, sind im **Europa-Park Rust** hautnah zu erleben: die technischen Leistungen der Achterbahn-Konstrukteure.

Persönlicher Tipp

GROSSE PÖTTE FÜR DIE WELT

Mitten im platten Emsland weiden Kühe auf saftig grünen Wiesen, Vögel zwitschern, idyllisches Landleben – während sich hinter ihnen plötzlich langsam ein riesiges weißes Kreuzfahrtschiff durch die Landschaft schiebt. Keine Fata Morgana, sondern eine Erfolgsgeschichte »Made in Germany«: Die Schiffe der Meyer-Werft im niedersächsischen Papenburg sind so begehrt in der Welt, dass sie mit denen großer Schiffbaukonzerne in Asien mithalten können. Immer größer werden sie dabei: Mehr als 300 m Länge und 120 000 Bruttoregistertonnen sind keine Seltenheit. Bei einer Werftführung hinter die Kulissen lässt sich anschaulich erleben, wie solch eine »schwimmende Stadt« entsteht und Formen annimmt. Und auf den Deichen entlang der Ems ist alle paar Monate Spektakel angesagt, Volksfeststimmung mit Schaulustigen und Currywurst: Dann verlässt wieder ein großer Pott das Werk – da das aber 36 km im Inland liegt, ist Millimeterarbeit gefragt. Über die Ems ans Meer, mitten durch grüne Wiesen. www.meyerwerft.de

Deutsche Technik »erfahren«

Infos und Adressen

REISEROUTE
Beliebige Route

BESTE REISEZEIT
Ganzjährig

SEHENSWERT
Freudenthaler Sensenhammer, Leverkusen. Industriemuseum rund um Sensenfabrik aus dem 19. Jh., mit Wasserkraft und Schmiede-Show.
Schwebebahn Wuppertal. Fast 14 km über der Wupper hängend, seit 1901 ein Erlebnis – nicht nur für Elefanten.
Schiffshebewerk Henrichenburg. Frachter bis 750 Tonnen hievte das Bauwerk seit 1899 problemlos empor, am Dortmund-Ems-Kanal.
Heinz Nixdorf Forum, Paderborn. Fünf Jahrtausende Informations- und Kommunikationstechnik im weltgrößten Computermuseum.
Radioteleskop Effelsberg, Bad Münstereifel-Effelsberg. Den Klängen des Alls lauschen, mit einem der größten vollbeweglichen Radioteleskope überhaupt.
Talentarium, Bielefeld. Das Berufserlebnishaus lässt »normale« und unbekannte Jobs fühlen, testen, begreifen.

Dynamikum, Pirmasens. Selber experimentieren an 160 Stationen rund um Bewegung in Natur und Technik.
Luftfahrtmuseum Laatzen. Zu Ehren des hannoverschen Flugpioniers Karl Jatho sind hier 36 Flieger und fast 700 Modelle zu sehen.
Autostadt Wolfsburg. Autos, nichts als Autos … Künstlerisch und spielerisch lässt sich hier ihre Bedeutung erleben.
Wind- und Wassermühlen-Museum Gifhorn. Mit 15 originalen Mühlen aus 12 Ländern, rund um die Müllerei.
Deutsches Technikmuseum, Berlin. Raumfahrt oder Textilindustrie, Druck-, Bier und Filmtechnik oder Schiffahrt – anschaulich.
Museumsdorf Baruther Glashütte. Ein Glasmacher-Ort, originalgetreu erhalten, zeigt Technikgeschichte – und den Erfinder der Thermoskanne.
Feengrotten Saalfeld. Einst thüringisches Bergwerk, heute voller Tropfsteine und farbiger Sedimente.
Technologiezentrum Garage, Leipzig. Verdeutlicht Kindern die Zusammenhänge zwischen Naturwissenschaft, Technik und Wirtschaft.
Mathematikum Gießen. Knobeln, Algorithmen zum Anfassen und spielerische Mathematik zuhauf.

Viseum Wetzlar. Ein Laserstrahl führt Raum für Raum durch die Welt des Lichts.
Siemens-Forum München. Innovationen im Hause Siemens verbreitet das Forum schon seit 1816.

ESSEN UND TRINKEN
Aqua. Gourmettempel mit Ausblick, raffinierte Küche direkt an der Autostadt. Wolfsburg. www.restaurant-aqua.com
Haveli. Vielfältige indische Küche in herzlichem Ambiente, im Sommer mit Biergarten. Berlin. www.haveliberlin.de
Schmidt's. Slow Food und Fusion-Ideen auf hohem Niveau in frisch-mediterranem Lokal,

Blick über die Elbe, von Hamburg-Blankenese auf das Airbus-Werk am anderen Ufer

auch mit Kochkursen. Dresden. www.koenig-albert.de

Das Dog. Hotdogs für Genussesser im Stehlokal – bis zu zwölf Varianten der heißen Würstchen, auch vegetarisch. Dortmund. www.facebook.com/DASDOGeatery

Kreuzblume. Frische Kreativküche in Freiburg, spannende Kombinationen für den Gaumen. www.hotel-kreuzblume.de

red – die grüne küche. Vegetarisch und vegan auf hohem Niveau, natürlich mit regionalen Biozutaten. Gaumenfreuden mit Stil. Heidelberg. www.red-diegruenekueche.com

Zeppelin Hangar. Chic mit bestem Blick auf die »fliegenden Zigarren« bei Start und Landung. Friedrichshafen.

Der Verrückte Eismacher. Sogar im Winter ein Muss – neben den klassischen Sorten auch Grünkohl-, Bier- oder Weißwurst-Eis, überraschend lecker. In München.

SHOPPING

KaDeWe. Ein Klassiker, das Berliner Kaufhaus des Westens. Kreatives auch rund um die Hackeschen Höfe und den Kurfürstendamm. www.kadewe.de

CentrO. In Oberhausen im Herzen des Ruhrgebiets ein Erlebnis für sich – Europas größtes Einkaufs- und Freizeitzentrum. www.centro.de

Altstadt Freiburg. Viele kleine Läden in der Salzstraße, Konviktstraße und Oberer Altstadt. www.freiburg.de

Viktualienmarkt München. Echtes Marktflair seit 1807, Freigelände und Hallen – hohe Preise, aber ein Erlebnis. www.muenchen.de

Manufactum, Hamburg. Die »guten alten Dinge« nach traditioneller Handwerkskunst – ein Kaufhaus für Nostalgiker. www.manufactum.de

AUSGEHEN

Cotton Club. Legendär, der älteste und beste Jazzclub der Hansestadt. Herrlich altmodische Atmosphäre. Alster, Hamburg. www.cotton-club.de

Bars in Berlin. Schicke Etablissements und rauchige Tresen – die Barszene hat hier Spannendes zu bieten.

Semper-Oper Dresden. Weltberühmt mit wechselvoller Geschichte, Symphonie, Ballett und Oper. www.semperoper.de

Bermuda3Eck. Versacken zwischen Bars und Tanzpalästen, Kino und Currywurstbuden in Bochum. www.bermuda3eck.de

ÜBERNACHTEN

Ringhotel Birke. Wo Business auf Wellness trifft: Helles, freundliches Viersternehaus mit kleinen und großen Räumen am Ortsrand von Kiel. www.hotel-birke.de

Palacina. Großzügige, gut ausgestattete Apartments zentral im gediegenen Alt-Berliner Stil. Berlin. www.palacina.com/berlin/

Max Hotel Garni. Mittendrin, aber anders – das Motto passt zum kleinen, aber feinen Haus an der Kö in Düsseldorf. www.max-hotelgarni.de

Holländischer Hof. Hotel für Romantiker, direkt an einer historischen Brücke in Heidelberg. Jeder Raum ist anders geschnitten. www.hollaender-hof.de

Waldhotel Stuttgart. Im Grünen am Fernsehturm, dennoch nah am Zentrum – geräumig, großer Innenhof, mit historischem und modernem Teil, freundlicher Service. www.waldhotel-stuttgart.de

Hotel Laimer Hof. Hübsches Familienhotel in alter Münchner Stadtvilla, romantisch freundlich. www.laimerhof.de

WEITERE INFOS

Technikstraße:
www.deutsche-technikstrasse.de

Überblickskarte und -liste als PDF: www.sachen-machen.org

Ausflugsboote auf dem Bodensee legen auch in Friedrichshafen an, nahe dem Zeppelinwerk.

37

Quer durch Deutschland

6 Deutsche Limesstraße

HIGHLIGHTS

Saalburg/Bad Homburg. Das einzige vollständig rekonstruierte Römerkastell.

Limesmuseum Aalen. Größtes Reiterkastell nördlich der Alpen, teilweise freigelegt.

Limesmuseum Osterburken. Meisterwerke antiker Bildhauerkunst, Gegenstände des römischen Alltags.

RömerMuseum Weißenburg. Spektakulärer Schatzfund mit silbernen Weihegaben und Bronzestatuetten.

FESTE UND VERANSTALTUNGEN

Feste, Aktionstage und Workshops in der RömerWelt in Rheinbrol, März bis Oktober.

Römerfest. Am Limesturm in Taunusstein, im Oktober.

Thementage, Aktionswochen, Archäologo-Camp, Römische Abende. Jahresprogramm der Saalburg.

Römertage. Ende Mai/Anfang Juni in Welzheim.

Internationale Römertage. Alle zwei Jahre im September, in Aalen.

Römerfest mit Gladiatorenzug. Im August in Kipfenberg.

Salve Abusina! Bayerns größtes Römerfest, im August in Bad Gögging/Eining.

Durch das prächtige Ellinger Tor geht es hinein in die alte Reichsstadt Weißenburg.

Im 2. bzw. 3. Jahrhundert n. Chr. bildete der Limes die Außengrenze des Römischen Reiches zwischen Rhein und Donau. Über 550 km zog sich die Grenzbefestigung gegen die »barbarischen« Germanen hin. Heute ist sie eines der weltweit größten Bodendenkmäler und UNESCO-Weltkulturerbe. Die Ferienstraße folgt dem Verlauf des Limes, begleitet von archäologischen Parks und Römermuseen sowie von rekonstruierten Kastellen, Wachtürmen, Palisaden und Mauern.

Reise in die Römerzeit

Am rechten Rheinufer, wo heute die Winzer von **Rheinbrol** ihren Wein anbauen, lag einst das *Caput Limitis*: der Beginn des Obergermanischen Limes zum Schutz der römischen Provinz Germania superior. Heute erwartet hier die Römer-Welt mit einem Erlebnismuseum und einem rekonstruierten Wachturm ihre Besucher. Ob der erste der 900 Türme, die den Limes einst bewachten, tatsächlich an dieser Stelle stand, ist nicht nachgewiesen, aber zumindest begegnen wir in Rheinbrol dem ersten der vielen modernen Nachbauten an der Limesstraße. In **Hillscheid** zum Beispiel hat man einen dreistöckigen Wachturm rekonstruiert und als Museum eingerichtet.

Von den rund 100 Kastellen der Limes-Grenztruppen sicherten zwei den wichtigen Lahnübergang bei **Bad Ems**. Zu besichtigen sind die Nachbauten der Palisaden und des

Rheinland-Pfalz, Hessen, Baden-Württemberg, Bayern

Turms auf dem Winterberg und antike Funde im Museum. Als Bodendenkmal ist der Limes unseren Blicken ja weitgehend entzogen, verdeckt von Erde und Vegetation oder auch in nachrömischer Zeit überbaut. Doch immer einmal wieder kann man seinen Verlauf im Gelände anhand von Gräben und Wällen gut nachvollziehen, etwa im westlichen Taunus auf dem Limeswanderweg zum **Kastell Holzhausen** am Grauen Kopf.

Vom Leben der Grenztruppen

Ein echtes Highlight an der Ferienstraße ist die **Saalburg** bei Bad Homburg, das einzige komplett rekonstruierte römische Militärlager. Wie die meisten anderen Kastelle am Obergermanischen Limes entstand es um das Jahr 90 n. Chr., wurde Mitte des 3. Jh. in der Krise des Römischen Reiches aufgegeben und verfiel danach. Nach sorgfältiger wissenschaftlicher Erforschung wurde die Saalburg inzwischen originalgetreu wieder aufgebaut, mit Wehrmauer, Toren, Kommandantur, Getreidespeicher, Mannschaftsunterkünften, Straßen und Brunnen. Auch der Laie kann sich hier lebhaft vorstellen, wie so ein römisches Kastell einst aussah. Informationstafeln erläutern die Lebenswelt der römischen Grenztruppen, archäologische Funde zeigt das Museum. Ein Zeichen der römischen Zivilisation war das öffentliche Bad, auch bei den Militärlagern; in **Hanau-Kesselstadt** sind die Grundmauern der Kastellthermen freigelegt.

Ein römischer Prunkhelm, kostbarer Fund aus dem Limeskastell Abusina/Eining

Persönlicher Tipp

RÖMERWELT RHEINBROL

Wo sich das Kleinkastell genau befand, ist nicht mehr nachzuvollziehen. Aber nachdem es die Aufgabe hatte, das Caput Limitis (Haupt des Limes) zu bewachen, also den nordwestlichsten Punkt des Obergermanischen Limes, dürfte der Platz für die RömerWelt am Rand des Winzerdorfes Rheinbrol treffend gewählt sein. Zwei Wachtürme wurden rekonstruiert, der eine massiv aus Bruchsteinen, der andere in einiger Entfernung als hölzerner Aussichtsturm auf dem Beulenberg. Interaktiv und multimedial entführt das Erlebnismuseum zurück in die Römerzeit, eine Soldatenstube ist nachgebaut, eine Waffenkammer, die Werkstätten von Schmied und Steinmetz, im Außenbereich Palisaden und eine Pfahlramme. Hier wird antike Geschichte auf eine Weise lebendig, die auch Kinder und Jugendliche anspricht. »Anfassen und Ausprobieren erlaubt«, heißt es in der RömerWelt. So können die Besucher am eigenen Leib erfahren, wie schwer ein römisches Kettenhemd ist.

Wie hier bei Lorch wurden an der Limesstraße zahlreiche Wachtürme rekonstruiert.

Persönlicher Tipp

KASTELL AALEN MIT LIMESMUSEUM

Mit einer Ausdehnung von über sechs Hektar und einer Besatzung von 1000 Elitereitern und ihren Pferdeknechten war Aalen das größte und bedeutendste Militärlager am Limes. Es wurde um 150 n. Chr. errichtet und spätestens 260 n. Chr., in der Krise des Römischen Reiches, aufgegeben. Obwohl das Areal im 20. Jh. weitgehend mit Wohnhäusern bebaut wurde, konnte der Mittelteil des antiken Kastells als Archäologischer Park eingerichtet werden. Zu sehen sind etwa die freigelegten Grundmauern des Stabsgebäudes, die Nachbildung eines römischen Baukrans sowie Kopien von steinernen Statuen, Grabsteinen, Weihesteinen und Inschriften. So manches antike Prachtstück kann man dann im Limesmuseum im Original bewundern. Es ist das größte archäologische Museum am Limes, seine hervorragende Sammlung umfasst restaurierte Funde aus Aalen, Waffen, Schmuck, Keramik, Werkzeuge, aber auch antike Meisterwerke aus dem gesamten baden-württembergischen Limesgebiet, etwa die 6,50 m hohe Jupitergigantensäule aus Walheim.

Oben: Gut erhaltenes Stück Römerstraße bei Klais. Unten: Ein Glasdach schützt das Limestor in Dalkingen vor Umwelteinflüssen.

Oft genug wurden die aufgegebenen Römerkastelle im Mittelalter komplett überbaut, ein Beispiel ist **Niedernberg** am Main, wo nur noch Repliken von Funden, eine eindrucksvolle Brunnenmaske und ein Grabstein, an die antike Vergangenheit erinnern; eine Skulptur zeigt einen römischen Soldaten in voller Montur.

Im Fachwerkstädtchen **Buchen** am Westrand des Odenwalds präsentiert das Bezirksmuseum den Limes als Meisterwerk der antiken Bau- und Vermessungstechnik. Einen Eindruck von der Monumentalität der römischen Grenzbefestigung vermittelt im Limespark **Osterburken** die Rekonstruktion von Limesmauer und Wachturm. Eine weitere Attraktion ist hier das Römermuseum mit antiken Kunstwerken und Badehaus.

Am Raetischen Limes

Über den sehenswerten Archäologischen Park von **Welzheim** erreicht man die Grenze zwischen den römischen Provinzen Obergermanien und Raetien bei **Schwäbisch-Gmünd**. Die Route folgt nun also dem Raetischen Limes, zunächst nach **Aalen**, einst größtes Reiterkastell nördlich der Alpen, heute ein Höhepunkt an der Limesstraße. Mit nachgebautem Wachturm und Museum erinnert **Gunzenhausen** an die Römerzeit.

Erstaunliches zu sehen gibt es in **Weißenburg**: den originalgetreuen Nachbau des wuchtigen Eingangstors zum Reiterkastell Biriciana, das teilrekonstruierte Militär- und Zivilbad, nicht zuletzt den grandiosen 165-teiligen Römerschatz im Museum. Ebenfalls sehr sehenswert ist die römische Abteilung im Museum für Ur- und Frühgeschichte in **Eichstätt** mit Grabungsfunden aus dem nahen Kastell **Pfünz**, das auf dem Pfünzer Kirchberg teilrekonstruiert ist. Ein ungewöhnlich gut erhaltenes Stück Limes, als Damm erkennbar, entdeckt man bei **Kipfenberg**. Mit den Ausgrabungen einer römischen Badeanlage und dem Römischen Bademuseum verweist **Bad Gögging** auf seine antiken Wurzeln. Im Ortsteil **Eining** sind die Grundmauern des Kastells Abusina vollständig konserviert, sodass man sich ein gutes Bild von diesem letzten Kastell am Limes machen kann. Die Grenze des Imperium Romanum Richtung Osten bildete nun die Donau. Wir folgen ihr nach **Regensburg**, wo die mächtige Porta Praetoria an das einzige Legionslager der Provinz Raetien erinnert.

Deutsche Limesstraße

Infos und Adressen

REISEROUTE

Rheinbrol/Bad Hönningen–Hillscheid–Bad Ems–Holzhausen an der Haide/VG Nastätten–Saalburg/Bad Homburg–Hanau-Kesselstadt–Niedernberg–Buchen–Osterburken–Welzheim–Schwäbisch-Gmünd–Aalen-Gunzenhausen–Weißenburg–Eichstätt–Pfünz–Kipfenberg–Bad Gögging–Eining–Regensburg; ca. 700 km

BESTE REISEZEIT

Frühjahr bis Herbst

SEHENSWERT

Rheinbrol. RömerWelt mit interaktivem, auch für Kinder gut geeignetem Erlebnismuseum, Nachbau des ersten steinernen Wachturms am Limes, Rundwanderweg.
Bad Ems. Wichtiger Lahnübergang mit zwei Kastellen (überbaut), Funde in der Limesabteilung des Kur- und Stadtmuseums, Palisadennachbauten und Informationstafeln markieren den Verlauf des Limes.
Hanau-Kesselstadt. Freigelegte Fundamentmauern des Römerbades, das Kastell überbaut.
Buchen. Im Bezirksmuseum wissenschaftlich fundierte und anschauliche Darstellung des Limes als Meisterwerk römischer Bau- und Vermessungstechnik.
Welzheim. Wichtiger römischer Truppenstandort mit zwei Kastellen, Archäologischer Park mit restaurierten Grundmauern, einigen Rekonstruktionen, Erläuterungstafeln; im Stadtmuseum römische Funde.
Eichstätt. Funde aus dem Kastell Pfünz im Museum für Ur- und Frühgeschichte in der Willibaldsburg.
Pfünz. Römisches Kohortenkastell in exponierter Lage über dem Altmühltal, teilweise freigelegt, Nordtor, Ummauerung und Ecktürme rekonstruiert.
Kipfenberg. Rekonstruierter Wachturm, deutlich erkennbarer Limesabschnitt als Damm, spannendes Römer- und Bajuwaren-Museum.
Bad Gögging. Römisches Museum für Kur- und Badewesen mit Ausgrabungen der römischen Badeanlagen.
Eining. Römischer Militärstützpunkt und Zivilsiedlung am Ende des Limes, Grundmauern des Kastells freigelegt.
Regensburg. Faszinierende mittelalterliche Altstadt (UNESCO-Weltkulturerbe), erbaut über dem römischen Legionslager Castra Regina mit großer Zivilsiedlung, Heiligtümern und Tempeln; bauliches Relikt der Römerzeit: das Nordtor Porta Praetoria (2. Jh. n. Chr.), integriert in die Außenmauern des Bischofshofs.

ESSEN UND TRINKEN

Landhaus Arienheller. In Rheinbrol nahe RömerWelt. www.landhaus-arienheller.de
Restaurant Druckhaus am Main. Gutbürgerlich-hessische Küche in Hanau. www.druckhaus-hanau.de
Restaurant Fuggerei. In historischem Ambiente in Schwäbisch Gmünd. www.restaurant-fuggerei.de
Gasthof Adlerbräu: Traditionshaus in Gunzenhausen. www.hotel-adlerbraeu.de
Araunerskeller. Waldgaststätte mit Biergarten in Weißenburg.

ÜBERNACHTEN

Hotel St. Pierre. Hotel Garni in Bad Hönningen. www.hotelpierre.de
Parkhotel Bad Homburg. Zentral mit Parkblick. www.parkhotel-bad-homburg.de
Hotel-Restaurant Märchenwald. Ländlich-ruhig in Osterburken. www.hotelmaerchenwald.de
Aalener Römerhotel. Modernes Haus nahe Limesmuseum. www.aalener-roemerhotel.de
Hotel-Restaurant Bischofshof. Regensburger Traditionshaus nahe Porta Praetoria. www.hotel-bischofshof.de

WEITERE INFOS

Limesinformationszentrum RömerWelt am Caput Limitis: www.roemer-welt.de
Limesinformationszentrum auf der Saalburg: www.saalburgmuseum.de
Limesinformationszentrum Baden-Württemberg: www.liz-bw.de
Bayerisches Limes-Informationszentrum: www.limesinformationszentrum.de
Verein Deutsche Limesstraße: www.limesstrasse.de

Die Römerzeit wird im Archäologischen Park von Welzheim wieder lebendig.

Im Norden von Deutschland:
- 7 UNESCO-Route: Lübeck–Bremen
- 8 Entlang der Ostsee
- 9 Ausflug nach Dänemark
- 10 Zurück in die Steinzeit
- 11 Grüne Küstenstraße
- 12 Industrieroute I
- 13 Alte Salzstraße
- 14 Deutsche Fährstraße
- 15 Litera-Touren I
- 16 Schlösser-Route Münsterland
- 17 Europas Nordosten

Im Norden von Deutschland

Im Norden von Deutschland

7 UNESCO-Route: von Lübeck nach Bremen

Dem Ostseehandel verdankte Lübeck, die »Königin der Hanse«, seinen Reichtum.

HIGHLIGHTS

Altstadt von Lübeck. Wegen der geschlossenen historischen Bausubstanz und des exemplarischen Charakters für die hansische Städtefamilie im Ostseeraum in ihrer Gesamtheit UNESCO-Weltkulturerbe.

Hamburg. Speicherstadt und Chilehaus mit Kontorhausviertel (auf der UNESCO-Vorschlagsliste), Speicherstadtmuseum.

Bremen. Rathaus und Roland auf dem Marktplatz als authentische Zeugnisse für die Entwicklung von städtischer Autonomie und Marktrechten im Heiligen Römischen Reich; auf der UNESCO-Weltkulturerbeliste.

FESTE UND VERANSTALTUNGEN

Lübeck. Travemünder Woche mit Segelregatten Ende Juli, Schleswig-Holstein Musikfestival im Juli/August.

Hamburg. Hafengeburtstag im Mai und Alstervergnügen im August; Sommerfestival auf Kampnagel für zeitgenössische Musik, Theater, Tanz, Performance im August.

Bremen. Kirchenkonzerte im Dom; Bremer Freimarkt im Oktober, eines der ältesten Volksfeste Deutschlands.

Auf dieser Tour stehen drei historisch bedeutende Hansestädte auf dem Programm: Lübeck, einst »Königin der Hanse«, die Freie und Hansestadt Hamburg mit Deutschlands größtem Seehafen sowie die Freie Hansestadt Bremen mit Symbolen städtischer Freiheit.

Von Hansestadt zu Hansestadt

Mitte des 12. Jh. als erste deutsche Hafenstadt an der Ostsee gegründet, gedieh **Lübeck** zu einem lebhaften Handelsplatz, zur Vormacht im Ostseehandel und ab dem 14. Jh. zur führenden Stadt der Hanse – jener Vereinigung niederdeutscher Kaufleute, die sich zum einflussreichen Städtebund und zum ökonomischen und politischen Machtfaktor entwickelte. Das Spätmittelalter, Blütezeit der Hanse, war auch die Blütezeit Lübecks. Auf eine Zeitreise zurück in jene ruhmreiche Epoche lädt die Altstadtinsel ein. Mit rund 100 denkmalgeschützten Bauten auf engstem Raum ist sie seit 1987 UNESCO-Weltkulturerbe. Prägender Stil ist die Backsteingotik. Neben mittelalterlichen Giebelhäusern, z. B. am Museumshafen, verdienen die beiden romanisch-gotischen Kirchen, das Rathaus mit der grandiosen Schauwand und das berühmte Holstentor besondere Aufmerksamkeit.

Hamburg, eines der ersten Hanse-Mitglieder, kann bislang kein UNESCO-Welterbe vorweisen, auf der Vorschlagsliste

Schleswig-Holstein, Hamburg, Bremen

stehen aber die Speicherstadt und das Chilehaus mit Kontorhausviertel: Sehenswürdigkeiten, die sich, neben der obligatorischen Hafenrundfahrt, kaum ein Besucher entgehen lässt. Für **Bremen**, seit Karl dem Großen Bischofssitz und Handelszentrum, begann mit dem Beitritt zur Hanse 1358 ein sensationeller wirtschaftlicher Aufschwung. Für Reichtum und Bürgerstolz steht insbesondere das Rathaus, das um 1400 im Stil der Backsteingotik errichtet und um 1600 mit der prachtvollen Fassade im Stil der Weserrenaissance versehen wurde. Zusammen mit dem Rathaus wurde das davor stehende Bremer Wahrzeichen in die UNESCO-Liste aufgenommen: die steinerne Statue des Roland von 1404, altes Symbol für städtische Freiheit und Marktrecht. In direkter Nachbarschaft erhebt sich die gotische Marienkirche. Auf dem Weg zum romanisch-gotischen Dom kommt man am Haus Schütting vorbei, dem traditionellen Sitz der bremischen Kaufmannschaft im repräsentativen Renaissancestil.

Infos und Adressen

REISEROUTE
Lübeck–Hamburg–Bremen; 180 km

BESTE REISEZEIT
Ganzjährig

SEHENSWERT
Lübeck. Buddenbrookhaus mit Heinrich-und-Thomas-Mann-Zentrum.
Hamburg. Hafen und Hafenrundfahrt, Altonaer Fischmarkt, Fischauktionshalle, Kunsthalle, BallinStadt Auswanderermuseum.
Bremen. Übersee-Museum, eines der meistbesuchten Museen Deutschlands.

ESSEN UND TRINKEN
Café Niederegger. Marzipanfabrikation am Lübecker Rathaus. www.niederegger.de
Bremer Ratskeller. Traditionsgaststätte im historischen Rathaus. www.ratskeller-bremen.de

ÜBERNACHTEN
Klassik Altstadt Hotel. Zentral und ruhig schlafen in Lübeck. www.klassik-altstadt-hotel.de
Swissôtel Bremen. Zentrale Lage. www.swissotel.de

WEITERE INFOS
Schleswig-Holstein Tourismus: www.sh-tourismus.de
Hamburg Tourismus: www.hamburg-tourism.de
Bremer Touristik-Zentrale: www.bremen-tourismus.de
UNESCO-Welterbestätten: www.unesco.de

Persönlicher Tipp

DIE BÖTTCHERSTRASSE IN BREMEN

Wie die großen Baudenkmäler gehören zur Bremer Altstadt auch malerische Winkel. Man findet sie in den Gassen des Schnoor, so heißt Bremens ältestes Stadtviertel. Und man findet sie in der Böttcherstraße, der autofreien Gasse zwischen Marktplatz und Martinianleger der Fahrgastschifffahrt. Backstein-Häuserzeilen mit Läden und Galerien, Werkstätten und Lokalen begleiten die Böttcherstraße, und das Besondere ist, dass sich im Stil der Bebauung mittelalterliche Formen mit Elementen des Art déco mischen. Dieses außergewöhnliche Straßenbild entstand in den 1920er-Jahren, als der Bremer Kaffeekaufmann und Mäzen Ludwig Roselius beschloss, die damals völlig heruntergekommene Altstadtgasse komplett aufzukaufen, zu sanieren und ihr ein unverwechselbares Gesicht zu geben. Es ist ihm gelungen! Auch die beiden Museen Böttcherstraße empfehlen sich zum Besuch: das Ludwig Roselius Museum in einem altbremischen Patrizierhaus und das Paula Modersohn-Becker Museum in einem expressionistischen Backsteinbau.

Aufbruch in die Moderne: Bremens Paula Modersohn-Becker Museum von 1927

Im Norden von Deutschland

8 Immer an der Ostsee entlang

HIGHLIGHTS

Rum- und Zucker-Tour. Die Geheimnisse von Flensburgs Altstadt und historischem Hafen lüften.

Viermastbark Passat. Museumsschiff und Wahrzeichen von Travemünde.

Künstlerisches Ahrenshoop. Standort von Kunstkaten und Künstlerhaus Lukas.

Zeesenboote auf Darß/Zingst. Besonders flach fürs Fischen im Haff, heute für besondere Rundfahrten.

Hiddensee. Kleine Schwester Rügens, seit jeher Ziel von Künstlern und Literaten.

FESTE UND VERANSTALTUNGEN

Festspiele Mecklenburg-Vorpommern. Rund 130 klassische Konzerte in Wismar, Juni bis September.

Störtebeker Festspiele. Seeräuber-Saga auf einer Freilichtbühne in Ralswiek auf Rügen, Juni bis September, seit 1959.

Zappanale. Vier Tage Rock im Juli seit 1990, in Gedenken an Frank Zappa. In Bad Doberan.

JazzBaltica. Im Juli in der Ostsee-Werft, Timmendorfer Strand.

Travemünder Woche. Immer Ende Juli die zweitgrößte Segelsportveranstaltung der Welt.

Der Farbenzauber beginnt früh, wenn über der Seebrücke von Sellin die Sonne aufgeht.

Historische Seebäder und verträumte Buchten, alte Segelreviere und bizarre Strandwälder, kreative Künstler und raue Seebären – oder tiefe Blicke in die Unterwasserwelt? Zwischen Flensburg und Rügen winken vielfältige Urlaubsmöglichkeiten. Viele Zwischenstopps zum Baden sind auf jeden Fall ein Muss.

Wasser, Dünen, Hafenstädte

Am Anfang können sich Dänen und Deutsche übers Wasser zuwinken: Deutschlands Ostseeküste beginnt tief in der **Flensburger Förde**, jener Meeresbucht, die sich 40 km weit ins flache Land hineinschlängelt und hohen Seegang abhält. Kein Wunder, dass sich hier bald eine florierende Handelsstadt entwickelte: **Flensburg**. Der historische Hafen verführt zum Sitzen und Schauen, rund um den Alten Kran, den Salondampfer »Alexandra« und unzählige Segelboote.

10 km östlich steht an der Förde das **Wasserschloss Glücksburg**, eines der bedeutendsten Renaissance-Schlösser Nordeuropas. Knapp eine halbe Stunde weiter markiert eine Halbinsel den Übergang der Förde zur offenen Ostsee: Im Naturschutzgebiet **Geltinger Birk** leben sogar Wildpferde. Der Fischerort **Kappeln** mit seinem mittelalterlichen Heringszaun liegt am Eingang der Schlei – einer noch längeren, schmaleren Förde: An ihrem Ende florierte vor

Schleswig-Holstein, Mecklenburg-Vorpommern

1000 Jahren die **Wikingersiedlung Haithabu**, heute ein Museumsdorf.

Dann folgt **Eckernförde**, die wahre Heimat der »Kieler Sprotten«, und über Raps- und Kornfelder des hügeligen **Dänischen Wohld** geht es nach **Kiel**. Die Ostsee lässt sich in der Hafen- und Hansestadt entlang der Flaniermeile »Kiellinie« genießen. Am schmucken Seeheilbad **Heiligenhafen** vorbei geht es dann zu einer Stippvisite auf die Insel **Fehmarn**, als Wassersport-Eldorado auch »Hawaii Deutschlands« genannt. Am Westufer der Lübecker Bucht führt der Weg zu den einstigen Ostseebädern Westdeutschlands wie **Grömitz**, **Scharbeutz** und **Timmendorfer Strand**. Und in die Hansestadt und Heilbad **Travemünde**, literarisch verewigt in Thomas Manns *Buddenbrooks*.

In den Osten hinein

Einen Steinwurf übers Wasser entfernt liegt der **Priwall**, eine Halbinsel mit beliebtem FKK-Strand, die weit in die Bucht Pötenitzer Wiek hineinreicht. Nicht weit hinterm Strand begann das DDR-Grenzgebiet, ein Gedenkstein markiert die einstige Teilung. Heute bringt die Priwallfähre Menschen und Autos über das schmale Gewässer. Möglich ist aber auch die Fahrt rund um den Wiek, mit einem Abstecher in die Marzipan- und Holstentor-Stadt **Lübeck**. Ab **Dassow** geht es ins Ostseebad **Boltenhagen** mit Kurpark und Seebrücke.

Der Leuchtturm an der Strandpromenade ist ein Wahrzeichen des Seebads Warnemünde.

Persönlicher Tipp

RÜGEN, DIE GROSSE SCHÖNE

Buchten und Steilküsten, feinste Sandstrände und grüne Wälder – wer über den Strelasund auf Deutschlands größte Insel kommt, einst »Rugia« genannt, dem steht eine Vielfalt an Urlaubsmöglichkeiten offen. Ganz edel wie zu Kaisers Zeiten lässt sich in den vornehmen Ostseebädern Staat halten – in Binz und Sellin, Baabe, Breege und anderen, in klassischer Architektur, mit beeindruckenden Seebrücken hinaus aufs Meer. Dem Wellness huldigen und vielleicht abends ins Casino? Oder einen Radurlaub, an der Küste entlang, und immer wieder baden gehen an den vielen Stränden? Den UNESCO-geadelten Nationalpark Jasmund durchwandern, an den steilen Kreideklippen oder oben durch Buchenwald auf den Felsen Königsstuhl? Den Leuchtturm Kap Arkona erklimmen. Per Hängebrücke den Hafen von Saßnitz erobern. Den »Koloss von Prora« bestaunen oder das Jagdschloss Granitz. Die klassischen Bauten und den Schlossgarten von Putbus erforschen. Natürlich nicht fehlen darf eine Fahrt im »Rasenden Roland« …

Drachenfans und Kitesurfer setzen vielerorts bunte Tupfer in den Ostsee-Himmel.

Persönlicher Tipp

RUNDHERUM UMS MARE BALTICUM

Fehmarn bis Rügen – die deutsche Ostseeküste ist nur ein kleiner Abschnitt der gesamten Strecke rund ums Meer, etwa 7000 km. Wer auch die Nachbarländer erleben möchte, auf Estnisch heißt das Meer übrigens »Westsee«, kann mit dem Auto einmal rundherum fahren. Erst via Polen und die baltischen Staaten bis nach Tallinn – oder gar St. Petersburg. Dann durch Finnland zurück, mit der Fähre – und Zwischenstopp auf den Åland-Inseln – nach Stockholm. Dann durch Südschweden via Helsingborg oder Malmö und durch Dänemark zurück. Für alle mit noch etwas mehr Zeit und Abenteuerlust ist sogar die Fahrt rund um den Bottnischen Meerbusen reizvoll, bis hoch ins finnisch-schwedische Lappland. Doch auch eine Kurzfassung ums Mare Balticum ist gut machbar: Nehmen Sie nach der deutschen Ostseeküste ab Rügen die Fähre ins dänische Trelleborg: Warum nicht von dort an Schwedens Südküste entlang bis Stockholm, via Åland-Inseln nach Helsinki und per Schiff zurück nach Travemünde?

Auf Fischland, dem Darß und Zingst stehen Reetdachhäuser oft nah am Strand.

Nur eine halbe Stunde entfernt liegt die Hanse- und UNESCO-Welterbestadt **Wismar** mit sehenswerter Backsteingotik und Altem Hafen. Mit purer Landidylle und hübschen Stränden lockt nur 15 km entfernt die flache Insel **Poel**. **Kühlungsborn** ist das nächste historische Seebad, mit 3 km langer Strandpromenade, Seebrücke und einem erhaltenen Ostsee-Grenzturm. Von hier fährt die Schmalspurbahn »Molli« via Heiligendamm nach **Bad Doberan**. Die weißen Villen des Fürstenbads **Heiligendamm** entstanden schon bald nach Gründung 1793. Sie beherbergten die russische Zarenfamilie, aber auch den G8-Gipfel 2007. Das hübsche Seebad **Warnemünde** gilt als »Strand von Rostock«. Manche der hier anlandenden Kreuzfahrtpassagiere aus aller Welt halten es auch für einen Vorort von Berlin.

Von Inseln und Halbinseln

Eine halbe Stunde weiter liegt das Heilbad **Graal-Müritz**, gesäumt vom Waldgebiet »Rostocker Heide« und dem »Ribnitzer Großen Moor«. Zugleich ist es das Tor zur Halbinsel **Fischland-Darß-Zingst**, die Ende des 19. Jh. durch ihre Künstlerkolonie in **Ahrenshoop** weltweit Bekanntheit erlangte. Zum Seebad **Prerow** mit Seebrücke und breiter Strandpromenade geht es vorbei am Darßer »Geisterwald« und an malerischen Dörfern wie **Born** und **Wieck**.

Die nördlichste Spitze markiert der Leuchtturm im Naturschutzgebiet Darßer Ort, der nur zu Fuß, per Rad oder Pferdekutsche zu erreichen ist. Ebenfalls zu einem autofreien Ausflug lockt die Halbinsel **Zingst**, vorbei am Zingster Hafen und Osterwald bis zum naturgeschützten Großen Werder. Im Herbst, von August bis Oktober, rasten hier Zehntausende Kraniche und andere Zugvögel. Rund 20 km entfernt lädt das Backstein-Städtchen **Barth** zum Bummeln, mit Kirchen, Technikmuseum und »Barther Küstenbier« ein.

Nun ist es nur noch eine halbe Stunde bis nach **Stralsund**, Hansestadt, »Tor zur Insel Rügen« und Teil des UNESCO-Welterbes. Wer den **Strelasund** nicht über Rügenbrücke oder Rügendamm queren möchte, kann die Fähre nehmen oder am jährlichen Sundschwimmen teilnehmen. Hat man die Museen und Sehenswürdigkeiten erforscht – hier ankert auch die »Gorch Fock« –, sollte man im Fischrestaurant pausieren: Stralsund ist die Heimat des Original-Bismarck-Herings.

Immer an der Ostsee entlang

Infos und Adressen

REISEROUTE

Rund 620 km lang geht die Strecke von Flensburg nach Rügen, vor allem an der Küste entlang – über die Hauptorte Kiel–Fehmarn–Lübeck–Wismar/Poel–Warnemünde–Darß/Zingst–Stralsund.

BESTE REISEZEIT

Ganzjährig reizvoll

SEHENSWERT

Themenstrände Scharbeutz. Das Strandmekka bietet eigene Bereiche für Wellness, Aktion, Kinder, Kultur und Theater sowie Hunde.
Naturschutzgebiet Graswarder. Nahe Heiligenhafen, kammartige Nehrungsküste mit Lagunen, Salzwiesen und Sandwällen par excellence – am besten mit Führung.
Der Molli. Wie in der »guten alten Zeit« tuckert die knuffige Dampflok von Bad Doberan nach Kühlungsborn, mitten durch den Ort, den Wald und an den Strand – nimmt auch Fahrräder mit.
Klarissenkloster Ribnitz & Deutsches Bernsteinmuseum. Beeindruckende Klosterbauten mit Kirche aus dem 14. Jh. und goldgelbe Schätze.
Darßer Weststrand und Geisterwald. Wo der Wald bis ans Meer reicht und Wind und Wetter mächtige Bäume zu pittoresken hölzernen Skulpturen skelettieren. Im Hochsommer voller Badestrand.

Planschen, schwimmen, baden: Gerade Familien bietet die ruhige Ostsee idealen Urlaub.

Ozeaneum, Nautineum und Meeresmuseum in Stralsund. Der perfekte Dreiklang der Marine-Museen, alles über Meeresbewohner, Schiffe, Fischfang und mehr über die Ozeane der Welt.

ESSEN UND TRINKEN

Fischdeel. Frische Fischgerichte delikat verfeinert, natürlich auch die Kieler Sprotte. In Eckernförde. www.fischdeel.de
Buddenbrooks. Zwei Michelin-Sterne für das Restaurant im mondänen Wellnesshotel in Travemünde. www.resort.a-rosa.de
Brauhaus am Lohberg. Uriges Fachwerkhaus am Hafen von Wismar, mit besten eigenen Bieren und des Öfteren Livemusik. www.brauhaus-wismar.de
Teeschale. Friesentee oder delikater Oolong – im 150-jährigen Holzhaus-Café, liebevoll dekoriert und mit Wintergarten, in Prerow, www.teeschale.de
Café Buhne 12. Kreative Küche und leckerer Kuchen im Skulpturengarten hoch über dem Ostseestrand, Ahrenshoop.
Weltenbummler. Beste kreative Küche mit Holzkunst und Wandmalereien aus aller Welt,

mit Terrasse und Biergarten. In Binz. www.weltenbummler-ruegen.de

ÜBERNACHTEN

Strandhotel Glücksburg. »Weißes Schloss am Meer« von 1872, wo schon Kaiser Wilhelm II. speiste – gekonnt modernisiert. www.strandhotel-gluecksburg.de
KurparkHotel Warnemünde. Vier-Sterne-Romantik in zentral gelegener Villa, mit Wellnessbereich. www.kurparkhotel-warnemuende.de
Landhaus Morgensünn. Gemütlich und schick im Reetdachhaus, mit Wellnessbereich und Boddenblick. In Ahrenshoop. www.landhaus-morgensuenn.de
Hotel Scheelehof. Mitten in der Stralsunder Altstadt ein Viersternehotel, verteilt auf fünf teils mittelalterliche Gebäude. Charmant und chic, mit Restaurant und eigener Kaffeerösterei. www.hotel-stralsund-scheelehof.de

WEITERE INFOS

Ostseeküste West: www.ostsee-schleswig-holstein.de
Ostseeküste Ost: www.tourismuszentrum-ostseekueste.de

Im Norden von Deutschland

9 Ausflug nach Dänemark

Die Promenade am Kopenhagener Nyhavn-Kanal ist ein Besuchermagnet.

HIGHLIGHTS

Kopenhagen. Tivoli (Vergnügungspark), Ströget (Flaniermeile), Amalienborg Slot (Königliche Residenz, Rathausplatz, Schloss Christiansborg.

Roskilde. Roskilde Domkirke (UNESCO-Weltkulturerbestätte), Wikingerschiffsmuseum.

Köge. Mittelalterliche Fachwerk-Altstadt, betriebsamer Hafen, in der Nähe das wildromantische Stevns Klint (Kliff, UNESCO-Weltnaturerbe).

Ribe. Dänemarks älteste Stadt mit einer malerischen Fachwerk-Altstadt und romanischem Dom.

Odense. Bunte Großstadt, in der vieles an Hans Christian Andersen erinnert.

FESTE UND VERANSTALTUNGEN

Geburtstag der Königin. Am 16. April wird Königin Margrethe II. gefeiert, Kopenhagen.

Wikingermarkt. Anfang Mai in Ribe.

Mittsommerfest. In ganz Dänemark steigen am 23. Juni Feiern zum Mittsommer.

Roskilde-Festival. Rockfestival am ersten Wochenende im Juli.

Zwei Hauptrouten erschließen das kleine Königreich Dänemark an der Nord- und Ostsee für Auto- wie für Radfahrer: Die Grüne Küstenstraße, eine Ferienstraße entlang der Nordseeküste, beinhaltet auch einen Abstecher nach Dänemark. Die andere Strecke führt über mehrere dänische Inseln bis nach Fehmarn und das holsteinische Festland.

Der dänische Anteil der Grünen Küstenstraße führt durch das dänische Festland, in voller Länge und meist in Küstennähe an der Nordseeseite der Halbinsel **Jütland** entlang bis zu der Stelle, wo sich hoch im Norden die Nordsee und die Ostsee (hier Kattegat genannt) oft temperamentvoll vereinigen. Die andere berührt die interessantesten der in der Beltsee verstreuten dänischen Inseln und quert dann weiter im Süden die deutsche Insel **Fehmarn** (dänisch *femer*), die man getrost zum Beltsee-Archipel rechnen kann. Diese Route, eigentlich eine Art von Inselhüpfen, endet auf dem **ostholsteinischen Festland**, von wo eine schnelle Autobahnverbindung (A1/A7) nach Süden, etwa nach Hamburg, Hannover oder Bremen besteht.

Die Brücke zum Norden

Es gibt nur ein paar Staaten auf der Erde, die eine Brücke zwischen Erdteilen und Kontinenten bilden – Dänemark ist

Schleswig-Holstein, Dänemark

einer davon. Das kleine Land verbindet Mitteleuropa mit dem Norden unseres Kontinents, genauer, mit Skandinavien (Schweden und Norwegen), trennt aber zugleich die Ostsee als Rand- oder Binnenmeer vom Nordatlantik ab. Die Brücke oder aber Barriere besteht dabei aus einer Halbinsel, die sich weitgehend mit dem dänischen Jütland deckt, sowie einer Reihe kleinerer und größerer Inseln, die wie natürliche Trittsteine in der westlichsten Ostsee verstreut liegen. Dänemark, sozusagen als Rampe der innerkontinentalen Brücke, beginnt streng genommen auch nicht erst an der deutsch-dänischen Grenze, sondern schon bald von Süden her gesehen irgendwo zwischen Schleswig und Flensburg, dort, wo die dänische, südschleswigsche Minderheit Schleswig-Holsteins zu Hause ist. Unsere erste Tour durch Dänemark startet deshalb in dem kleinen Örtchen Seebüll in Nordfriesland. Landschaftlich, historisch und kulturell bestehen nämlich zwischen dem nördlichsten Deutschland und dem südlichsten Dänemark kaum Unterschiede. Hier wie dort erstreckt sich zum Beispiel an der Nordseeküste ein flaches Dünen- und Marschenland mit schier endlosen Sandstränden, an der Ostseeküste dagegen ein von Förden zergliedertes Hügelland. Dieser Gegensatz bestimmt die Landschaft bis hinauf zum Skagerrak und bis tief in die dänische Beltsee hinein.

Persönlicher Tipp

IM, ÜBER UND UNTER DEM MEER

Dänemark ist nicht nur ein von der Natur geformtes Brückenland, sondern auch ein typischer Inselstaat. Rund 70 bewohnte Inseln zählt man im Königreich. Hinzu kommen Grönland und die Färöer-Inseln. Aber schon die Verkehrsanbindung der Inseln an den dänischen Belten und Sunden im Heimatland erfordert zwangsläufig ein enges, kostspieliges Netzwerk aus Fähren, Brücken und Tunneln. Mit der fast 8 km langen Öresundbrücke, die sich für den Straßen- und Eisenbahnverkehr zwischen Kopenhagen und dem schwedischen Malmö in etwa 60 m Höhe über dem mittleren Meeresspiegel über den Sund schwingt, gewinnt der Begriff »Brückenland« eine neue Bedeutung und beschert dem Autofahrer, der die Überfahrt wagt, ein erstklassiges Erlebnis zu einem moderaten Preis (um 50 Euro).

Die Nähe Jütlands zur Tradition spiegelt sich in vielen liebevollen Details wie bei dieser Tür in Ribe.

Kirche am Kliff »Stevns Klint« auf Seeland

Der prächtige Dom von Ribe, der ältesten Stadt Dänemarks

Persönlicher Tipp

FEHMARN – HAUPTSTATION DER VOGELFLUGLINIE

Gigantische Brückenbauwerke wie die Öresundbrücke sind ökomisch und auch ökologisch nicht unproblematisch. Für die landfeste Querung des Fehmarnbelts (voraussichtlich ab 2021) ist deshalb ein Tunnel vorgesehen. Der würde den Vogelzug naturgemäß weit weniger stören als ein Brückenkoloss. Und eben für die Zugvögel ist die größte Ostseeinsel Schleswig-Holsteins eine ganz wichtige Station. Drei optimale Orte für die Vogelbeobachtung seien als Tipp empfohlen: das Naturschutzgebiet Grüner Brink, die Markelsdorfer Huk sowie das Wasservogelreservat Wallnau, eines der bedeutendsten Schutzgebiete für Zugvögel in unserem Land.

Wer Dänemark mit dem Rad entdecken möchte, dem stehen mehr als 10 000 Kilometer gut ausgeschilderte Wegen offen.

Dänemarks Wilder Westen

Die Grüne Küstenstraße verlässt bei **Seebüll** deutsches (nordfriesisches) Gebiet und setzt sich jenseits der Grenze bis hinauf zur Nordspitze der Halbinsel **Jütland** als Grönne Kystvej fort. Ungefähr 3 km hinter dem kleinen Ort, in dem Emil Nolde, der Meister der Expressionisten, einige seiner bedeutendsten Werke schuf, erreicht man **Tondern**, bekannt durch seine geklöppelten Kunstwerke und das Prinzenschloss Schackenborg. Nordwärts der malerischen Kleinstadt, die früher zu Deutschland gehörte, reihen sich an der oft von Orkanen und Sandstürmen heimgesuchten wilden Küste viele der sehenswertesten Städte des Königreichs wie die Perlen einer Kette auf, nach ca. 50 km beispielsweise ist der Fachwerktraum **Ribe** erreicht. Vorbei an den schönen Ferienhäusern von **Viborg** geht es weiter nach **Aalborg**, wo ein köstlicher Aquavit gebrannt wird und sich rundum noble Herrenhäuser drängen. Nach Norden hin wird die Landschaft zunehmend wilder, unwirtlicher, manche Orte wurden sogar von Wanderdünen überrollt. Nach 430 km endet dann die Fahrt in **Skagen** am **Skagerrak**.

Ausflug nach Dänemark

Infos und Adressen

REISEROUTE
Grüne Küstenstraße (Grønne Kystvej): ca. 430 km; »Vogelfluglinie« (Fugleflugtslinjen) – Inselhüpfen in der Beltsee, insgesamt rund 550 km plus Brücken-, Fähren-, Tunnelstrecken

BESTE REISEZEIT
Spätsommer und Frühherbst

SEHENSWERT
Das Königreich der Dänen besitzt im Vergleich mit seinen Nachbarn nur wenige (etwa eine Handvoll) Nationalparks und Stätten, die in der UNESCO-Liste des Weltnaturerbes verzeichnet sind:
Wattenmeergürtel in Südjütland. Von der Bedeutung her steht der dänische Anteil des Wattenmeergürtels mit den darin eingestreuten Inseln und Halligen unangefochten an erster Stelle.
Wanderdünenlandschaft. Sie ist in Nordjütland unweit Skagen die größte Attraktion. Nur selten zeigen sich die Naturgewalten, insbesondere der verheerende Sandflug, so deutlich wie hier.
Möns Klingt. Imposante Kreideklippen ähnlich denen auf Rügen.

SPEZIALITÄTEN
Bei einem insularen Brückenland ist es nicht verwunderlich, dass es erstens Leckereien aus dem Meer und den Flüssen und Seen wie z. B. **Lachs**, **Aal** und **Muscheln** bevorzugt und zweitens bei den kulinarischen Spezialiäten gern Anleihen in den Küchen der Nachbarländer macht, so stammen Fleischgerichte oft von den deutschen Nachbarn, werden aber nicht selten so verfremdet wie die knallroten **Pölser**. Zu den nennenswerten dänischen Innovationen in der Küche gehören unter anderem die **Rote Grütze mit Sahne**, das **Smörrebröd**

Der Dom von Roskilde gehört zum UNESCO-Weltkulturerbe.

(»Butterbrot«) in seinen schier unendlichen Variationen. Bei der meist gehaltvollen Kost ist ein **Akvavit** oder ein **Magenbitter** als Verdauungshilfe nicht zu verachten.

ÜBERNACHTEN
Hotel Nimb. Luxusherberge in Kopenhagen.
www.hotel.nimb.dk
Svogerslev Kro. Typisch dänische Unterkunft in Roskilde.
www.svogerslevkro.dk
Hotel Niels Juel. Modernes Hotel am Hafen von Köge.
www.hotelnielsjuel.dk
Hotel Plaza. Luxuriöse Absteige in Odense. www.millinghotels.dk/hotel-plaza/#

WEITERE INFOS
Dänemark:
www.visitdenmark.com

Im Norden von Deutschland

10 Zurück in die Steinzeit

HIGHLIGHTS

Visbecker Bräutigam. Eine der eindrucksvollsten Megalithanlagen Norddeutschlands, auf dem Gemeindegebiet Großenkneten.

Visbecker Braut. Die zweitgrößte Megalithanlage Niedersachsens nahe der Autobahnabfahrt Wildeshausen-West ist durch einen Weg mit dem »Bräutigam« verbunden.

Kleinenkneter Steine. Von den drei Steingräbern im Wald südlich von Wildeshausen ist eines original rekonstruiert.

Teufelssteine. Gut erhaltenes Großsteingrab an der Dorfstraße von Vrees bei Werlte.

FESTE UND VERANSTALTUNGEN

Handgiftentag. Historisches Fest in Osnabrück am ersten Werktag nach Neujahr.

Steckenpferdreiten mit Kinderfest. Im Gedenken an den Westfälischen Frieden 1648; Ende Oktober in Osnabrück.

Osterspaziergang, **Gartenpartie** Ende Mai, **Dorfkirmes** Mitte Juli, **Mühlentag und Pferdetag** im August, **Nikolausmarkt** im Dezember; alle Veranstaltungen im Museumsdorf Cloppenburg.

Gildefest. An Pfingsten in Wildeshausen.

Volksfest Kramermarkt. September/Oktober, **Lambertimarkt** im Advent; Oldenburg.

Ländliche Idylle im niedersächsischen Museumsdorf Cloppenburg

Über 70 jungsteinzeitliche Hünengräber liegen an der Straße der Megalithkultur zwischen Osnabrück und Oldenburg. Die rund 5000 Jahre alten Großsteingräber stammen aus jener fernen Epoche, als Menschen in Nordwestdeutschland als Bauern sesshaft wurden.

Archäologie zum Anfassen

Zwischen Ems und Weser, in den Ankumer Bergen und in der Wildeshauser Geest, haben unsere Urahnen eindrucksvolle Spuren hinterlassen: Begräbnisstätten aus einer rechteckigen Grabkammer, eingefasst und bedeckt mit mächtigen Findlingen. Den Bau dieser Großsteingräber traute man einst nur Riesen zu; daher die volkstümliche Bezeichnung Hünengräber oder auch Hünenbetten. Allerdings dienten sie nicht Riesen zur ewigen Ruhe, sondern, je nach Größe, bis zu 150 Männern, Frauen und Kindern.

Man geht davon aus, dass es im niedersächsischen Raum ursprünglich an die 400 solcher Großsteingräber gab, erhalten sind rund 40. Eine Auswahl bieten die 33 Stationen an der Straße der Megalithkultur. Sie beginnt in Osnabrück-Gretesch mit den **Greteschen Steinen**. Berühmtheit erlangten der **Visbecker Bräutigam** und seine **Braut**, mit 104 beziehungsweise 82 m Länge die größten Megalithanlagen Niedersachsens. Um die beiden Großsteingräber rankt sich eine Sage: Als die Tochter eines reichen Bauern gegen ihren Willen verheiratet werden sollte, flehte sie zu Gott, er möge

Niedersachsen

Imposante Schöpfung unserer steinzeitlichen Ahnen: der Visbecker Bräutigam

Infos und Adressen

REISEROUTE
Osnabrück–Ankum–Lingen (Ems)–Meppen–Sögel–Werlte–Cloppenburg–Visbeck–Großenkneten–Wildeshausen–Oldenburg; 330 km

BESTE REISEZEIT
Frühjahr–Herbst

SEHENSWERT
Dom St. Peter. Von Karl dem Großen gegründete Bischofskirche von Osnabrück.
Eisenzeithaus. Rekonstruiertes Bauerngehöft aus der vorrömischen Eisenzeit mit Museumsgarten in Venne bei Ostercappeln. www.eisenzeithaus.de
Emslandmuseum. Einzige erhaltene Alleesternanlage mit acht Lindenalleen und Park im Barockschloss Clemenswerth (18. Jh.) bei Sögel.
www.clemenswerth.de
Museumsdorf Cloppenburg. Das größte Freilichtmuseum Niedersachsens mit über 50 historischen Gebäuden und regionaltypischen Gärten.
www.museumsdorf.de
Residenzschloss Oldenburg. (17.–19. Jh.) mit Repräsentationsräumen und Landesmuseum Oldenburg.

ESSEN UND TRINKEN
Kartoffelhaus. Rustikale Einkehr in Ankum.
Dorfkrug. Im Museumsdorf Cloppenburg, mit Biergarten.
www.dorfkrugimmuseumsdorf.de

ÜBERNACHTEN
Romantikhotel Walhalla. Im Herzen von Osnabrück.
www.hotel-walhalla.de
Hotel Sprenz. Modernes, freundliches Haus in Oldenburg.
www.hotel-sprenz.de

WEITERE INFOS
Arbeitsgemeinschaft Straße der Megalithkultur: c/o Tourismusverband Osnabrücker Land, Herrenteichstraße, 49074 Osnabrück.
www.strassedermegalithkutur.de

Persönlicher Tipp

AUF DEM STEINGRÄBERWEG GIESFELD

Mehrere archäologische Stätten in malerischer Lage erschließt ein kurzer Rundwanderweg (2,5 km), der bei Westerholte südlich von Ankum durch Heide und Kiefernwäldchen führt. Der gut ausgeschilderte prähistorische Lehrpfad ist auch für Kinder geeignet: Auf die »Hinkelsteine« zu klettern ist durchaus erlaubt, das ist sozusagen Geschichte zum Anfassen. Am Weg liegen sechs jungsteinzeitliche Großsteingräber, einige davon so zerstört, dass nur noch ein paar Felsbrocken herumstehen, andere noch so weit intakt, dass sie durchaus als Grabstätten der Megalithkultur erkennbar sind. Wesentlich jünger, dennoch vorgeschichtlich sind die Grabhügel aus der Bronzezeit (ca. 2000 bis 1200 v. Chr.), denen man auf dem Rundwanderweg ebenfalls begegnet. Als archäologische Sensation wurde vor einigen Jahren die Entdeckung einer »Steinkiste« gewertet: eine aus sechs Findlingen gebildete Grabkammer, die mit drei Steinen bedeckt war. Als Rekonstruktion vermittelt sie nun einen lebhaften Eindruck von der Bauweise der Großsteingräber.

sie zu Stein erstarren lassen. Ihr Gebet wurde erhört, aber nicht nur sie, sondern auch der Bräutigam sowie die gesamte Hochzeitsgesellschaft versteinerten.

Öfter als den lieben Gott glaubte man früher den Teufel am Werk. Im Wald bei Vehrte soll er nicht nur seinen Teigtrog und seinen Backofen – die flachen Decksteine zweier Gräber – hinterlassen haben, sondern auch den 4 m hohen **Süntelstein**, mit dem er die Kirchentür versperren wollte. Aber der Monolith war selbst dem Teufel zu schwer.

11 Grüne Küstenstraße

Der alte Husumer Binnenhafen. Er besteht schon seit dem Ausgang des Mittelalters.

HIGHLIGHTS

Leer. Alte Handelsstadt, prächtige Backsteinbauten in niederländischem Stil.

Emden. Kulturelles Zentrum Ostfrieslands mit bedeutenden Museen.

Greetsiel. Der schönste unter den für die ostfriesische Küste typischen Sielhäfen.

Cuxhaven. Zweitältestes Seebad Deutschlands (1816) und wichtiger Fischereihafen.

Friedrichstadt. Ein Hauch von Holland mit Grachten und Giebelhäusern.

Husum. Geburtsort Theodor Storms mit noblem Schloss mit großem Park.

Niebüll. Ver- und Entladestation des Autoreisezugs, der nach Sylt fährt; Friesenmuseum.

FESTE UND VERANSTALTUNGEN

Biikebrennen. Traditionelles Volksfest mit großen Feuern am 21. Februar auf den Nordfriesischen Inseln.

Rummelpottlaufen. Kinder ziehen mit Rummelpötten von Haus zu Haus, Silvesterabend.

Klootschießen. In ganz Norddeutschland, besonders jedoch an der Küste, populärer Sport mit militärischen Wurzeln.

Der erste Abschnitt der Tour durch das Land der Friesen deckt sich im deutschen Abschnitt ungefähr mit dem Verlauf einer ehemaligen internationalen Ferienstraße, die von Belgien entlang der Nordseeküste bis nach Norwegen verlief. Sie hieß und heißt bei uns noch immer »Grüne Küstenstraße«, weil sie hinter den Seedeichen oft durch grasgrünes Moor- und Marschenland führt.

Waterkant und Wattenmeer

Die wohl im frühen Mittelalter von Nordosten her eingewanderten Friesen und ihre niederdeutschen Nachbarn haben den fruchtbaren Boden der Seemarschen in einem jahrhundertelangen Kampf mit vielen dramatischen Rückschlägen, vor allem bei den verheerenden Sturmfluten des »Blanken Hans«, der Nordsee, abgerungen. So wurde unter anderem Ostfriesland, das topfebene, ehemals von »Häuptlingen« beherrschte Land zwischen dem Dollart, der Mündungsbucht der Ems und der Trichtermündung der Weser, geformt. Jenseits der breiten, von zahllosen Ozeanriesen durchfahrenen **Mündungen der Weser und Elbe** folgen nach Norden hin die alte, stolze Bauernrepublik **Dithmarschen**, die Halbinsel **Eiderstedt** mit den größten Bauernhäusern der Welt und schließlich nordwärts der Eider **Nordfriesland**, das landschaftlich und kulturell nahtlos ins dänische **Jütland** übergeht.

Niedersachsen, Hamburg, Schleswig-Holstein

Vor den Deichen erstreckt sich eines der ausgedehntesten Wattenmeere der Erde. Es ist in der Liste des UNESCO-Weltnaturerbes verzeichnet und umfasst im bundesdeutschen Anteil die drei Nationalparks **Schleswig-Holsteinisches Wattenmeer**, **Hamburgisches Wattenmeer** und **Niedersächsisches Wattenmeer**. In allen drei Schutzgebieten liegen große bewohnte Inseln wie **Sylt**, **Amrum**, **Föhr**, **Borkum**, **Juist** oder **Langeoog** und nicht dauerhaft von Menschen, aber von Robben und Geschwadern von Seevögeln besiedelte Sände verstreut. Vor der ostfriesischen Küste ordnen sich die Düneninseln perlschnurartig an, in Nordfriesland bilden sie Gruppen kleinerer und größerer Eilande. Eine weltweite Rarität dieser Region sind die zehn deutschen **Halligen**, meist Reste von mittelalterlichem Marschenland, die nicht selten bei Sturmfluten »Land unter« melden.

Infos und Adressen

REISEROUTE
Leer–Emden–Greetsiel–Cuxhaven–Friedrichstadt–Husum–Niebüll; 750 km

BESTE REISEZEIT
Frühjahr und Spätsommer, wenn die Zugvögel an der deutschen Nordseeküste Station machen

SEHENSWERT
Stolberg. Grandiose Aussicht von der Anhöhe, unweit von Bredstedt. Von hier schaut man auf die Halligen und Geestkerninseln. Dahinter liegen die Außensände, auf denen sich Kegelrobben und Seehunde aalen.

SPEZIALITÄTEN
Nordseegarnelen. Granat, Porren oder einfach Krabben genannt, und möglichst direkt am Kutter gekauft und selbst »gepult«.
Schwarzer Tee. Sahne und Kandis gehören unbedingt dazu.

ÜBERNACHTEN
Goldener Adler. Hotel mit Restaurant in Emden mit Blick auf den alten Hafen.
www.goldener-adler-emden.de
Zum Krug. Historisches Gasthaus (seit 1707) in Husum.
www.zum-krug.de
Morsum Kliff. Unterkunft für ruhebedürftige Gäste auf Sylt.
www.hotel-morsum-kliff.de

WEITERE INFOS
Nordfriesland Tourismus:
www.nordfrieslandtourismus.de
Ostfriesland Tourismus:
www.ostfriesland.de
Nationalpark Wattenmeer:
www.nationalpark.wattenmeer.de

Persönlicher Tipp

BOOTSFAHRT NACH HELGOLAND

Ein spannendes Abenteuer und deshalb hier als besonderer Tipp angeführt ist ein Ausflug zur einzigen echten ozeanischen Insel Deutschlands, dem rund 40 km vom Festland entfernt gelegenen Helgoland mit seiner Nebeninsel, der Düne. Von einer ganzen Reihe kleiner Häfen fahren Seebäderschiffe und Boote hinüber zur Inselgruppe mit ihrer bewegten Geschichte. Am spannendsten ist das Ausbooten der mehr oder weniger seekranken Passagiere vor Helgoland, das man in dieser Form an der deutschen Küste nur hier erleben kann. Einzigartig ist ebenso die seltene Vogelwelt der sandsteinroten Insel, die die Masse der Tagestouristen allerdings weniger interessiert, umso mehr das Einkaufen in den Duty-free-Shops. Erst seit 1890 gehört der markante Felsklotz zu Deutschland, heute verwaltungstechnisch zum schleswig-holsteinischen Landkreis Pinneberg. Jahrhundertelang war das Eiland im Besitz der Briten, denen es in den Jahren nach dem Zweiten Weltkrieg fast gelungen wäre, die in der nationalsozialistischen Zeit zu einer starken Seefestung ausgebaute Insel mit einer gewaltigen Sprengung völlig von den Seekarten zu tilgen.

Das Wahrzeichen von Helgoland: Die lange Anna ist weithin sichtbar.

Im Norden von Deutschland

12 Industrieroute I

HIGHLIGHTS

Messegelände, Jugendstilfabrik Bahlsen, Maschsee und Herrenhäuser Gärten. Alles in Hannover.

Innenstadt mit 500 Fachwerkhäusern. In Celle.

Neues Theater. Güterslohs futuristischer Kulturtempel.

Laubengänge, Giebelhäuser, Rathaus, Dom und Prinzipalmarkt. Münster liegt etwas abseits der Route, lohnt aber mit diesen Attraktionen den Umweg.

FESTE UND VERANSTALTUNGEN

Altstadtparty. Im Juni in Hamm.

Nachtreise durch Bielefeld. Für wenig Geld zu den neun Bühnen der freien Theater der Stadt zu jeweils 20-minütigen Aufführungen. Im Juni.

Sparrenberg-Fest. Dreitägiges Mittelalterspektakel im Juli in Bielefeld.

Hannoversches Schützenfest. Im Juli in der niedersächsischen Hauptstadt.

Maschseefest. Im Juli/August in Hannover, mit Ständen am Ufer und Dampferfahrten.

Theater im Park. Jeden Sommer in Bad Oeynhausen.

Eine Stadt im Überblick: Hannover mit der Eilenriede und dem Zoo von oben.

Von Celle über Hannover auf der A2 ins Ruhrgebiet: eine Fahrt entlang deutscher Industriehistorie mit ihren Geschichten am Wegesrand, wie etwa der vom Türmer in Celle oder der ersten Erdölbohrung weltweit. Ein kleiner Umweg führt auch nach Münster und ins Weserbergland nach Hameln ins Rattenfängerhaus.

Turmbläser, Manager und Studenten

Kann ein Knöllchen-Schreiber beliebt sein? Einer, der fürs Ordnungsamt im Außendienst den sogenannten ruhenden Verkehr überwacht? In **Celle** ist das so. Helmut-Dieter Lorchheim heißt der Schrecken der Parksünder und der lieb gewonnene Turmbläser der Stadt. Jeden Tag um 8.15 und 17.15 Uhr haben Falschparker gute Chancen, ohne Strafzettel davonzukommen, denn dann besteigt Lorchheim den 75 m hohen Turm der Stadtkirche und bläst kirchliche Choräle. Celle ist eine Art Vorstadt von Hannover: 80 000 Einwohner, 500 Fachwerkhäuser und Sitz einiger Industriegiganten. Rund 20 Erdölfirmen haben hier ihre Deutschland-Repräsentanz. Historischer Hintergrund: 1858 fand in **Wietze** vor den Toren von Celle die erste Erdölbohrung der Welt statt.

Hannover, die Landeshauptstadt Niedersachsens, ist das Wirtschaftszentrum des Bundeslandes. Heimat eines der

Niedersachsen, Schleswig-Holstein

Grünes Hannover: Die niedersächsische Hauptstadt hat drei große grüne Lungen.

Infos und Adressen

REISEROUTE
Von Celle nach Hannover und über die A2 nach Dortmund sind es 250 km, ohne Umwege.

BESTE REISEZEIT
Frühling–Herbst

SEHENSWERT
Hindu-Tempel. In Hamm steht der größte Hindu-Tempel Kontinentaleuropas.
Hameln. Die Rattenfänger-Stadt liegt etwas abseits der Route, ist aber einen Abstecher wert. 1284 lockte der Rattenfänger mit seiner Flöte 130 Kinder aus der Stadt ins Weserbergland, um sich für den Undank der Hamelner Bürger zu rächen, die er von einer Rattenplage befreit hatte.

ESSEN UND TRINKEN
Leonardo. In Hannovers ältester Weinstube geht's italienisch zu. www.weinstube-leonardo.de
Mausefalle. Ländliche Küche und ein schöner Biergarten in Hamm. www.restaurantmausefalle.de

ÜBERNACHTEN
Kastens Hotel Luisenhof. Das Hotel von 1856 gilt als beste Adresse in Hannover. www.kastens-luisenhof.de

WEITERE INFOS
www.celle.de, www.hannover.de, www.guetersloh.de, www.hamm.de, www.muenster.de, www.hameln.de

Persönlicher Tipp

VON MUFF KEINE SPUR

Jeder Besucher wird überrascht sein, wie grün Hannover ist. Das für eine Stadt mit 500 000 Einwohnern kleine Zentrum liegt eingebettet zwischen drei grünen Lungen: dem Georgengarten mit der Universität, der Eilenriede mit dem Zoo und dem Maschsee mit Spielcasino und Stadion, wo die 96er Erstliga-Fußball spielen. Für nächtliche Aktivitäten bietet das Szeneblatt *Schädelspalter* die besten Adressen. Langweilig wird's kaum werden. Selbst die weltbekannte und im Feiern bestens geübte Rockband Scorpions hält es in Hannover schon seit rund 40 Jahren aus: »Hier kommen wir her, warum sollen wir weggehen?«, fragt Gitarrist Rolf Schenker. Also auf ins nur vermeintlich muffige Hannover, wo es Europas einzigen Schrägaufzug gibt, mit dem es im Neuen Rathaus bis in die Spitze der Rathauskuppel geht, und wo im Museum Wilhelm Busch das Deutsche Museum für Karikatur und Zeichenkunst untergebracht ist. Um mit Grün zu enden: Die Herrenhäuser Gärten haben die größte Orchideensammlung des Kontinents.

---

weltgrößten Touristikunternehmen, der TUI, Expo-Gastgeber 2000, europaweit bedeutende Messestadt mit CeBIT und Hannover Messe sowie auch ein Standort süßer Verführung: In der charmanten Jugendstil-Fabrik von Bahlsen aus dem Jahr 1911 wurden einige Millionen der berühmten gezackten Kekse gebacken.

Die A2 führt von Hannover in Richtung Ruhrgebiet, dem Herz der deutschen Industriekultur und zu einem weiteren Riesen der deutschen Wirtschaft. In **Gütersloh** sitzt einer der größten Medienkonzerne der Welt: das Verlagshaus Bertelsmann, mit einem Jahresumsatz von mehr als 20 Milliarden Euro. Und in **Münster** warten 70 Kirchen – darunter der im Jahr 1090 eingeweihte Dom – und 700 Kneipen auf Besucher. Die Universität, eine der größten in Deutschland mit Hauptsitz im Schloss, und ihre 50 000 Studenten bestimmen das Bild der Stadt. Keine Autostunde weiter kocht der Pott.

Im Norden von Deutschland

13 Alte Salzstraße

Neben dem Holstentor stehen an der Obertrave die sechs Salzspeicher Lübecks.

HIGHLIGHTS

Lüneburg. Die Hansestadt hat ihre vier mittelalterlichen Kerne – Markt-, Sand-, Wasser- und Salzviertel – weitgehend bewahrt.

Lauenburg/Elbe. Die malerische Altstadt erstreckt sich entlang des rechten, zum Teil steilen Elbufers.

Mölln. Wahrzeichen der Stadt ist der Eulenspiegelbrunnen auf dem Marktplatz.

Schiffshebewerk in Scharnebeck. Das Bauwerk überwindet einen Höhenunterschied von 38 m.

Lübeck. Seit 1987 ist die Altstadt UNESCO-Weltkulturerbe. Wichtigste Sehenswürdigkeiten sind neben Dom und Marienkirche das gotische Rathaus, das Holstentor, die Salzspeicher, die verwinkelten Gänge und Höfe sowie das Buddenbrookhaus.

FESTE UND VERANSTALTUNGEN

Lüneburger Sülfmeistertage. Jedes Jahr im Herbst lässt die Hansestadt ihre mit der Salzgewinnung verbundene Geschichte wieder aufleben.

Eulenspiegeltage. Mittelalterliches Spektakel in der »Eulenspiegelstadt« Mölln.

Schon in vor- und frühgeschichtlicher Zeit entstanden in Europa Transportrouten, auf denen Salz, begehrtes Würz- und Konservierungsmittel, quer durch den Kontinent befördert wurde. Einer der bedeutendsten Handelswege des Mittelalters war die Alte Salzstraße von der Saline Lüneburg nach Lübeck, damals der wichtigste Ostseehafen und Hauptstadt der Hanse.

Via Regia des Salzes

Als *Via Regia*, Königsweg, wurden früher Reichsstraßen bezeichnet, die dem König gehörten und unter seinem Schutz standen, auch die Alte Salzstraße war Teil dieses Netzes. Im Mittelalter gab es in Deutschland viele Salzstraßen. Zu den bekannteren zählen neben der Alten Salzstraße die **Hallischen Salzstraßen** mit Ausgangspunkt Halle (Saale) und der **Goldene Steig**, auf dem Salz von Reichenhall und Hallein in der Steiermark über Passau durch den Böhmerwald nach Prag transportiert wurde. Bis in die frühe Neuzeit war Salz neben Getreide eines der wichtigsten Handelsgüter. Es diente nicht nur als Gewürz, sondern war ein wichtiges Konservierungsmittel. Besonders im Mittelalter wurden große Mengen zum Einlegen von Heringen in Fässern benötigt. Lübeck verdankte damals seinen Wohlstand zum großen Teil dem Export von Heringsfässern.

Niedersachsen, Schleswig-Holstein

Die Hansestadt **Lüneburg** wiederum verdankt ihren Reichtum dem unter ihr liegenden Salzstock. Mindestens seit 956 wurde aus der Lüneburger Saline, heute **Deutsches Salzmuseum**, Salz gefördert, die Produktion wurde 1980 eingestellt. Die Alte Salzstraße führt in Richtung Ostsee über **Lauenburg/Elbe**, **Mölln** und **Ratzeburg**. Der alte Handelsweg verläuft nahe der heutigen Bundesstraßen 209 und 207. Das weiße Gold wurde in Salztonnen auf Wagen und Schiffen auf der Ilmenau und der Elbe transportiert. Schon Ende des 14. Jh. wurde das Flüsschen Delvenau zum **Stecknitzkanal** ausgebaut. Den Höhenunterschied überwindet die **Lauenburger Palmschleuse**. Endstation der Handelsroute sind die **Salzspeicher** in der Hansestadt **Lübeck**. Als Konservierungsmittel für Heringe trat das Salz per Schiff seinen Weg vornehmlich nach Skandinavien an. Erwähnenswert ist der 101 km lange Radweg Alte Salzstraße – die Variante über Ratzeburg ist 115 km lang.

Infos und Adressen

REISEROUTE
Von der Saline Lüneburg bis Lübeck; 120 km

BESTE REISEZEIT
Frühling–Herbst

SEHENSWERT
Deutsches Salzmuseum. Auf dem Gelände der ehemaligen Saline in Lüneburg.
www.salzmuseum.de
Museum Holstentor. Im Zentrum steht die Handelsgeschichte. www.museum-holstentor.de

ESSEN UND TRINKEN
Zum alten Brauhaus. Über 500 Jahre alte Schankwirtschaft mit norddeutscher Küche, Lüneburg.
www.brauhaus-lueneburg.de

Haus der Schiffergesellschaft. Seit 1535 gehört das Treppengiebelhaus in Lübeck der Bruderschaft der Kapitäne.
www.schiffergesellschaft.com

ÜBERNACHTEN
Einzigartig. Kleines, geschmackvoll eingerichtetes Hotel im historischen Wasserviertel in Lüneburg.
www.brauhaus-lueneburg.de
Anno 1216. Direkt an der Trave gelegenes, stilvoll renoviertes Backsteingebäude mit schönen Zimmern, Lübeck.
www.hotelanno1216.de

WEITERE INFOS
Kreis Herzogtum Lauenburg:
www.hlms.de/de/alte-salzstrasse

Persönlicher Tipp

NATURPARK LAUENBURGISCHE SEEN
Im Osten des Kreises Herzogtum Lauenburg erstreckt sich der rund 400 km² große Naturpark mit seinen 35 Seen. Gute Ausgangspunkte für eine Tour durch die nach der letzten Eiszeit entstandene Seenlandschaft, den im Norden die Alte Salzstraße streift, sind Ratzeburg und Mölln. Altstadt und Dombezirk von Ratzeburg liegen auf einer durch drei Dämme mit dem Festland verbundenen Insel im Ratzeburger See. »Löwentatzen« führen zu den Hauptsehenswürdigkeiten der Inselstadt. Größter See im Naturpark ist der Schaalsee auf der Grenze zwischen Schleswig-Holstein und Mecklenburg-Vorpommern. Das Biosphärenreservat Schaalsee grenzt an den Naturpark.

ABSTECHER NACH TRAVEMÜNDE
Von Lübeck aus lohnt ein Besuch des an der Mündung der Trave in die Lübecker Bucht gelegenen Stadtteils Travemünde. Das mondäne Seebad wartet mit einer langen Strandpromenade und zahlreichen Gebäuden im Bäderstil aus der Zeit zwischen Klassizismus und Jugendstil auf. Am Priwall an der Travemündung liegt die beeindruckende Viermastbark »Passat«. Ein empfehlenswerter Spaziergang führt entlang der Steilküste Brodtener Ufer.

Ganz entspannt in einem Café an der Strandpromenade von Travemünde sitzen

Im Norden von Deutschland

14 Deutsche Fährstraße

HIGHLIGHTS

Hörnbrücke in Kiel. Spektakuläre neue Klappbrücke im Kieler Hafen.

Eisenbahnbrücke mit Schwebefähre Rendsburg. Imposantes Technikdenkmal von 1913, noch voll funktionsfähig.

Doppelschleuse Brunsbüttel. In der Einfahrt bzw. Ausfahrt des Nord-Ostsee-Kanals mit Museum und Aussichtsplattform.

Elbfähre Glückstadt–Wischhafen. Die nördlichste Autofähre über die Elbe.

Schwebefähre Osten–Hemmoor. Älteste deutsche Schwebefähre von 1909, saniert.

Prahmfähren über die Oste. Altertümliche Kettenfähren in Brobergen und Gräpel.

FESTE UND VERANSTALTUNGEN

Kieler Woche. Superevent des internationalen Segelsports Ende Juni in Kiel.

Hanse-Cup. Internationale Ruderregatta Mitte September in Rendsburg.

Wattolümpiade. Spaßiger Wettkampf im Elbe-Schlickwatt mit Musikfestival Wattstock Ende Juli in Brunsbüttel.

Kulinarische Matjeswochen. Mitte Juni in Glückstadt.

Vörder Seefest. Im August in Bremervörde.

Während der Kieler Woche ist der Hafen auch nachts ein Publikumsmagnet.

Der Nord-Ostsee-Kanal zwischen Kiel und Brunsbüttel, die Unterelbe zwischen Brunsbüttel und Glückstadt, schließlich die Oste nach Bremervörde: Die Wasserwege weisen den Weg auf dieser Route.

Fähren in allen Variationen

Was haben sich Ingenieure und Baumeister nicht alles einfallen lassen, um Menschen und Waren trocken übers Wasser zu bringen! Sie haben Brücken und Fähren konstruiert – in allen möglichen Formen sieht man sie auf der Deutschen Fährstraße. Wer unterwegs mitzählt, kommt auf stolze **17 Fähren** und **13 Brücken**. Den Auftakt zur maritimen »Fährienroute« bildet **Kiel**, Deutschlands drittgrößter Passagierhafen mit Fährverbindungen nach Göteborg und Oslo. An der Kieler Förde beginnt/endet der 1895 eröffnete Nord-Ostsee-Kanal, die meistbefahrene künstliche Wasserstraße der Welt. Sie verbindet Ost- und Nordsee und erspart den Schiffen den weiten Weg um die Halbinsel Skagen.

Die Deutsche Fährstraße begleitet den Nord-Ostsee-Kanal auf seiner ganzen, 98 km langen Strecke. 14 Fähren, zehn Brücken und zwei Tunnel queren den Kanal, sie alle kann man kostenlos benutzen. Hauptattraktion ist die »Eiserne Lady« von **Rendsburg**. Die 42 m hohe Stahlkonstruktion – eine Eisenbahn-Hochbrücke mit Schwebefähre für Autos und Fußgänger darunter – verrichtet seit 1913 ihren Dienst. An der Mündung des Kanals in die Unterelbe liegt **Bruns-**

Schleswig-Holstein, Niedersachsen

Spektakuläre Konstruktion: die Eisenbahnbrücke mit Schwebefähre in Rendsburg

Infos und Adressen

REISEROUTE
Kiel–Rendsburg–Brunsbüttel–Elbfähre Glückstadt-Wischhafen–Osten–Bremervörde; 250 km

BESTE REISEZEIT
Frühjahr–Herbst

SEHENSWERT
Kieler Aquarium. Im Leibniz-Institut für Meereswissenschaften mit 30 Schaubecken für Fische und andere Meeresbewohner sowie großem Seehund-Außenbecken. www.aquarium-geomar.de
Schiffsbegrüßungsanlage. In Rendsburg am Nord-Ostsee-Kanal. Jedes Schiff wird vorgestellt und mit Nationalhymne begrüßt.
Glückstadt. Dänische Gründung von 1617 mit hübscher Altstadt im Stil der Renaissance und königlichem Schloss. www.glueckstadt.de
Kehdinger Küstenschifffahrtsmuseum. Museum im denkmalgeschützten Hafen von Wischhafen. www.kuestenschiffahrtsmuseum.de

ESSEN UND TRINKEN
Alte Markthalle. Restaurant direkt am Rendsburger Marktplatz. www.alte-markthalle.de
Plate's Osteblick. Gasthaus an der Prahmfähre von Gräpel. www.plates-osteblick.de

ÜBERNACHTEN
InterCity Hotel. Modernes Haus in Kiel, beim Frühstück genießen die Gäste den Blick auf den Fährverkehr.
Ostehotel Superior. In **Bremervörde**, Urlaubs- und Tagungshotel auf grüner Insel mitten im Fluss. www.oste-hotel.de

WEITERE INFOS
AG Osteland e.V. Fährstraße, Osten, www.niederelbe.de, www.deutsche-faehrstrasse.de

Persönlicher Tipp

KIELER SCHIFFFAHRTSMUSEUM

Bevor man sich auf die maritime »Fährienstraße« begibt, lohnt sich der Besuch im Kieler Stadt- und Schifffahrtsmuseum, das in der ehemaligen Fischauktionshalle untergebracht ist, einem imposanten Baudenkmal am Sartorikai. Anhand authentischer Exponate lässt das Museum die Vergangenheit der Hafen-, Marine- und Werftstadt Kiel wieder lebendig werden. Schiffsmodelle, maritime Gemälde und nautische Instrumente erzählen von der engen Beziehung der Stadt zur Seefahrt. Weitere Themen sind etwa der Fischfang – Basis der einst blühenden Fischverarbeitungsindustrie (Kieler Sprotten) –, der Nord-Ostsee-Kanal und die Schiffsverbindungen in alle Welt. Angebote für Kinder, Medienstationen und attraktive Inszenierungen machen den Besuch zum Erlebnis für die ganze Familie. Draußen an der Museumsbrücke liegen drei historische Schiffe vor Anker, die man in den Sommermonaten auch begehen kann. Publikumsliebling ist die »Bussard«, ein Dampfschiff von 1905/06 mit original erhaltener Dampfmaschine und Kesselraum.

büttel, wo eine Aussichtsplattform faszinierende Panoramen der gigantischen Schiffsschleusen gewährt.

Im Renaissance-Städtchen **Glückstadt** überquert man per Fähre die Elbe, um gegenüber, im Wischhafen, von der Statue eines Fährmanns empfangen zu werden. Nun verläuft die Route durch das Land Kehdingen zur Mündung der Oste in die Nordsee und folgt dann der Oste flussaufwärts. Zwischen Osten und Hemmoor beeindruckt Deutschlands älteste **Schwebefähre** von 1909. Von den **Prahmfähren**, die früher Bauern und ihr Vieh über die Oste transportierten, sind zwei erhalten. In **Bremervörde** endet die Deutsche Fährstraße. Eine Furt (Vörde) gab dem Ort den Namen.

Im Norden von Deutschland

15 LiteraTouren I

Buxtehude vor den Toren Hamburgs: das Marschzwingertor aus dem 16. Jahrhundert

HIGHLIGHTS

Buxtehude. Die historische Altstadt mit Fachwerkhäusern, St.-Petri-Kirche und Fleth.

Anklam. Historische Bauwerke wie das Steintor, Bauten der Backsteingotik wie die Marienkirche sowie Otto-Lilienthal-Museum.

Heiligenstadt. In dem Heilbad findet man viele Gesundheits- und Wellnesseinrichtungen sowie das Literaturmuseum Theodor Storm und für Kinder einen Märchenpark.

FESTE UND VERANSTALTUNGEN

Altstadtfest. Auf dem Fest im Mai/Juni in Buxtehude gibt es alles vom Autoscooter über Pferderennen bis hin zur Livemusik.

Internationales Trabi-Treffen. Das Treffen im Mai in Anklam ist Kult für Ostalgiker und Autofans.

Mecklenburg-Vorpommern-Festspiele. Auch in Anklam sind im August Konzerte zu hören.

Biathlon- und Rodel-Weltcup. In Oberhof, 80 km von Heiligenstadt entfernt, finden jedes Jahr im Januar Rennen statt.

Drei Orte, im Norden, Osten und in der Mitte Deutschlands, von denen man nicht annimmt, dass dort Literaturgeschichte geschrieben wurde: In Buxtehude wurde die Geschichte vom Wettlauf zwischen Hase und Igel erdacht. Anklam ist stolz auf seinen berühmtesten Sohn, und Heiligenstadt bietet das Thema Exil und Heimat: drei LiteraTouren.

Feine Novellen

Buxtehude ist keine Erfindung. Buxtehude gibt es wirklich! Aber es wird wohl für immer die Märchenstadt bleiben, in der ein hochnäsiger Hase und ein pfiffiger Igel um die Wette laufen. Jedenfalls leben die 35 000 Einwohner vor den Toren Hamburgs immer noch vom Ruhm jenes Wilhelm Schröder, der eine Erzählung auf Plattdeutsch verfasste: »Dat Wettlopen twischen de Swinegel und de Hasen«. Auf der Lütjen Heide vor Buxtehude spielt der Wettlauf, der bald zu einem der bekanntesten Stoffe der deutschen Volksliteratur wurde. Noch heute heißt der Buxtehuder Gruß: »Ick bün all hier!«

Anklam in Mecklenburg-Vorpommern wartet dagegen mit einem der großen deutschen Schriftsteller der Nachkriegszeit auf: Uwe Johnson (bekannt durch seine »Jahrestage«-Trilogie) wuchs in Anklam auf. »Ich weiß nicht, wa-

Niedersachsen, Mecklenburg-Vorpommern, Thüringen

rum ich hierbleibe. Ich habe etwas angefangen, vielleicht will ich sehen, was daraus wird.« (Aus *Mutmaßungen über Jakob*) Uwe Johnsons Wohnhaus kann besichtigt werden.

Heiligenstadt liegt zwar an der Deutschen Märchenstraße, aber den literarischen Ruhm verdankt die Stadt in Thüringen besonders einem Dichter: Theodor Storm. Acht Jahre lebte der Meister düsterer Stimmungen *(Der Schimmelreiter)* in Heiligenstadt. Als Flüchtling vor den damaligen dänischen Besetzern Schleswigs verließ er seinen Geburtsort Husum, die »graue Stadt am Meer«, und fand im grünen Tal der Leine eine zweite Heimat: »Die Gegend ist überaus hübsch, ein treuherzlicher Menschenschlag, eine alte Stadt mit Gemütlichkeit. Da ich nicht in Husum sein kann, so wünsche ich nur, in Heiligenstadt zu sein.« Storm verfasste in seiner Wahlheimat mehrere Novellen und das heute noch bekannte Gedicht *Von drauß' vom Walde komm ich her.*

Persönlicher Tipp

MEHR ALS NUR EIN STOPP

Uwe Johnson ist nur eine von drei literarischen Überraschungen in Anklam. Die ehemalige Hansestadt ist auch als Geburtsort von Flugpionier Otto Lilienthal bekannt geworden. Doch kaum einer weiß, dass Lilienthal in Anklam auch als Theatermäzen wirkte und selbst ein Stück schrieb: *Moderne Raubritter*, 1991 wiederentdeckt und in Anklam wiederaufgeführt. Schon davor war Anklam auf der deutschen Literaturkarte zu finden. Das erste Lexikon in deutscher Sprache wurde 1709 von dem Anklamer Johann Franz Budde herausgegeben. Budde verlegte zudem Zeitungen und Zeitschriften, unter anderem die erste deutsche Kinderzeitung. Auf Wunsch Friedrichs des Großen verfasste er außerdem die erste *Deutsche Sprachlehre zum Gebrauch an den Schulen*. Bester Platz, um sich in all das zu vertiefen, ist der weitläufige Park im Gutshaus Stolpe unter alten Baumbestand. Kastanien, Eichen und Obstbäume, ein Glas Wein dazu, und man kann die Welt vergessen … zumindest bis zum Abend, wenn das Gourmetrestaurant ruft.

Pionier mit Weitblick: zu Besuch im Otto-Lilienthal-Museum in Anklam.

Infos und Adressen

REISEROUTE
Von Buxtehude nach Anklam sind es 300 km, von dort nach Heiligenstadt weitere 550 km.

BESTE REISEZEIT
Frühling–Herbst, für Heiligenstadt mit siener Randlage zum Harz auch Winter

SEHENSWERT
Geografischer Mittelpunkt Deutschlands. Er befindet sich im Talkessel von Leine und Geislede in unmittelbarer Nähe zu Heiligenstadt.

ESSEN UND TRINKEN
Zur Eiche. Typisch norddeutsches Ambiente, typisch norddeutsche Küche in Buxtehude.
www.hotel-zur-eiche.de

Fährkrug. Regionale Küche unterm Reetdach oder auf der Terrasse an der Peene, in Stolpe bei Anklam.
www.gutshaus-stolpe.de

ÜBERNACHTEN
Gutshaus Stolpe. Ein herrliches Landhaus mit wunderschönem Park plus sehr gutem Restaurant: Das Gutshaus bei Anklam ist ein paar Tage Rast wert.
www.gutshaus-stolpe.de
Hotel am Vitalpark. Fünf Pools und sieben Saunen bietet das moderne Hotel in Heiligenstadt.
www.hotel-am-vitalpark.de

WEITERE INFOS
www.buxtehude.de,
www.heilbad-heiligenstadt.de

Im Norden von Deutschland

16 Schlösser-Route durchs Münsterland

HIGHLIGHTS

Münster. Architektonische Höhepunkte der Bischofsstadt an der Aa sind der Dom, das Schloss, der Prinzipalmarkt und der Erbdrostenhof.

Ascheberg. Das Schloss Westerwinkel mit seinem herrlichen Park ist ein besonderes Kleinod der Münsterschen Baukunst. In seiner heutigen Gestalt stammt es aus der Barockzeit.

Nordkirchen. Schloss Nordkirchen, »Westfalens Versailles«.

Lüdinghausen. Die trutzige Burg Vischering beherbergt als besonderen Anziehungspunkt das Münsterland-Museum.

Burg Hülshoff. Hinter Havixbeck trifft man auf die Spuren der Dichterin Annette von Droste-Hülshoff. In dem alten Gemäuer erblickte die vielleicht berühmteste Münsterländerin das Licht der Welt.

Haus Rüschhaus. Der letzte wichtige Stopp vor dem Ende der Tour in Münster.

FESTE UND VERANSTALTUNGEN

Turnier der Sieger. Alljährlich im August vor der imposanten Kulisse des Münsterschen Schlosses – Pferdefreunde und -sportler aus aller Welt markieren sich diesen Termin im Kalender.

Schnadegänge. Grenzbegehungen im September, in zahlreichen Ortschaften.

Der Prinzipalmarkt und die St. Lambertikirche bilden das Herz von Münster.

Der südliche Zweig der Schlösser-Route führt in einem Rundkurs – der Einstieg ist in allen Orten möglich – um die Metropole Münster (Westfalen) und durch das landschaftliche und historische Zentrum der Münsterländer Tieflandsbucht. Als Einstieg ins Münsterland, ob nun etappenweise mit dem Auto oder aber alternativ mit dem Fahrrad befahren, ist der Kurs wärmstens zu empfehlen. Etwa eine Woche sollte man dafür einplanen.

Pättken und Paläste

Das Verhältnis zwischen Autofahrern und Radlern ist bekanntlich in unseren Städten nicht immer ganz ungetrübt. In **Münster** (Westfalen), dem historischen Zentrum und der in fast jeder anderen Hinsicht führenden Stadt im Zentrum der Münsterländer Tieflandsbucht, genießen die Pedalritter gegenüber den Blechfreunden manche Privilegien, von denen ihre Kameraden in den meisten deutschen Städten nur träumen können, beispielsweie ein großzügig bemessenes Netz von Radwegen. Münster gilt daher (qualitativ und quantitativ) als *die* Fahrradhauptstadt unseres Landes. Der Radverkehr erreicht hier beinahe ostasiatische Ausmaße. Schätzungsweise bis zu 500 000 Fahrten werden von den Münsteranern täglich mit dem Rad unternommen. Auch außerhalb seiner Metropole ist das Münsterland ein Radfahrerparadies: die Wege weisen kaum Steigungen auf, Wallhecken halten den Gegenwind ab, und ein dichtes Netz

Nordrhein-Westfalen

Das Zwillbrocker Venn beheimatet die einzige Wildpferdherde Mitteleuropas.

Infos und Adressen

REISEROUTE
Münster–Everswinkel–Ascheberg–Drensteinfurt–Nordkirchen–Olfen–Lüdinghausen–Senden–Nottuln–Billerbeck–Havixbeck; ca. 210 km

BESTE REISEZEIT
Ganzjährig, wobei im September und im Oktober (bis etwa zur Monatsmitte) meist schönes, beständiges Wetter herrscht.

SEHENSWERT
Museen in und rund um Münster. Hier findet praktisch jeder interessante Exponate, sei es Glocken in Gescher, Werke Pablo Picassos in Münster oder Alte Gläser in Coesfeld.

SPEZIALITÄTEN
Die Küche des Münsterlandes ist eine Variante der westfälischen Küche oder allgemeiner gesagt der Küche des norddeutschen Binnenlandes. Und die Westfalen lieben deftige, nahrhafte Gerichte wie verschiedene **Eintöpfe** oder den im ganzen Norden als typisches Wintergericht geschätzten **Grünkohl**, zu dem als appetitanregende Spirituose und zur besseren Verdauung ein klarer **Steinhäger** und helle, herbe **Biersorten** am besten passen. Zu den typischen, auch überregional bekannten westfälischen Köstlichkeiten gehören auch das dunkle Vollkornbrot **Pumpernickel** sowie mehrere Arten des **westfälischen Schinkens**, der etwa zum **Spargel** gereicht wird.

ÜBERNACHTEN
Schloss Wilkinghege. Liebevoll restauriertes Wasserschloss der Spätrenaissance in Münster. www.schloss-wilkinghege
Heuhotels. Nicht nur bei Kindern sehr beliebte Unterkünfte in manchen Bauernhöfen.

WEITERE INFOS
Münsterland: www.muensterland.de
Münster: www.muenster.de

Persönlicher Tipp

NATURRESERVATE
In einer Landschaft, die seit Jahrhunderten, wenn nicht schon seit Jahrtausenden, vom Menschen intensiv genutzt und gestaltet wird, schrumpft die natürliche Umwelt mit ihrer Flora und Fauna zwangsläufig im Lauf der Zeit auf ein paar kleine ursprüngliche Inseln innerhalb der Kulturlandschaft zusammen. Im Münsterland gehören dazu vor allem mehrere Feuchtgebiete wie das Zwillbrocker Venn, in die sich sogar Flamingos als exotische Gäste wohlfühlen, oder der Merfelder Bruch bei Dülmen, wo die einzige Wildpferdherde Mitteleuropas zu bewundern ist. Das größte Naturreservat Nordrhein-Westfalens, ein Naturpark, befindet sich im südwestlichen Münsterland und umfasst neben stummen Zeugen der in erster Linie vom Eiszeitalter geprägten Erd- und Landschaftsgeschichte wie den sagenumwobenen Düwelsteenen oder dem Teufelstein auch urige Wälder und malerische Heiden wie den Dämmerwald und die Holtwicker Wacholderheide, sowie daneben Seen, die Badelustige und eine artenreiche Wasservogelwelt gleichermaßen anziehen, beispielsweise der Halterner Stausee.

von Pättken (Pfädchen), schmalen Feldwegen fern von jedem störenden Verkehr, durchziehen das Land. Kein Wunder, dass auch viele Autofahrer zumindest im Urlaub einen Kompromiss zwischen Radfahren und Autofahren praktizieren, ihre Blechesel in Halterungen auf dem Auto mitführen und dann mal auf ruhigen Landstraßen fahren und mal auf den Pättken radeln. Nahezu alle der gut 100 Schlösser (allein auf dieser Route), Burgen und von romantischen Wasserläufen umschlossenen Bauernhöfe sind so bequem zu erreichen.

Im Norden von Deutschland

17 Durch Europas alten jungen Nordosten

Das Wasserschloss Trakai war vor dem 14. Jh. Regierungssitz litauischer Herrscher.

HIGHLIGHTS

Bernsteinmuseum Kaliningrad. Schmuck, Modellschiffe und andere Dinge sind aus dem güldenen Material gefertigt.

Antanas Cesnulis Skulpturenpark, Druskininkai, Litauen. Kreative und skurrile lebensgroße Holzfiguren des Künstlers.

Kryžių kalnas, Litauen. »Berg der Kreuze«, beeindruckender katholischer Wallfahrtsort.

Kurländische Küste Lettland, Leuchtturm Bernati. Lange Zeit Sperrgebiet, deshalb heute viele unberührte Strände und Naturschutzgebiete wie der Pape-See.

FESTE UND VERANSTALTUNGEN

Positivus Festival, Salacgriva, Lettland. Wichtigstes Rock- und Pop-Festival des Baltikums, Mitte Juli an der Ostsee.

Thomas-Mann-Festival, Nida, Litauen. Literatur und Musik stehen im Mittelpunkt, im Juli.

Festival der Weißen Dame, Haapsalu, Estland. Zum Vollmond-Wochenende im August wird die Stadt zum Mittelalter-Markt.

Estnisches Liederfest, Tallinn. Findet alle fünf Jahre statt, nächstes Mal 2019.

Von Berlin bis Tallinn führt die Straße an der Ostsee entlang, über Danzig durchs alte Ostpreußen bis Kaliningrad, durch Litauen, Lettland und Estland. Stopps bieten Einblicke in die Geschichte und das lebendige Heute, das nicht nur Thomas Mann begeisterte. Zurück geht es per Fähre übers Meer.

Gemeinsame Geschichte und Geschichten

Via Baltica, der Baltische Weg: Einst hieß so die Pilgerstraße über Norddeutschland bis Santiago de Compostela. Heute trägt die Europastraße 67 von Prag über Warschau nach Tallinn diesen Namen. Unsere Variante führt an der Küste entlang durch die historisch eng verbundenen Staaten.

Nur knapp zwei Fahrtstunden nordöstlich von **Berlin**, kurz hinter Polens Grenze, ist **Stettin (Szczecin)** erster Zwischenstopp. Die Stadt rund um Herzogsschloss und Flussterrassen hat sich in den letzten Jahren fein herausgeputzt. Dann geht es am Meer entlang, zur Linken locken immer wieder Strände und Küstenorte, bis **Danzig (Gdansk)** auftaucht – rund 370 km entfernt. Prunkbauten, Schmuckgiebel und der Torkran bezeugen den einstigen Reichtum als Hafenstadt.

Über die Flüsse Weichsel und Nogat führt der Weg in die frühe Kreuzritter- und Handelsstadt **Elbląg (Elbing)**. Interessant ist ein Tagesausflug auf dem Oberlandkanal (Kanał

Osteuropa

Elbląski): Diese technische Meisterleistung von 1844 verbindet das Frische Haff an der Ostsee mit den Masurischen Seen. Teils wandern die Schiffe auf Schienen über Land. Das Örtchen **Frombork (Frauenburg)** liegt rund anderthalb Stunden entfernt und besticht durch die große Backsteinburg der Ermländer Bischöfe. Hier lebte und arbeitete Nikolaus Kopernikus viele Jahre an seiner Himmelsmechanik. In der Ferne ist die Frische Nehrung zu erkennen, jener Landstreifen, der das Haff zum Meer hin begrenzt. Seine östliche Hälfte gehört schon zu Russland.

Umringt von der EU

Von hier ist die russische Enklave Kaliningrad nur noch rund 15 km entfernt. Allerdings geht die Fahrt zunächst an der polnisch-russischen Grenze entlang, ins »Storchendorf« **Żywkowo (Schewecken)**, und quert sie erst bei Bagrationovsk. Obwohl das frühere **Königsberg** den Besuch wert ist: Wer sich Visum & Co. sparen möchte, kann die Enklave südlich umfahren – via Masuren.

Ab **Kaliningrad** geht es zurück in die EU, nach **Litauen**. Das Örtchen **Druskininkai** liegt etwa 290 km entfernt. Dort wartet der »Grūtas Park«, auch »Stalin World« genannt, wo fast 90 sowjetische Monumentaldenkmäler aus ganz Litauen zusammengetragen sind. Weniger einschüchternd sind die Holzskulpturen im Antanas Cesnulis Park. Zwei Stunden weiter liegt **Vilnius (Wilna)**, die Hauptstadt Litau-

Persönlicher Tipp

KÖNIGSBERG: MORBIDER CHARME UND ALTER GLANZ

Seit Friedrich I. endlich Königsbergs Namen rechtfertigte und sich 1701 zum Preußenkönig krönen ließ, hat die Stadt wechselvolle Zeiten hinter sich gebracht. Kurz vor Ende des Zweiten Weltkriegs wurde es noch stark bombardiert, was die Altstadt einschließlich Schloss, Dom und sämtliche Kirchen zerstörte. Fast nur der Königsberger Dom mit dem Grab Immanuel Kants überstand die Luftangriffe. Während aber in polnischen und deutschen Städten vieles wieder aufgebaut wurde, prägen in Kaliningrad große Parks und Freiflächen die Innenstadt. Neben wenig ansehnlichen Plattenbauten steht noch die alte Festung mit dem sehenswerten Bernsteinmuseum – russische Juweliere gingen sehr einfallsreich mit dem Schmuckstein um – sowie mehrere Stadttore und die Alte Börse. Interessant das U-Boot- und das Weltmeeresmuseum, der Botanische Garten und der Königsberger Tiergarten. Kulinarisch ergänzen lässt sich der Trip durch echte Königsberger Klopse und den hiesigen Wodka namens »Stary Kjonigsberg«.

Das neue Fischerdorf in Kaliningrad passt sich der alten Architektur an.

Der »Berg der Kreuze« in Litauen ist seit Jahrhunderten Ziel katholischer Pilger.

Historische estnische Volkstänze beim Altstadtfest auf Tallinns Rathausplatz

Persönlicher Tipp

TALLINN, DIE BUNTE STADT AM MEER

Oben thront der »Lange Hermann«, unten die »Dicke Margarethe«: Tallinns bekannteste Türme bezeugen, dass die Stadt immer geteilt war in Ober- und Unterstadt. Rund um den großen Marktplatz lebten Händler und Handwerker, oben am Hügel Adel und Klerus – angefangen mit den Kreuzrittern im 13. Jh., als die Stadt noch Reval hieß. Besten Überblick bietet der Turm der St. Olai-Kirche, einst das höchste Gebäude der Welt. Oder die Krone der Stadtmauer, von wo der Blick über Ziegeldächer, russisch-orthodoxe Zwiebeltürme und den Hafen der lange gesperrten Küste schweift. Im Sommer bringen Kreuzfahrer ganze Touristenscharen ins Zentrum, ihretwegen sind viele Verkäufer und Kellnerinnen mittelalterlich kostümiert. Ein spaßiger Kontrast zum Hightechstaat Estland, der per Verfassung das Recht auf Internetzugang garantiert. Doch auch abseits vom Zentrum locken schöne Ecken. Am Altstadtrand spiegeln verglaste Hightech-Türme die historischen Bauten und das KUMU – Kunstmuseum – ist auch von außen ganz modern.

ens. Gotik und Barock, Mittelalter und Renaissance spiegeln seine Fassaden und vielen Kirchen. Der moderne Wolkenkratzer »Europos bokštas« ist der höchste des Baltikums.

Dann führt der Weg zurück zum Meer: rund 300 km weit auf der Autobahn A1. Oder gemütlicher durch die grünen Auen der kurvenreichen Memel (Nemunas), Ziel ist **Klaipeda** an der **Kurischen Nehrung**, von Ostpreußen ebenfalls »Memel« genannt. Viele deutsche Künstler liebten diese Dünenlandschaft. Thomas Mann besaß ein Ferienhaus direkt auf der Nehrung in **Nida (Nidden)** – heute ist es Museum.

An der Ostsee geht es über die Grenze nach Lettland: entlang der kurländischen Küste, drei Stunden sind es ohne Stopp bis zur »Windstadt« **Liepāja (Liebau)**. Sie kombiniert breite, feine Sandstrände mit Militärgeschichte wie dem historischen Karosta-Gefängnis. Am Strand von Šķēde erinnert eine Gedenkstätte an ein Massaker des Zweiten Weltkriegs.

Hauptstädte mit Nationalparks

Ebenfalls drei Stunden dauert die Fahrt von hier nach Lettlands Hauptstadt **Riga**, streng nach Nordosten und vorbei am Marschland-**Nationalpark Kermeri** und dem Badeort **Jurmala**. Die Hansestadt Riga prunkt nicht nur mit Ritterbauten, sondern auch mit viel Jugendstil – alles zusammen zählt zum UNESCO-Welterbe. Gut erhalten sind der Mariendom und das Schloss, wiederaufgebaut wurde das Schwarzhäupterhaus. Wie Warschau hat auch Riga einen Kulturpalast im Zuckerbäckerstil, sehenswert auch der schlanke Fernsehturm und die Zeppelinhallen mit dem größten Markt Europas.

Kurz vor der Grenze zu Estland liegt der **Gauja-Nationalpark**, rund um **Cēsis** und **Sigulda** und die »Livländische Schweiz«. Das Aerodium lässt Mutige bis über die Baumwipfel schweben. Zwei Fahrtstunden später taucht die Universitätsstadt **Tartu (Dorpat)** auf, Estlands »geistige Hauptstadt«. Und dann geht es auf einer gemütlichen Landstraße Richtung Küste, zum **Lahemaa Nationalpark**.

Von dort ist es nur rund noch eine halbe Stunde bis **Tallinn**, der Hauptstadt mit bestens erhaltenem Mittelalter-Kern. Am Hafen starten die Fähren ins nahe **Helsinki**: Grund genug für mindestens einen Kurzbesuch. Von Finnlands Hauptstadt aus wiederum schippern die Ostseefähren via Tallinn zurück nach **Travemünde**.

Durch Europas alten jungen Nordosten

Infos und Adressen

REISEROUTE

Berlin–Tallinn, plus Fährstrecken Tallinn–Helsinki und Helsinki–Travemünde; 2400 km.
Mit dem Auto: Berlin–Stettin–Danzig–Elbląg–Frombork–Zywkowo–Kaliningrad–Druskininkai–Trakai–Vilnius–Klaipeda–Nida–Liepaja–Riga–Nationalpark Gauja–Tartu–Lahemaa Nationalpark, Tallinn; 2400 km

BESTE REISEZEIT

Frühjahr–Herbst

SEHENSWERT

Storchendorf Żywkowo, Polen. 40 000 Störche, ein Viertel des Weltbestands, brüten in Polen. In Żywkowo kann man vom Turm in die vielen Nester blicken.
Wasserschloss Trakai, Litauen. Alter Regierungssitz, bevor im 14. Jh. in der Nähe Vilnius gegründet wurde.
Große Düne, Nida, Litauen. Eine der größten Europas, auch »Ostpreußische Sahara« genannt.
Haapsalu, Estland. Für seine Burgruine und hauchfein gestrickte Schals berühmt. Vorgelagert bietet die große Insel Saarema Natur und alte Kurtradition.
Tartu, Estland. In der Domruine sitzt das Universitätsmuseum, die vielen jungen Leute sind als »Küssende Studenten« im Springbrunnen verewigt. Gelungenes Zusammenspiel historischer und moderner Bauten, Sehenswert auch der Botanische Garten und das Ahaa Science Center.
Hermannsfeste Narva, Estland. Ein Abstecher von Tallinn zur russischen Grenze, wo die trutzige Festung der nicht minder trutzigen Burg Iwangorod direkt gegenüber liegt.

ESSEN UND TRINKEN

Pierogarnia Kaszubska, Stettin, Polen. Beste kaschubische Pierogen, wie der Name verspricht. Auch für Borschtsch und andere polnische Spezialitäten.
www.pierogarnia.szczecin.pl
Hmel, Kaliningrad, Russland. Typisch russische deftige Leckereien in authentischer Atmosphäre mit eigenem Bier vom Fass. www.facebook.com/restoranhmel
Uoksas, Kaunas, Litauen. Kleine, aber feine, innovative regionale Küche, Kunst auf dem Teller. www.uoksas.eu
Vinetas un Allas Kārumlāde, Cēsis, Lettland. Hübsches Café und Bistro, mit frischem Gebäck, mitten im Gauja-Nationalpark. Rīgas iela 21, Cēsis.
International, Riga, Lettland. Kleine, aber viele Gänge ist das Konzept, beste litauische und internationale Küche.
www.international.lv
Püssirohu Kelder (Gunpowder Cellar), Tartu, Estland. Uriger Brauereikeller mit gutem Bier und estnisch

Die Bewohner der Hauptstadt Finnlands genießen den langersehnten Sommer ausgiebig im Straßencafé.

Herzhaftem, oft Livemusik.
www.pyss.ee

ÜBERNACHTEN

Podewils Hotel, Danzig, Polen. Familiäres Fünfsternehotel, antik eingerichtet, im 18.-Jh.-Haus direkt am Hafen nahe dem Krantor.
www.podewils.pl/de/
IDW Esperanza Resort, Trakai, Litauen. Luxuriöses Öko-Resort im Blockhausstil, direkt am See gelegen, mit Spa.
www.idwesperanzaresort.com
Aparthotel Stora Antis, Klaipeda, Litauen. Geräumige Apartments, zentral am Flussufer mit persönlichem Flair.
www.storaantis.lt
Nordic Hotel Forum, Tallinn, Estland. Helles, großzügiges Viersternehaus im nordischen Design, dicht an der Altstadt.
www.nordichotels.eu

WEITERE INFOS

Tourismus Polen:
www.polen.travel.de
Tourismus Kaliningrad:
www.visit-kaliningrad.ru/en
Tourismus Litauen:
www.lithuania.travel/de
Tourismus Lettland:
www.latvia.travel/de
Tourismus Estland:
www.visitestonia.com/de

Im Osten und in der Mitte Deutschlands

...sten und der Mitte von Deutschland:
- ansische Ostseestraße
- m Mecklenburgs Seenplatte
- chlösser und Herrenhäuser
- ärkische Eiszeitstraße
- und um Polen
- rmland und Masuren
- NESCO-Route: Bad Muskau–Rügen
- ächsische Silberstraße
- immelswege
- »Martin Luther«-Route
- »Johann Sebastian Bach«-Route
- urch das Elbsandsteingebirge
- traße der Romanik (Süd)
- NESCO-Route: Dessau–Kassel
- uf dem Schottenring
- NESCO-Route: Eisenach–Potsdam 108
- »Dichter-und-Denker«-Route
- assikerstraße
- auerland-Tour

Im Osten und in der Mitte Deutschlands

18 Hansische Ostseestraße

HIGHLIGHTS

Lübeck. Die UNESCO-Weltkulturerbe-Stadt ist vor allem wegen des markanten Holstentors bekannt.

Wismar. Die Altstadt gilt als idealtypisch für Hansestädte. Prachtvoll ist das Schabbelhaus, ein Kleinod der niederländischen Renaissance.

Bad Doberan. Das Städtchen besticht durch den Kontrast aus Backsteingotik und noblem Bäder-Klassizismus.

Greifswald. Vom Glanz der Universitätsstadt zeugen die vielen gotischen Backsteinbauten.

Stralsund. Das Backstein-Rathaus ist der ganze Stolz des »Venedig des Nordens«, UNESCO-Weltkulturerbe.

FESTE UND VERANSTALTUNGEN

Wismarer Hafentage. Das traditionsreiche Fest im Stadthafen zieht im Juni Tausende von Besuchern in die Hansestadt, mit Show-Attraktionen, Verkaufsbuden, einem Handwerkerdorf, einem breiten Angebot an Wasseraktivitäten sowie einem großen Feuerwerk.

Wallensteintage Stralsund. Mit einem sommerlichen Historienmarkt feiern die Bürger alljährlich den erfolgreichen Widerstand gegen die Belagerung der kaiserlichen Truppen unter der Führung Wallensteins im Jahr 1628.

Noch vergnüglicher als zur Küste zu radeln ist es, dorthin mit »Molli« zu tuckern.

Die »Via Hansa« verbindet, den Spuren der Hanse folgend, die geschichtsträchtigen Weltkulturerbe-Städte Lübeck und Stralsund. Bis ins 16. Jh. einer der bedeutendsten Landhandelswege, ist die »Kulturstraße des Nordens« heute eine beliebte Ferienstraße.

Von Hansestadt zu Hansestadt

Ihre Blüte erlebte die Hanse zwischen dem 13. und 16. Jh., als norddeutsche Kaufleute sich zusammenschlossen, um für mehr Sicherheit auf ihren Transportwegen zu sorgen. Macht und Reichtum des Hansebunds lassen sich anhand prachtvoller Bürger-, Rat- und Handelshäuser ermessen.

Ausgangspunkt ist die stolze Hansestadt **Lübeck**. Vom Lübecker Markt aus führt die Hansestraße durch das Burgtor hinaus nach **Schlutup** am unteren Lauf der Trave. Bevor man dorthin aufbricht, gilt es aber, die zum UNESCO-Weltkulturerbe geadelte Altstadt zu erkunden. Vom Holstentor aus ist die »Stadt der Sieben Türme« perfektes Beispiel meisterlicher mittelalterlicher Stadtplanung. In **Grevesmühlen**, einer der ältesten Städte Mecklenburgs, musste man einst eine Zollstation passieren, bevor man die 1229 gegründete Hansestadt **Wismar** erreichte, deren Altstadt seit 2002 auf der Liste des UNESCO-Weltkulturerbes steht. Von der 200-jährigen Zugehörigkeit der Stadt zum Königreich Schweden zeugen der Marktplatz, das Rathaus, die berühmte Wasserkunst und das pittoreske Giebelhaus »Alter Schwede«.

Schleswig-Holstein, Mecklenburg-Vorpommern

Das Backstein-Giebelhaus »Alter Schwede« zählt zu Wismars ältesten Bauwerken.

Infos und Adressen

REISEROUTE
Die 380 km lange Route über die B104, B105, B109 führt von Lübeck über Wismar, Rostock nach Stralsund durch das Ostsee-Hinterland.

BESTE REISEZEIT
Mai–September

SEHENSWERT
Dorf Mecklenburg. Zu DDR-Zeiten wurde das Dorf zum Freilichtmuseum. www.dorf-mecklenburg.de
Deutsches Bernsteinmuseum Ribnitz-Damgarten. Alles über das »Gold des Nordens«, präsentiert in altem Kloster. www.deutsches-bernsteinmuseum.de
Demmin. Sehenswerte Hansestadt im Binnenland.

ESSEN UND TRINKEN
Zur Kogge. Ältestes Gasthaus Rostocks. www.zur-kogge.de
Weißer Pavillon. 200 Jahre Gastlichkeit in chinesischem Rundbau in Bad Doberan. www.weisser-pavillon.de
Alter Schwede. Speisen im ältesten Barockhaus der Stadt Wismar. www.alter-schwede-wismar.de

ÜBERNACHTEN
Anno 1216. Boutiquehotel in einem der ältesten Häuser Lübecks. www.hotelanno1216.de
Alter Speicher Wismar. Wohnen im hanseatischen Giebelhaus. www.hotel-alter-speicher.de
Krahnstöver Rostock. Boutiquehotel in spätgotischem Kaufmannshaus. www.krahnstöver-rostock.de

WEITERE INFOS
www.luebeck.de,
www.auf-nach-mv.de

Persönlicher Tipp

MIT »MOLLI« ANS MEER

Ein besonderes Vergnügen, vorübergehend die Straße gegen Schienen einzutauschen, ist eine Fahrt mit »Molli«, der Schmalspurbahn, die schon seit 1886 auf 90 cm Spurbreite von Bad Doberan nach Heiligendamm tuckert. Die kleine Bahnstrecke, die 1910 bis Kühlungsborn-West auf insgesamt 15,4 km verlängert wurde, ist die beliebteste Bäderbahn an der Ostsee. Bis heute verbindet der Zug die drei Badeorte – im recht beschaulichen Tempo. Denn mehr bekommt der 450 PS starke Nachbau der originalen Dampflok von 1932 nicht hin. Und so dauert der Spaß, der im Sommer zwischen 8.35 Uhr und 18.45 Uhr elfmal möglich ist, 40 Minuten. In Bad Doberan schnauft sie durch enge Gassen wie ein Monster aus Urzeiten, entlässt die ersten Passagiere in Heiligendamm und macht im Sommer speziell für die Strandbesucher einen Sonderstopp am Bahnhof Steilküste, wo es am Wochenende auch Sondershows gibt. In Kühlungsborn schließlich warten dann schon die nächsten Fans auf die Fahrt zurück (www.molli-bahn.de).

Die »Via Hansa« führt weiter nach **Bad Doberan**, das als Kloster gegründet wurde. Von der Zisterzienserabtei stehen noch Münster, Beinhaus und Wirtschaftsgebäude. Nicht allzu viel vom alten Glanz ist in **Rostock** erhalten, doch die gewaltige Marienkirche beeindruckt noch immer.

Das **Untere Recknitztal** markiert die Grenze zu Vorpommern, von hier ist es nicht mehr weit bis nach **Stralsund**, das zum Weltkulturerbe gehört. Von der Blütezeit erzählen Bauwerke in norddeutscher Backsteingotik am Alten Markt. Von **Greifswald** sind drei gotische Backsteinkirchen weithin sichtbar. **Anklam**, das »Tor zur Sonneninsel Usedom«, das im Naturschutzgebiet des **Peene-Urstromtal** liegt, ist letzte Station, bevor das **Stettiner Haff** erreicht ist.

Im Osten und in der Mitte Deutschlands

19 Um Mecklenburgs Seenplatte

Die ruhige Abendstimmung über den Seen birgt einen großen Reiz für Müritz-Urlauber.

HIGHLIGHTS

Festungsmauer Neubrandenburg. Rund um den Ortskern, mit vier prächtigen Toren, Wiekhäusern und Fangelturm.

Slawendorf Neustrelitz. Ein Freilichtmuseum der frühen Siedler, mit Demonstration alten Handwerks.

Müritzeum Waren. Das »Haus der 1000 Seen« bietet naturnah und multimedial eine sehenswerte Erlebnisausstellung.

FESTE UND VERANSTALTUNGEN

Schweriner Kultur- und Gartensommer. Konzerte, Theater und Kleinkunst von Frühjahr bis Herbst in historischen Häusern und Gärten.

Müritz-Saga. Auf einer Naturbühne bei Waren spielt alljährlich zwischen Juni und September eine neue Episode des Theaterspektakels.

Festspiele Mecklenburg-Vorpommern. Tanz, Musik und andere Kunst auf hohem Niveau von Juni bis September. Spielorte sind in malerischer Landschaft und geschichtsträchtiger Architektur der Region.

Wo viele Urlauber die Müritz und ihre vielen Seitenseen per Boot erkunden, lässt sich auch mit dem Auto herumkommen: Zwischen Schwerin und Neuruppin warten rund um Deutschlands größten Binnensee viele Schlösser und hübsche kleine Orte auf Besucher.

Im Zickzack durch die Moränenlandschaft

Vor 15 000 Jahren glätteten hier Gletscherzungen das Land und hinterließen Kuhlen und Findlinge. Heute locken Natur pur und viele historische Ecken rund um die **Müritz**. Von der Landeshauptstadt **Schwerin** mit ihrem prächtigen Schloss geht es über alte Alleen durchs mittelalterliche **Sternberg** nach **Güstrow**: Im Dom steht ein meisterlicher Flügelaltar, auch Ernst Barlachs Denkmal »Der Schwebende« ist dort, nebenan ein Barlach-Museum. Das Schloss Güstrow gilt als Perle der Renaissance, während im »Bärenwald« neben Luchsen, Wölfen und viel Wild auch Braunbären artgerecht leben dürfen.

Via **Krakow am See** mit Backsteinbauten, jüdischen Gedenkstätten und dem Aussichtsturm Jörnberg führt die Tour zum Plauer See. Westlich lockt ein Abstecher nach **Plau** mit seiner alten Hubbrücke und der Eldeschleuse mit »Hühnerleiter«. Nördlich des Sees folgt bald **Alt-Schwerin**: Sein »Agroneum« schildert fünf Jahrtausende hiesiger Landwirtschaft.

Mecklenburg-Vorpommern

Und **Malchow** bietet DDR-Museum, Stadtwindmühle, Affenwald – und eine spannende Drehbrücke am Fleesensee.

Mit einem Stopp am alten Fischerdorf **Röbel** geht es über **Waren an der Müritz** und am Tollensee entlang in die Vier-Tore-Stadt **Neubrandenburg**. In der Marienkirche, einer der schönsten gotischen Backsteinkirchen, spielen regelmäßig Neubrandenburgs Philharmoniker auf. Knapp eine halbe Stunde im Südwesten liegt **Neustrelitz** mit seinem sternförmigen Grundriss.

Zwischen den beiden Teilen des **Nationalparks Müritz** führt die Strecke nun nach **Rheinsberg**, besonders für sein Schloss direkt am Grienericksee bekannt: einst Lieblingsplatz von Friedrich dem Großen. Innen wartet ein Tucholsky-Museum, außen der Blick auf Boote und Natur. Dann ist es nur noch eine halbe Stunde bis zur Fontanestadt **Neuruppin** am Ruppiner See – geprägt von Fontane, Friedrich II. und dem Baumeister Schinkel.

Infos und Adressen

REISEROUTE
Schwerin–Sternberg–Güstrow–Alt Schwerin–Malchow–Plau–Röbel–Waren–Neubrandenburg–Neustrelitz–Rheinsberg–Neuruppin; 380 km

BESTE REISEZEIT
Frühjahr–Herbst, Hochsaison im Spätsommer

SEHENSWERT
Müritz-Nationalpark. Zweigeteilt mit Neustrelitz in der Mitte, bieten Feldberger Seenplatte und Mecklenburgische Seenplatte seltene Fauna und Flora, per Rad, per pedes oder mit Paddel. www.mueritz.de

ESSEN UND TRINKEN
Klosterklause Malchow. Außen unscheinbar, innen feines Essen in herzlicher Umgebung.
Alte Kachelofenfabrik. Gemütlich mit lecker-rustikaler Küche in der Kultur-Fabrik in Neustrelitz. www.basiskulturfabrik.de

ÜBERNACHTEN
Keramik Hotel Rheinsberg. Nettes Familienhotel über traditioneller Manufaktur voller Keramik. www.keramikhotel.de
Resort Mark Brandenburg. Schickes Viersternehotel in Neuruppin mit großer Wellness-Therme am See. www.resort-mark-brandenburg.de

WEITERE INFOS
Tourismus Mecklenburgische Seenplatte: www.mecklenburgische-seenplatte.de

Persönlicher Tipp

WAREN – VOM WASSER UMARMT

Die große Müritz und sechs weitere Seen prägen das Örtchen Waren – sein historischer Kern mit Kirchen, altem und neuem Rathaus, der Posthalterei und der Löwenapotheke kann man sich bequem durchbummeln. Der malerische Stadthafen ist Anlegepunkt für Motorboote und Segler. Und wer die 176 Stufen auf den Turm der Marienkirche steigt, hat einen Panoramablick übers ganze Umland. Als Touristenzentrum in der Seenlandschaft hat Waren vor allem im Sommer mit Bars und Livemusik auch ein nennenswertes Nachtleben zu bieten. Berühmt ist die Erlebniswelt Müritzeum, doch auch Fischereimuseum und Militärhistorisches Museum sind einen Besuch wert. Zudem ist der Ort guter Ausgangspunkt für Ausflüge ins Umland, bis hin zum Museum für Alltagsmagie und Hexenverfolgungen in Penzlin. Eine Stadtführung fördert hübsche Anekdoten zutage. Und manchmal gehen von hier einige der weltgrößten Schiffspropeller vom hiesigen Weltmarktführer MMG ganz langsam auf die Reise Richtung Meer.

Wie Vogelnester kleben rekonstruierte Wiekhäuser an Neubrandenburgs Stadtmauer.

Im Osten und in der Mitte Deutschlands

20 Schlösser, Herrenhäuser, Parkanlagen

HIGHLIGHTS

Schloss Wendorf. Historisches Rittergut, um 1900 zum Schloss ausgebaut, im weitläufigen Park mit See, uralter Baumbestand.

Güstrow. Alte herzogliche Residenzstadt, imposantes Renaissanceschloss mit Festsaal, Museum und Lustgarten; gotischer Dom; Marktplatz mit klassizistischem Rathaus; Ernst-Barlach-Gedenkstätte und Museum.

Schloss Basedow. Schloss im neugotischen Stil mit historischen Wirtschaftsgebäuden und Gutsdorf am Malchiner See, die grandiose Parkanlage (200 ha) ist das Hauptwerk von Peter Joseph Lenné.

FESTE UND VERANSTALTUNGEN

Schweriner Kultur- und Gartensommer. Musik, Theater, Kleinkunst, Show und Ausstellungen.

Sommertraum. Veranstaltungsreihe am Alten Schloss im Schlossgarten, Güstrow.

Weihnachtsmarkt im Schloss Ulrichshusen. Im Dezember.

Kultur und Kunst. Mehrere Veranstaltungen im Sommer in der Gutsanlage Blücherhof.

Festspiele Mecklenburg-Vorpommern. Sommerliches Musikfestival; Veranstaltungsorte: Schwerin, Schloss Basthorst, Güstrow, Schloss Ulrichshusen.

Majestätisch erhebt sich das Schweriner Residenzschloss auf seiner Insel im See.

Das Land östlich der Elbe, das war einst das Land der meist adeligen Großgrundbesitzer, die auf ihren Gütern wie kleine Könige herrschten. Auch heute zeugen in Mecklenburg noch Hunderte von Schlössern, Herrenhäusern und Gutsanlagen, Gärten und Parks von diesem einzigartigen Lebensstil einer untergegangenen Epoche. Eine Auswahl präsentiert unsere Landpartie.

Mecklenburger Landpartie

Von der Landeshauptstadt **Schwerin** mit dem bombastischen Fürstenschloss am See geht es ins östliche Umland. Hier finden sich gleich drei hervorragende Beispiele für all die Mecklenburger Guts- und Herrenhäuser, die im 19. Jh. zu repräsentativen Schlössern mit englischen Landschaftsparks ausgebaut wurden: das kleine, dafür aber feine Schloss **Basthorst** am Glambecksee, das pittoreske Schloss **Wendorf** mit See und uraltem Baubestand sowie das klassizistische, anmutig auf einem Hügel thronende Schloss **Kaarz**. Über **Güstrow**, dessen sehenswerte Altstadt vom majestätischen Renaissanceschloss beherrscht wird, erreicht man das alte Städtchen **Teterow** im Naturpark Mecklenburgische Schweiz. Hier beeindruckt die Schlossanlage Teschow mit klassizistischem Herrenhaus und Kavaliershäusern inmitten eines Parks am Teterower See. Der ebenfalls im Naturpark gelegene Kummerower See punktet mit einem der ältesten und bedeutendsten Adelssitze der Region, der barocken Schloss- und Parkanlage **Kummerow**.

Mecklenburg-Vorpommern

Infos und Adressen

REISEROUTE
Schwerin–Basthorst–Kuhlen-Wendorf–Kaarz–Güstrow–Teterow–Kummerow–Malchin–Basedow–Ulrichshusen–Klocksin-Blücherhof–Schorssow–Teterow; 220 km

BESTE REISEZEIT
Frühjahr–Herbst

SEHENSWERT
Schwerin. Alte Residenzstadt der Herzöge von Mecklenburg am See, »Märchenschloss« (19. Jh.) mit Prunkräumen und barockem Park; großartiger Dom im Stil der norddeutschen Backsteingotik; hübsche Altstadt rund um den Marktplatz; Historisches Museum.
Schloss Kummerow. Bedeutender Barockbau mit Landschaftspark in Privatbesitz (Das Gebäude ist dringend sanierungsbedürftig). Park vom Gartenkünstler von Lenné gestaltet.

ESSEN UND TRINKEN
Barlach-Stuben. Regionale Spezialitäten, Biergarten in Güstrow. www.barlach-stuben.de
Am Burggraben. Restaurant im ehemaligen Pferdestall von Schloss Ulrichshusen.

ÜBERNACHTEN
Hotel-Restaurant Schloss Basthorst. Schickes Hotel in Basthorst. www.schloss-basthorst.de
Hotel Schloss Kaarz. Schlafen im Kaarzer Schloss. www.schlosskaarz.de
Schlosshotel Wendorf mit Restaurant in Kuhlen-Wendorf. www.schlosshotel-wendorf.de
Landhotel Schloss Teschow in Teterow. www.schloss-teschow.arcona.de

WEITERE INFOS
Tourismusverband Mecklenburg-Vorpommern: www.auf-nach-mv.de, www.schloesser-gaerten-mv.de

Zum wahren Märchenschloss wurde das Herrenhaus von Basedow im 19. Jh. ausgebaut.

Persönlicher Tipp

GUTSDORF BASEDOW MIT SCHLOSS UND PARK

Basedow war der Stammsitz des uralten mecklenburgischen Adelsgeschlechts derer von Hahn. Um 1830 entschied sich die Familie, die damals zu den größten Gutsbesitzern im Lande gehörte, Basedow zu modernisieren: das Schloss, die Wirtschaftsgebäude, auch die Wohnhäuser im Dorf. Mit der Planung wurde nicht irgendwer beauftragt, sondern der große preußische Baumeister Friedrich August Stüler. Nach einem Brand ergänzte man gegen Ende des 19. Jh. Teile des Stüler-Schlosses in einem verspielt-neugotischen Stil. Zum denkmalgeschützten Kulturmonument Basedow gehören auch die Außenanlagen mit Blumengarten, englischem Landschaftspark und fließenden Übergängen zum Agrarland. Geschaffen hat dieses einzigartige Gartenkunstwerk der berühmte preußische Landschaftsarchitekt Peter Joseph Lenné. Der Park ist heute für Besucher frei zugänglich und auf einem Rundweg, an dem auch Reste der mittelalterlichen Burg sowie zwei prähistorische Großsteingräber liegen, in seiner ganzen Schönheit zu bestaunen.

Von Malchin aus geht es am Ostufer des lang gestreckten Malchiner Sees zu Schloss und Park **Basedow**, dann zum kleineren, südlich gelegenen Ulrichshusener See mit Schloss **Ulrichshusen** – ein glänzendes Beispiel für die ebenso liebevolle wie sachkundige Wiederherstellung historischer Bauwerke, die vor der Wende jahrzehntelang dem Verfall preisgegeben waren. Ganz in der Nähe findet man die eindrucksvolle Gutsanlage **Blücherhof** mit neubarockem Herrenhaus, Kavaliershaus und Wirtschaftsgebäuden. Über Schloss **Schorssow**, eine klassizistische Dreiflügelanlage, geht es im Westen des Malchiner Sees zurück nach Teterow, wo unsere Landpartie endet.

Im Osten und in der Mitte Deutschlands

21 Märkische Eiszeitstraße

Im Nationalpark Unteres Odertal scheint die Eiszeit nicht mehr ganz so weit entfernt.

HIGHLIGHTS

Biorama-Projekt. Der Wasserturm von Joachimsthal bietet Aussicht auf die Schorfheide.

Blumberger Mühle. Das NABU-Informationszentrum bei Angermünde liegt im Biosphärenreservat Schorfheide-Chorin.

Draisine fahren. Zwischen Templin und Fürstenberg gibt es einen Draisinen-Verleih.

Nationalpark Unteres Odertal. Vor Schwedt an der Oder erstreckt sich das Untere Odertal. Die geschützte Auenlandschaft grenzt an Polen.

Kloster Chorin. Das ehemalige Zisterzienserkloster Chorin ist ein Schlüsselwerk der norddeutschen Backsteingotik. Hier finden Konzerte, Oper, Theater und Märkte statt.

FESTE UND VERANSTALTUNGEN

Oldtimertreffen. Im Oktober treffen sich die Autoliebhaber vor der Klosterruine Boitzenburg in der Nähe von Prenzlau.

Feste in Bernau. Beim Hussitenfest im Juni stellen Tausende von Akteuren die Geschichte der Stadt dar. Im Herbst trifft Jazz beim Festival für Alte Musik auf alte Klänge.

Die Märkische Eiszeitstraße verläuft im Südosten Brandenburgs zwischen Berlin und der polnischen Grenze. Das Mammut markiert die Route, die einer Reise zurück in die Eiszeit gleicht, als Gletscher und Schmelzwasser die Gegend bedeckten und formten.

Zeitreise auf den Spuren des Mammuts

Seen, Wiesen und Hügel prägen den Nordosten Brandenburgs. Kaum vorstellbar, dass hier in den letzten drei Eiszeiten riesige Gletscher, meterdickes Eis und Geröll die Region formten. In der **Weichselkaltzeit**, die vor rund 12 000 Jahren endete, drangen die Eismassen von Skandinavien zum letzten Mal bis nach Norddeutschland vor. **Urstromtäler**, Rinnenseen, Binnendünen und Endmoränen: Die Märkische Eiszeitroute verbindet Natur mit Geologie. Am Straßenrand taucht immer wieder ein Söll oder ein Granit-Findling der Eiszeit auf. Tafeln geben Auskunft über die geologischen Besonderheiten und helfen, die eiszeitlichen Abfolgen vor Ort zu erleben.

Bernau bietet sich als Ausgangspunkt der 340 km langen Rundreise an. Die mittelalterliche Stadt ist eine von elf Hauptstationen entlang der Märkischen Eiszeitstraße. Über Groß Schönebeck führt die Route zum Werbellinsee, der in der Weichseleiszeit durch abfließendes Schmelzwasser ent-

Brandenburg

stand. Er liegt im **Biosphärenreservat Schorfheide-Chorin**, das Buchenwälder, Moore und Seen prägen. Vom Wasserturm in Joachimsthal bietet sich ein guter Blick auf die Landschaft. Die B198 verbindet die Schorfheide mit Templin, der »Perle der Uckermark«. Weiter im Norden liegt die mittelalterliche Stadt **Lychen** zwischen sieben Seen, die von der Eiszeit geschaffen wurden. Die Chausseestraße führt nach Osten durch den Naturpark Uckermärkische Seenplatte nach **Prenzlau**. Die Kirchtürme der Backsteingotik ragen in den Himmel, und auf dem Unterrucker Seen tummeln sich Wassersportler. Entlang dem Nationalpark **Unteres Odertal** führt die Route nach Schwedt an der Oder, **Angermünde** und Bad Freienwalde. Über Eberswalde am Urstromtal führt die Straße zurück nach Bernau.

Infos und Adressen

REISEROUTE
Bernau–Templin–Lychen–Prenzlau–Schwedt an der Oder–Angermünde–Bad Freienwalde–Eberswalde; ca. 340 km

BESTE REISEZEIT
Mai–Oktober

SEHENSWERT
Ökodorf Brodwin. In dem Dorf bei Eberswalde werden Lebensmittel in Demeter-Qualität produziert. www.brodowin.de
KunstGänge. In Angermünde wird moderne Kunst ausgestellt. www.angermuende-tourismus.de

ÜBERNACHTEN
Panoramahotel Uckermark. Seeblick und Wellness bietet das Hotel bei Prenzlau direkt am Oberruckersee. www.panorama-hotel-uckermark.de
Altstadt Quartier. Hotel mitten in der Nationalparkstadt Schwedt an der Oder. www.schwedt-hotel.de

ESSEN UND TRINKEN
Klostercafé Prenzlau. Im Dominikanerkloster, das auch ein Kulturhistorisches Museum beherbergt, gibt es ein Café mit Kunstausstellungen in der ehemaligen Sakristei. www.dominikanerkloster-prenzlau.de
Immenstube. Honig-Spezialitäten-Restaurant mit Biergarten in einer sehenswerten Villa in Chorin. www.chorin.de

WEITERE INFOS
Zentrale für Tourismus in Brandenburg: www.reiseland-brandenburg.de
Märkische Eiszeitstraße: www.eiszeitstrasse.de

Persönlicher Tipp

DIE EISZEIT ZUM ANFASSEN

Was ist ein Söll? Wie sieht eine Endmoräne aus? Woran erkennt man einen Findling, den die Gletscher von Skandinavien nach Brandenburg geschoben haben? Es gibt viele Fragen, die bei einer Reise entlang der Märkischen Eiszeitstraße auftauchen. Antworten geben die geologischen Wanderungen in der Region. Diese werden auch von der Gesellschaft zur Erforschung und Förderung der Märkischen Eiszeitstraße e. V. angeboten. Der Verein hat in den 1990er-Jahren die Straße entwickelt und ausgeschildert. Bei den Führungen durch die Jungmoränenlandschaft in Brandenburg sind die Spuren der Eiszeit zum Greifen nah. Alles, was der Nordosten Deutschlands an landschaftlicher Vielfalt und eiszeitlichem Formenschatz zu bieten hat, ist im Bereich der Märkischen Eiszeitstraße zu finden. Sehenswert ist der 2006 gegründete Geopark »Eiszeitland am Oderrand« im Biosphärenreservat Schorfheide-Chorin. www.geopark-eiszeitland.de

Marktplatz von Angermünde: Die Stadt bildet die Verbindung der Schorfheide-Chorin mit dem Nationalpark Unteres Odertal.

Im Osten und in der Mitte Deutschlands

22 Einmal Polen rundherum

HIGHLIGHTS

Heilwasser in Kołobrzeg. Schlammbad nach alter Tradition an der Ostsee.

Geburtshaus von Günter Grass. Im Danziger Stadtteil Wrzeszcz verbrachte der Literatur-Nobelpreisträger seine Kindheit.

Schiefer Turm Toruń. Rund 1,40 m ist der Stadtmauer-Turm aus der Senkrechten gekippt, schuld ist der Lehmboden.

Chopin-Museum Warschau. Erlebniswelt zum 200. Geburtstag des Komponisten. Sein Herz liegt in der nahen Heiligkreuz-Kirche.

FESTE UND VERANSTALTUNGEN

Festival des Polnischen Liedes. Polen liegt seit 1963 im Sängerwettstreit, im Juni, heute inklusive Rock und Hip-Hop.

Jüdisches Kulturfestival Krakau. Neun Tage lang wird in Kazimierz jüdische Musik und Kultur gefeiert, Ende Juni.

Open'er-Festival Gdynia. Mehr als 50 000 Rock- und Popfans feiern im Juli Party.

Naive Kunst in Katowice. Zwei Sommermonate lang präsentiert das Festival Ausstellungen bildender Künstler, Film, Theater und Musik.

Blaue Stunde über Danzig, wo Ausflugsschiffe in der Stadt am Kai der Motlau ruhen.

Überraschend wenige Deutsche haben jemals ihre Nachbarn im Nordosten besucht. Dabei bietet Polen für Aktivurlauber ebenso viele Seen und Berge wie junge Kunst und klassische Schätze – viele gehören zum UNESCO-Welterbe.

Vielfalt an der Ostseeküste

Bunt verspielte Giebelhäuser, Kopfsteinpflaster und weit ausladende Flussterrassen: Die Fahrt durch Polen beginnt in **Stettin**, zwei Autostunden nordöstlich von Berlin. Offiziell **Szczecin** – doch wie bei Lissabon oder Athen sind für große Orte die deutschen Namen üblich. Obwohl die Altstadt im Krieg schwer gelitten hat, ist sie noch immer sehenswert, rund um das Schloss der Pommerschen Herzöge (Zamek Ksiazat Pomorskich), das Oper, Theater und Lokale beherbergt. Ein Besucherpfad führt zu den 42 schönsten Sehenswürdigkeiten.

Danach geht es die Ostseeküste entlang zum alten Kurort **Kołobrzeg** (Kolberg), dessen trutziges neogotisches Rathaus und der Mariendom mit den Stränden und Wellnessstempeln kontrastieren – und der weit ins Meer hinausreichenden Seebrücke am alten Leuchtturm. Bis zur »grünen Stadt« **Koszalin** (Köslin) sind es knapp 45 km. Eine Dreiviertelstunde weiter wartet am Meer **Darłowo**

Polen

(Rügenwalde) das Herzogschloss und die gleichnamige Teewurst-Mühle.

Natur pur bietet bald darauf die »Polnische Sahara« zwischen **Rowy** und **Łeba**: Der feine Sand im **Slowinzer Nationalpark** (Słowiński Park Narodowy) wandert etwa zehn Meter im Jahr, er begrub im 16. Jh. schon den ersten Ort Łeba. Vorbei an den malerischen Dörfern Kaschubiens mit zweisprachigen Straßenschildern geht es schließlich nach **Gdynia (Gdingen)**.

Von Hafenstädten zur Hauptstadt

Die »weiße Stadt am Meer« entwickelte sich erst vor rund 100 Jahren zur Hafenstadt, damals aber rasant und modern: Noch heute spiegeln viele Gebäude den Bauhaus-Marine-Stil wider, etwa mit Bullaugenfenstern. Gdynia ist Teil des »Dreistadt-Ballungsraums«, gemeinsam mit dem mondänen Ostseebad **Sopot (Zoppot)** – »Rimini des Nordens« – und **Danzig (Gdańsk)**. Rund 60 km weiter östlich liegt **Elbląg (Elbing)** nahe dem Frischen Haff. Die Kreuzritter errichteten 1237 die erste Siedlung. Heute prägen Skulpturen das Stadtbild: Seit 1965 hinterlässt eine Biennale regelmäßig neue.

Dann geht es drei bis vier Autostunden nach Süden, Richtung **Warschau (Warszawa)**. Unterwegs locken Stopps in **Malbork (Marienburg)**, das Bauwerk gehört zum UNESCO-Welterbe, und **Tczew (Dirschau)**, berühmt für seine historischen Weichselbrücken. In **Gniew (Mewe)** thront eine Deutschordensritterburg. **Bydgoszcz (Bromberg)** am Weichselknie hingegen besticht durch Fachwerk-Getreidespeicher und viele Wasserwege in der Altstadt.

Der Neptunbrunnen steht seit fast 400 Jahren vor Danzigs Rechtstädtischem Rathaus.

Persönlicher Tipp

BUMMELN IN DER GOLDENEN STADT DANZIG

Erst knapp 500 Jahre ist es her, da gehörte diese Hafenstadt zu den reichsten Städten Mitteleuropas. Zahlreiche Prunkbauten und Patrizierhäuser in Altstadt und Rechtstadt zeugen von diesem Goldenen Zeitalter. Eindrucksvolle Eingänge sind das Hohe Tor (Brama Wyżynna) und das Goldene Tor (Złota Brama), dazwischen das Herz Danzigs: der Długi Targ (Langer Markt). Feste und Veranstaltungen finden hier statt, zwischen einigen der schönsten Gebäude im Ort. In der Ulica Długa (Langen Gasse) reihen sich die Schmuckgiebel prächtiger Patrizierhäuser aneinander, das Dom Uphagena (Uphagenhaus) lässt als Museum hinter die Kulissen schauen. Der Stockturm beherbergt das Bernsteinmuseum der Stadt, während im Rechtstädtischen Rathaus historische Bilder zeigen, wie sehr zerstört Danzig vor seinem Wiederaufbau war. Von der Flusspromenade bis in die Rechtstadt führt als eine der schönsten Gassen die Ulica Mariacka (Frauengasse): zur Marienkirche, der größten gotischen Backsteinkirche der Welt.

Musiker live in einer Jazzbar – typisch Krakau, hier verschmelzen historisch und hip.

Persönlicher Tipp 2

WIE PHÖNIX AUS DER ASCHE: WARSCHAU

Zu vier Fünfteln war Polens Hauptstadt nach dem Zweiten Weltkrieg zerstört. Doch bald danach schon ragte der 231 m hohe Kulturpalast, Stalins Präsent im Zuckerbäckerstil, unübersehbar in den Himmel – noch heute das höchste Gebäude der Metropole. Zugleich entstand aber auch die malerische Altstadt neu, aus einer Trümmerwüste zurück zu fast originalgetreuen Bürgerhäusern im engen Gassengewirr. Der Marktplatz, Rynek Starego Miasta, ist beliebter Treffpunkt mitten im UNESCO-Weltkulturerbe. Das Historische Museum macht die Geschichte anschaulich und belegt gleich elf der neuen alten Gebäude – nahe der Johanneskathedrale, wo noch immer bedeutende Häupter Polens beerdigt werden. Trubelig ist auch der »Neustadt« Nowe Miasto aus dem 16. Jh., die dicke Stadtmauer trennt ihre Werkstätten, Lädchen und Lokale von der Altstadt. Rund um das fünfeckige Königsschloss und prächtige Stadtpaläste liegen aber auch Shopping-Paradiese, Moderne und das wohl wildeste Nachtleben der Republik.

Unzählige Cafés und kleine Geschäfte laden in Warschaus Altstadt zum Bummeln ein.

Toruń (Thorn), Geburtsort von Kopernikus, hat es mit seiner gotischen Altstadt ebenfalls auf die UNESCO-Liste geschafft. Kurz vor Warschau dann liegt die riesige Festung Modlin, und bis vor die Tore der Hauptstadt reicht Polens zweitgrößter Nationalpark, der Kampinoski Park Narodowy mit 385 km² Dünen- und Heidelandschaft.

Weit nach Westen

Hinter Warschau geht die Fahrt zunächst weiter nach Süden. Nahe Łódź steht Zamość auf dem Plan, das »Padua des Nordens«, dessen planmäßig erbaute Renaissance-Altstadt ebenfalls Welterbe-Status hat. Es folgt Kielce mit einem Palast der Krakauer Bischöfe und großem Puppenmuseum. Ab Tarnów dreht die Fahrtrichtung auf Westen. Nahe beieinander liegen Bochnia und Wieliczka, deren alte Salzbergwerke ebenfalls zum Weltkulturerbe zählen. Letzteres ist als Einziges der Welt seit dem Mittelalter permanent in Betrieb. Auch Goethe und Chopin besuchten die Heilkammern, obendrein kann man unterirdisch pilgern.

Nur 45 km weiter liegt dann Krakau (Kraków), wichtige Kulturmetropole und angeblich die schönste Stadt des Landes. Auch diese Altstadt ist UNESCO-Welterbe. Sie blieb im Krieg unzerstört, der zentrale Marktplatz Rynek Główny ist der größte Europas. Musikkneipen, Bars und Restaurants drängen sich im Viertel Kazimierz, wo Steven Spielberg *Schindlers Liste* drehte.

Richtung Breslau führt, alternativ zur Autobahn, eine hübsche Strecke durch den Krakau-Tschenstochauer Jura: Kalksteinklippen und Burgen säumen den Weg. Rund um die Industriestadt Katowice (Kattowitz) folgt die »Route der technischen Denkmäler« über Zabrze und Gliwice: Alte Fabriken und Bergwerke haben hier ihre touristische Bestimmung gefunden. Dann geht es nach Breslau (Wrocław), einst »Blume Europas«, heute »Mekka der Klassischen Moderne«.

An der Dom-Insel starten Gondelboote, die freitragende Hala Stulecia (Jahrhunderthalle) von 1913 gehört zum UNESCO-Welterbe. Das gilt auch für die Friedenskirche von Świdnica (Schweidnitz) – ein Produkt des Westfälischen Friedens von 1648. Im 70 km entfernten Jelenia Góra (Hirschberg): im »Tal der Schlösser und Gärten« am Fuß des Riesengebirges, behütet von der hoch aufragenden Schneekoppe, klingt die Tour schließlich aus.

Einmal Polen rundherum

Infos und Adressen

REISEROUTE
Stettin–Kołobrzeg–Koszalin–Darłowo–Łeba–Gdynia–Sopot–Danzig–Elbląg–Malbork–Tczew–Gniew–Bydgoszcz–Toruń–Warschau–Zamość–Kielce–Tarnów–Wieliczka–Krakau–Katowice–Breslau–Świdnica–Jelenia Góra; 1700 km

BESTE REISEZEIT
Frühjahr bis Herbst; sonst ggf. nur mit Schneeketten/Allradantrieb

SEHENSWERT
Słowiński Park Narodowy (Slowinzer Nationalpark). Die höchste Düne, Lacka Gora, misst knapp 42 m. Hier versinkt langsam der Küsten-Kiefernwald, dafür Heimat seltener Vögel und Pionierpflanzen.
Hafen Gdynia. Im Meeresmuseum »Akwarium Gdyńskie« schwimmen Piranhas und Haie, während an der Südmole Dreimaster und Zerstörer als Museumsschiffe liegen.
Industriegeschichte in Danzig. Mit dem riesigen Holzkran Żuraw konnten wenige Arbeiter schon im 15. Jh. tonnenschwere Lasten heben. Geschichtsträchtig auch die einstige Leninwerft, wo die Gewerkschaft Solidarność ihren Aufstand begann.
Łódź. Ein Abstecher von der Route führt in jene Stadt, die sich von einer Textilindustrie-Metropole zur Kunst- und Kulturstadt mauserte.

Drehleierspieler im historischen Gewand sind auf polnischen Märkten gern gesehen.

Lebkuchenmuseum Toruń. Echter Thorner Pfefferkuchen braucht nach Jahrhunderten alter Tradition feines Mehl, exotische Gewürze und Honig aus der Region.
Częstochowa (Tschenstochau). Besuch bei der »Königin Polens« – die Schwarze Madonna im Paulinerkloster ist Pilgerziel von 4 Mio. Menschen jährlich. Neu ist die größte Papst-Statue der Welt.
Jura-Park von Krasiejów. Erlebnis für die ganze Familie: Paläontologische Forschungsstätte begleitet von großem Dino-Freizeitpark.

ESSEN UND TRINKEN
Jazzcafé im Königstor. Modern und heimelig zugleich, bis nach Mitternacht am historischen Ort in Stettin. www.brama.szczecin.pl
Cafe Strych. Beliebtes, gemütliches Künstlercafé mit Sommergarten und Kaminofen in Gdynia. www.cafestrych.pl
Gothic Restaurant. Slow Food in der Kreuzritterburg Malbork, im alten gotischen Stil. www.gothic.com.pl
Kuchnia Bar & Restauracja. Kleines Konzeptrestaurant ohne Speisekarte, dafür innovative und frische Küche. In Bydgoszcz. www.restauracjakuchnia.com.pl
Restauracja Polska Rozana. Moderne polnische Küche im feinen Großeltern-Ambiente, mit Garten. In Warschau. www.restauracjarozana.com.pl
Restauracja Spichlerz. Fusion-Food in einer alten Mühle, am Stadtrand von Gliwice, teils mit Livemusik. www.spichlerz.pl

ÜBERNACHTEN
Hotel Restaurant Spichrz. Modern-rustikales Hotel im historischen Getreidespeicher an der Weichsel. In Toruń. www.spichrz.pl
Red Kurka Apartments. Drei Design-Apartments mit herzlicher Betreuung in bester Altstadt-Lage Krakaus. www.redkurka.com/en
Salzbergwerk Wieliczka. Über Tage steht ein Viersternehotel, spannender ist es aber in den Heilkammern rund 130 m unter der Erde. www.salzbergwerk-wieliczka.de

WEITERE INFOS
Tourismus Polen: www.polen.travel/de/

Im Osten und in der Mitte Deutschlands

23 Durch Ermland und Masuren

Überall in Masuren ragen kurze und lange Stege in die Seen, für Boote wie für Badende.

HIGHLIGHTS

Abstecher Popielno. Im Sommer mit der kleinen Fähre am Jezioro Bełdany zu Minipferdchen (Tarpanen), Hirschen und Bibern.

Bootsausflug Giżycko. Mit der Weißen Flotte durch Kanäle und dann zum Kormoran-Schutzgebiet oder nach Sztynort zum Schlosspark derer von Lehndorff.

Wisente-Tour. In der Puszcza Borecka (Borkener Heide) östlich Giżyckos bei einer geführten Tour in den dichten Sumpfwald leibhaftigen Wisenten begegnen.

FESTE UND VERANSTALTUNGEN

Ritterfest zur Schlacht von Tannenberg. Mitte Juli spielen Tausende Mittelalterfans am historischen Ort das Geschehen von 1410 nach.

Sommerfestivals Masuren. An Seen und anderen Bühnen von Giżycko bis Ryn steigen zahlreiche Festivals zu Ermland-Masuren-Liedern, polnischen Shantys, masurischem Hip-Hop, Jazz oder auch mit Kammermusik.

Sommersonnenwende in Kruklanki. Hier wird die Johannisnacht im Juni als Nicz na Iwana Kupala besonders intensiv gefeiert.

Im Nordosten Polens gibt es viel zu entdecken: Bekannter ist zwar das Wald- und Wasserland Masuren, doch voller Burgen und Historie bietet auch das Ermland viele hübsche Ecken. Die Region, früher ein Teil Ostpreußens, ist ein beliebtes Ausflugsziel der Warschauer.

Bootstouristen verpassen die Alleen

Das polnische Wort *Jezioro* (»See«) – ist in Masuren immer hilfreich. Die Tour beginnt in **Olsztyn** (Allenstein), Stadt der Ermländer Bischöfe und des Himmelsforschers Kopernikus. Östlich davon durchzieht die Krutynia kristallklar die Landschaft: In **Krutyń** lässt man sich darauf – wie in Venedig – bequem staken.

Ein Abstecher führt nach **Wojnowo** zum »Kloster der Altgläubigen« und zu ihrem Friedhof nach **Galkowo** (Galkowen). Knapp eine halbe Stunde weiter liegt **Mikołajki** (Nikolaiken), rund um die Sagenfigur »Stinthengst« im Springbrunnen, im Sommer beliebter Stopp von Seglern. Am nahen Jezioro Łuknajno brütet Polens größte Höckerschwan-Kolonie.

Eine halbe Stunde Richtung Norden, vorbei am Jezioro Boczne – im Winter ein Mekka der Eissegler –, liegt **Giżycko** (Lötzen). Im Wassersportzentrum zwischen Jezioro Niegocin (Löwentinsee) und Jezioro Kisajno (Kissainsee) führen Kanäle mitten durch die Stadt. Sehenswert sind auch der Blick vom alten Wasserturm und die Festung Boyen.

Polen

Durch lange grüne Alleen geht es nun nach Westen, vorbei an **Kętrzyn** (Rastenburg), wo der Wald die Trümmer von Hitlers »Wolfsschanze« überwuchert. Nach **Nakomiady** (Eichmedien) mit Kachelofenmanufaktur folgt 15 km später **Święta Lipka** (Heilige Linde). Das Jesuitenkloster mit pastellfarbener Kirche, beeindruckender Orgel und Kreuzgang entstand um eine legendäre Linde mit Heiligenfigur.

Im nahen mittelalterlichen **Reszel** (Rössel) fallen die gotische Peter-und-Paul-Kirche und die Burg der ermländischen Bischöfe auf. Der Turm eröffnet einen weiten Blick, nebenan zeigt ein Kunstmuseum Zeitgenössisches. 40 km weiter westlich liegt **Lidzbark Warmiński** (Heilsberg) mit seiner mächtigen Ordensburg, der Altstadt mit typischen Laubenhäusern und heute russisch-orthodoxer Schinkel-Kirche.

Infos und Adressen

REISEROUTE
Olsztyn–Krutyń–Mikołajki–Giżycko– Kętrzyn–Święta Lipka–Reszel–Lidzbark Warmiński–Olsztyn; 238 km

BESTE REISEZEIT
Frühjahr–Herbst; sonst gegebenenfalls nur mit Schneeketten/Allradantrieb

SEHENSWERT
Feste Boyen. Trutzige Mauern mitten im Wald bei Giżycko. Museum und Führung enthüllen Anekdoten.

ESSEN UND TRINKEN
Gasthaus Zum Schwarzen Schwan. Alte masurische Speisen im urigen »Gospoda pod Czarnym Łabędziem« am See in Rydzewo. www.gospoda.pl/de/
Café im Turm. Bester Baumkuchen auf Aussichtsplattform im alten Wasserturm in Giżycko. www.galkowo.pl/de/

ÜBERNACHTEN
Hotel Krasicki. Viersternehaus in alter Burg in Lidzbark Warmiński, mit bester Küche, Spa und Sternwarte. www.hotelkrasicki.pl/de/
Jagdhof Galkowo. Mehrere Häuschen rund um den urigdunklen Holzhof, der einst in Sztynort verfiel. Mit Restaurant und Lesesalon zu Ehren von Gräfin Dönhoff. www.galkowo.pl/de/

WEITERE INFOS
Tourismus Polen: www.polen.travel/de/
Touristenzentrum Giżycko: www.gizycko.turystyka.pl

Persönlicher Tipp

SCHLOSS UND GESTÜT IN GALINY

Galiny (Gallingen), ein kleines, unscheinbares Dorf, hat einen vielseitigen Erlebnishof zu bieten, in dem sommers wie winters Pferde nur eine der Hauptrollen spielen. »Palac Galiny«, das einstige Landgut der Grafen zu Eulenburg, hat die Zeit des Kommunismus als Kolchose überstanden und erblühte nach dessen Fall als Gestüt und Pferdehof. Für Reiter, Familien und Naturfans bieten gemütliche Räume im hölzernen Hof entspannten Urlaub – umgeben von hügeligen Wiesen und Wäldern, kleinen Seen mit aktiven Bibern, für Ausflüge mit der Pferdekutsche, hoch zu Ross oder per Drahtesel. Das alte Gutshaus jedoch drohte immer mehr zu verfallen, bis sich schließlich die neuen und alten Besitzer zusammentaten und den *Palac* renovierten. Heute lässt sich auch dort chic übernachten. Ein Haustierzoo beschäftigt die Kleinen. Und im Winter, wenn die Landschaft dick eingeschneit ist, wartet nach dem Langlaufen, Eislaufen oder Skijöring eine heiße Sauna. Oder ein leckeres masurisches Essen.

Paddeln bringt die Urlauber auch an verzauberte Orte, die die Segler nie erreichen.

Im Osten und in der Mitte Deutschlands

24 UNESCO-Route: Bad Muskau–Berlin–Stralsund–Rügen

HIGHLIGHTS

Muskauer Park/Park Muzakowski. Parklandschaft des 19. Jh. zu beiden Seiten der Neiße, deutsch-polnisches UNESCO-Weltkulturerbe.

Berlin. Drei UNESCO-Weltkulturerbestätten: Museumsinsel, Pfaueninsel mit Schloss und Park Glienicke, Wohnhaussiedlungen der Moderne.

Stralsund. Gesamte Altstadt als idealtypische Hansestadt an der Ostsee, UNESCO-Weltkulturerbe.

Insel Rügen. Waldgebiet im Nationalpark Jasmund (bekannt für die weiße Kreideküste) als Teil des UNESCO-Weltnaturerbes. Alte Buchenwälder Deutschlands.

FESTE UND VERANSTALTUNGEN

Neubrandenburg. Konzerte in der Konzertkirche St. Marien mit namhaften Künstlern und Orchestern.

Stralsund. Wallensteintage im Juli, größtes historisches Volksfest Norddeutschlands; Sundschwimmen von Rügen nach Stralsund durch den Strelasund (über 2 km) mit rund 1000 Teilnehmern.

Lohme auf Rügen. Mittsommernacht im Jachthafen mit Schwanenstein-Regatta, Musik und Party am 21. Juni.

Das Neue Schloss: architektonischer Blickfang in Fürst Pücklers Muskauer Park

Zwei von der UNESCO ausgezeichnete Naturschönheiten – die Muskauer Parkanlage und die Buchenwälder im Nationalpark Jasmund auf Rügen – und dazwischen die Metropole Berlin sowie die alte Hansestadt Stralsund: Faszinierende Eindrücke sind garantiert auf dieser Reise.

Zwischen Parklandschaft und Metropole

Als deutsch-polnisches Kulturerbe hat die UNESCO in ihre Welterbeliste den Muskauer Park aufgenommen, der sich zu beiden Seiten der Neiße – seit 1945 Grenzfluss zwischen Deutschland und Polen – erstreckt. In grenzüberschreitender Zusammenarbeit wird das Gartenkunstwerk seit den 1990er-Jahren gepflegt. Angelegt hat den Park von **Bad Muskau** 1815 bis 1844 Hermann Prinz von Pückler-Muskau, dessen Namen wir heute zuerst mit dem dreischichtigen Sahneeis verbinden. Das größte Verdienst hat sich der Reiseschriftsteller und Lebemann jedoch als Architekt seines Parks im englischen Stil erworben, einem Meilenstein in der europäischen Gartenbaukunst. Heute kann man das 700 ha große Gartenreich zu Fuß, mit der Kutsche, per Fahrrad oder Boot erkunden und sich an Wiesen, kunstvoll gepflanzten Gehölzen und sorgsam platzierten Staffagebauten erfreuen.

Gleich dreimal steht **Berlin** auf der Liste des UNESCO-Weltkulturerbes: Da ist die Museumsinsel, ein weltweit einzigartiges Ensemble von fünf Museen, deren Schätze zu-

Sachsen, Berlin, Brandenburg, Mecklenburg-Vorpommern

Die Alte Nationalgalerie, das Stammhaus der Nationalgalerie Berlin, präsentiert Werke vom Klassizismus bis zur frühen Moderne.

Infos und Adressen

REISEROUTE
Bad Muskau–Berlin–Neubrandenburg–Stralsund–Lohme auf Rügen; 480 km

BESTE REISEZEIT
Ganzjährig

SEHENSWERT
Neues Schloss der Fürsten von Pückler-Muskau. Bad Muskau.
Mittelalterliche Wehranlage rund um die Stadt, **St. Marienkirche.** Neubrandenburg.

ESSEN UND TRINKEN
Restaurant Grüner Fürst. Lokal mit Sonnenterrasse in Bad Muskau.
Café im Bodemuseum. Auf der der sehenswerten Berliner Museumsinsel.

ÜBERNACHTEN
Kulturhotel Fürst Pückler. Nächtigen am Marktplatz von Bad Muskau. www.kulturhotel-fuerst-pueckler.de
Hotel am Ostseegarten. In Lohme auf Rügen mit toller Aussicht. www.am-ostseegarten.de

WEITERE INFOS
UNESCO-Welterbestätten in Deutschland: www.unesco.de/welterbe-deutschland.html
Tourismus Marketing Sachsen: www.sachsen-tourismus.de
Berlin Tourist Information: www.visitberlin.de
Tourismus Marketing Brandenburg: www.reiseland-brandenburg.de
Tourismusverband Mecklenburg-Vorpommern: www.auf-nach-mv.de

Persönlicher Tipp

DER HOCHUFERWEG IM NATIONALPARK JASMUND

Der im Nordosten von Rügen gelegene Jasmund ist zwar mit nur 30 km² der kleinste deutsche Nationalpark, aber mit seiner weltbekannten Kreideküste präsentiert er auch eines der spektakulärsten Naturphänomene. Als ökologisch besonders wertvoll hat die UNESCO die alten Buchenwälder im Nationalpark eingestuft: ein geschlossenes Waldgebiet von ca. 500 ha Größe, das sich zusammen mit dem weißen Kreidekliff und der Ostsee zu einer urtümlichen Landschaft von einzigartigem Reiz vereint. Ein weitverzweigtes Wegenetz erschließt den Nationalpark. Besonders schön ist der Hochuferweg zwischen Saßnitz und Lohme (ca. 12 km) mit seinen fantastischen Ausblicken auf die See und die Kreidefelsen – den legendären Königsstuhl und die Wissower Klinken, möglicherweise die »Kreidefelsen auf Rügen« von Caspar David Friedrichs berühmtem Gemälde. Zwischen Königsstuhl und Saßnitz bietet sich die Gelegenheit, auf Treppen hinunter zum Meeresufer zu steigen, um die Steilküste aus einer anderen Perspektive zu bestaunen.

sammen 5000 Jahre Menschheitsgeschichte repräsentieren. Zudem hat die Hauptstadt mit der Pfaueninsel und Schloss und Park Glienicke Anteil am Kulturerbe Schlösser und Parks von Potsdam und Berlin. Für die jüngere Bau- und Stadtgeschichte repräsentativ sind die sechs zwischen 1913 und 1934 entstandenen Wohnhaussiedlungen der Moderne, so etwa die Gartenstadt Falkenberg und die Großsiedlung Siemensstadt, die die UNESCO 2008 ausgezeichnet hat.

Über Neubrandenburg nähert sich die Reise der Ostsee. Am Meeresarm Strelasund liegt die Hafenstadt **Stralsund**, deren mittelalterliches Stadtbild die UNESCO zusammen mit **Wismar** in die Welterbeliste aufgenommen hat. Jenseits des Sunds, auf **Rügen**, fährt man zum Nationalpark Jasmund mit der berühmten Kreidefelsenküste und dem 500 ha großen Buchenwald – einem UNESCO-Weltnaturerbe.

Hohes Ufer in Jasmund: mächtige Kreidefelsen im Nationalpark

25 Sächsische Silberstraße

Der Frohnauer Hammer in Annaberg-Buchholz ist das älteste Schmiedemuseum Deutschlands.

HIGHLIGHTS

Silberbergwerk Im Gößner. Besucherbergwerk im Erzgebirgsmuseum in Annaberg.

Markus-Röhling-Stolln. Besucherbergwerk in Frohnau/Annaberg-Buchholz.

Pferdegöpel Marienberg. Rekonstruktion einer mit Pferden betriebenen Förderanlage.

Himmelfahrt Fundgrube. Lehr- und Forschungsbergwerk der Freiberger TU.

FESTE UND VERANSTALTUNGEN

Musiktage. Im Juni in Zwickau.

Bergstreittag. Im Juli in Schneeberg.

Bergmännisches Lichtelfest. In Schneeberg im Advent.

Volksfest Annaberger Kät. Zwei Wochen nach Pfingsten in Annaberg-Buchholz.

Bergmännische Mettenschicht. Im Pferdegöpel von Lauta im Advent, Marienberg.

Bergstadtfest. Mit historischem Knappschaftszug in Freiberg, Ende Juni.

Striezelmarkt. Der größte Weihnachtsmarkt an der Silberstraße.

Die Mittelgebirgslandschaft des Westerzgebirges ist Schauplatz der Reise in bergmännische Vergangenheit. Unterwegs lernt man schöne alte Bergstädte kennen, rund 30 Besucherbergwerke und Industriedenkmäler sowie themenbezogene Museen und Lehrpfade.

Reiseerlebnisse über und unter Tage

Jahrhundertelang war das Erzgebirge vom Bergbau geprägt. Vor allem Silber begründete den Reichtum Sachsens. Auf den Spuren der Bergleute führt die Sächsische Silberstraße von der alten Handels- und Tuchmacherstadt **Zwickau** bis nach **Dresden**, dessen barocke Pracht nicht zuletzt vom Fleiß der Bergleute finanziert wurde. Einem liebenswerten Aspekt der erzgebirgischen Traditionen, der Schnitzerei, widmet sich das Museum für bergmännische Volkskunst in der historischen Bergstadt **Schneeberg** mit Weihnachtskrippen, Lichterpyramiden, Schwibbögen und mechanischen Schachtmodellen. Während die Männer in ihrer freien Zeit schnitzten, stellten die Frauen feine Klöppelspitzen her – zu bewundern im Schlossmuseum von **Schwarzenberg**, der »Perle des Erzgebirges«.

Zu den wichtigsten Stationen der Ferienroute zählt Annaberg, im 16./17. Jh. kulturelles und wirtschaftliches Zentrum der Region. Weithin sichtbar erhebt sich über der Stadt die

Sachsen

grandiose, reich mit Kunstschätzen ausgestattete spätgotische Hallenkirche St. Annen. Wie es um 1500 tief unter der Stadt aussah, erlebt man im ehemaligen Silberbergwerk Im Gößner, der Hauptattraktion des Erzgebirgsmuseums. Weitere Besucherbergwerke befinden sich in den Ortsteilen von **Annaberg-Buchholz**, etwa in Frohnau.

Als »Idealstadt« der Renaissance präsentiert sich **Marienberg** mit Sachsens größtem Marktplatz (100 mal 100 m). Nächste Station ist **Freiberg**, die älteste Bergstadt im Revier, wo bereits um 1200 Silbererz abgebaut wurde. Die 1765 gegründete Bergakademie genießt internationales Renommee, ihr Lehrbergwerk – das Einzige weltweit – und ihre Geowissenschaftlichen Sammlungen stehen Besuchern offen. Nach einem Altstadtbummel geht es weiter nach **Dresden**: Sachsens einstige kurfürstliche und königliche Residenzstadt, wohl eine der schönsten Städte Deutschlands, bildet den noblen Endpunkt der Silberstraße.

Infos und Adressen

REISEROUTE
Zwickau–Schneeberg–Annaberg-Buchholz–Marienberg–Olbernhau–Freiberg–Dresden, 180 km; kurze Variante 140 km, mit Böhmischer Silberstraße 275 km

BESTE REISEZEIT
Ganzjährig

SEHENSWERT
Zwickauer Hauptmarkt. Attraktives historisches Ensemble mit spätgotischem Gewandhaus.
St. Annen Annaberg. Größte spätgotische Hallenkirche Sachsens. www.annenkirche.de
Barockstadt Dresden. Frauenkirche, Zwinger, Residenzschloss, Grünes Gewölbe, Brühlsche Terrasse entlang der Elbe.

ESSEN UND TRINKEN
Ratskeller. Restaurant im historischen Rathaus, Schneeberg. www.ratskeller-schneeberg.de
Zum Neinerlaa. Der Gasthof in Annaberg ist nach dem traditionellen Weihnachtsessen im Erzgebirge benannt. www.zum-neinerlaa.de

ÜBERNACHTEN
Zwickau Holiday Inn. Angenehmes, zentrales Stadthotel.
Cityherberge. Preisgünstig übernachten in Dresden. www.cityherberge.de

WEITERE INFOS
Tourismusverband Erzgebirge: www.erzgebirge-tourismus.de, www.silberstrasse.de

---

Persönlicher Tipp

DIE KIRCHEN VON FREIBERG

Die Mühen und Plagen, insbesondere die Gefahren unter Tage begründeten die tiefe Frömmigkeit der Bergleute, die ihren Ausdruck nicht nur in religiösem Brauchtum fand, sondern auch in großartigen Sakralbauten. Drei altehrwürdige Kirchen gilt es in der Bergstadt Freiberg zu würdigen: Der Dom St. Marien entstand nach dem verheerenden Stadtbrand von 1484 als dreischiffige spätgotische Hallenkirche, besondere Aufmerksamkeit verdienen die beiden kunstvollen Kanzeln und die vom romanischen Vorgängerbau übernommene Goldene Pforte (um 1230), ein reich mit Figuren geschmücktes Portal. Spätgotik und Barock prägen die Nikolaikirche, heute Freibergs schönster Konzertsaal. Nicht zu übersehen ist St. Petri auf dem höchsten Punkt der Innenstadt. Noch vor 1190 als romanische Basilika erbaut, ist sie Freibergs älteste Kirche. Ihre drei unterschiedlichen Türme prägen die Stadtsilhouette – den höchsten, den Petriturm (72 m) mit der barocken Haube, kann man auf 230 Stufen besteigen. Oben belohnt der weite Blick über die Stadt und ihr Umland.

Bergmännische Volkskunst: Räuchermännchen als Souvenir von der Silberstraße

Im Osten und in der Mitte Deutschlands

26 Dem Himmel entgegen

HIGHLIGHTS

Naumburg. Spätromanischer-frühgotischer Dom St. Peter und Paul und Marktplatz.

Langeneichstädt. Bockwindmühle von 1836, Walachenstein, Kirchen St. Wenzel und St. Nikolai (erbaut um 1000/1100), die heidnische Wall- und Tanzburg »Die Borke«.

Halle. Spätgotische Marktkirche Unser Lieben Frauen und Hausmannstürme. Roter Turm (Deutschlands größter freistehender Glockenturm mit weltweit zweitgrößtem Glockenspiel), Burg Giebichenstein, Moritzburg.

FESTE UND VERANSTALTUNGEN

Wintersonnenwende. Sonnenobservatorium Goseck feiert mit Feuershow und Musik, alljährlich am 21. Dezember.

Wartefest. Führungen auf die mittelalterliche Eichstädter Warte, am Pfingstsonntag.

Salzfest. Volksfest mit Fahrgeschäften, regionaler Spezialitäten und Livemusik, letztes Septemberwochenende in Halle.

Händel-Festspiele. Größtes Musikfest von Sachsen-Anhalt zu Ehren des berühmtesten Kindes der Stadt Halle, Georg Friedrich Händel, im Juni.

Hallesches Laternenfest. Bootskorso, Konzerte, Feuerwerk und das Fischerstechen.

Die vielfach als ältestes Sonnenobservatorium der Welt bezeichnete Anlage fasziniert.

Von Naumburg aus geht die Sternentour in nordöstliche Richtung nach Goseck, an der Straße der Romanik die Unstrut entlang nach Nebra und schließlich über Langeneichstädt nach Halle. Sachsen-Anhalts »astronomische Kulturroute« verbindet vier Orte von herausragender archäologischer Bedeutung.

Auf Spurensuche durch eine geschichtsträchtige Region

Unberührte Landschaften mit Weinbergen und malerischen Flusstälern sowie Streuobstwiesen prägen das Landschaftsbild auf der Tour durch die Saale-Unstrut-Region. Von Naumburg aus geht es in das zehn Kilometer entfernte Goseck, wo es das älteste Sonnenobservatorium Europas, eine 7000 Jahre alte, kreisförmige Kultanlage, die einst als Versammlungs-, Handels-, Kult- und Gerichtsplatz diente, zu entdecken gilt.

Weiter geht es über Freyburg, Heimat des Rotkäppchen-Sekts, zur Arche Nebra. Das Ausstellungsgebäude des Besucherzentrums empfängt die archäologisch Interessierten auf einem Hügel über dem Unstruttal zwischen Nebra und Wangen. Hier wurde die 3600 Jahre alte Himmelsscheibe gefunden, und die Dauerausstellung bietet Gelegenheit, sich auf die Spuren der ältesten bislang bekannten konkreten Himmelsdarstellung der Welt zu begeben.

Bereits eine halbe Stunde entfernt liegt schon das nächste Highlight unserer Tour: das Grab der Dolmengöttin, nörd-

Sachsen-Anhalt

Die Eichstädter Warte wurde vermutlich unter König Heinrich I. im 10. Jahrhundert errichtet.

Infos und Adressen

REISEROUTE
Naumburg–Goseck–Freyburg–Nebra–Langeneichstädt–Halle; ca. 110 km

BESTE REISEZEIT
Frühjahr–Herbst

SEHENSWERT
Freyburg. Stadtkirche St. Marien, Stadtmauer und Stadttore, Historische Kelleranlagen der Rotkäppchen Sektkellerei, Schloss Neuenburg.
Halle. Halloren Schokoladenmuseum, Kunstmuseum Moritzburg, Beatles Museum, Händel-Haus.
Merseburg. Dom St. Johannes und St. Laurentius mit Fürstengruft und Schloss.

ESSEN UND TRINKEN
Bocks. Zunfthaus mit Domblick, deutsche Küche und Weine aus der Region.
www.restaurant-bocks.de
Küchenmeisterey Schloss Neuenburg. Historische Speisen nach überlieferten Rezepten.
www.heureka-gastro.de

ÜBERNACHTEN
Akzent Schlosshotel Unstrut Residenz. Neorenaissancegebäude neben Burgruine.
www.akzent.de
Schloss Goseck. Mit sehenswerter Schlosskirche, hübsche, einfache Zimmer.
www.schlossgoseck.de

WEITERE INFOS
Saale-Unstrut-Tourismus:
www.saale-unstrut-tourismus.de
Astronomische Kulturroute:
www.himmelswege.de

Persönlicher Tipp

GEO-NATURPARK SAALE-UNSTRUT-TRIASLAND

Streuobstwiesen, Trockenrasenstandorte und Wirtschaftswälder: Der Naturpark ist geprägt durch eine traditionsreiche Kulturlandschaft, in der es unzählige Tier- und Pflanzenarten zu entdecken gibt – von extravaganten Orchideen bis zu seltenen Fledermausarten. Der Naturpark umfasst eine Fläche von etwa 105 000 Hektar und damit den gesamten Burgenlandkreis, Gebiete aus dem Saalekreis und Gemeinden in Thüringen. Der Name »Triasland« kommt nicht von ungefähr – er verweist auf das Erdmittelalter. Aus diesem stammen die für das Gebiet charakteristischen Gesteine wie Buntsandstein, Muschelkalk und Keuper. Kein Wunder, dass auf die Erschließung der geologischen Potenziale ein besonderes Augenmerk gelegt wird. Erläuterungstafeln erklären geologische Zusammenhänge mit den betreffenden Aufschlüssen, und ein System von Wanderwegen (auch Naturlehrpfaden) führt zu den geologisch interessantesten Punkten des Gebietes. In Nebra präsentiert eine kleine, aber feine Trias-Ausstellung einen Überblick zur Germanischen Trias, deren Fossilien im Fokus stehen. Aber auch die Geologie und regionale Beziehung zum Gestein sind ein Thema.

lich von Langeneichstädt. Erst im Jahr 1987 stieß man bei Feldarbeiten, unmittelbar neben der Eichstädter Warte, einem mittelalterlichen Wachturm, zufällig auf die Grabanlage aus dem Mittelneolithikum. Neben Schmuckstücken aus Tierzähnen, Kupfer, Knochen und Bernstein entdeckte man hier auch eine knapp 2 m hohe Menhirstatue mit eingeritzter Darstellung einer Dolmengöttin.

Und schon sind wir auf dem Weg zur letzten Station und zum Höhepunkt unserer Tour – es geht nach Halle ins Landesmuseum für Vorgeschichte, eine der ältesten und bedeutendsten archäologischen Sammlungen Deutschlands. Hier wird die Menhirstatue von Langeneichstädt ausgestellt ebenso wie die legendäre Himmelsscheibe von Nebra. Die Bronzescheibe mit Goldauflage gilt als einer der wichtigsten archäologischen Funde des vergangenen Jahrhunderts.

Im Osten und in der Mitte Deutschlands

27 Auf den Spuren von Martin Luther

Der historische Marktplatz der Lutherstadt Eisleben mit Rathaus und Andreaskirche

HIGHLIGHTS

Luthergedenkstätten in Eisleben und Wittenberg. Seit 1996 UNESCO-Weltkulturerbe; in Eisleben: Geburts- und Sterbehaus; in Wittenberg: Schlosskirche, Stadtkirche St. Marien, Lutherhaus, Melanchthonhaus.

Marienkirche Torgau. Mit Grabstätte von Luthers Witwe Katharina von Bora.

Lutherstätten in Erfurt. Augustinerkloster und Kirche u. a., außerhalb bei Stotternheim: Gedenkstein an Luthers »Blitzschlag«.

Eisenacher Lutherhaus. Eines der schönsten Fachwerkhäuser der Stadt.

Wartburg. UNESCO-Welterbe.

FESTE UND VERANSTALTUNGEN

Eisleben. Wiesenmarkt Mitte September; Advent in Luthers Höfen.

Wittenberg. Maiblumenfest am Marktplatz; historisches Fest »Luthers Hochzeit« im Juni.

Torgau. Katharina-Tag zu Ehren von Luthers Ehefrau, Mitte Juli.

Eisenach. Bachwochen im März, Guts-Muths-Rennsteiglauf Mitte Mai, historisches Lutherfest im August.

Der Reiseweg führt dorthin, wo die Reformation im frühen 16. Jh. ihren Ausgang nahm: in die Mitte Deutschlands. Kirchen, Gedenkstätten und Museen erinnern hier an Martin Luther.

Reise zu den Anfängen der Reformation

Die Tour beginnt in der Lutherstadt **Eisleben**. Hier wurde Martin Luther 1483 geboren, hier starb er 1546. Da die Luther-Verehrung schon früh einsetzte, wurde sein Geburtshaus bald zum Gedenkort evangelischer Christen. Heute bildet es den Mittelpunkt eines Museumsensembles. Zu besichtigen ist auch das Haus am Andreaskirchplatz, in dem er starb – auf einer seiner vielen Reisen. Denn sein Wohnort war damals Wittenberg, die andere »Lutherstadt«.

Die sächsische Residenz- und Universitätsstadt **Wittenberg** war das erste Zentrum der Reformation. Hier veröffentlichte Luther 1517 seine 95 Thesen gegen den Ablass; der Thesenanschlag an der Tür der Schlosskirche dürfte allerdings eine Legende sein. Hier verbrannte er 1520 öffentlich die päpstliche Bulle, die ihm den Bann androhte: der endgültige Bruch mit Rom. Als Mutterkirche der Reformation gilt die Marienkirche, in der Luther häufig predigte und der Gottesdienst seit 1521 in deutscher Sprache gefeiert wurde. All die Stätten der Reformation, dazu das Luther-

Thüringen, Sachsen, Sachsen-Anhalt

haus, in dem er mit seiner Frau Katharina von Bora und den fünf Kindern lebte, sind in der Altstadt zu besichtigen. Zu den nobelsten Bürgerhäusern zählt das Melanchthonhaus, das Luthers bedeutendstem Mitstreiter gewidmet ist.

Eine weitere Hochburg der Reformation war **Torgau**. Oft predigte Luther in der Marienkirche, in der Katharina von Bora bestattet ist. Sie war 1552 vor der Pest aus Wittenberg geflohen und starb nach einem Kutschenunfall in Torgau; daran erinnert die Katharina-Luther-Stube. Über Leipzig und Weimar führt die Reise nach **Erfurt**, wo Luther studierte und 1505 ins Augustinerkloster eintrat. Die Orte seines Wirkens in Thüringens Hauptstadt verbindet die »Ökumenische Luther-Meile«. Weiter geht es nach **Eisenach**, wo der Schüler Luther drei Jahre lang im jetzigen Museum Lutherhaus wohnte. Den Abschluss der Tour bildet die Wartburg (UNESCO-Welterbe), in der der große Reformator 1521/22 das Neue Testament ins Deutsche übersetzte.

Infos und Adressen

REISEROUTE
Lutherstadt Eisleben–Lutherstadt Wittenberg–Torgau–Leipzig–Weimar–Erfurt–Eisenach; 430 km

BESTE REISEZEIT
Ganzjährig

SEHENSWERT
Marktplatz Wittenberg. Mit Luther- und Melanchthon-Denkmälern.
Schloss Hartenfels. Meisterwerk der deutschen Frührenaissance mit erstem protestantischem Kirchenneubau in Torgau.
Erfurter Domberg. Ensemble aus Dom und Severikirche.
Altstadt Eisenach. Rund um den prächtig bebauten Markt.

ESSEN UND TRINKEN
Wirtshaus Christoffel. Thüringer Lokal in Erfurt. www.wirtshaus-christoffel-erfurt.de
Brauhaus Wittenberg. Traditionsgaststätte am Markt. www.brauhaus-wittenberg.de

ÜBERNACHTEN
Hotel Graf von Mansfeld. Stilvoll nächtigen mitten in Eisleben. www.hotel-eisleben.de
Luther-Hotel. Schönes Hotel in der Wittenberger Altstadt. www.luther-hotel-wittenberg.de

WEITERE INFOS
Tourismus-Organisationen:
www.thueringen-tourismus.de,
www.lutherland-thueringen.de
www.sachsen-tourismus.de

Persönlicher Tipp

LUTHERHAUS WITTENBERG

Der hübsche Treppenturm an der Hoffront kennzeichnet das Lutherhaus im Augusteum, dem einstigen Augustinerkloster, in dem sich Luther schon als Mönch aufgehalten hatte. Nach der Reformation wohnte er mit seiner Familie in den verwaisten Klostergebäuden. Heute beherbergt das Wittenberger Lutherhaus das größte reformationsgeschichtliche Museum der Welt. Es dokumentiert die Reformationszeit, erzählt vom Leben und Wirken Martin Luthers und seiner Mitstreiter, auch der familiäre Alltag kommt nicht zu kurz. Zu den rund 1000 Original-Schaustücken gehören Handschriften, frühe Buchdrucke, Münzen und Medaillen, Herzstück des Museums ist die im Stil der Zeit eingerichtete Lutherstube. Zudem besticht das Lutherhaus mit einer sehenswerten Gemäldesammlung, die auch mehrere Originale von Lucas Cranach d. Ä., dem »Maler der Reformation«, und seiner Wittenberger Werkstatt umfasst. Drei Luther-Porträts sind darunter, auch das Hochzeitsbildnis von 1525, sowie Altargemälde und die berühmte Zehn-Gebote-Tafel.

Die Stadtkirche St. Marien in der Lutherstadt Wittenberg gehört zum UNESCO-Welterbe.

Im Osten und in der Mitte Deutschlands

28 Auf den Spuren von Johann Sebastian Bach

HIGHLIGHTS

Erfurt. Die Kaufmanns- und die Augustinerkirche im mittelalterlichen Stadtkern sind eng mit Bach verbunden.

Eisenach. An der Georgskirche in Bachs Geburtsstadt wirkten vier Familienmitglieder als Organisten.

Arnstadt. In der Neuen Kirche in Thüringens ältester Stadt begann Bachs Weltkarriere.

Weimar. Auch Bachs langjähriges Wirken machte die UNESCO-Weltkulturerbestadt zur europäischen Kulturmetropole.

Leipzig. Kaum eine andere deutsche Stadt wie Sachsens schöne Metropole hat so viel Musikgeschichte geschrieben.

FESTE UND VERANSTALTUNGEN

Bachfest Leipzig. Mit rund 100 Konzerten und Veranstaltungen lockt das Musikfest jährlich im Juni Zehntausende Bach-Freunde in die sächsische Metropole – ins berühmte Gewandhaus, in die Thomas- und Nikolaikirche, ins Alte Rathaus oder in die Moritzbastei.

Bach-Festival-Arnstadt. Jährlich im März wird Bachs grandiose Musik an Originalschauplätzen aufgeführt. Zusätzlich werden Stadtführungen und Wanderungen auf den Spuren des Meisters angeboten.

Die Leipziger Thomaskirche war Bachs berühmteste und fruchtbarste Wirkungsstätte.

Johann Sebastian Bach war einer der bedeutendsten Komponisten und genialsten Musiker aller Zeiten. Seinen Lebensstationen zu folgen, ist nicht nur für Bach-Freunde einer der interessantesten Wege, den kulturellen Reichtum und die Schönheit Mitteldeutschlands kennenzulernen.

»Nicht Bach, Meer soll er heißen«

Als Wiege der Musikerdynastie Bach gilt **Wechmar**, wo sich das Stammhaus der Familie befindet. Von den Mitgliedern des Clans als Kapellmeister oder Spielmann mitbestimmt wurde auch das Musikleben der thüringischen Landeshauptstadt **Erfurt**: In der Kaufmannskirche wurden 61 Bach-Kinder getauft und zwölf Bach-Paare getraut – darunter 1668 auch Johann Sebastians Eltern Johann Ambrosius und Elisabeth, die drei Jahre später nach **Eisenach** zogen. Hier begann am 21. März 1685 das Leben von Johann Sebastian, der die Welt der Musik verändern sollte wie kaum ein anderer.

Wie hoch seine Kunst von nachfolgenden Komponisten geschätzt wurde, ist auf dem Bachdenkmal auf dem Michaelisplatz im 40 km entfernten **Ohrdruf** zu lesen: »Nicht Bach, Meer soll er heißen« steht da, ein Spruch von Ludwig van Beethoven. Das Städtchen ist die Kinderstube des Wunderknaben, wuchs dieser doch nach dem frühen Tod der Eltern beim Bruder Johann Christoph auf, der als Organist in

Thüringen, Sachsen

Infos und Adressen

REISEROUTE
Mühlhausen–Eisenach–Thüringer Wald–Ohrdruf–Wechmar–Arnstadt–Dornheim–Erfurt–Weimar–Leipzig; 250 km

BESTE REISEZEIT
Mai–Oktober

SEHENSWERT
Bach-Stammort Wechmar. Das Haus der Familie Bach ist heute Gedenkstätte.
Ohrdruf. In der Michaeliskirche spielte Bachs Bruder Johann Christoph die Orgel.

ESSEN UND TRINKEN
Brauhaus zum Löwen. Fachwerkgasthof in Mühlhausen mit eigenem Bier.
www.brauhaus-zum-loewen.de

Coffe Baum. In Leipzig ist der Besuch in einem der ältesten Kaffeehäuser Europas Pflicht.
www.coffe-baum.de
Auerbachs Keller. Goethe machte das Leipziger Weinlokal in seinem »Faust« zur Legende.
www.auerbachs-keller-leipzig.de

ÜBERNACHTEN
Hotel Stadthaus Arnstadt. Fachwerk-Boutiquehotel in ehemaliger Handschuhfabrik.
www.stadthaus-arnstadt.de
Hotel Elephant Weimar. Hotellegende der deutschen Klassikerstadt.
www.hotelelephantweimar.com

WEITERE INFOS
www.bach.de/leben,
www.thueringen-tourismus.de,
www.leipzig.de

In Bachs Geburtshaus in Eisenach kann man die Musik des Meisters direkt erleben.

Persönlicher Tipp

DAS BACHHAUS IN EISENACH

Neben der Wartburg und dem Lutherhaus ist das Bachhaus, weltweit das älteste, größte und bedeutendste Museum im Gedenken an den großen Meister, das erklärte Ziel der meisten Besucher Eisenachs. Schon seit 1868 weist eine Tafel am Haus Frauenplan 21 darauf hin, dass »Johann Sebastian Bach am 21. März 1685 in diesem Haus geboren« worden sei, eine Ansicht, die allerdings nur auf mündlicher Überlieferung beruht. Am 6. Januar 1906 kam das Haus in den Besitz der Bachgesellschaft, die ein Museum einrichtete. Besucher erleben hier – in Deutschland einmalig – Musikvorführungen auf Originalinstrumenten aus der Zeit des Komponisten, auf Hausorgel, Spinett oder Cembalo, während man sich im modernen Ausstellungsanbau ganz dem Werk des Meisters widmet, vom Autograf bis zu Notendruck und Aufführungspraxis anhand von Einspielungen. Ein »begehbares Musikstück« entführt die Besucher über eine multimediale 180-Grad-Installation mitten in die Aufführung dreier Bach-Werke. www.bachhaus.de

der Michaeliskirche bei seinem 13 Jahre jüngeren Mündel den schöpferischen Grundstein legte.

Seine »wilden Jahre« verbrachte Bach im benachbarten **Arnstadt**. Dort trat er als 18-Jähriger in der Neuen Kirche erstmals als Organist an, dort begegnete er seiner ersten Frau Maria Barbara, der er 1707 in der Dorfkirche von **Dornheim** das Jawort gab. Im selben Jahr trat er in **Mühlhausens** Divi-Blasii-Kirche seine zweite Orgelstelle an, um dann in Europas Kulturmetropole **Weimar** als Hoforganist und Konzertmeister neun Jahre zu verbringen. Drei Viertel seines Orgelwerks und zahlreiche Kantaten schuf er hier – eine schöpferische Mammutleistung, die er nur noch in **Leipzig** überbot. Die Thomaskirche, für die er als Kantor die h-moll-Messe komponierte, wurde zu seiner Hauptwirkungs- und 1750 zu seiner letzten Ruhestätte.

Im Osten und in der Mitte Deutschlands

29 Durch das Elbsandsteingebirge

Die gewaltige Bergfestung Königstein nimmt den gesamten gleichnamigen Tafelberg ein.

HIGHLIGHTS

Festung Königstein. Mindestens zwei Stunden sollte man für einen Rundgang auf der ausgedehnten Bergfestung einplanen.

Bastei. 194 m über der Elbe thront die Aussichtskanzel der berühmtesten Felsformation des Elbsandsteingebirges.

Rathener Elbfähre. Die Personenfähre hängt an starken Stahlseilen.

Pirna. Reizvoll ist ein Vergleich der Altstadt und der Festung Sonnenstein mit den elf Veduten des Malers Bernardo Bellotto, genannt Canaletto.

Burg Hohnstein. Die mächtige Burg thront auf einem Sandsteinplateau hoch über dem Polenztal. Sie ist seit 1997 Naturfreundehaus mit Museum und Jugendgästehaus.

FESTE UND VERANSTALTUNGEN

Felsenbühne Rathen. Die Naturbühne am Ende des Wehlgrunds unterhalb der Bastei bietet von Mai bis Mitte September eine eindrucksvolle Kulisse für Vorstellungen der Landesbühnen Sachsen.

Kirnitzschtalfest. Am letzten Juliwochenende laden die Wirte im Kirnitzschtal ein.

Das Elbsandsteingebirge oder die Sächsische Schweiz ist eine der beliebtesten Ferienregionen Deutschlands. Ein schöner Ausgangspunkt für eine Rundfahrt durch das Elbsandsteingebirge ist der Kurort Bad Schandau an der Elbe.

Zum Balkon der Sächsischen Schweiz

Schon seit 1800 ist **Bad Schandau** beliebter Kurort und Sommerfrische. Von der Aussichtsplattform des 1904 errichteten Personenaufzugs bietet sich ein schöner Blick über die Stadt an der Elbe bis zum Tafelberg Lilienstein. Bei schlechtem Wetter verspricht die Toscana-Therme Wellness pur. Bei Bad Schandau überquert man auf dem Weg nach Königstein die Elbe. Die zwischen 1589 und 1756 erbaute und erweiterte **Festung Königstein** ist eine gewaltige Felsbastion mit fantastischen Ausblicken. Sie wurde immer auch als Gefängnis genutzt, einer der bekanntesten Insassen war Johann Friedrich Böttger, der eigentlich Gold herstellen wollte und zu einem Erfinder des Porzellans wurde. Die berühmteste Felsformation **Bastei** erreicht man über eine die Elbe zwischen Ober- und Niederrathen querende, unter Denkmalschutz stehende **Gierseilfähre**. Höhepunkte auf der Bastei sind neben der weiten Aussicht ins Elbtal und die tiefen Seitentäler die spektakuläre Basteibrücke und die

Sachsen

auf einem Felsgrat errichtete **Felsenburg Neurathen**. Weiter im Westen liegt die Stadt **Pirna**, deren historische Gebäude aus dem begehrten gelblichen Elbsandstein erbaut wurden. Von Pirna fährt man in das von bizarren Felsen und Gründen (Schluchten) umgebene Städtchen **Wehlen**, dann geht es weiter nach **Hohnstein** mit gleichnamiger Burg.

Die grandiose Aussicht lässt sich durchaus mit dem Blick vom Coloradoplateau in den Grand Canyon vergleichen. Vom Puppenspieler- und Bergsteigerort Hohnstein aus lässt sich die Bergwirtschaft Brand-Baude auf einem etwa einstündigen Waldspaziergang erreichen. Dichter und Maler haben schon im frühen 19. Jh. den Weg hierher gefunden. Das Felsplateau **Brand** fällt hier über 170 m steil zum Polenztal ab und ermöglicht eine Panoramaaussicht auf fast die gesamte Sächsische Schweiz bis zum Osterzgebirge. Der Weg zum Brand liegt auf einer Etappe des legendären 112 km langen **Malerwegs** durch das Elbsandsteingebirge.

Infos und Adressen

REISEROUTE
Von Bad Schandau bis Hohnstein, rund 300 km

BESTE REISEZEIT
Frühjahr–Herbst

SEHENSWERT
Nationalparkzentrum. In Bad Schandau hält das Zentrum Infos bereit. www.lanu.de/de/NationalparkZentrm.html
Felsenburg Neurathen. Die Ruinen können besichtigt werden.

ESSEN UND TRINKEN
Amselgrundschlösschen. Regionale Küche in der Talwächterstube, auf der Sonnenterrasse und im Biergarten, Kurort Rathen. www.amselgrund.de
Blechschmidtklause. Feine Küche mit regionalen Spezialitäten im Hotel Deutsches Haus in Pirna. www.romantikhotel-pirna.de

ÜBERNACHTEN
Lindenhof. Traditionsreiches Haus mit schöner Dachterrasse direkt am Kurpark, Bad Schandau. www.lindenhof-bad-schandau.de
Luk. Das kleine Landhotel. Idyllisch zwischen Hohnstein und der Bastei gelegen, Hohnstein-Rathewalde. www.luk-landhotel.de

WEITERE INFOS
Region und Nationalpark Sächsische Schweiz:
www.saechsische-schweiz.de

Persönlicher Tipp

AUSFLUG MIT DER KIRNITZSCHTALBAHN

Seit 1898 verbindet die schmalspurige Kirnitzschtalbahn mit ihren nostalgischen gelben Waggons Bad Schandau mit dem beliebten Ausflugsziel Lichtenhainer Wasserfall. Für die acht Kilometer lange Strecke durch das romantische Kirnitzschtal benötigt die Bahn vom Kurpark aus etwa eine halbe Stunde. Schon 1830 wurde der kleine natürliche Wasserfall eines Seitenbaches bei der heutigen Gaststätte im Tal künstlich erhöht und das Wasser durch ein aufziehbares Wehr gestaut. Noch heute strömen die Touristen jede halbe Stunde vor die Anlage, wenn unter Musikklängen die Stauanlage geöffnet wird und die Wassermassen herabstürzen. Eine schöne Wanderung führt in einer guten halben Stunde hinauf zum 11 m hohen und 17 m breiten Felsentor Kuhstall. Zum Gipfelplateau des Sandsteinfelsens gelangt man nach Durchsteigen einer engen Felsspalte in 108 Stufen auf der sogenannten Himmelsleiter.

Die aus Elbsandstein erbaute, 77 m lange Basteibrücke überspannt die Mardertelle.

Im Osten und in der Mitte Deutschlands

30 Straße der Romanik (Südroute)

In Form einer Acht zieht sich die Straße der Romanik durch Sachsen-Anhalt – mit insgesamt 80 hochmittelalterlichen Baudenkmälern an 65 Stationen. Von der Landeshauptstadt Magdeburg im Zentrum der Acht erschließt sich die Südroute mit ihren dicht gedrängten Sehenswürdigkeiten. Die Highlights stellen wir hier vor.

HIGHLIGHTS

Mittelalterliche Dome und Domschätze. Von Halberstadt, Quedlinburg, Naumburg, Merseburg.

Quedlinburg. Mit prächtiger Fachwerk-Altstadt (UNESCO-Welterbe).

Burg Falkenstein. In Traumlage im Harz mit Burgmuseum und Falknerei.

Naumburg. Mit schöner Altstadt und weltbekannten Stifterfiguren im Dom.

Freyburg. An der Unstrut inmitten von Weinbergen mit romanischer Stadtkirche.

Merseburg. Mit Dom und Schloss; im Domstiftsarchiv mittelalterliche Handschriften.

FESTE UND VERANSTALTUNGEN

Spectaculum Magdeburgense. Großes historisches Fest, im Mai in Magdeburg.

Quedlinburger Musiksommer. Konzertreihe in St. Servatius.

Hussiten-Kirschfest. Mit Festzelten, Umzug und Hussitenlager, Ende Juni in Naumburg.

Internationale Tage mittelalterlicher Musik. Im Juni in Freyburg.

Schlossfest. Im Juni in Merseburg.

Orgeltage. Im Merseburger Dom im September.

Weithin sichtbar grüßen die Türme von Dom und Schloss Merseburg über der Saale.

Faszination Mittelalter

Den eindrucksvollen Auftakt bilden **Magdeburgs** mittelalterliche Sakralbauten. Nächster Höhepunkt ist **Halberstadt** mit der viertürmigen romanischen Liebfrauenkirche (11. Jh.), dem gotischen Dom (13.–15. Jh.) und dem kostbaren Domschatz. Im Harz macht man Station in der UNESCO-Welterbe-Stadt **Quedlinburg**, wo auf dem Schlossberg die ottonische Stiftskirche St. Servatius (11./12. Jh.) mit dem weltberühmten Domschatz steht; ebenfalls sehr sehenswert: die romanische Basilika St. Wiberti (11./12. Jh.) sowie im Ortsteil Gernrode die ottonische Stiftskirche St. Cyriakus (10.–12. Jh.). Mittelalter pur erlebt man im Harz auf **Burg Falkenstein** (12. Jh.) mit Burgmuseum und herrlicher Fernsicht. Im Saalekreis liegt eine der größten Burganlagen Deutschlands, die Höhenburg **Querfurt** mit Kapelle und Türmen aus der Romanik (10./11. Jh.). Bei **Bad Kösen** erheben sich mit Rudelsburg und Saaleck gleich zwei imposante Burgruinen hoch über dem Saaletal. An der Saale liegt auch das zauberhafte **Naumburg**, eine der meistbesuchten Sta-

Sachsen-Anhalt

Der »Magdeburger Reiter« gilt als ältestes Reiterstandbild deutscher Provenienz.

Infos und Adressen

REISEROUTE
Magdeburg–Halberstadt–Quedlinburg–Gernrode–Ballenstedt/Burg Falkenstein–Querfurt–Bad Kösen–Naumburg–Freyburg a. d. Unstrut–Merseburg: 240 km; Straße der Romanik insgesamt 1000 km

BESTE REISEZEIT
Frühjahr–Herbst

SEHENSWERT
Magdeburg. Frühgotischer Dom, romanisches Kloster Unserer Lieben Frau, Kulturhistorisches Museum mit Magdeburger Reiter, Haus der Romanik mit Info-Zentrum und Ausstellung zur Ferienstraße.
Freyburg. Historische Kelleranlagen der Rotkäppchen-Sektkellerei (Führungen).
Merseburg. Schloss mit kulturhistorischem Museum und Schlossgarten (Teil der »Gartenträume Sachsen-Anhalt«).

ESSEN UND TRINKEN
Ratskeller Magdeburg. Speisen in mittelalterlichen Rathaus-Gewölben.
www.ratskeller-magdeburg.de
Restaurant Café Kanzlei. Mit Terrasse am Naumburger Marktplatz. www.cafe-kanzlei.de

ÜBERNACHTEN
Landhotel Schwarzer Adler. In Osterweddingen bei Magdeburg.
www.hotel-osterweddingen.de
Hotel zur Goldenen Sonne. In der Altstadt von Quedlinburg.
www.hotelzurgoldenensonne.de

WEITERE INFOS
Sachsen-Anhalt Tourismus:
www.sachsen-anhalt-tourismus.de
www.strasse-der-romanik.net

Persönlicher Tipp

HISTORISCHES MAGDEBURG

Viel wertvolle alte Bausubstanz ging im Zweiten Weltkrieg und danach verloren. Doch grandiose Baudenkmäler vermitteln noch einen lebhaften Eindruck von der Bedeutung Magdeburgs im Mittelalter – als Lieblingspfalz Kaiser Ottos des Großen, als florierende Handelsstadt an der Elbe, nicht zuletzt als religiöses Zentrum. Die mittelalterlichen Sakralbauten gehören heute zu den Hauptsehenswürdigkeiten: der monumentale, reich ausgestattete Dom, ab 1209 als erste gotische Kathedrale auf deutschem Boden erbaut und Grablege des Kaisers; das Kloster Unserer Lieben Frau mit romanischer Kirche und Kreuzgang (heute Kunstmuseum); die romanisch-gotischen Kirchen St. Petri und St. Sebastian. Das bürgerliche Magdeburg repräsentiert das barocke Rathaus am Alten Markt, davor steht der berühmte Magdeburger Reiter, doch nur als Replik. Das Original (13. Jh.) dieses ältesten Reiterstandbilds deutscher Provenienz ist im Kaiser-Otto-Saal des überregional bedeutenden Kulturhistorischen Museums zu bewundern.

tionen an der Straße der Romanik. Ein Muss ist natürlich die Besichtigung des spätromanisch-frühgotischen Doms mit den berühmten Stifterfiguren Uta und Ekkehard (13. Jh.) und dem Domschatzgewölbe, aber auch die romanische Kapelle der Ägidienkurie (um 1200) lohnt die Besichtigung. Ein Abstecher ins Unstruttal führt ins Winzerstädtchen **Freyburg**, wo über den Weinbergen die Neuenburg (11./12. Jh.) mit der ungewöhnlichen Doppelkapelle thront. An der Saale Richtung Norden geht es nach **Merseburg**. Auch hier wartet der romanisch-gotische Dom (11.–16. Jh.) mit einem kostbaren Domschatz auf, und an der romanischen Neumarktkirche (12. Jh.) verdient das reich gestaltete Hauptportal besondere Beachtung.

Im Osten und in der Mitte Deutschlands

31 UNESCO-Route: Von Dessau nach Kassel

Beschauliche Bootspartie im UNESCO-Welterbe »Gartenreich Dessau-Wörlitz«

HIGHLIGHTS

Dessau. Bauhausstätten und Wörlitzer Gartenreich: UNESCO-Welterbe.

Quedlinburg. Mittelalterliche Altstadt, in ihrer Gesamtheit UNESCO-Welterbe.

Goslar. Fachwerk-Altstadt, Kaiserpfalz und historisches Bergwerk Rammelsberg: UNESCO-Welterbe.

Hildesheim. Dom und Michaeliskirche mit 1000-jähriger Geschichte: UNESCO-Welterbe.

Alfeld. Fagus-Werk als Beispiel moderner Industriearchitektur: UNESCO-Welterbe.

Kassel. Bergpark Wilhelmshöhe: UNESCO-Welterbe.

FESTE UND VERANSTALTUNGEN

Kurt-Weill-Tage. Im Februar in Dessau.

Advent in den Höfen. Im Dezember in Quedlinburg.

Walpurgismarkt. In der Goslarer Altstadt, um den 30. April/1. Mai.

Kasseler Zissel. Traditionelles Stadtfest im Juli in Kassel.

documenta. Alle 5 Jahre in Kassel.

Fünf Mal UNESCO-Weltkulturerbe! Die Tour kombiniert eine architektonische Zeitreise vom Mittelalter über Barock und Klassizismus bis zur klassischen Moderne mit der Fahrt durch so unterschiedliche Landschaften wie die grünen Auen von Mulde und Elbe, das hügelige Harz-Vorland und das Habichtswälder Bergland.

Tausend Jahre Architektur und Gartenkunst

Das Bauhaus hat **Dessau** bekannt gemacht, denn hier entstanden in den 1920er-Jahren die meisten Bauwerke dieser weltweit einflussreichen Hochschule für Kunst, Architektur und Design. Als wahre Klassiker der Moderne gelten heute die Meisterhäuser und natürlich das lichte, großzügige Schulgebäude von Walter Gropius. Zurück ins späte 18. Jh. führt das Gartenreich Dessau-Wörlitz, eine paradiesische Parklandschaft im englischen Stil mit dem frühklassizistischen Schloss Wörlitz. Das Kontrastprogramm erwartet den Reisenden in **Quedlinburg**, dessen verwinkelte Altstadt mit ihren Fachwerkhäusern und der romanischen Stiftskirche St. Servatius auf dem Schlossberg zu den größten Flächendenkmälern Deutschlands gehört. Auch die nächste Station, das zauberhafte Fachwerkstädtchen **Goslar**, erlebte seine Blüte im Mittelalter. Aus alter Zeit erzählen prachtvolle Bürgerhäuser, die mächtige Kaiserpfalz sowie das histori-

Sachsen-Anhalt, Niedersachsen, Hessen

sche Bergwerk Rammelsberg. Mit ihrem Dom und der Michaelskirche wartet die alte Bischofsstadt **Hildesheim** mit zwei architektonischen Meisterwerken der Romanik auf. Kunstschätze von Weltrang sind im Dom die 1000-jährigen Bronzereliefs der Bernwardstür und der Christussäule, in St. Michael die grandiose Deckenmalerei (13. Jh.). Neben seiner charmanten Fachwerk-Altstadt punktet **Alfeld** an der Leine mit einem Industriedenkmal, in dem auch noch gearbeitet wird: Das Fagus-Werk, im Ersten Weltkrieg von Walter Gropius errichtet, gilt als Vorläufer der Bauhaus-Architektur. Ein Glanzstück barocker Gartenkunst ist in **Kassel** zu bestaunen: der Bergpark Wilhelmshöhe mit seinen Wasserspielen, Löwenburg und Schloss, gekrönt von der monumentalen Herkulesstatue.

Persönlicher Tipp

DER HILDESHEIMER DOMSCHATZ

Mit seinen Kostbarkeiten aus über 1000 Jahren gehört der Hildesheimer Domschatz zu den großen Kirchenschätzen Europas. Die Kunstwerke, liturgischen Gerätschaften, historischen Dokumente und Buchmalereien stellen nicht nur unschätzbare Werte dar, sie erzählen auch vom gelebten Glauben in diesem altehrwürdigen Bistum. Ältestes Exponat des Dom-Museums ist das Marienreliquiar, das Ludwig der Fromme im Jahr 815 dem neu gegründeten Bistum schenkte. Eine der ältesten Marienfiguren überhaupt ist die vor 1022 entstandene Goldene Madonna. Um das Jahr 1000 war der hl. Bernward Bischof von Hildesheim, eine der prägenden Gestalten der deutschen Geschichte in ottonischer Zeit und ein großzügiger Förderer der Künste. Das sogenannte Kostbare Reliquiar des hl. Bernward, die silbernen Bernwardleuchter und die Bernwardkasel, ein liturgisches Gewand, erinnern im Dom-Museum an ihn. Seinen Namen trägt auch das reich mit Edelsteinen bestückte goldene Bernwardskreuz, das allerdings erst um 1150, also lange nach seinem Tod gefertigt wurde.

Reich verziertes Fachwerk prägt den historischen Kern des 1000-jährigen Goslar.

Infos und Adressen

REISEROUTE
Dessau–Quedlinburg–Goslar–Hildesheim–Alfeld–Kassel, 320 km

BESTE REISEZEIT
Frühjahr–Herbst

SEHENSWERT
Goslar. Bergbaumuseum und Besucherbergwerk Rammelsberg.
Hildesheim. 1000-jähriger Rosenstock am Dom, Domschatz, ägyptische Sammlung im Römer- und Pelizaeus-Museum.
Kassel. Joseph Beuys' »Stadtverwaltung« mit 7000 Eichen im ganzen Stadtgebiet.

ESSEN UND TRINKEN
Kornhaus Dessau. Ausflugsgaststätte im Bauhaus-Stil an der Elbe.
www.kornhaus-dessau.de
Die Worthmühle. Harzer Spezialitätenrestaurant in Goslar.
www.worthmuehle.de

ÜBERNACHTEN
Hotel Domschatz. In einem Fachwerkgebäude in der Quedlinburger Altstadt.
www.hotel-domschatz.de
Schlosshotel Bad Wilhelmshöhe. Modernes Haus in Traumlage in Kassel.
www.schlosshotel-kassel.de

WEITERE INFOS
Sachsen-Anhalt Tourismus: www.sachsen-anhalt-tourismus.de
Tourismus Marketing Niedersachsen: www.reiseland-niedersachsen.de
Hessen Tourismus- und Kongressmarketing: www.hessen-tourismus.de

Im Osten und in der Mitte Deutschlands

32 Auf dem Schottenring

HIGHLIGHTS

Altstadt von Schotten. Klein, aber fein, historisch saniert mit Fachwerk-Rathaus, gotischer Marienkirche und Schloss. Ideal für einen Bummel mit Café-Pause.

Teilstrecke Gedern-Schotten-Laubach. Wohl schönster Teil der Ringstrecke – nicht nur wegen seiner harmonischen Kurvenführung.

Hoherodskopf. Der Gipfel der Region bietet Panoramasicht und zahlreiche Aktivitäten, zwischen Aktivsportgelände und verwunschenem Naturwald.

Niddastausee. Ein beliebtes Ausflugsziel zum Baden, Segeln, Surfen und Angeln.

FESTE UND VERANSTALTUNGEN

Vogelsberger Lammwochen. Vier Wochen zur Osterzeit bieten Gasthäuser der Region vielfältige Spezialitäten rund ums Lamm.

Vulkanfest. Jeden 1. Mai feiert die Region auf dem Hoherodskopf sich und ihre Spezialitäten zum Saisonstart.

Schottenring Classic Grand Prix. Ein Wochenende im August dreht sich alles um die historischen Rennmotorräder auf dem Stadtparcours.

Fernrohre auf dem Hoherodskopf zeigen das Panorama – und vielleicht manches Rennauto?

Als Rennstrecke war der Schottenring bis in die 1950er-Jahre legendär, heute ist der Rundkurs vor allem eine Panoramastraße durch die sehenswerte Vulkanlandschaft des Vogelsbergs.

Kurvengenuss in Bilderbuchlandschaft

Die Region rund um den 763 m hohen **Hoherodskopf** im hessischen Mittelgebirge atmet Motor-Tradition: Seit 1935 lieferten sich auf den Landstraßen um das Örtchen Schotten zunächst nur Motorräder Rennen – auf der 16 km langen Rundstrecke starteten die Feuerstühle zur ersten **»Rund um Schotten«-Wettfahrt**. Dies bildete den Auftakt zu einer langen Renntradition – der **Schottenring** gehört somit neben der Berliner AVUS, dem Sachsenring und dem Nürburgring zu den ältesten Rennstrecken Deutschlands. Ab 1938 maßen sich dann auch Autos auf der Strecke in der Hügellandschaft **zwischen Gießen und Fulda**.

In den Kriegsjahren lag die Strecke still. Doch schon 1947 lockte das erste Nachkriegsrennen wieder fast 100 000 Zuschauer an. Höhepunkt auf diesen kurvigen Landstraßen war 1953 der **Große Preis von Deutschland für Motorräder**, bevor sie 1955 – wegen der tragischen Unfalltode beim Rennen in Le Mans – als zu gefährlich befunden wurden. Trotzdem sind die Kurven der Region zu schön, um sie nur den Sonntagsfahrern zu überlassen: Seit 1989 steigen auf regelmäßig **historische Grand-Prix-Rennen**.

Hessen

Schottens Fachwerk-Rathaus, bestens saniert, hat einiges an Renngeschichte erlebt.

Infos und Adressen

REISEROUTE
Historische Rennstrecke: Auf der B276 von Schotten über Rüdingsheim und Götzen zurück nach Schotten (16,47 km).
Anfahrt: Von Frankfurt, Kassel/Hannover via Lich auf die B276. Aus Osten oder Süden via Alsfeld, Fulda oder Wächtersbach.

BESTE REISEZEIT
April–November, sonst wegen frühen Winters und späten Frühlings nur mit wintertauglicher Bereifung

SEHENSWERT
Liebfrauenkirche mit Flügelaltar. Gotisches Gotteshaus aus dem 14. Jh., mit kunsthistorischer Bedeutung.

ESSEN UND TRINKEN
Zur Linde. Regionale, mediterrane und kreative Küche in Schotten.
Taufsteinhütte. Café und Restaurant am Hoherodskopf-Gipfel mit guter Küche und Apartments. www.taufsteinhuette.de
Schötter Wirtshaus. Regionale Küche und Biergarten im warmen Ambiente, in Schotten. www.schoetterwirtshaus.de

ÜBERNACHTEN
Haus Sonnenberg. Ferienwohnungen und Tagungshotel in Schotten mit Blick auf die Stadt, samt Restaurant. www.hotel-haus-sonnenberg.de
Hochzeitshaus. Allergikerfreundliches Familienhotel im Fachwerkhaus, mit Restaurant, Schotten. www.hochzeitshaus-schotten.de

WEITERE INFOS
Tourismus Vogelsberg: www.vogelsberg.de.
Schottenring-Rennen: www.schottenring.de

Doch auch Langsamfahrer genießen die Fahrt durch den Vogelsberg, die größte – längst erloschene und von Wind und Wetter treppenförmig abgetragene – Vulkanlandschaft Europas. An Sommerwochenenden kann es sogar voll werden, denn auch Motorradfahrer schätzen die Strecke – vor allem an der »Applauskurve« zwischen Schotten und Laubach üben sie das Schräglegen und Funkenschlagen.

Vom eigentlichen Rundkurs führen Seitenstraßen zu Dörfern oder in Serpentinen zum Hoherodskopf hinauf. Der bietet nicht nur besten Weitblick, sondern als »Erlebnisberg« neben Restaurants auch Kletterwald und Baumkronenpfad, Sommerrodelbahn und Skistrecke im Winter. Natur pur herrscht gleich nebenan im **Naturpark Hoher Vogelsberg**.

Persönlicher Tipp

NATURPARK FÜR AKTIVE

Nach langem Sitzen am Steuer verlangt der Körper dringend nach Bewegung: Gut, wenn der Wagen gerade auf dem Hoherodskopf gestoppt hat. Hoch über der vulkanischen Landschaft ist hier von Minigolf über Sommerrodelbahn und Mountainbike-Tour bis zum Kletterwald auch für ganz Aktive etwas dabei. Die typische Naturlandschaft erkunden und erwandern lässt sich aber am besten im Naturpark Hoher Vogelsberg: Wälder, Wiesen und Hochmoor präsentieren sich hier, wie sie schon von den Brüdern Grimm im einen oder anderen ihrer Märchen verewigt wurden. Auf 125 km Länge umrundet der Vulkanring Vogelsberg Hoherodskopf, den Gipfel, und lädt zu einer sehr ausgedehnten Wandertour ein – für den kurzen Stopp eignet sich besser der kleine Höhenrundweg Hoherodskopf mit 8 km, der ebenfalls tief in die Naturvielfalt eintaucht. Wem der Sinn nach Höherem steht, der wandelt auf dem Baumkronenpfad, über Seilbrücken geht es durch die Waldwipfel. Mit bestem Blick auf die grüne Vulkanregion. www.naturpark-hoher-vogelsberg.de

Im Osten und in der Mitte Deutschlands

33 UNESCO-Route: Eisenach–Weimar–Dessau–Potsdam

Die Wartburg wacht über die Stadt Eisenach.

HIGHLIGHTS

Wartburg. Burganlage über Eisenach. Idealbild einer Burg, UNESCO-Weltkulturerbe.

Weimar. Als Stadt der deutschen Klassik mit Wirkungsstätten der Dichter, UNESCO-Weltkulturerbe.

Dessau. Bauhausgebäude und Meisterhäuser zusammen mit den Weimarer Bauhausstätten, UNESCO-Weltkulturerbe, ebenso das Dessau-Wörlitzer Gartenreich.

Potsdam. Einzigartiges Ensemble von Schlössern und Parks, UNESCO-Welterbe.

FESTE UND VERANSTALTUNGEN

Eisenach. Thüringer Bachwochen im April/Mai; Weihnachtsmarkt auf der Wartburg an den Wochenenden im Dezember.

Weimar. Traditioneller Zwiebelmarkt im Oktober in der ganzen Altstadt.

Dessau. Kurt Weill Fest, im Februar/März.

Potsdam. Schlössernacht im Park von Sanssouci, ein grandioses Spektakel mit Illumination, Konzerten, Tänzen in historischen Kostümen, im August.

Symbolträchtige Orte prägen diese Kulturroute: die Wartburg über Eisenach, das Klassische Weimar sowie die Schlösser und Parks der preußischen Könige in Potsdam. Zum UNESCO-Weltkulturerbe gehören aber auch die Bauhausstätten in Weimar und Dessau sowie das Dessau-Wörlitzer Gartenreich.

Zwischen Mittelalter und Moderne

Schon wegen ihrer exponierten Lage und wehrhaften Architektur entspricht die **Wartburg über Eisenach** perfekt unseren Vorstellungen von einer mittelalterlichen Burg. Um 1080 von den mächtigen Thüringer Landgrafen begründet, war sie im Hochmittelalter auch Schauplatz eines sagenumwobenen Sängerkriegs und Wohnsitz der heiliggesprochenen Landgräfin Elisabeth. 1521/22 übersetzte Martin Luther, inkognito als Junker Jörg, in der »Lutherstube« das Neue Testament ins Deutsche, 1817 feierten die national bewegten Burschenschaftler ihr Wartburgfest in den Gemäuern. Nach 1850 im historisierenden Burgenstil wiederaufgebaut, blieben von der mittelalterlichen Wartburg nur der romanische Palas und die gotischen Fachwerkhäuser.

Das unbedeutende Residenzstädtchen **Weimar** an der Ilm wandelte sich ab 1775 zum Zentrum deutschen, ja, europäischen Geisteslebens. Die von Goethe und Schiller, Wie-

Thüringen, Sachsen-Anhalt, Brandenburg

land und Herder verkörperte Weimarer Klassik stand für eine neue Kulturepoche, als Weltkulturerbe hat die UNESCO das Klassische Weimar mit 13 Gebäuden und Parks ausgezeichnet. Ins 20. Jh. führen die Bauhausstätten Weimar und **Dessau**: Bauhaus, so nannte sich die 1919 in Weimar gegründete Staatliche Kunstschule, die 1925 nach Dessau umzog und 1933 von den Nationalsozialisten geschlossen wurde. Ihre revolutionären Ideen entfalteten weltweit Wirkung, bis heute gilt das Bauhaus als Inbegriff der Klassischen Moderne. Als Gesamtkunstwerk aus sechs Schlössern und sieben Parks präsentiert sich das **Dessau-Wörlitzer Gartenreich**, das die UNESCO zum Weltkulturerbe erhob.

Weltweit einzigartig ist das Ensemble der Schlösser und Parks, die sich Preußens Könige im ruhigen **Potsdam** bauen ließen. Die UNESCO hat die Kulturlandschaft als Ganzes zum Welterbe erklärt. Im Mittelpunkt steht Sanssouci, das Lieblingsschloss Friedrichs des Großen.

Infos und Adressen

REISEROUTE
Eisenach–Weimar–Dessau–Potsdam; 340 km

BESTE REISEZEIT
Ganzjährig

SEHENSWERT
Burg Creuzburg. »Schwesterburg« der Wartburg über dem Werratal, Thüringens größte original mittelalterliche Burganlage (um 1170) mit Burgmuseum.
Filmmuseum Potsdam. Ausstellung zur Geschichte der Babelsberger Filmstudios.

ESSEN UND TRINKEN
Residenz Café-Restaurant. Weimars ältestes Kaffeehaus. www.residenz-cafe.de
Gaststätte Historische Mühle. Im Park von Sanssouci. www.moevenpick-restaurants.com/sanssouci

ÜBERNACHTEN
Steigenberger Hotel Thüringer Hof. Im Zentrum von Eisenach. www.steigenberger.com
Romantikhotel Am Jägertor. In der Potsdamer Altstadt. www.hotel-am-jaegertor.de

WEITERE INFOS
Tourist Information Thüringen: www.thueringen-tourismus.de
IMG Sachsen-Anhalt: www.sachsen-anhalt-tourismus.de
Tourismus Brandenburg: www.reiseland-brandenburg.de

Persönlicher Tipp

SCHLOSS UND PARK SANSSOUCI

Sanssouci, »ohne Sorgen«, so wollte Preußenkönig Friedrich II. der Große in seinem Potsdamer Residenzschloss leben, das er sich 1745 bis 1747 nach eigenen Entwürfen von seinem Lieblingsarchitekten Knobelsdorff errichten ließ. Der lang gestreckte eingeschossige Bau auf den Weinbergterrassen gilt als ein Hauptwerk des Rokoko und wirkt geradezu bescheiden im Vergleich mit dem monumentalen Neuen Palais, das Friedrich 20 Jahre später als opulent ausgestatteten Repräsentationsbau am anderen Ende des Parks von Sanssouci bauen ließ. Auf dem Klausberg, dem höchsten Punkt des Parks, ließ Friedrich II. sein Belvedere (»schöne Aussicht«) errichten, ebenfalls friderizianisch ist die Bildergalerie mit der Gemäldesammlung des Königs. Als Unterkunft für seine Gäste ließ er die edel dekorierten Neuen Kammern bauen, einen Hauch Exotik bringt sein Chinesisches Haus in die Parkanlage. 1790, vier Jahre nach Friedrichs Tod, ließ sein Nachfolger die historische Mühle erneuern, von deren Galerie sich herrliche Ausblicke eröffnen.

Luftaufnahme von Schloss Sanssouci und der Friedenskirche, Potsdam.

Im Osten und in der Mitte Deutschlands

34 Auf den Spuren deutscher Dichter und Denker

HIGHLIGHTS

Kasseler Wilhelmshöhe. Der Landschaftspark wird dominiert von Schloss Löwenburg, Wasserkaskaden und Gewächshaus.

Wartburg zu Eisenach. Im heutigen UNESCO-Welterbe übersetzte Martin Luther das Neue Testament, außerdem Ort des Wartburgfestes 1817, auf dem 500 Studenten für bürgerliche Freiheit und nationale Einheit demonstrierten.

Krämerbrücke in Erfurt. Die einzige bebaute und bewohnte Brücke nördlich der Alpen.

Gartenhaus an der Ilm in Weimar. Von 1776 bis 1782 Arbeits- und Rückzugsort Goethes, mit Einrichtungsgegenständen aus der Zeit und Garten.

Bauhaus-Museum in Weimar. Museum zu Werken und Schaffen der Avantgardekünstler um Walter Gropius.

FESTE UND VERANSTALTUNGEN

Bad Hersfelder Festspiele. Theater und Musik mit Darstellern und Regisseuren von Rang in der stimmungsvollen Stiftsruine, nur 15 km von Friedewald entfernt.

Bach-Haus Eisenach. Größtes Bach-Museum der Welt, stündliche Live-Konzerte auf historischen Instrumenten und Barockgarten hinter dem Museum.

Der Rokokosaal der Herzogin Anna Amalia Bibliothek gehört zum Welterbe der UNESCO.

Wie Perlen auf einer Schnur reihen sich Eisenach, Gotha, Erfurt und Weimar an einer der Hauptverbindungen gen Osten aneinander. Auf einer unterhaltsamen und gemütlichen »Autowanderung« widmen sich prägende Stationen deutscher Kulturgeschichte dem Leben und Schaffen von Geistesgrößen wie Bach, Goethe, Gropius, Herder, Luther oder Schiller.

Die Wilhelmshöhe – Europas größter Bergpark

Die sehr gute Straßenverbindung und die Nähe zueinander machen es möglich, auf einer Fahrt ins Grüne gleich in mehreren romantischen Städtchen und Parkanlagen auf den Spuren großer Deutscher zu wandeln. Direkt bei unserem ersten Halt auf der **Kasseler Wilhelmshöhe** haben sich bereits Goethe, Hölderlin, Kleist, Jean Paul und Brentano in den herrlichen Parkanlagen zu Schauplätzen in ihren Werken inspirieren lassen – Goethe etwa fand hier Anregungen zu seinem »Faust«.

In Europas größtem Bergpark aus dem 18. und 19. Jh. im Stil eines englischen Landschaftsgartens überraschen skurrile wie gigantische Sehenswürdigkeiten, so **Schloss Wilhelmshöhe** mit seinen Kunstsammlungen, die künstliche »mittelalterliche« Ruine der **Löwenburg**, die riesige, weithin sichtbare **Herkulesfigur** auf Oktogon und Pyramide, die monumentalen **Wasserkaskaden**, Grotten, Brücken, Aquä-

Hessen, Thüringen

dukte und das große **Gewächshaus**, eine der ältesten Stahl-Glas-Konstruktionen Deutschlands. Nach einer Übernachtung im romantischen **Schlosshotel Prinz von Hessen** in Friedewald, etwa 90 km von Kassel entfernt, führt die Reise geradewegs ins schöne Thüringen.

Burgen, Schlösser und Gartenparadiese in Thüringen

Über **Eisenach** thront majestätisch ein Wahrzeichen der Stadt und UNESCO-Welterbe, die mehr als 1000 Jahre alte **Wartburg**. Vom Parkplatz unterhalb der Burg geht es zu Fuß, mit dem Bus oder per Esel etwa 500 m zur Burg. Im 12. Jh., so geht die Sage, war dies der Schauplatz des Sängerwettstreits um Walther von der Vogelweide; das imposante Monumentalfresko von Moritz von Schwind lässt unter den Klängen von Wagners *Tannhäuser* den Wettstreit nacherleben. **Martin Luther** übersetzte im Schutz der Wartburg 1521 das Neue Testament aus dem Altgriechischen ins Deutsche – in der Lutherstube in der Burgvogtei zeugt eine authentisch eingerichtete Arbeitsstube davon, sogar der Fleck an der Wand durch Luthers Tintenfasswurf nach dem Teufel fehlt nicht.

Wer sich noch die Zeit nimmt, durch das schmucke Städtchen mit den restaurierten Bürgerhäusern und dem Residenzschloss am Marktplatz zu flanieren, der trifft hier, in **Johann Sebastian Bachs** Geburtsstadt, außerdem auf das

Persönlicher Tipp

HERRSCHAFTLICH RESIDIEREN

Etwa 12 km östlich von Bad Hersfeld liegt Friedewald mit der Ruine der ehemaligen Wasserburg Friedewald – nicht von ungefähr am Kreuzungspunkt der seit jeher wichtigen Verbindungsstraße zwischen Frankfurt und Leipzig, zwischen Bremen und Nürnberg. Die Überreste der Wasserburg aus dem 13. und 14. Jh. bilden heute in Symbiose mit dem angegliederten Schlosshotel Prinz von Hessen ein einzigartig beeindruckendes Ensemble. In historischer Bausubstanz mit einfühlsam integrierter moderner Innenarchitektur fehlt es dem Gast von Gourmetvergnügen bis Wellness an nichts, die Ruhe in harmonischer Landschaft tut ein Übriges zur Erholung. Abends lockt ein Besuch der inzwischen dank herausragender Aufführungen mit namhaften Künstlern renommierten Bad Hersfelder Festspiele. Neben dem Schlosshotel selbst das Beste: Das Schlosshotel Prinz von Hessen in Friedewald ist der ideale Ausgangspunkt für entspannte Kulturtrips zu den historischen Highlights in Eisenach, Erfurt und Weimar.

Schlosshotel Prinz von Hessen und Wasserburg Friedewald – hier lässt sich entspannen

Der Apollo-Tempel in Europas größtem Bergpark, dem Park Wilhelmshöhe in Kassel

Die Mittelklasselimousine der ehemaligen DDR ist auch heute noch sehr beliebt.

Persönlicher Tipp

LEBENDIGE AUTOMOBILGESCHICHTE

Mit dem weit über die Grenzen der damaligen DDR bekannten Wartburg verbinden sich viele Erinnerungen und ein gutes Stück Technik- und Zeitgeschichte. Auf dem Gelände des ehemaligen Automobilwerks Eisenach (AWE) ist in einem denkmalgeschützten Gebäude aus dem Jahr 1935 ein wahres Highlight nicht nur für Automobilliebhaber entstanden. Hier werden 15 Jahre Automobilgeschichte mit Fahrzeugen aus allen Produktionsepochen wieder lebendig, angefangen vom ersten Wartburg-Motorwagen, dem DIXI 3/15 aus dem Jahr 1899, über den ersten BMW-Sportwagen Typ Wartburg DA 3 (das blau-weiße Logo ist ein Vorläufer des heute bekannten Markenzeichens) bis hin zu den in der ehemaligen DDR begehrten Wartburg-Serienmodellen. Der letzte Wartburg lief am 10. April 1991 vom Band – viele Originalfahrzeuge und andere Gegenstände in der Automobilen Welt Eisenach zeugen von einer spannenden, wechselvollen Geschichte nicht nur der Ingenieurskunst, sondern auch der Lebensverhältnisse in der Region im Zeitenwandel. www.awe-stiftung.de

weltweit größte Museum zu seinen Ehren. Musikliebhaber legen auf der Fahrt nach Erfurt einen Abstecher nach **Arnstadt** ein, wo Bach in der Bonifatiuskirche am Markt zu Beginn des 18. Jh. als Organist wirkte. **Erfurts** 1325 errichtete und mehr als 120 m lange, mit 32 Fachwerkhäusern bebaute und bewohnte **Krämerbrücke** über die Gera erinnert mit ihrem fast mediterranen Flair ein klein wenig an den Ponte Vecchio in Florenz. Auch hier wandeln wir auf den Spuren Goethes und Schillers, während wir die reich geschmückten Patrizierhäuser sowie das Ensemble von **Dom** und **Severikirche** bewundern – Goethe ließ es sich nicht nehmen, so oft wie möglich Zeit in seinem geliebten »thüringischen Rom«, wie er es nannte, zu verbringen.

Das nicht nur klassische Weimar – ein Kontrastprogramm für Kenner

Nur 20 km weiter östlich sollte man sich Zeit für die Klassikerstadt Weimar nehmen. Vor dem heutigen **Deutschen Nationaltheater** grüßt das Denkmal Goethes und Schillers und kündet vom gemeinsamen Wirken beider Denker, die überdies viele andere bedeutsame Köpfe anzogen. Im weitläufigen, lieblichen **Park an der Ilm** verlebte Goethe in seinem Gartenhaus viele glückliche Jahre. Es heißt, Herder habe sich mit einem Säbel wie mit einer Machete einen Weg durch die Wildnis bahnen müssen, um mit Goethe in dessen Garten zu disputieren.

Ein anderes Haus, ein anderer Stil: Das **Bauhaus-Museum** gewährt Einblicke in Leben und Werk der Avantgarde-Künstler Walter Gropius, Lionel Feininger, Paul Klee und anderer namhafter Gestalter, die vor allem in den 1920er-Jahren im Bauhaus zu Weimar Maßstäbe in Architektur, Kunst und Design setzten. Überflüssig zu erwähnen, dass in Weimar, etwa durch Bach und Liszt, auch Musikgeschichte geschrieben wurde. Für einen Besuch der **Herzogin Anna Amalia Bibliothek** mit ihrem weithin bekannten Rokokosaal sei eine rechtzeitige Anmeldung empfohlen. Aber auch das reine Flanieren über Frauenplan und Markt oder durch die Luthergasse, wie wohl schon die Klassiker es getan haben mögen, bietet genügend Abwechslung, so locken dabei auch Rundgänge durch die Wohnhäuser Goethes und Schillers oder durch das Residenzschloss.

Auf den Spuren deutscher Dichter und Denker

Infos und Adressen

REISEROUTE
Mit dem Auto: Von Westen kommend über die A44 bis Kassel, Abfahrt Kassel/Bad Wilhelmshöhe Richtung B520; Kassel–Friedewald: 90 km; Friedewald–Eisenach: knapp 40 km; Eisenach–Erfurt: gut 50 km; Erfurt–Weimar: gut 25 km

SEHENSWERT
Gotha. Ehemalige Residenzstadt des Herzogtums Sachsen-Gotha mit der größten barocken Schlossanlage Deutschlands, Schloss Friedenstein.
Herzogin Anna Amalia Bibliothek. Die im 17. Jh. gegründete Bibliothek in Weimar wurde 1991 nach ihrer Förderin, der Herzogin Anna Amalia von Sachsen-Weimar-Erfurt, benannt. Neben ihrem Bestand an deutscher Literatur aus den Jahren um 1800 beeindruckt der dreigeschossige Rokokosaal. www.klassik-stiftung.de
Bauhaus-Museum. 1919 gründete Walter Gropius das Bauhaus und arbeitete hier mit international renommierten Avantgardekünstlern, deren gestalterisches Wirken sich als bahnbrechend erwies. Das Weimarer Museum gibt Einblick in Werke und Schaffen. www.klassik-stiftung.de
Kirms-Krackow-Haus. Das ehemalige Haus eines betuchten Amtsschreibers der Renaissance wurde nahezu komplett im Stil eines Bürgerhauses zu Beginn des 19. Jh. eingerichtet. Biedermeiergarten und Gartenpavillon bieten sich als stiller Winkel für eine Verschnaufpause an. www.weimar.de

ESSEN UND TRINKEN
Die berühmte Thüringer Rostbratwurst an einem der vielen Stände auf dem Weimarer Markt ist ein Muss. In Eisenach darf man sich die Biere der Traditionsbrauerei nicht entgehen lassen.
Café & Restaurant Frauentor. Thüringer und mediterrane Spezialitäten sowie eine riesige Tortenauswahl in gediegenem Ambiente, von der oberen Etage mit Blick auf das Goethehaus am Frauenplan 1, Weimar. www.cafe-frauentor.de

ÜBERNACHTEN
Sophien Hotel. Ruhig, aber sehr zentral gelegenes Viersternehotel mitten in Eisenach, guter Ausgangspunkt für Ausflüge zu Fuß, mit der Bahn oder mit dem Auto. www.sophienhotel.de
Hotel Elephant. 1696 gegründet und selbst schon ein Klassiker in Weimar: luxuriöses Fünfsternehotel im Herzen der Klassikerstadt, direkt am Marktplatz mit Gourmetrestaurant. www.hotelelephantweimar.com

WEITERE INFOS
Bergpark Wilhelmshöhe: www.wilhelmshoehe.de
Tourist Information Thüringen: Willy-Brandt-Platz 1, Erfurt, www.thueringen-tourismus.de
Tourist-Info Eisenach: Markt 24, Eisenach, www.gastgeber-eisenach.de
Wartburg, Eisenach: www.wartburg-eisenach.de
Erfurt Tourist Infomation: Benediktplatz 1, Erfurt, www.erfurt-tourismus.de
Tourist-Information Weimar: Markt 10 und Friedensstr. 1, Weimar, www.weimar-tourismus.de

Die Krämerbrücke über die Gera in Erfurt glänzt mit Fachwerk.

Im Osten und in der Mitte Deutschlands

35 Klassikerstraße

Literaturgeschichte zum Anfassen im Goethehaus am Frauenplan

HIGHLIGHTS

Weimar. Goethes Wohn- und Gartenhaus, Schillers Wohnhaus, Herzogin Anna Amalia Bibliothek, Deutsches Nationaltheater und weitere Welterbestätten »Klassisches Weimar«.

Jena. Schillers Gartenhaus mit Ausstellung zu den Jenaer Jahren und original erhaltenen Räumen.

Rudolstadt. Museum Schillerhaus.

Ilmenau. Goethehäuschen auf dem Kickelhahn, Goethewanderweg.

Eisenach. Wartburg, Geburtshaus von Johann Sebastian Bach, Lutherhaus.

FESTE UND VERANSTALTUNGEN

Zwiebelmarkt. Traditioneller Markt mit Musik und Unterhaltung im Oktober in Weimar.

Kulturarena. Open-Air-Musikfestival im Juli/August in Jena.

Rudolstädter Vogelschießen. Eines der populärsten Volksfeste Thüringens, im August.

Bachwochen. Im Frühjahr in Eisenach.

Lutherfest. Historisches Fest, August in Eisenach.

Als Weimarer Minister und passionierter Naturforscher war Goethe viel unterwegs an Ilm, Saale, Werra und im Thüringer Wald. Auch Schiller und andere Künstler und Geistesgrößen des 18./19. Jh. hinterließen in Thüringen ihre Spuren. Die Klassikerstraße folgt ihnen auf einem erlebnisreichen Rundkurs.

Kulturstreifzug durch Thüringen

Den Auftakt der Reise bildet **Weimar**, wo elf Dichterhäuser, Schlösser und Parks zum UNESCO-Weltkulturerbe »Klassisches Weimar« gehören. Als Wirkungsstätte von Goethe und Schiller, der Hauptrepräsentanten der Weimarer Klassik, avancierte das Residenzstädtchen an der Ilm um 1800 zum Zentrum deutschen Geisteslebens. Schiller, der 1799 durch Goethe nach Weimar kam, hatte vorher in der alten Universitätsstadt **Jena** gelebt; sein idyllisches Gartenhaus ist zu besichtigen. In **Rudolstadt** hatten sich die Dichterfreunde 1788 kennengelernt. Hier traf Schiller auch seine spätere Ehefrau, in deren Elternhaus mittlerweile das vorzügliche Museum Schillerhaus eingerichtet ist. Als Ausflugsziel bietet sich die nahe Schillerhöhe über der Saale an.

In **Ilmenau** dreht sich alles um Goethe, der hier viel Zeit verbrachte, im Auftrag seines Herzogs, aber auch, um den vielen gesellschaftlichen Verpflichtungen am Weimarer Mu-

Thüringen

senhof zu entkommen, die Natur zu erkunden und in Ruhe zu schreiben. Auf dem Ilmenauer Hausberg Kickelhahn steht das Goethehäuschen, in dessen Wand er im September 1780 das berühmte Gedicht *Über allen Wipfeln ist Ruh …* kritzelte. Schiller, der wohl größte deutsche Dramatiker, ist wiederum im Theatermuseum und im Literaturmuseum von **Meiningen** präsent. Über **Eisenach**, mit Wartburg und Geburtshaus von Joh. Seb. Bach beliebtes Reiseziel, und die ehemalige Residenzstadt **Gotha** gelangt man nach **Erfurt**, Thüringens sehenswerte Landeshauptstadt. Auf der Klassikertour ist besonders die heutige Staatskanzlei am Hirschgarten von Interesse, ein prächtiger Barockbau, in dem der deutsche Dichterfürst Goethe 1808 aus den Händen Napoleons das Kreuz der französischen Ehrenlegion empfing.

Infos und Adressen

REISEROUTE
Weimar–Jena–Rudolstadt–Paulinzella–Ilmenau–Meiningen–Eisenach–Gotha–Erfurt; 280 km

BESTE REISEZEIT
Ganzjährig

SEHENSWERT
Paulinzella. Imposante romanische Klosterruine.
Meiningen. Schlossmuseum Elisabethenburg, Literaturmuseum im einstigen Wohnhaus des Dichters Rudolf Baumbach (*Hoch auf dem gelben Wagen*), Theatermuseum, Schiller-Wanderweg.
Gotha. Frühbarocke Schlossanlage Friedenstein mit Park und begehbaren Kasematten, denkmalgeschützte Altstadt.
Erfurt. Domberg mit gotischem Ensemble, Altstadt mit Baudenkmälern aus Renaissance und Barock, barocke Staatskanzlei, vielfältige Museumslandschaft.

ESSEN UND TRINKEN
Residenz Café-Restaurant. Weimars ältestes Kaffeehaus. www.residenz-cafe.de
Wirtshaus Christoffel. Thüringer Spezialitätenlokal in Erfurt. www.wirtshaus-christoffel-erfurt.de

ÜBERNACHTEN
Hotel Schwarzer Bär. Traditionshaus in Jena nahe der Universität. www.schwarzer-baer-jena.de
Steigenberger Hotel Thüringer Hof. Zentral in Eisenach gelegenes Hotel. www.steigenberger.com

WEITERE INFOS
Tourist Information Thüringen: www.thueringen-tourismus.de

Persönlicher Tipp

KLOSTERRUINE PAULINZELLA

Ein malerischer Ort, der die Romantiker begeisterte, aber auch die »Klassiker« Schiller und Goethe tief beeindruckte, ist die Klosterruine Paulinzella, etwa auf halber Strecke zwischen Rudolstadt und Ilmenau. Der Untergang des um 1105 gegründeten, im Mittelalter höchst bedeutenden Benediktinerklosters begann im Bauernkrieg 1525, als die Aufständischen das Kloster plünderten. Auch der Schutzvogt des Klosters, ein Graf von Schwarzburg, schloss sich ihnen an. Im Zug der Reformation erfolgte 1542 die endgültige Auflösung: Der Graf vertrieb die Mönche und zog die Klosterbesitzungen ein, der mächtige Baukomplex verkam, wurde teilweise sogar als Steinbruch genutzt. Erst um 1800, mit der Rückbesinnung der Romantik auf das Mittelalter, wurden erste Schutzmaßnahmen eingeleitet. Zweifelsfrei zählt die Klosterruine Paulinzella zu den eindrucksvollsten romanischen Baudenkmälern in Deutschland. Sie steht ganzjährig zur Besichtigung frei, im benachbarten Jagdschloss gibt es eine Ausstellung zur Klostergeschichte.

Mit Goethe und Schiller vor dem Deutschen Nationaltheater in Weimar

Im Osten und in der Mitte Deutschlands

36 Sauerland-Tour

Der Biggesee im Naturpark Ebbegebirge liegt malerisch im Zwiellicht.

HIGHLIGHTS

Atta-Höhle. Die Tropfsteinhöhle in Attendorn zählt zu den größten und schönsten in Deutschland. www.atta-hoehle.de

Schombergturm. 60 m hoher Aussichtsturm bei Wildewiese.

Balver Höhle. Die größte offene Höhle Europas. In der riesigen Halle finden Kulturveranstaltungen statt.

Garten und Galerie. Historischer Garten in Estinghausen hinter Balve.

Sorpesee. Freizeitparadies bei Sundern.

FESTE UND VERANSTALTUNGEN

Oldtimertreffen am Biggesee. Einmal im Monat in Attendorn und Umgebung.

Reitturnier Balve Optimum. Internationales Turnier und Deutsche Meisterschaften im Dressur- und Springreiten.

Schützenfeste. Das Fest in Olpe im Juli zählt zu den schönsten in der Region.

Schmallenberger Woche. Zum Stadtfest findet am letzten Augustwochenende die »ADAC Oldtimer Classic Tour« durchs Sauerland statt.

Das Sauerland ist das »Land der tausend Berge«. Die Straßen schlängeln sich durch Wälder und vorbei an Seen. In den Dörfern bezaubern schwarz-weiße Fachwerkhäuser mit holzgeschnitzten Haustüren, und urige Gasthöfe laden zum Einkehren ein.

Panoramablicke über tausend Hügel

Eine Fahrt durchs Sauerland beginnt mit einem Panoramablick über die Hügellandschaft von der **Griesemert** bei Olpe. Eingestimmt für die Fahrt durch diese grüne Landschaft bietet sich die Stadt Olpe mit den schiefergetäfelten Häusern zu einem gemütlichen Einkaufsbummel an.

Die Weiterfahrt nach Attendorn führt am Ufer des Biggesees entlang und eröffnet überraschende Ausblicke auf den Stausee. Glasklar ist das Wasser auch im **Lister-Stausee** im Naturpark Ebbegebirge. Die Hansestadt Attendorn mit ihrem kleinen Altstadtkern hat gleich mehrere Attraktionen zu bieten: die Tropfsteinhöhle Atta-Höhle, die Burg Schnellenberg und den Sauerländer Dom.

In Richtung Finnentrop und dann über die B236 nach Rönkhausen folgt die Route der Lenne. Von dort windet sich die Straße L687 in Serpentinen durch einen Fichtenwald den steilen Hohen Lenscheid hinauf. Oben bietet sich von dem Dorf **Wildewiese** auf 500 m Höhe ein wunderbarer

Nordrhein-Westfalen

Blick über das Lenne- und das Sorpetal. Vom Aussichtsturm im Nachbarort Schomburg ist sogar eine Fernsicht bis zum Münsterland möglich. Die Abfahrt über den Weiler Hagen endet in der Stadt Balve, bekannt durch die **Balver Höhle**, die größte offene Höhle Europas.

Der nach historischem Vorbild angelegte Garten um ein Gutshaus in Estinghausen an der B229 ist eine interessante Station, ebenso der 8 km lange **Sorpesee**. Auf der neuen Promenade in Sundern-Langscheid kann man flanieren und Wassersportler beobachten. Biergärten säumen die Route vom Dorf Wenholthausen zur Fachwerkstadt **Eslohe**. Vom Städtchen Schmallenberg aus kann man schließlich über die Hochsauerland-Höhenstraße nach Medeburg fahren.

Infos und Adressen

REISEROUTE
Olpe–Biggesee–Attendorn–Wildewiese–Balve–Estinghausen–Sorpesee–Sundern–Eslohe–Schmallenberg; ca. 120 km

BESTE REISEZEIT
April–Oktober

SEHENSWERT
Museum Wendener Hütte. Bei Olpe liegt das Kulturdenkmal. www.wendener-huette.de
Kunsthaus Alte Mühle. In Schmallenberg. www.kunsthaus-alte-muehle.de

ESSEN UND TRINKEN
Frettermühle. Café in einer alten Getreidemühle bei Finnentrop. www.muehlencafe stuebchen-brill.de
Meilenweit. Mit Seeterrasse und ganztägig geöffneter Gastronomie. www.meilenweit-sundern.de

Landgasthof Seemer. Sauerländer Gemütlichkeit mit einem großen Biergarten in Wenholthausen. www.seemer.de

ÜBERNACHTEN
Hotel Albus. Das Landhotel bei Olpe bietet von seiner Panorama-Terrasse einen wunderbaren ersten Eindruck von der Hügellandschaft des Sauerlands. www.hotel-albus.de
Hotel Antoniushütte. Im ruhigen Bergdorf Eisborn bei Balve steht das familiär geführte Hotel mit Restaurant. www.hotel-antoniushuette.de
Bergdorf LiebesGrün. Hütten in der Natur bietet das nördlichste Bergdorf Deutschlands. www.liebesgruen.de

WEITERE INFOS
Sauerland-Tourismus: www.sauerland.com

Persönlicher Tipp

HOCHSAUERLAND HÖHENSTRASSE

In Schmallenberg beginnt die 102 km lange Höhenstraße durch den Naturpark Rothaargebirge, die das Schmallenberger Sauerland mit der Medebacher Bucht verbindet. Von Schmallenberg inmitten der grünen Hügel verläuft die Route bergauf zu der auf rund 800 m hoch gelegenen Stadt Winterberg. Auf dem größten Höhenzug Westdeutschlands lohnt es sich, einen kurzen Spaziergang über den Lehrpfad Kahler Asten zur Lennequelle zu machen. Die dritte Stadt der Route, Medebach, liegt geschützt von hohen Bergen in einer trockenen Ebene. Direkt nebenan befindet sich in Hallenberg das zweitgrößte Vogelschutzgebiet von Nordrhein-Westfalen. Die Höhenstraße verläuft parallel zur historischen »Heidestraße«, die von Russland nach Frankreich führte. Fichtenwälder, Heidelandschaften und Sauerländer »Golddörfer« säumen die Route und laden zu einem Stopp ein, um einzukehren oder herrliche Panoramablicke zu genießen. www.hochsauerland-hoehenstrasse.de

Die Ruhrquelle im Naturpark Rothaargebirge ist ein schönes Ausflugsziel.

Im Westen von Deutschland

- 9 Deutsche Edelsteinstraße
- 10 Elsässer Weinstraße
- 11 Romanische Straße (Elsass)
- 12 Luxemburg-Rundreise
- 13 Entlang der Mosel nach Lothringen
- 14 Hunsrückhöhenstraße
- 15 Nibelungen-Siegfried-Straße
- 16 Rheinischer Sagenweg
- 17 Durch Bergisches Land
- 18 Moselweinstraße
- 19 Spessart-Höhenstraße
- 20 Naheweinstraße
- 21 Lahn-Ferienstraße

Im Westen von Deutschland

37 Grüne Straße Eifel-Ardennen

HIGHLIGHTS

Festung Sedan. Die 20 000 m² große Festungsanlage im französischen Sedan gilt als eine der größten Festungen Europas.

Burg Bouillon. In der Höhenburg über der Semois im belgischen Bouillon lebte einst der Kreuzritter Gottfried von Bouillon.

Burg Vianden. Die mittelalterliche Befestigungsanlage ist eine der größten erhaltenen Burgen in Luxemburg.

Weinfelder und Schalkenmehrener Maare. Die Maare der Vulkaneifel entstanden durch vulkanische Explosionen.

Altstadt Ahrweiler. Über dem hübschen historischen Ortskern thront die Ruine der Burg Are.

FESTE UND VERANSTALTUNGEN

Ginsterfest Wiltz. Fest mit Ginsterumzug im luxemburgischen Wiltz, zu Pfingsten.

Al Dikkrich. Volksfest in Diekirch, im Juli.

Europäisches Folklore-Festival. Drei Tage im Juli Musik, Tanz und Tracht aus ganz Europa in Bitburg.

Burgunderfest. Zünftiges Weinfest an der Ahr in Bad Neuenahr, im Juli.

Nussmarkt. Im Oktober in Vianden, samt Nussbranntwein »Nëssdröpp«.

Eine imposante Burg thront über Vianden, eine der schönsten Städte Luxemburgs.

Die Grüne Straße Ardennen-Eifel verläuft als grenzüberschreitende Ferienstraße durch Frankreich, Belgien, Luxemburg und Deutschland. Unzählige Burgen und Festungen säumen die abwechslungsreiche Route.

Wälder, Flüsse und Burgen

Ausgangspunkt der rund 500 km langen Fahrt ist das französische **Rethel**, ca. 40 km nordöstlich von Reims. Von hier aus geht es 90 km über Nebenstraßen durch Frankreich. Das an der Meuse (Maas) gelegene Städtchen **Sedan** wartet mit einer der größten Festungsanlagen in ganz Europa auf. Bei **Bazeilles** überquert die Route die Grenze zu Belgien, wo sie eine Strecke von 115 km einnimmt. In **Bouillon** thront über einer Flussschleife der Semois die Burg des Ritters Gottfried von Bouillon aus dem 11. Jh., die im 17. Jh. zur Festung ausgebaut wurde. Der Weg schlängelt sich durch die Wälder der Ardennen bis nach **Herbeumont**, wo sich eine weitere Burganlage über der Semois erhebt.

Bei **Martelange** kreuzt die Grüne Straße die Grenze zu Luxemburg, wo sie auf die Sauer trifft. **Esch an der Sauer** weist einen mittelalterlichen Stadtkern und eine Burgruine auf. Freizeitmöglichkeiten bildet der Stausee oberhalb des Ortes. Weiter geht es durch den Deutsch-Luxemburgischen Naturpark, der durch die Flüsse Our und Sauer und ihre Zuflüsse beherrscht wird. In **Diekirch** haben die Römer drei prächtige Mosaiken hinterlassen. Die Fahrt mit dem einzigen

Frankreich–Belgien–Luxemburg–Deutschland

Der Bierbrunnen entstand 1937 nach dem Vorbild der Weinbrunnen an Rhein und Mosel.

Infos und Adressen

REISEROUTE
Frankreich (ca. 90 km): Rethel–Attigny–Le Chesne–Sedan–Bazeilles; Belgien (ca. 115 km): Bouillon–Cugnon–Mortehan–Auby-sur-Semois–Herbeumont–Florenville–Villers-devant-Orval–Habay-la-Neuve–Martelange; Luxemburg (ca. 95 km): Esch an der Sauer–Wiltz–Clerf–Hosingen–Diekirch–Vianden; Deutschland (ca. 200 km): Roth an der Our–Sinspelt–Bitburg–Malberg–Kyllburg–Oberkail–Kloster Himmerod–Manderscheid–Weinfelder Maar–Schalkenmehrener Maar–Daun–Kelberg–Müllenbach–Kempenich–Bad Neuenahr-Ahrweiler–Bad Bodendorf–Sinzig

BESTE REISEZEIT
Mai–Oktober

SEHENSWERT
Deutsch-luxemburgischer Naturpark. Der erste grenzüberschreitende Naturpark in Westeuropa umfasst Teile der Eifel beidseitig von Sauer und Our. www.naturwanderpark.eu

ESSEN UND TRINKEN
Zum Simonbräu. Im Brauerei-Ausschank der Bitburger Brauerei gibt es deftig-rustikale Küche zu frisch gezapftem Pils.
Zum Torwächter. In einem Turm der Stadtmauer von Ahrweiler wird deutsche Küche serviert. www.torwaechter-aw.de

ÜBERNACHTEN
Hotel Belle-Vue. Luxus-Ökohotel am Ortsrand von Vianden, www.hotelbv.com
Romantik-Schlosshotel Kurfürstliches Amtshaus. Viersternehotel auf der Dauner Burg, www.daunerburg.de

WEITERE INFOS
Eifel Tourismus Gesellschaft mbH. Kalvarienbergstraße 1, 54595 Prüm. www.eifel.info

Persönlicher Tipp

BITBURG
Überregional bekannt ist Bitburg vor allem durch seine Brauerei. Die Bitburger Marken-Erlebniswelt informiert auf 1700 m² rund um das Thema Bier. Die Wurzeln des Ortes reichen bis in die römische Zeit zurück, als hier eine Zwischenstation an der Römischen Straße von Lyon nach Köln entstand. Um 330 bauten die Römer an dieser Stelle ein Straßenkastell. Der Archäologische Rundweg »Römisches Bitburg« informiert auf 16 Stationen über diese Zeit. 1262 erhielt Bitburg Stadtrechte. Anschließend stand die Stadt hintereinander unter luxemburgischer, burgundischer, spanischer, französischer und preußischer Herrschaft. Im Zweiten Weltkrieg erlitt der Ort starke Zerstörungen. Das Kreismuseum Bitburg-Prüm zeigt die bewegte Geschichte der Region und ihrer Menschen. Rund um Bitburg liegt das hübsche Bitburger Land mit seinen reizvollen Gehöften. Im Norden der Stadt befindet sich die 700 Jahre alte Burg Rittersdorf, die heute ein Restaurant beherbergt. Nicht weit entfernt liegt mit der Villa Otrang eine der größten und besterhaltenen römischen Villenanlagen nördlich der Alpen.

Sessellift Luxemburgs in **Vianden** wird mit einem Panoramablick auf das Großherzogtum belohnt.

Die letzten 200 km der Route liegen in Deutschland. **Bitburg** wurde als römisches Straßenkastell errichtet, heute ist die Stadt vor allem für ihre Brauerei bekannt. Die Straße schlängelt sich durch die Vulkaneifel bis nach **Daun** und durch die Hohe Eifel bis zur Ahr. **Ahrweiler** wartet mit restaurierten Fachwerkhäusern und einer mittelalterlichen Stadtmauer auf. Von hier aus sind es nur noch wenige Kilometer bis zum Ende der Grünen Straße in **Sinzig** am Rhein.

Im Westen von Deutschland

38 Deutsche Weinstraße

Inmitten der sonnigen Rebhänge von Neustadt: das Weingut Villa Niederberger

HIGHLIGHTS

Dürkheimer Riesenfass. Es würde 1,7 Mio. Liter Wein fassen, ist aber ein Lokal.

Museum für Weinkultur. Weinmuseum im prachtvollen Barockrathaus von Deidesheim.

Haus des Weines. Weinverkostung und Verkauf in einem der ältesten und schönsten Fachwerkhäuser der Neustädter Altstadt.

Guggemol-Wege. Durch die Weingärten und Kastanienwälder von Edenkoben.

Erster Deutscher Weinlehrpfad. In Schweigen-Rechtenbach durch den Sonnenberg.

FESTE UND VERANSTALTUNGEN

Weinbergnacht. Fest im März mit Open-Air-Weinprobe, Bad Dürkheim.

Wurstmarkt. Das größte Weinfest der Pfalz, sogar der Welt, steigt im September in Bad Dürkheim.

Deutsches Weinlesefest. Mit Wahl der Weinkönigin Ende September/Anfang Oktober in Neustadt.

Wein- und Volksfest Owwergässer Winzerkerwe. Kirchweihfest im Juni in Edenkoben.

Die Deutsche Weinstraße, eine der ältesten deutschen Ferienstraßen, führt von Bockenheim bei Worms in südlicher Richtung bis nach Schweigen-Rechtenbach an der französischen Grenze. Unterwegs gilt es, das sonnenverwöhnte Weinbaugebiet Pfalz zu entdecken.

Genussreise durch die Pfalz

Statistik muss nicht trocken sein: Jede vierte Flasche mit deutschem Wein kommt aus der Pfalz. Deutschlands zweitgrößtes Weinbaugebiet zwischen der Oberrheinischen Tiefebene im Osten sowie Haardt und Pfälzerwald im Westen erstreckt sich etwa 85 km in Nord-Süd-Richtung – genauso lang ist die Deutsche Weinstraße. Sie schlängelt sich durch das Rebenland, in dem bereits im März die Mandelbäume in Blüte stehen und im Herbst die Weinstöcke in Gelb- und Rottönen leuchten. Dann wird der Federweiße ausgeschenkt, der ganz junge Wein. In den **Straußenwirtschaften**, in denen die Winzer ihren Wein und eine herzhafte Vesper servieren, kann man authentisch einkehren. Und überall bieten Weinbauern und Weingüter **Weinproben** an. Dass sie auch verkaufen wollen, das gehört dazu.

Auf dem mittleren Drittel der Weinstraße reihen sich die bekanntesten Weinorte aneinander. Los geht's mit **Bad Dürkheim**, das von Rebhängen umgebene Kur- und Wein-

Rheinland-Pfalz

städtchen mit dem legendären Riesenfass: 1,7 Mio. Liter soll es fassen, aber es ist kein Wein drin, sondern ein Touristenlokal. Im Fachwerkort **Deidesheim** kann man das Museum für Weinkultur besichtigen. Nächste Station ist die »Weinhauptstadt der Pfalz«, **Neustadt** an der Weinstraße, die größte Weinbaugemeinde Deutschlands. In den Weinschenken und vor allem auf den Weinfesten, die hier von Frühling bis Herbst stattfinden, erlebt man Pfälzer Genussfreude pur.

Mandeln, Kastanien, Feigen und die schier endlos weiten Weingärten machen **Edenkoben** zu einem »Garten Gottes«, so schwärmte Bayernkönig Ludwig I. in jenen Zeiten, als die Pfalz zu Bayern gehörte. Rechts der Weinstraße rückt nun der grüne Pfälzerwald mit seinen burgengekrönten Höhen immer näher. Über **Bad Bergzabern**, Kneipp-Kurort und Weinstadt mit Wittelsbacher Schloss, fährt man geradewegs auf die französische Grenze zu, wo die Ferienroute beim **Deutschen Weintor** endet.

Infos und Adressen

REISEROUTE
Bockenheim–Bad Dürkheim–Deidesheim–Neustadt a. d. Weinstraße–Edenkoben–Bad Bergzabern–Schweigen-Rettenbach; 85 km

BESTE REISEZEIT
Frühjahr und Herbst

SEHENSWERT
Klosterruine Limburg. Mit Blick auf Bad Dürkheim.
Hambacher Schloss. »Wiege der deutschen Demokratie«: 1832 demonstrierten Zigtausende hier für Freiheit und Einheit. www.hambacher-schloss.de
Reichsburg Trifels. Thront über der Drei-Burgen-Stadt Annweiler im Naturpark Pfälzerwald.

ESSEN UND TRINKEN
Haus der Deutschen Weinstraße. Gaststätte in Bockenheim.
Restaurant Urgestein. Im Hotel Steinhäuser Hof in Neustadt. www.restaurant-urgestein.de
Restaurant St. Urban im Hotel Deidesheimer Hof in Deidesheim. www.deidesheimerhof.de

ÜBERNACHTEN
Mercure Hotel An den Salinen. Am Bad Dürkheimer Kurpark. www.salinenhotel.com
Hotel Pfälzer Wald. Im Naturpark bei Bad Bergzabern. www.hotel-pfaelzer-wald.de

WEITERE INFOS
Deutsche Weinstraße e.V.: www.deutsche-weinstrasse.de

Persönlicher Tipp

ALS HELFER BEI DER WEINLESE

Wer den Pfälzer Wein nicht nur genießen möchte, sondern auch einmal hautnah erleben will, wie viel harte Arbeit in jedem guten Tropfen steckt, hat an der Deutschen Weinstraße die Gelegenheit, bei der Weinlese mitzuhelfen. »Herbsten beim Winzer« heißt das touristische Angebot, das man bei verschiedenen Weinbaubetrieben etwa in Duttweiler, Diedesfeld, Hambach, Gimmeldingen und Mußbach wahrnehmen kann. Es sind Winzer, die noch nicht alle ihre Trauben mit modernen Vollerntern einfahren, sondern auch noch auf Handlese setzen. Der aktive Tag im Weinberg kostet nichts, es gibt aber auch kein Geld für die Hilfe – stattdessen ein unvergessliches Urlaubserlebnis! Eine deftige Vesper im Weinberg kommt noch obendrauf, damit die Kräfte nicht allzu schnell schwinden. Früher war es allgemein üblich, dass die Trauben direkt nach der Lese mit den Füßen gepresst wurden. Den Gasthelfern bleibt das erspart, obwohl das traditionelle Verfahren in manchen Pfälzer Weingütern wegen der schonenden Behandlung des Mostes wieder eine Renaissance erfährt.

Der Winzer prüft die Qualität seines Weines, der in riesigen Fässern ausgebaut wird.

Im Westen von Deutschland

39 Von der Darmstädter Künstlerkolonie zum Karlsruher Malerdorf

Von der Darmstädter Mathildenhöhe, wo einst Künstler und Architekten in Jugendstilformen schwelgten, bis zum Malerdorf Grötzingen verläuft die Bergstraße – einer der ältesten Verkehrswege Deutschlands.

Auf den Spuren innovativer Kunst um 1900

Anfang des 20. Jh. war die Mathildenhöhe ein international beachtetes Zentrum der künstlerischen Avantgarde, heute ist sie Pilgerziel für Bewunderer des Jugendstils. Denn das Gebäudeensemble, das 1899 bis 1914 auf der Anhöhe über der Innenstadt von **Darmstadt** entstand, ist weltweit einzigartig. Weithin sichtbar ragt der Hochzeitsturm in die Höhe, ein massiver Klinkerbau mit extravaganter, an eine Hand erinnernder Dachkonstruktion. Seinen visionären Schöpfer, den österreichischen Architekten Joseph Maria Olbrich, hatte der kunstbegeisterte Großherzog Ernst Ludwig von Hessen-Darmstadt in Wien kennengelernt und in seine Residenzstadt geholt. Olbrich wurde zur treibenden Kraft der Künstlerkolonie, der Monarch zu ihrem großzügigen Geldgeber. Für die experimentierfreudigen Maler und Bildhauer, Architekten und Kunsthandwerker, die sich auf der Mathildenhöhe niederließen, wurden moderne Wohnhäuser errichtet, dazu als gemeinsames Atelier-, Ausstellungs- und Festgebäude das opulent dekorierte Ernst-Ludwig-Haus – heute Museum Künstlerkolonie Darmstadt und Musterbeispiel für die Ästhetik des Jugendstils.

HIGHLIGHTS

Mathildenhöhe Darmstadt. Um 1900 Zentrum des Jugendstils mit spektakulärer Bebauung: Hochzeitsturm, Künstlerhäuser und Ernst-Ludwig-Haus.

Schlossmuseum Darmstadt. Mit großherzoglichen Repräsentationsräumen und Gemächern aus vier Jahrhunderten, Kunstwerken und Jugendstil-Sammlung.

Städtische Galerie Karlsruhe. Im Zentrum für Kunst und Medientechnologie mit Werken von Grötzinger Malern wie Jenny Fikentscher, Friedrich Kallmorgen und Gustav Kampmann.

FESTE UND VERANSTALTUNGEN

Darmstadt. Heinerfest, traditionelles Volksfest im Juli; Residenzfestspiele, Konzertreihe im Juli/August; Kunsthandwerkermarkt im August.

Heidelberg. Schlossfestspiele im Schlosshof, Juni–August; Altstadt-Straßenfest im September.

Karlsruhe. Händel-Festspiele im Februar/März; Das Fest ist eine der größten Open-Air-Veranstaltungen Deutschlands, im Juli.

Weinfeste in den Weinorten an der Bergstraße: Bergsträßer Weinfrühling im April/Mai und Weinherbst im September/Oktober.

Malerisch erhebt sich die Russische Kapelle auf der Darmstädter Mathildenhöhe.

Hessen, Rheinland-Pfalz

Jugendstil in Vollendung: die Mosaiken auf der Mathildenhöhe über Darmstadt

Infos und Adressen

REISEROUTE
Darmstadt–Heppenheim–Weinheim a. d. Bergstraße–Heidelberg–Karlsruhe; 110 km

BESTE REISEZEIT
Frühjahr–Herbst

SEHENSWERT
Prinz-Georgs-Palais. Barockschlösschen in Darmstadt mit Porzellan-Ausstellung und dem beliebten Herrngarten-Park.
Heppenheim. Besonders schöne denkmalgeschützte Fachwerk-Altstadt. Die Aussicht von der Burgruine Starkenburg über die Stadt und die Landschaft ist grandios.
Heidelberg. Barock geprägte Altstadt, die imposanten Ruinen des 1689 zerstörten Pfalzgrafenschlosses, Philosophenweg über dem Neckarufer.

ESSEN UND TRINKEN
Hotel Restaurant Bockshaut. Historisches Gasthaus mitten in Darmstadt. www.bockshaut.de
Restaurant Kugelofen. Am Marktplatz von Weinheim. www.kugelofen.de

ÜBERNACHTEN
Altstadt Hotel Heidelberg. Nette Unterkunft in der Fußgängerzone von Heidelberg. www.hd-altstadt-hotel.de
Schlosshotel Karlsruhe. Historisches Grandhotel im Zentrum. www.schlosshotelkarlsruhe.de

WEITERE INFOS
Touristinformation Darmstadt: www.darmstadt.de
Tourismus Service Bergstraße: www.diebergstrasse.de
Touristinformation Karlsruhe: www.karlsruhe.de

Persönlicher Tipp

IM SCHLOSSMUSEUM DARMSTADT

Als Großherzog Ernst Ludwig von Hessen (1868–1937) wie alle deutschen Monarchen in der Novemberrevolution 1918 abgesetzt wurde, überließ man ihm das gesamte Inventar des Darmstädter Residenzschlosses zum Privateigentum. Ernst Ludwig aber, passionierter Kunstsammler und großzügiger Mäzen – nicht zuletzt der Künstlerkolonie auf der Mathildenhöhe –, gründete im Schloss ein öffentliches Museum. Dessen umfangreiche Sammlungen vermitteln uns heute einen lebhaften Einblick in die herrschaftliche Wohn- und Lebenskultur von vier Jahrhunderten. Kunstwerke, Möbel und Porzellan sind da zu sehen, Gold- und Silberschmiedearbeiten, Tapisserien, Schmuck und Uhren, komplett rekonstruierte Repräsentationsräume und Privatgemächer, Porträts der Darmstädter Fürsten und ihrer Familienmitglieder, Ansichten von Städten und Landschaften des Großfürstentums und, nicht zu vergessen, Ernst Ludwigs großartige Jugendstil-Sammlung. Ein weiterer Schwerpunkt sind die Kutschen, Schlitten und Sänften aus dem großherzoglichen Marstall.

Von Darmstadt aus folgt man der **Bergstraße**, die seit der Römerzeit den sonnigen Westhang des Odenwalds begleitet, Richtung Süden. Romantische Weinorte wie **Heppenheim** oder die Zwei-Burgen-Stadt **Weinheim** laden unterwegs zum Besuch ein. Nicht zuletzt für **Heidelberg**, Sinnbild altdeutscher Romantik, wird man sich Zeit nehmen, bevor es weitergeht nach **Karlsruhe**, einst badische Residenzstadt.

An der Karlsruher Kunstakademie hatte der Landschaftsmaler Friedrich Kallmorgen studiert, bevor er 1889 zusammen mit seiner Frau Margarethe, einer Blumenmalerin, nach **Grötzingen** zog und in dem Dorf am Eingang zum Pfinztal eine Künstlerkolonie begründete. Heute existiert in Grötzingen, das längst ein Stadtteil von Karlsruhe ist, wieder eine lebendige Szene mit Künstlerateliers und Kunstverein.

Im Westen von Deutschland

40 UNESCO-Route: Maulbronn–Speyer–Trier

Der Klosterhof Maulbronn versetzt den Besucher zurück in vergangene Zeiten.

HIGHLIGHTS

Maulbronn. Besterhaltene Klosteranlage des Mittelalters nördlich der Alpen, UNESCO-Weltkulturerbe.

Dom zu Speyer. Einer der größten und stilreinsten romanischen Sakralbauten, UNESCO-Weltkulturerbe.

Trier. Älteste Stadt Deutschlands, römische Provinzhauptstadt und Kaiserresidenz, UNESCO-Welterbe sind die antiken Bauten und die beiden ältesten Kirchen.

FESTE UND VERANSTALTUNGEN

Maulbronn. Klosterfest mit Mittelalter-Atmosphäre im Klosterhof im Juni; Klosterkonzerte von Mai bis September.

Speyer. Brezelfest im Juli; Kaisertafel, kulinarische Aktion im August; Weihnachtsmarkt auf der Maximilianstraße.

Neustadt a. d. Weinstraße. Deutsches Weinlesefest mit Wahl der Weinkönigin und großem Winzerumzug Ende September/Anfang Oktober.

Trier. Ostermarkt in der Altstadt; Internationale Orgeltage im Dom im Juni/Juli; Altstadtfest im Juni.

Durch schöne Landschaften geht es von der Maulbronner Klosteridylle über den Speyerer Kaiserdom in die Römer- und Bischofsstadt Trier – vom Mittelalter zurück in die Antike: eine geschichtsträchtige Reise zu drei UNESCO-Welterbestätten.

Romanik, Gotik und römische Antike

Im Salzachtal am Rand des waldreichen Strombergs liegt die am vollständigsten erhaltene mittelalterliche Klosteranlage in Deutschland. Bis heute zeigt das Kloster von **Maulbronn** mit seinen romanischen und gotischen Bauten ein Bild von seltener Geschlossenheit: Der Anspruch der UNESCO an »Echtheit« ist hier in hohem Maß erfüllt! Man fühlt sich auf dem weitläufigen Areal zurückversetzt in jene Zeit, als Zisterziensermönche ihre Klöster fernab des irdischen Treibens gründeten. Um 1150 kamen die »weißen Mönche« nach Maulbronn, die ältesten erhaltenen Gebäude entstanden um 1200. Als Meisterwerk der oberrheinischen Spätromanik gilt die Klosterkirche, ihre Vorhalle, das »Paradies«, als vollendete Raumschöpfung der Frühgotik.

Über Bruchsal mit dem prächtigen Barockschloss geht es nach **Speyer**, wo sich als Symbol der mittelalterlichen Reichstradition der sechstürmige Mariendom erhebt. Bei seiner Weihe im Jahr 1064 war der Speyrer Dom das größte

Baden-Württemberg, Rheinland-Pfalz

Gotteshaus der Christenheit. Über **Neustadt an der Weinstraße**, Hauptort des Weinbaugebiets Pfalz, fährt man durch den Naturpark Pfälzerwald nach Kaiserslautern, Industriestandort, Universitätsstadt und Fußballhochburg mit sehenswerten Museen und großartiger spätgotischer Stiftskirche. Über den heilklimatischen Kurort **Nonnweiler** im Naturpark Saar-Hunsrück erreicht die Reise ihren Endpunkt, Deutschlands älteste Stadt: Vom römischen Kaiser Augustus vor 2000 Jahren als Augusta Treverorum gegründet, später Provinzhauptstadt, kaiserliche Residenz und mit 80 000 Einwohnern eine der größten Städte des Imperium Romanum, weist **Trier** einige der besterhaltenen antiken Bauwerke nördlich der Alpen auf: zwei Thermenanlagen, die Aula Palatina (Teil des einstigen Kaiserpalastes), die Reste des Amphitheaters sowie die Porta Nigra, das monumentale Stadttor aus dem 2. Jh. Ebenfalls zum Welterbe der UNESCO gehören der Dom St. Peter und die Liebfrauenbasilika.

Infos und Adressen

REISEROUTE
Maulbronn–Bruchsal–Speyer–Kaiserslautern–Nonnweiler–Trier; 250 km

BESTE REISEZEIT
Ganzjährig

SEHENSWERT
Schloss Bruchsal. Barocke Residenz der Speyerer Fürstbischöfe.
Technik Museum Speyer. Eines der besten Museen seiner Art mit Freigelände, modernen Hallen und historischem Fabrikgebäude.
Rheinisches Landesmuseum Trier. Mit interessanten archäologischen Funden aus der Römerzeit.

ESSEN UND TRINKEN
Restaurant Klosterschmiede. Speisen im Klosterhof Maulbronn. www.hotel-klosterpost.de
Spinnrädl. Gasthaus im ältesten Fachwerkhaus von ganz Kaiserslautern.

ÜBERNACHTEN
Hotel Domhof. Stilvolles Haus im Herzen von Speyer. www.domhof.de
Mercure Hotel Porta Nigra. Am berühmten Stadttor von Trier.

WEITERE INFOS
Tourismus Baden-Württemberg: www.tourismus-bw.de
Rheinland-Pfalz Tourismus: www.gastlandschaften.de

Persönlicher Tipp

IN DER ALTSTADT VON SPEYER

Von den Römern auf den hochwassersicheren Terrassen am linken Rheinufer gegründet, seit dem 7. Jh. Bischofssitz, im Mittelalter freie Reichsstadt: Speyer zählt zu den ältesten und historisch bedeutendsten Städten Deutschlands. Mehr über die Geschichte erfährt man im exzellenten Historischen Museum der Pfalz, zu dessen Schätzen auch der Speyrer Domschatz gehört. Bauliche Zeugen der Vergangenheit findet man in der Altstadt mit ihren kleinen Gassen und der zentralen Hauptachse Maximilianstraße. Den östlichen Abschluss der Flanier- und Einkaufsstraße bildet der grandiose romanische Dom, am westlichen Ende erhebt sich das mittelalterliche Altpörtel, mit 55 m eines der höchsten deutschen Stadttore; den Turm kann man besteigen und die herrliche Aussicht genießen. Als herausragendes Beispiel für den evangelischen Sakralbau im Rhein-Main-Gebiet gilt die barocke Dreifaltigkeitskirche. An die bedeutende jüdische Gemeinde von Speyer erinnern die archäologisch gesicherten Reste des mittelalterlichen Judenhofs.

Der gewaltige Speyerer Kaiserdom, im Vordergrund die Statue eines Jakobspilgers

Im Westen von Deutschland

41 Mittelrheintal

HIGHLIGHTS

Burgen. Von Süd nach Nord: Burg Rheinstein, die Pfalz, Stahleck, Rheinfels sowie die Burgen Katz und Maus, Liebenstein, Lahneck, Stolzenfels und Ehrenbreitstein.

Kaiser-Wilhelm-Denkmal. Das Original der 14 m hohen Statue in Koblenz wurde 1897 angefertigt, die heute zu sehende Replik ist von 1993. 107 Stufen führen nach oben zu einem Aussichtsring. An diesem national bedeutsamen Platz stehen übrigens auch Reststücke der Berliner Mauer.

FESTE UND VERANSTALTUNGEN

Rhein in Flammen. Alljährlich in fünf Nächten zwischen Mai und September steht Vater Rhein in Flammen: ein gigantisches Feuerwerk zwischen Rüdesheim und Bonn. Mit am schönsten zu verfolgen ist das Spektakel vom Deutschen Eck aus.

Rhein- und Weinromantik: Blick auf Bacharach mit Kirche und Burg Stahleck

Seit 2002 gehört das Obere Mittelrheintal, jene 65 km von Bingen bis Koblenz, zum Weltkulturerbe der UNESCO, obwohl alle Burgen doch nur wiederaufgebaute Zeugen des 19. Jh. sind und nicht aus der Ritterzeit stammen. Um die drei Millionen Besucher jährlich kommen trotzdem und staunen.

Die schlimme Loreley

Schlösser, Burgen und Weltkultur, Ritter-, Rhein- und Wein-Romantik geben dem Flusslauf seinen Reiz. Der Rhein befördert Lastkähne und Personenschiffe. An seinen Hängen wachsen Riesling-Reben. Über den Weinbergen wachen Stolzenfels und Drachenfels sowie Katz und Maus. Am Wasser räkelt sich sexy die junge Loreley-Skulptur. Sechs Meter groß mit wohlgeformtem Busen und Haaren, die den Po bedecken. So darf sie im Deutschunterricht besprochen werden. Aber es hätte noch unzüchtiger kommen können: Pläne, eine Frau zu bezahlen, die sich in der Hochsaison nackt ans Ufer bei St. Goarshausen hätte setzen sollen, blieben in der Schublade.

Berühmt wurde der 132 m hohe **Loreley-Felsen**, um den der Rhein respektvoll eine Kurve macht, durch die Sage von

Rheinland-Pfalz

Historischer Platz in Deutschland: Deutsches Eck mit Reiterstandbild Kaiser Wilhelm I.

Infos und Adressen

REISEROUTE
Wegen des Sonnenstands empfiehlt sich vormittags die linke Rheinuferstraße (von Mainz nach Köln, 180 km) und nachmittags die rechte (von Köln nach Wiesbaden, 170 km).

BESTE REISEZEIT
Frühling–Herbst

SEHENSWERT
Das Mittelrheintal vom Schiff aus. Zahlreiche Rheinschiffe und Fähren bieten sich für Fahrten von unterschiedlicher Länge an. Die Rheinschifffahrt beginnt alljährlich zu Ostern und wird im Oktober eingestellt.

ESSEN UND TRINKEN
Fährhaus am Stausee. In dem Restaurant am Stadtrand von Koblenz wird rustikal im positiven Sinne großgeschrieben. Tolle Terrasse. www.faehrhaus-am-stausee.de

ÜBERNACHTEN
Trierer Hof. Das privat geführte Hotel steht im Koblenzer Zentrum und hat ein gutes Preis-Leistungs-Verhältnis. www.triererhof.de
Hotel im Wasserturm. Das Luxushotel befindet sich tatsächlich in einem ehemaligen runden Wasserturm. www.hotel-im-wasserturm.de

WEITERE INFOS
www.rheinlandinfo.de

Persönlicher Tipp

DIE RHEINROMANTIKER

Ob am mächtigen Loreley-Felsen, auf einer Burgmauer oder irgendwo an einem stillen Fleckchen am Ufer, vielleicht sogar am geschichtsträchtigen Deutschen Eck, dem Denkmal für die Deutsche Einheit und die Wiedervereinigung, wo Rhein und Mosel aufeinandertreffen, Ehrenbreitstein über dem Ufer thront und Kaiser Wilhelm I. von seinem Sockel grüßt: Der Rhein gibt einem die Ruhe für ein gutes Buch. Der erste *Baedeker* von 1835 war ein Rheinführer. Victor Hugo beschrieb *Le Rhin*, aber auch Johann Wolfgang von Goethe verfasste die *Reise an den Rhein, Main und Neckar*. Auch das bekannteste deutsche Heldenepos, das *Nibelungenlied*, ist untrennbar mit dem Rheintal verbunden, ebenso wie der Gesang der Loreley. Um 1800 entwickelt sich sogar die sogenannte Rheinromantik. Dazu gehörten Clemens Brentano mit dem *Rheinmärchen* sowie Friedrich von Schlegel, Lord Byron und William Turner. Sie stellten den Rhein in den Mittelpunkt ihres Schaffens. Und vor allem das obere Mittelrheintal hatte es ihnen angetan.

der Jungfrau Loreley, die mit ihrem Gesang vorbeifahrende Schiffer und Kähne ins Verderben lockte. Rheindampfer lassen heute an dieser Stelle das Lied *Ich weiß nicht, was soll es bedeuten* von Heinrich Heine erklingen. Von oben, nahe der alten, keine 2 m großen Loreley-Figur hat man einen wunderbaren Blick auf den dort nur 113 m breiten Rhein.

28 Burgen kann man von Stromkilometer 500 bei **Bingen** bis **Koblenz** vom Schiff aus sehen. Mit dem Auto sind nicht alle Burgen einsehbar. Am großen deutschen Strom, der Wasserscheide zwischen Germanen und Römern, geht es nach dem Mäuseturm bei Bingen fast im gleichmäßigen Wechsel zwischen Ost- und Westufer von Zollburg zu Zollburg, von Ruine zu Ruine und damit auch von Geschichte zu Geschichte, wie die von den Burgen Katz und Maus: Burg Maus hieß eigentlich Burg Thurnberg und wurde nur von den Besitzern der später gebauten und mächtigeren Burg Katz(elnbogen) spöttisch die Maus genannt ...

Im Westen von Deutschland

42 Sauerland-Höhenstraße

Quer durchs hügelreiche Hochsauerland, links und rechts Wiesen, Wald – Natur pur.

HIGHLIGHTS

Wormbach. Am Friedhof liefen einst die Sauerländer Totenwege zusammen – heute beliebter Spielort für Sommerkonzerte.

Altastenberg. Bundesgolddorf, schneesicherster Ort der Region und höchstgelegener Heilklimaort des ganzen Nordwestens.

Hoheleye. Idylle in Winterbergs kleinstem Ortsteil – dank jahrhundertealter Bergbauernhöfe am vorchristlichen Heidenweg.

Küstelberg. Wirkungsort der Kochbuchlegende Henriette Davidis im alten »Haus Ewers«.

FESTE UND VERANSTALTUNGEN

Hallenberger Krachnacht. Traditionelles Lärmspektakel am Ostersamstag.

Karl-May-Festspiele Elspe. Von Juni bis September auf Europas größter Freiluftbühne.

Warsteiner Internationale Montgolfiade. Das weltgrößte Heißluftballontreffen lockt im Spätsommer zu Wettkämpfen.

Sauerland-Herbst. Im Oktober treffen sich die besten Blechbläser aus aller Welt.

Die Rundtour führt durch das »Land der 1000 Berge« und verbindet drei unterschiedliche Landschaften des Rothaargebirges, die schon im Mittelalter dicht besiedelt waren, mit reicher Kirchen- und Klosterkultur.

Dreifaltigkeit am Rothaargebirge erfahren

Im Uhrzeigersinn fährt sich die Rundstrecke, die einer Hantel gleicht, am schönsten: Im Westen führt ein großer Kreis durchs **Schmallenberger Sauerland**, im Osten ein kleinerer um die **Medebacher Bucht**; dazwischen geht der »Hantelgriff« durch die Sportstadt **Winterberg**. Streng genommen besteht das »Land der tausend Berge« aus 2711 davon.

Als Start- und Zielpunkt eignet sich **Winterberg**. Doch viele Besucher zieht es zuerst auf den knapp 842 m hohen **Kahlen Asten**, durch seine Wetterwarte bekanntester Gipfel Nordrhein-Westfalens. Dann geht es hinunter ins Schmallenberger Land: Fast zwei Drittel sind mit Wald bedeckt, dazwischen liegen malerische Dörfer, von denen neun »Unser Dorf soll schöner werden« schon zum »Bundesgolddorf« gekrönt wurden. **Schmallenberg** selbst besticht mit einem historischen Kern aus Fachwerk, klassizistischen Fassaden und Kopfsteinpflaster. Dann führen kleinere Straßen tief in die Kirchengeschichte: Das Gewölbe von **Wormbachs** Pfarrkirche schmücken eher unchristliche Tierkreiszeichen; die

Nordrhein-Westfalen

Kreuzbasilika von **Berghausen** ist das wichtigste Kulturdenkmal des Sauerlands. Landschaftlich sehenswert sind die Bergstraßen nach **Rimbach**. Am Fuß des Kahlen Asten vorbei geht es über die Hochebene von Winterberg nach Osten mit Halt an der **Quelle der Ruhr**, die hier sachte plätschert.

In **Küstelberg** beginnt die zweite Rundtour bergab in die Medebacher Bucht. Hübsche Orte wie **Oberschlehdorn** und **Deifeld** laden zum Stopp ein. Und schließlich kommt man nach **Medebach** – einst mittelalterliche Hansestadt am Handelsweg nach Russland.

Infos und Adressen

REISEROUTE
Westkreis, ca. 95 km: Kahler Asten–Hoheleye–Oberkirchen–Schmallenberg–Wormbach–Bad Fredeburg–Rimberg–Bödefeld–Siedlinghausen–Altastenberg; Verbindungsstück, ca. 11 km: Altastenberg–Winterberg–Ruhrquelle–Küstelberg; Ostkreis, ca. 25 km: Küstelberg–Wissinghausen–Referinghausen–Oberschledorn–Medebach–Küstelberg. Gesamt: 110–130 km

BESTE REISEZEIT
Ganzjährig. Manche Nebenstrecken sind im Winter gesperrt.

SEHENSWERT
Besteckmuseum Fleckenberg. Museum mit Vorführungen herkömmlicher Löffel- und Gabelproduktion. www.besteckfabrik.com

ESSEN UND TRINKEN
Schäferhof. Gehobene Küche im familiären Ambiente, mitten in der Natur bei Schmallenberg. www.schaeferhof.com
anGERICHTet am Markt. Freundliches Design-Café und Bistro in Medebach.

ÜBERNACHTEN
Das kleine Altstadthotel. Zentrales Garni-Hotel in Winterberg. www.altstadt-hotel-winterberg.de
Hotel Deimann. Romantik- und Wellnesshotel in großem Fachwerkhof Schmallenberg, mit gehobener Küche und Golfangeboten. www.deimann.de

WEITERE INFOS
Höhenstraße Hochsauerland: www.hochsauerland-hoehenstrasse.de
Tourist Information Winterberg: www.winterberg.de
Gästeinformation Schmallenberger Sauerland: www.schmallenberger-sauerland.de
Touristik Medebach: www.medebach-touristik.de

Persönlicher Tipp

SPORTLICH IN BESTER HÖHENLAGE

Winterberg trägt seinen Namen zu Recht: Als erster Berg im flachen Westen – ein Nahziel für Holländer und Ruhrpottler – bietet das Hochplateau knapp ein Drittel des Jahres »Ski und Rodel gut«. Die Höhe um 800 m und Niederschlag vor dem Rothaargebirge locken nicht nur Hobby-Wintersportler aller Art auf Hänge und Pisten. Auch internationale Wettkämpfe von hohem Niveau bietet die Region – winters wie sommers. Denn auch zur warmen Jahreszeit bieten Stadt und Umland beste Bedingungen für aktive Urlauber: Mountainbike-Arena, DiscGolf und Sommerrodelbahn, Kletterpark, Kartbahn und 40 Radelstrecken von leicht bis schwer sind im Angebot. Auch wer am liebsten im Auto die Kurven genießt, sollte hier hin und wieder aussteigen und ein Stück weit direkt in die Natur eintauchen. Im 20 000 km langen Wandernetz des Sauerlands ist die eine oder andere Teilstrecke für jeden dabei – von Kunstwanderweg bis Baumwipfelpfad. Oder ein Stück auf dem Rothaarsteig, der als »Weg der Sinne« bis nach Hessen führt.

Berghausens Kreuzbasilika – auch im Winter, dick verschneit, ein malerischer Anblick

Im Westen von Deutschland

43 Niederrheinroute

HIGHLIGHTS

Museum Schloss Moyland. Das Museum in einer Wasserburg zeigt moderne und zeitgenössische Kunst und ist ein internationales Forschungszentrum zum deutschen Aktionskünstler Joseph Beuys.

Dom St. Viktor in Xanten. Das Gotteshaus zählt zu den imposantesten gotischen Kirchenbauten Deutschlands.

Archäologischer Park in Xanten. Groß und Klein erleben hier römische Geschichte.

Kevelaer. Die Stadt ist eines der bekanntesten Zentren der Marienverehrung in Deutschland.

FESTE UND VERANSTALTUNGEN

Schwerter, Brot und Spiele. Xanten, Römerfest im Archäologischen Park Xanten, alljährlich im Juni.

Emmerich im Lichterglanz. Im Juli steigt das Rheinpromenadenfest mit Schiffskonvoi und Höhenfeuerwerk.

Internationaler Straßenmal- und Straßenmusikwettbewerb. Geldern, im August.

Historisches Hansefest. Mittelalterliches Spektakulum im Oktober in Wesel.

Kevelaerer Krippenmarkt. Im November/Dezember ist auf dem Markt in Kevelaer eine lebendige Krippe zu sehen.

Der Hafentempel in Xanten ist ein imposantes Beispiel römischer Baukunst.

Am Niederrhein wechseln sich alte Rheinarme und kleine Nebenflüsse mit saftigen Wiesen und bewaldeten Höhen ab. Mittendrin schlängelt sich der Rhein in seinem breiten Flussbett.

Alte Kulturlandschaft am weiten Strom

Ausgangspunkt der 210 km langen Rundfahrt durch den Niederrhein ist **Wesel**. Die alte Hansestadt wurde im 17. Jh. als Festung ausgebaut. Das Zitadellentor und das Berliner Tor erinnern an diese Zeit. Architektonisches Glanzstück ist der Willibrordi-Dom, eine fünfschiffige spätgotische Basilika aus dem 15./16. Jh.

Die Wurzeln von **Xanten** reichen bis in die Römerzeit zurück. Auf dem Gelände der ehemaligen *Colonia Ulpia Traiana* liegt heute der Archäologische Park. Daneben entstand das mittelalterliche Xanten mit seinem Dom St. Viktor. Das 1263 bis 1544 erbaute gotische Gotteshaus birgt über 20 Altäre, von denen der Marienaltar heraussticht.

Kevelaer gehört zu den wichtigsten Marienwallfahrtsstätten Deutschlands. Fast eine Million Menschen besuchen jährlich die Gnadenkapelle von 1654 mit dem Gnadenbild der Muttergottes von Luxemburg. **Kalkar** war dagegen Zentrum des Tuchhandels. Die ehemalige Hansestadt besticht durch hübsche Bürgerhäuser. Der Marktplatz wird vom Backsteinrathaus aus dem 15. Jh. beherrscht. Die St.-Nicolaus-Kirche von 1450 hat neun geschnitzte Altäre.

Nordrhein-Westfalen

Die Gnadenkapelle mit dem Gnadenbild steht am Ende der Wallfahrt nach Kevelaer.

Infos und Adressen

REISEROUTE
Wesel–Xanten–Sonsbeck–Kevelaer–Weeze–Uedem–Kalkar–Goch–Kranenburg–Kleve–Emmerich–Isselburg–Anholt–Hamminkeln–Wesel; 180 km

BESTE REISEZEIT
Mai–Oktober

SEHENSWERT
Wasserschloss Anholt. Museum mit Bildergalerie und Porzellansammlung, umgeben von Parkanlagen und dem Biotopwildpark Anholter Schweiz, Isselburg-Anholt. www.schloss-anholt.de

ESSEN UND TRINKEN
Alt Derp. Das Haus in Kevelaer mit 350 Jahren Wirtstradition bietet eine Küche mit niederrheinischen, bäuerlichen und bürgerlichen Wurzeln. www.alt-derp.de

Nierswalder Landhaus. Das Restaurant in Goch bietet jahreszeitliche Angebote der Region mit einem Hauch französischer Lebensart.
www.nierswalder-landhaus.de

ÜBERNACHTEN
Wunderland Kalkar. All-inclusive Hotel- und Freizeitpark in einem ehemaligen Kernkraftwerk.
www.wunderlandkalkar.eu
Schlossruine Hertefeld. Deutschlands einzige bewohnbare Schlossruine bietet herrschaftliche und originelle Zimmer. www.hertefeld.com

WEITERE INFOS
Niederrhein Tourismus GmbH.
Willy-Brandt-Ring 13, 41747 Viersen.
www.niederrheintourismus.de

Persönlicher Tipp

ABSTECHER IN DIE NIEDERLANDE

Auch jenseits der Grenze zu den Niederlanden setzt sich die Landschaft des Niederrheins fort. In 's-Heerenberg liegt das Schloss Huis Bergh. Die imposante Anlage ist eines der größten Schlösser der Niederlande. Es wurde vom 14. bis 17. Jh. errichtet und birgt heute eine vorwiegend spätmittelalterliche Kunstsammlung. Nicht weit entfernt lockt das in einer hügeligen Landschaft eingebettete Zeddam. Von mehreren Aussichtspunkten in der Umgebung lässt sich ein Blick auf die weite Landschaft des Niederrheins werfen. Der höchste »Berg« ist der Heuttenbeuvel mit 93 m Höhe.

Ebenfalls einen Ausflug wert ist die Hansestadt Nijmegen. Sie geht auf einen römischen Militärstützpunkt zurück und gehört zu den ältesten Städten der Niederlande. An die Zeit als Handelsniederlassung im Mittelalter erinnert die Stadtwaage auf dem Großen Markt, in der heute ein Café untergebracht ist. Die Nikolauskapelle ist der älteste erhaltene Teil der bereits von Karl dem Großen errichteten Kaiserpfalz. Der achteckige Zentralraum mit seinem sechzehneckigen Umgang wurde um 1030 errichtet.

Die Stadt **Goch** war einst von einer mächtigen Stadtmauer umgeben, an die noch das Steintor aus dem 14. Jh. erinnert. Die gotische Backsteinkirche St. Maria Magdalena wurde 1993 berühmt, als ihr Turm einstürzte. Seit 2003 ziert ein moderner Turm den alten Kirchenbau. Weithin sichtbares Wahrzeichen von **Kleve** ist die Schwanenburg, die auf das 11. Jh. zurückgeht. Berühmt ist Kleve für seine barocken Gartenanlagen, die Prinz Johann Moritz von Nassau-Siegen im 17. Jh. anlegen ließ.

Vor **Emmerich** quert die Niederrheinroute die mit über 800 m längste Hängebrücke Deutschlands. Das Rheinmuseum in Emmerich zeigt die Entwicklung der Rheinschifffahrt. Auf der Rückfahrt nach Wesel lohnt ein Stopp in **Isselburg-Anholt** mit seinem Wasserschloss.

Im Westen von Deutschland

44 Burgenstraße

HIGHLIGHTS

Heidelberger Schloss. Grandioser Komplex aus Gotik und Renaissance.

Nürnberger Kaiserburg. Monumentale Burganlage über der Stadt.

Burg Karlštejn. Mittelalterliche Burg auf bewaldeter Höhe, im 19. Jh. neugotisch überformt, beliebtes Ausflugsziel der Prager.

Prager Burg. Eines der größten Burgareale der Welt auf dem Hradschin, mit gotischem Veitsdom, Museen und Palastgärten.

FESTE UND VERANSTALTUNGEN

Schloss-Illumination. Das Heidelberger Schloss, schön beleuchtet, im Sommer.

Freilicht-Theater. Auf der Großen Treppe vor St. Michael, Juni bis August in Schwäbisch Hall.

Historischer Schäfertanz. Auf dem Marktplatz von Rothenburg, Ostern und Pfingsten.

Burggrabenfest. In Nürnberg in September, samt Mittelaltermarkt und Lagerleben.

Faust-Festspiele. Auf der Festung Rosenberg, Kronach, im Juli/August.

Kulturveranstaltungen, Konzerte und Märkte. Von Juni bis September im Burghof von Loket/Elbogen.

Blick auf Heidelberg mit Schloss, Heilig-Geist-Kirche und Alter Brücke

Warum die Burgenstraße zu den beliebtesten Ferienstraßen gehört, erklärt sich von selbst: Auf ihrem Weg quer durch den Süden Deutschlands, von der Mündung des Neckars in den Rhein bis ins Fichtelgebirge und dann über die tschechische Grenze nach Böhmen, führt sie zu zahlreichen attraktiven Reisezielen. Rund 40 Burgen und Schlösser reihen sich zwischen der einstmals kurfürstlichen Residenzstadt Mannheim und der Goldenen Stadt Prag aneinander.

An Rhein und Neckar und im Hohenloher Land

Wir starten in **Mannheim** mit einem der größten Barockschlösser Deutschlands, im 18. Jh. erbaut von den politisch unbedeutenden, aber ausgesprochen kunstsinnigen und spendablen Kurfürsten von der Pfalz. Einige Prunkräume kann man besichtigen. In der Nähe beeindruckt die Spargelstadt **Schwetzingen** mit der barocken Sommerresidenz und wunderbarem Schlossgarten. In der viel besungenen Universitätsstadt **Heidelberg** steht hoch über der verwinkelten Altstadt das Heidelberger Schloss, an dessen mehrteiliger Anlage die Kurfürsten drei Jahrhunderte lang bauten. Dann kamen im Pfälzer Erbfolgekrieg die Truppen des französischen »Sonnenkönigs« und legten alles in Schutt und Asche. Übrig blieb die vielleicht schönste Schlossruine der Welt.

Baden-Württemberg, Hessen, Bayern, Tschechische Republik

Durch das gewundene, von malerischen Höhenburgen wie Schadeck und Hirschhorn gesäumte Neckartal geht die Reise weiter nach **Heilbronn**, wo sich ein Bummel durch die Altstadt rund um den Marktplatz und die gotische Kilianskirche mit dem Renaissance-Turm empfiehlt. Im Hohenloher Land lädt das aus einer Wasserburg hervorgegangene Schloss **Neuenstein** mit der spätmittelalterlichen Schlossküche und den Kunst- und Raritätensammlungen des Hauses Hohenlohe zum Besuch. In Sichtweite der einstigen Reichsstadt **Schwäbisch Hall** erhebt sich über dem Kochertal das wehrhaft ausgebaute Kloster Großcomburg, eine von der Renaissance geprägte Anlage mit hochmittelalterlichen Wurzeln.

Streifzug durch Franken

Erste Station in Franken ist das zauberhafte Städtchen **Rothenburg ob der Tauber**, weltbekanntes Idealbild einer mittelalterlichen Stadt. Den barocken Kontrast dazu bildet in **Ansbach** die Markgräfliche Residenz, eine Vierflügelanlage mit opulenter Rokoko-Ausstattung und herrlichem Schlosspark.

Mit großer Vergangenheit wartet die Frankenmetropole **Nürnberg** auf: als Pfalz der mittelalterlichen Könige und Kaiser, als glänzende Reichsstadt, blühende Handelsstadt und Stadt der Künste und der Bildung. Über der Altstadt thront monumental die fast 1000-jährige Kaiserburg mit ihren Türmen und Bastionen, Höfen und Toren, Wohn- und

Bizarre Felsen und pittoreskes Fachwerk in Tüchersfeld in der Fränkischen Schweiz

Persönlicher Tipp

BURGENLAND FRÄNKISCHE SCHWEIZ

Rauschende Bäche, saftige Wiesengründe, bizarre Felsformationen und dazu eine ganze Reihe von Burgen und Burgruinen, meist weithin sichtbar in luftiger Höhe gelegen – so romantisch präsentiert sich die Fränkische Schweiz. Eine der ältesten Burgen der Region ist Burg Pottenstein, die seit 950 Jahren hoch über dem gleichnamigen Städtchen auf ihrem Felsen steht; im Burgmuseum erfährt man mehr über ihre Geschichte. Nicht wesentlich jünger, aber im 19. Jh. im neugotischen Stil kräftig umgestaltet, ist die Gipfelburg über Gößweinstein. In der Nähe kann man die jüngste Burg der Fränkischen Schweiz, die Höhenburg Kohlstein (15. Jh.) mit dem markanten Treppenturm zumindest von außen bewundern (Privatbesitz). Im stillen Trubachtal thront majestätisch über Egloffstein die gleichnamige Burg, ebenfalls vom Tourismus eher wenig berührt ist das enge Ailsbachtal mit Burg Rabenstein auf felsigem Bergsporn. Zu den meistbesuchten Orten der Fränkischen Schweiz zählt das Felsendorf Tüchersfeld mit zwei Burgruinen.

Ausschnitt der weitläufigen Nürnberger Burganlage mit dem runden Sinwellturm

Persönlicher Tipp

AUF DEM PRAGER BURGBERG

Hradschin heißt der Berg, auf dem im 9. Jh. die Prager Burg gegründet wurde, die im Lauf der Jahrhunderte zu einem der größten Burgareale der Welt heranwuchs und Bauwerke aus verschiedenen Epochen umfasst. Wie in alter Zeit der König von Böhmen hat heute auf der Burg der Staatspräsident seine Residenz. Sie ist verständlicherweise nicht zu besichtigen, doch ansonsten kann man – wie all die anderen 1,4 Mio. Touristen, die alljährlich den Burgberg besuchen – herumlaufen, die Wachablösung der Präsidentengarde bestaunen, Museen besichtigen, etwa die Kunstsammlung im Palais Lobkowicz, und immer wieder den Blick hinunter auf die Prager Altstadt jenseits der Moldau erhaschen. Besonders schöne Aussichten bieten sich übrigens von den terrassenförmig angelegten Palastgärten unter der Burg. Doch die Hauptsehenswürdigkeit auf dem Hradschin ist der Veitsdom im innersten Burghof, eine monumentale gotische Kathedrale mit fast erdrückend reicher Ausstattung, Krönungs- und Bestattungskirche von Kaisern und Königen.

Laternen sorgen für romantische Abendstimmung in der Prager Burgstadt Hradčany.

Wirtschaftsgebäuden, mit ansprechenden Museen – und tollen Aussichtspunkten.

Über die burgenreiche **Fränkische Schweiz** erreicht man **Bamberg**, die ehrwürdige Domstadt, deren historischer Kern in seiner Gesamtheit UNESCO-Weltkulturerbe ist. Im Anschluss stehen drei sehenswerte alte Städte mit grandiosen mittelalterlichen Burgen auf dem Programm: Die Veste **Coburg**, die Festung Rosenberg über **Kronach** und die Plassenburg über **Kulmbach** bestechen sowohl durch ihre Dimensionen als auch durch ihre Ästhetik. Sie alle bergen Kunstschätze und Museen von Rang. In der Richard-Wagner-Stadt **Bayreuth** kann man die exquisiten Schloss- und Parkanlagen des 18. Jh. bewundern. Eine Ausstellung im Neuen Schloss, das beispielhaft für die Pracht des Bayreuther Rokoko steht, widmet sich der Markgräfin Wilhelmine, Lieblingsschwester Friedrichs des Großen.

Durch Böhmen nach Prag

Kurz hinter der tschechischen Grenze erwartet den Reisenden die alte Reichsstadt **Eger (Cheb)**, historisches Zentrum des Egerlandes. Von Burg Eger, hervorgegangen aus einer slawischen Befestigung des 9. Jh., im 12. Jh. ausgebaut zur repräsentativen staufischen Kaiserpfalz, in der Barockzeit trutzig befestigt, sind nur noch Teile erhalten, so etwa die mittelalterliche Doppelkapelle und der massive Schwarze Turm. Wir folgen der Eger (Ohře) flussaufwärts zur klassizistischen Schlossanlage in **Sokolov** und weiter nach **Loket**, deutsch **Elbogen**: Das »böhmische Rothenburg« mit der märchenhaften Burg über der Altstadt war von jeher beliebtes Ausflugsziel der Gäste des nahen Kurorts **Karlsbad**, der mit prächtiger Bäderarchitektur der Belle Époque besticht. Hier verlässt die Burgenstraße das Egertal und verläuft weiter über die sehenswerte Klosteranlage **Teplá** Richtung **Pilsen**, wo im Umland Schloss Nebílovy ein bemerkenswertes Beispiel für den Wiener Barockstil mitten in Böhmen darstellt. Kurz vor der glanzvollen Königs- und Kaiserstadt **Prag** wartet noch ein letztes Highlight: Burg **Karlštejn**, um 1350 von Kaiser Karl IV. auf bewaldeter Felsenhöhe errichtet, im 19. Jh. im neugotischen Stil umgebaut, entspricht so ganz unseren romantischen Vorstellungen von einer mittelalterlichen Ritterburg.

Burgenstraße

Infos und Adressen

REISEROUTE
Mannheim–Schwetzingen–Heidelberg–Heilbronn–Schwäbisch Hall–Rothenburg o. T.–Ansbach–Bamberg–Coburg–Kronach–Kulmbach–Bayreuth–Arzberg; in Tschechien: Cheb/Eger–Sokolov/Falkenau a. d. Eger–Loket/Elbogen–Plze/Pilsen–Karlštejn/Karlstein–Praha/Prag; ca. 1000 km

BESTE REISEZEIT
Ganzjährig

SEHENSWERT
Residenzschloss Mannheim. Eine der größten barocken Schlossanlagen Deutschlands mit 400 Räumen und weitläufigem Ehrenhof; einige Prunkräume sind zu besichtigen.
Rothenburg ob der Tauber. Weltbekannt für sein vorzüglich erhaltenes mittelalterliches Stadtbild, spätgotische Altäre in der Stadtkirche.
Ansbach. Markgräfliches Residenzschloss mit üppiger Rokoko-Ausstattung und Schlossgarten.
Nürnberger Altstadt. Gotische Kirchen St. Lorenz und St. Sebald mit bedeutenden Kunstwerken; vielfältige Museumslandschaft mit Albrecht-Dürer-Haus und Germanischem Nationalmuseum.
Bamberg. Größter vollkommen erhaltener Altstadtkern Deutschlands (insgesamt UNESCO-Weltkulturerbe) mit Baudenkmälern aller Epochen von Romanik bis Klassizismus, mittelalterlicher Dom mit kostbarer Ausstattung, altfränkisches Fachwerk in »Klein-Venedig«.
Coburg. Ehemalige Herzogsresidenz mit viel Fachwerk, noblen Renaissance-Gebäuden und klassizistischem Stadtschloss; über der Altstadt: Veste Coburg, eine der größten mittelalterlichen Burgen Deutschlands.
Kronach. Über der idyllischen Altstadt die trutzige, in mehreren Bauphasen (13.–18. Jh.) errichtete Festung Rosenberg mit hochkarätigem Kunstmuseum Fränkische Galerie.
Kulmbach. Oberfränkische Bierstadt mit malerischer Altstadt, beherrscht von der mächtigen Plassenburg mit schönem Hof und drei Museen, darunter das größte Zinnfigurenmuseum der Welt.
Bayreuth. Noble Schlösser- und Parklandschaft des Barock und Rokoko.
Cheb/Eger. Historisches Zentrum des Egerlandes mit eindrucksvollen Resten der mittelalterlichen Burg.
Loket/Elbogen. Das »böhmische Rothenburg«, die Altstadtidylle beherrscht von mächtiger Burg.
Karlsbad. Traditionsreiche Kurstadt mit Bäderarchitektur der Belle Époque.
Stift Tépla/Tepl. Imposante Barockanlage mit mittelalterlicher Klosterkirche in einsamer Lage.
Prag. Die »Goldene Stadt« mit einer überwältigenden Fülle von Baudenkmälern und Kunstschätzen.

ESSEN UND TRINKEN
Panorama-Restaurant. Im Hotel Burg Hornberg in Neckarzimmern. www.burg-hotel-hornberg.de
Restaurant Burg Steinsberg. Im mittelalterlichen Burghof in Sinsheim. www.burg-steins-heim.de
Museumscafé Großcomburg. Bei Schwäbisch Hall.
Café-Restaurant Orangerie. Im Schlossgarten von Ansbach. www.orangerie-ansbach.de
Burg Rabenstein. Mit Gutsschenke und Burgrestaurant in der Fränkischen Schweiz. www.burg-rabenstein.de
Burgrestaurant Hrad Loket. Auf Burg Elbogen mit böhmischer Küche. www.hradloket.cz/de/burgrestaurant/

ÜBERNACHTEN
Schlosshotel Hirschhorn. In Hirschhorn hoch über dem Neckartal. www.schlosshotel-hirschhorn.de
Hotel Restaurant Schloss Heinsheim. In Bad Rappenau. www.schloss-heinsheim.de
Hotel & Restaurant Schloss Lehen. In Bad Friedrichshall. www.schlosslehen.de
Hotel Burg Colmberg. Im fränkischen Colmberg. www.burg-colmberg.de
Hotel Burg Abenberg. Über dem Städtchen Abenberg. www.burgabenberg.de
Festungsherberge Kronach. In der Festung Rosenberg. www.festungsherberge.de
Hotel Schlosshof Bykov. Bei Pilsen/Plze-Nord. www.bykov.cz/de/

WEITERE INFOS
Die Burgenstraße e. V.: www.burgenstrasse.de

Das Tor steht weit offen für die vielen Besucher der imposanten Nürnberger Burg.

Im Westen von Deutschland

45 Südwestfälische Eisenstraße

HIGHLIGHTS

Altena. Die Burg hoch über der Draht-Stadt beherbergt die erste Jugendherberge der Welt und immer wieder Mittelalterfeste.

Kierspe. Neben Schleiper Hammer historische Ölmühle und diverse Talsperren. Der Ortsteil Rönsahl mehrfach zum »Dorf mit Zukunft« gekrönt.

Attendorn. Kleine, feine Hansestadt mit Burg, malerischer Ruine und Sauerländer Dom.

Iserlohn. Historische Fabrikanlage Maste-Barendorf mit Künstlerdorf, Dechenhöhle mit Deutschem Höhlenmuseum, am Drahthandelsweg und der Sauerland-Waldroute.

FESTE UND VERANSTALTUNGEN

Briloner Schnadezug. Seit mehr als 600 Jahren schreiten die Briloner Schützen im Juni alle zwei Jahre all ihre Grenzsteine ab.

LustHoch3. »Die Drei« kombiniert im Frühsommer das Zelttheaterfestival KulturPur bei Hilchenbach, das Welt-Liedermacherfestival WortKlang in Iserlohn und das Hagener Tanztheaterfestival TanzRäume.

Siegener Sommerfestival. Fünf Sommerwochen voller Theater-, Kino-, Konzert- und Tanzaufführungen am Oberen Schlosshof. Auftakt ist stets die »Nacht der tausend Lichter«.

Wie ein blauer Stern liegt die Kierspetalsperre bei Kierspe in der Hügellandschaft.

Eisenerz und Wasserkraft, Holz und Heerscharen von Arbeitern – all diese Voraussetzungen für die Eisenherstellung kamen südwestlich des Rothaargebirges zusammen. An mehr als 500 Plätzen sind in der Region Spuren dieser mittelalterlichen Industrie zu entdecken.

Auf den Spuren der Hämmer und Händler

Einst schlugen hier unzählige **Schmiedehämmer** auf härtendes Eisen, immer im Takt der Mühlräder. Die Kraft der Wasserläufe half, die Rohlinge in Form zu bringen. Das **Sieger- und Sauerland** entwickelte sich im 17. Jh. zur wichtigen Region für Pflüge, Messer, Nägel und Draht – die »Eisenstraße« ermöglichte den An- und Abtransport.

Im Südosten der Region liegen drei einstige Eisenquellen: das **Schaubergwerk Wodanstolln** samt Museum in Neunkirchen, der **Förderturm Grube Grimberg** mit Museum Wilnsdorf und die **Peterszeche in Burbach**, auch mit Museum. In **Hilchenbach** liegt auf dem **Altenberg** eine mittelalterliche Bergbausiedlung. Das Bergbaumuseum Altenkirchen in **Herdorf-Sassenroth** schließt die Wissenslücken. Unter Tage geht's im **Besucherbergwerk Grube Bindweide**. Das **Technikmuseum Freudenberg** betreibt eine Original-Schmiede, und die **Wendener Hütte** beherbergt ein Hammerwerk und einen der ersten Hochöfen. In Drolshagen lockt ein »**Schlüsen-Lehrpfad**« durch jene von den Eisentransporten eingeschnittenen Hohlwege.

Rheinland-Pfalz, Nordrhein-Westfalen

Ein Schwarzweiß-Gemälde mit grünen Tupfern: Freudenberg ist schlicht malerisch.

Infos und Adressen

REISEROUTE

Anfahrt: Die Endpunkte der Region sind von Südosten aus via Gießen oder Limburg und von Nordwesten aus via Dortmund zu erreichen.

Gesamtstrecke: In direkter Linie liegen zwischen Burbach in Rheinland Pfalz und Hagen in Nordrhein-Westfalen nur knapp 100 km, immer entlang der A45. Je nach Abstecher und Seitenstraßen kann aber auch das Doppelte oder Dreifache zusammenkommen.

Streckenführung: Die verschiedenen Orte der Eisenstraße ziehen sich vom Landkreis Altenkirchen (Rh-Pf) über die Kreise Siegen-Wittgenstein (NRW), Olpe, Märkisch bis zum Ennepe-Ruhr-Kreis.

SEHENSWERT

Freilichtmuseum Hagen. Tabakfabrik, Kleineisenschmiede, Brückenwaage und Sensenhammer – statt Bauernhäuser sind auf dem Freigelände rund 60 historische Werkstätten wieder aufgebaut und lassen im Sommer zuschauen und mitmachen.
www.lwl-freilichtmuseum-hagen.de

ESSEN UND TRINKEN

Weimar. Die Thüringer Rostbratwurst an einem der vielen Stände auf dem Markt ist ein Muss.

Dasnaschwerk. Berühmt für süße Leckereien und Backwerk, bietet aber auch würzige Küche, in Siegen.
www.dasnaschwerk.de

Artischocke. Gehobene italienische Küche in einer und um eine romantisch renovierte Backstein-Industriehalle in Hagen.
www.restaurant-artischocke.com

ÜBERNACHTEN

Koch's Hotel. Beste Gastgeberqualitäten in Olpe, das »Rote Haus« war einst ein Bahnhof.
www.kochs-hotel.de

Hotel Pfeffermühle. Familiär-charmantes Hotel, nah an der Natur mit ausgezeichneter Küche, Siegen.
www.pfeffermuehle-siegen.de

WEITERE INFOS

Eisenstraße Südwestfalen: www.eisenstrasse-suedwestfalen.de

Tourist Information Südwestfalen: www.suedwestfalen.com

Industriekultur Südwestfalen: www.wassereisenland.de

Im **Schmiedemuseum Bremecker Hammer** in Lüdenscheid dürfen Besucher selbst Hand anlegen, ebenso im **Schleiper Hammer & Bakelitmuseum** in Kierspe. Den Abschluss bildet im Sommer das **LWL Freilichtmuseum Hagen**.

Persönlicher Tipp

FREUDENBERG

Sattdunkles Fachwerk, fein säuberlich weiß ausgekalkt – der historische Stadtkern von Freudenberg wirkt wie frisch erbaut, samt engen Kopfsteinpflastergassen und Blumenschmuck. Die liebevoll restaurierten Häuser des »Alten Flecken« gelten als weltweit bedeutendes Baudenkmal. Den besten Blick aufs Ensemble bietet der Kurpark. Wer lieber eintauchen will in Anekdoten und Geschichte, der wählt den »Historischen Stadtrundgang«. Das Stadtmuseum mittendrin zeigt Glanzstücke der Siegerländer Uhrmacherkunst. Richtig viel Technikgeschichte und Maschinerie zum Schauen, Stöbern und Lernen bietet aber das Freudenberger Technikmuseum, das aus einer Oldtimersammlung entstand. Heute stampft darin eine über 100 Jahre alte Dampfmaschine, die dabei eine ganze Reihe historischer Maschinen und Werkzeuge zum Leben erweckt. Weben, Münzpressen und ein originaler Dampfhammer demonstrieren einstige Arbeitswelten. Hin und wieder laden Workshops zum Selbstprobieren ein.

Im Westen von Deutschland

46 Industrieroute II

Vom Industrie- zum Kulturgut: Die Zeche Zollverein in Essen ist Weltkulturerbe.

HIGHLIGHTS

Weltkulturerbe Zeche Zollverein, Kokerei und **Villa Hügel**. In Essen.

Gasometer und **Industriemuseum**. Beides in Oberhausen.

Innenhafen und **Museum der Deutschen Binnenschifffahrt**. Beides in Duisburg.

Nordsternpark (1997 Bundesgartenschau). In Gelsenkirchen.

Deutsches Bergbaumuseum. In Bochum.

Umspannwerk Recklinghausen.

Schiffshebewerk. In Waltrop.

Kokerei Hansa und **Zeche Zollern**. Beides in Dortmund.

FESTE UND VERANSTALTUNGEN

Ruhrfestspiele in Recklinghausen. Gehören zu den ältesten und renommiertesten Theaterfesten in Europa, im Mai und Juni.

Extra-Schicht. 500 Events und 50 Spielorte, verbunden durch 190 Shuttlebusse, im Juni.

Traumzeit. In Duisburg: Entdeckungsreise in die Welt aus Klängen, im Juni.

54 Industrieattraktionen vom Hafen bis zur Zeche, vom Umspann- bis zum Schiffshebewerk, von Duisburg bis Witten, von Recklinghausen bis Waltrup zählt die Industrieroute Rhein-Ruhr. Die 400 km lange Ferienstraße ist Teil der Europäischen Route der Industriekultur, und ihr Zentrum ist eindeutig Essen.

Pulsschlag aus Stahl

Mit dem Weltkulturerbe Zeche Zollverein sowie der Kokerei Zollverein hebt sich die Stadt **Essen** von den anderen 53 markanten Industriekulturpunkten entlang der Industrieroute ab. Einst war die Zeche Zollverein in Essen die größte und modernste Steinkohleförderanlage der Welt. Nach ihrer Schließung im Jahr 1986 wurde sie unter Denkmalschutz gestellt, und 2001 wurde sie zum Weltkulturerbe der Menschheit ernannt.

Essen, die größte Stadt des Ruhrgebiets mit 600 000 Einwohnern, Keimzelle und Zentrum der deutschen Schwerindustrie und unabdingbar mit Kohle, Krupp und Stahl verbunden, hat es vorgemacht. Um 1800 noch Ackerland mit ein paar Häusern und 3500 Einwohnern, verhundertfachte sich die Bevölkerung bis 1900. Die industrielle Revolution gebar ihre Kinder: Großstädte wie Essenkamen auf.

Niedersachsen, Rheinland-Pfalz

Jetzt »kocht« der Pott nicht mehr wegen der Kokereien, sondern aufgrund des Kulturprogramms. 1997 öffnete das Design Zentrum Nordrhein Westfalen seine Pforten im von Norman Foster umgestalteten Kesselhaus der Zeche Zollverein, Schacht XII. Der damalige Ministerpräsident Nordrhein-Westfalens und spätere Bundespräsident Johannes Rau eröffnete das Domizil. Es war ein Meilenstein. Ein ehemaliger Gigant der Industriekultur hatte sich gehäutet. Nach mehr als 150 Jahren Kohle und Stahl ist die Zeche nun eine Erlebniswelt mit Erfahrungsräumen, Kunst, Kultur – und Schwimmbad, eine Installation inmitten rostiger Industriekulisse. Die »Betreten-verboten«-Schilder sind längst abmontiert. Heute darf dort jeder stöbern, Besichtigungstouren unter Tage unternehmen oder auf die Hochöfen klettern, den monumentalen Maschinenpark bestaunen oder einem Konzert lauschen und Gegenwartskunst anschauen. Alljährlich verzeichnet die Kultur-Zeche rund eine halbe Million Besucher.

Infos und Adressen

REISEROUTE
Gute Einstiegsorte sind Dortmund und Duisburg; Länge rund 400 km

BESTE REISEZEIT
Frühling–Herbst

SEHENSWERT
Lange Riege. Arbeitersiedlung in Hagen.
Fernsehturm Florian. Aussichtsturm mit Restaurant in Dortmund.
Glaselefant. Skurrile, begehbare Plastik in Hamm.

ESSEN UND TRINKEN
Profi-Grill. Die beste Currywurst macht der Ex-Sternekoch Raimund Ostendorp im Profi-Grill in Wattenscheid. www.profi-grill.de
Bistro NT. Regionale Küche auf hohem Niveau in Neudorf. www.bistro-nt.de

ÜBERNACHTEN
Zechensiedlungen. Warum immer im Hotel nächtigen? Man kann auch Privatzimmer in Zechensiedlungen mieten: Authentische Architektur, die besondere Geschichte und ein ungeschminkter Ruhrpott-Charme machen das Übernachten im Schatten der Fördertürme zum Erlebnis. www.zollverein-touristik.de

WEITERE INFOS
www.route-industriekultur.de

Persönlicher Tipp

ANKERPUNKT MIT WUCHT

Wer alle Punkte auf der Industrieroute abhaken möchte, muss viel Zeit einkalkulieren. Neben den Highlights (siehe links) ist vor allem der Duisburger Hafen eine Welt für sich. Der Rhein-Ruhr-Hafen ist der größte Binnenhafen in Europa. Er erstreckt sich über 15 Becken im Mündungsbereich von Rhein und Ruhr. Ein Arm des verzweigten Hafensystems ist besonders für Touristen interessant: der Innenhafen. Als einst Kommissar Schimanski mit seinen Ermittlungen die 550 000-Einwohner-Stadt bundesweit als damals beliebteste »Tatort«-Stadt etablierte, glich Duisburg einer grauen und schäbigen Industriestätte mit Proleten-Charakter. Und Schimmi gab mit derben Sprüchen und Methoden den passenden Ton und Typ dazu ab. In Ruhrort, der Heimat des Binnenhafens, bestimmen noch heute Kräne, Schiffe und Waren, Silos, Lagerhäuser und ein rauer Umgang das Bild und den Ton. Duisport ist die Handels- und Verkehrsdrehscheibe der Rhein-Ruhr-Region mit 300 000 Firmen und einer Branchenvielfalt, die ihresgleichen sucht.

Neben dem Duisburger Hafen ein weiterer Höhepunkt: Bergbaumuseum Bochum

Im Westen von Deutschland

47 Deutschland-Holland-Connection

HIGHLIGHTS
Kasematten Dillenburg. Führung durch die freigelegte Unterwelt der zerstörten Burg.

Brocken. Mit der Schmalspurbahn ab Wernigerode auf den 1142 m hohen Harzgipfel.

Lingen im Emsland. Hübsche Altstadt, von den Oraniern mehrfach verloren und wieder erobert.

Leeuwarden. Frieslands Hauptstadt mit hübscher Altstadt und moderner Architektur.

Rijksmuseum Amsterdam. Das Nationalmuseum der Niederlande zeigt berühmte Gemälde des 16.–19. Jh.

FESTE UND VERANSTALTUNGEN
Schlossbergspektakel Dillenburg. Mittelalterliches Festival Ende Juni rund um den Wilhelmsturm.

Tulpenfest Potsdam. Buntes Spektakel Mitte April im Holländischen Viertel.

Barockfestival Bad Arolsen. Seit 1985 eine Juniwoche lang klassische Konzerte.

Koningsdag. Seit Willem-Alexanders Regentschaft jährlich am 27. April – Nationalfeiertag ganz in Orange.

Auch Amsterdams Rijksmuseum, hier der Vorplatz, zeigt Spuren der deutschen Vorfahren.

Die Spuren des Königshauses der Oranier ziehen sich von Amsterdam bis Potsdam quer durch den Norden, seine Wiege stand in Hessen-Nassau. Burgen und Schlösser, Kirchen und Parks zeugen von unserer gemeinsamen Vergangenheit mit den Niederlanden.

Die Könige kamen aus Hessen

Das Adelsgeschlecht der Oranier stammt aus Deutschland, die Nationalhymne beweist es: »Wilhelmus van Nassouwe, ben ik van dietschen bloet.« Jener Wilhelm »von deutschem Blut«, in Dillenburg geboren, erbte im Jahr 1544 **Nassau** und das **Fürstentum Oranien** und hieß fortan Wilhelm von Oranien-Nassau.

Hoch über dem Luftkurort **Nassau** thront die gut erhaltene Burg, mittelalterlicher Stammsitz des Königshauses – und der Großherzöge von Luxemburg. Sehenswert auch die Ruine der Burg der Freiherren vom Stein und das große Fachwerkrathaus von 1609. Wenige Orte weiter, im Heilbad **Diez**, laden gleich drei Oranier-Bauwerke zum Besuch ein: das Grafenschloss Diez aus dem 11. Jh., das Barockschloss Oranienstein von 1648 sowie die mittelalterliche Stiftskirche mit dem Grab der Henriette Amalie von Diez-Nassau. Eine andere Amalie, geboren im Schloss zu **Braunfels**, heiratete 1625 den Sohn Wilhelms von Oranien.

Deutschland, Niederlande

Geburtsorte von Bedeutung

In **Dillenburg**, der Geburtsort von Wilhelm von Oranien-Nassau, ist das Schloss zwar seit 1760 zerstört, doch der Wilhelmsturm an seiner Stelle bietet einen weiten Blick über Tal und Fachwerk-Altstadt. Im nahen **Siegen** residierten die Oranier in zwei Schlössern, beraten vom Vater des Barockmalers Rubens, der hier geboren ist.

In **Ginsburg** versammelte Wilhelm 1568 sein Söldnerheer gegen die Spanier. Und im Residenzschloss **Bad Arolsen**, einst Zentrum des Fürstentums Waldeck-Pyrmont, erblickte 1858 Emma das Licht der Welt. Sie heiratete mit 21 Jahren den 62-jährigen Willem III., ihre einzige Tochter Wilhelmina war Königin Beatrix' Mutter.

Über den historischen Kurort **Bad Pyrmont** mit seiner Sommerresidenz geht es nun in den Harz: in die malerischen Fachwerkorte **Wernigerode** und **Stolberg**, die beide von einem Oranier-Schloss gekrönt werden. Stolberg ist der Geburtsort von Juliana, der Mutter von Wilhelm von Oranien.

Rund um Berlin

Knapp 120 km weiter östlich liegt **Dessau-Roßlau**, das gleich doppelt auf der UNESCO-Weltkulturerbeliste vertreten ist. Hier entstand das Bauhaus – und hier liegt rund um Schloss Oranienbaum und Schloss Mosigkau das Dessau-Wörlitzer Gartenreich. In Oranienbaum lebte Fürstin Henrietta Catharina, geborene Prinzessin von Nassau-Oranien. Original Delfter Fliesen und viele Gemälde

Grünes Paradies im Gartenreich, rund um den Floratempel gedeiht üppige Blütenpracht.

Persönlicher Tipp

DESSAU–WÖRLITZER GARTENREICH

Natur und Kultur verschmelzen aufs Sehenswerteste im Dessau-Wörlitzer Gartenreich: Gleich mehrere Landschaftsparks rund um die Orte Dessau-Roßlau, Wörlitz und Oranienbaum bilden zusammen das 142 km^2 große Gartenreich an der Elbe. Leopold III. Friedrich Franz von Anhalt-Dessau favorisierte 1764 als Freund der Aufklärung statt der manierierten Barockgärten einen naturnahen englischen Garten mit Seen, Kanälen und Wäldchen. Auch Goethe schwärmte davon. Heute umfasst das Reich zahlreiche Schlösser und Parks, darunter auch Georgium und Mosigkau mit der Gemäldesammlung Henrietta Catharinas. Und Schloss Oranienbaum nahe dem gleichnamigen Ort, den die Fürstin im 17. Jh. selbst anlegen ließ. Der Stadtplan mit seinem symmetrischen Straßenbild, der zentrale Marktplatz und auch der große Park im holländischen Stil spiegeln ihre Verbundenheit zur Heimat wider. Das Wappen Oranienbaums zeigt einen Orangenbaum mit neun güldenen Früchten – dazu passt auch die Orangerie, eine der längsten Orangerien Europas..

Die Brockenbahn schnauft schon seit mehr als 100 Jahren durch die Wälder des Harz.

Persönlicher Tipp

DEN HAAG – HEUTIGE HEIMAT DER ORANIER

Keine Hauptstadt, aber Sitz aller wichtigen Institutionen: In Den Haag finden sich Parlament und Regierung der Niederlande – und nicht zuletzt residiert hier auch die Königsfamilie, im Paleis Noordeinde. Schon im 11. Jh. wohnten in Den Haag die Grafen von Holland, das erste Schloss entstand 1248, ab 1648 wurde der Ort offizielle Residenz der Statthalter der Vereinigten Sieben Provinzen. Stadt und Handel florierten, zahlreiche prächtige Gebäude entstanden. Johan Maurits von Nassau ließ das Mauritshus erbauen, heute ein Museum vor allem der Gemälde aus der Oranier-Sammlung. Das heutige Escher-Museum war einst der Palast von Königin Emma von Waldeck-Pyrmont. Der mittelalterliche Binnenhof beherbergt die niederländische Regierung, im »Rittersaal«, während des Zweiten Weltkriegs von deutschen Truppen besetzt, verliest der König jeden Herbst seine Thronrede. Doch auch moderne Architektur besticht in Den Haag, laut dem Volksmund die »Zitruspresse«, der »Füller« und die »Titten von Den Haag«

Risikofreudige kommen am Scheveninger Pier beim Bungee-Jumping auf ihre Kosten.

holländisch-flämischer Maler zeugen noch davon. Rund um **Zerbst**, nur eine halbe Autostunde entfernt, fallen Wassermühlen ins Auge. Holländer siedelten hier bereits ab 1152 und legten die Moorregion trocken. Eine Prinzessin von Anhalt-Zerbst wurde später Katharina die Große. Ihre Enkelin Anna wiederum heiratete Wilhelm II. von Oranien.

In **Potsdam**, 100 km nach Norden, lebte im 17. Jh. Luise von Oranien als Frau des Kurfürsten Friedrich Wilhelm. Dieser engagierte gern holländische Künstler, etwa beim Bau von Schloss Sanssouci – das Holländische Viertel Potsdams spricht Bände. Luise taufte auch Schloss und Ort **Oranienburg** nördlich von Berlin. Letzte Station im Nordosten ist dann **Schwerin**, Wohnort von Prinz Hendrik, bevor er 1901 Königin Wilhelmina ehelichte. Auf dem Weg Richtung Westen führt die Strecke dann durch **Hitzacker**, die Heimat von Claus von Amsberg, bevor er 1966 Kronprinzessin Beatrix heiratete.

Jenseits der Grenze

In den Niederlanden geht es zunächst an die Nordsee, nach **Leeuwarden**: Im barocken Stadtpalast Princessehof, heute Keramikmuseum, lebte im 17. Jh. Prinzessin Marie Luise von Hessen-Kassel. In **Amsterdam** empfängt der König offizielle Gäste im Palast op de Dam, in der Nieuwe Kerk heiratete er seine Maxima. Doch traditioneller Wohnort der Königsfamilie ist **Den Haag**. In **Delft**, Ort der berühmten Fliesen, zentrierte sich während des Religionskriegs der Widerstand gegen die Spanier. Wilhelm von Oranien starb hier 1584 während des 80-jährigen Krieges. Er sollte traditionell im 70 km südlich liegenden **Breda** begraben werden. Das allerdings war von den Spaniern besetzt, sodass er in Delfts Nieuwe Kerk seine letzte Ruhe fand – all seine Nachfolger liegen ebenfalls dort. Jetzt geht die Fahrt nach **Apeldoorn**, wo Wilhelm III. 1689 das Lustschloss »Het Loo« bauen ließ. Zuletzt wohnte dort Wilhelmina, die Großmutter von Beatrix, heute ist es ein Museum.

Zurück über die Grenze führt die Oranier-Route über **Kleve** und **Moers** zurück nach **Nassau**, wo sich der Kreis schließt. Kleve war Wohnsitz von Prins Maurits, der hier ein Amphitheater errichten ließ. Derselbe Maurits erbte 1594 Moers am Niederrhein – von seinem Erbe zeugt noch heute das Oranierschloss im Zentrum.

Deutschland–Holland-Connection

Infos und Adressen

REISEROUTE
Als südlichster Ort der Ferienstraße ist Nassau ein guter Startpunkt. Beide Umlaufrichtungen sind möglich. Hier geht die Strecke über die Eckpunkte Nassau–Dillenburg–Bad Pyrmont–Stolberg–Dessau-Roßlau–Potsdam–Schwerin–Lingen–Leeuwarden–Breda–Apeldoorn–Moers–Nassau; 2400 km.

BESTE REISEZEIT
Ganzjährig

SEHENSWERT
Siegen. Im Oberen Schloss residierte der katholische Zweig der Oranier, im Unteren Schloss am Marktplatz der protestantische.
Bad Pyrmont. Fürstenbad im Weserbergland mit mediterranem Flair, jahrhundertelang Treffpunkt von europäischem Adel und Politik-Prominenz. Weite Alleen, üppige Gärten und historische Gebäude.
Stolberg. Mit ihrem Fachwerkschatz aus Mittelalter, Renaissance und Spätgotik wurde sie 1993 die erste »Historische Europastadt«.
Pfähle, Grachten und Treppengiebel. Besondere Architektur in Amsterdam, auf fünf Millionen Holzpfählen erbaut, mit Flaschenzügen an vorkragenden Giebelformen.
Wiesbaden. 50 km abseits der Route, dennoch voller Spuren

der Oranier, da der Kurort bis ins 20. Jh. Hauptstadt des Herzogtums Nassau war.
Breda. Seit dem 17. Jh. sorgt das trutzige Kasteel van Breda für die Sicherheit, heute Sitz der königlichen Militärakademie.

ESSEN UND TRINKEN
Schlossrestaurant Lieschen & Luise. In barockem Gemäuer wie bei Kurfürstin Louise, aber auch für Lieschen Müller auf Radtour – mit Terrasse an der Havel. In Oranienburg. www.schlossrestaurant-oranienburg.de
Kornhaus. Dinieren im Bauhausstil, ältestes Ausflugslokal Dessaus inmitten des Gartenreichs, mit Elbterrasse. www.kornhaus-dessau.de
Zeitwerk. Berühmt für sein Sieben-Gänge-Menü, Kochkurse für Neugierige. In Wernigerode. www.dein-zeitwerk.com
Die Wetterburg. Das rustikale Gemäuer in Bad Arolsen bietet Speisen und Atmosphäre wie zur Ritterzeit, teils mit Show. Mittwochs wird bei Kerzenlicht serviert. www.diewetterburg.de
De Leest. In Vaassen nahe Apeldoorn steht der kleine, er-

Das alte Stadttor von Fürstenau ist wie der Marktplatz mit dem Alten Rathaus überaus sehenswert.

lesene Wein- und Speisentempel, für manche eines der besten Restaurants der Niederlande. www.restaurantdeleest.nl
Stads-koffyhuis. Bestes Café und Bistro der Stadt Delft, Terrasse direkt am Kanal. www.stads-koffyhuis.nl

ÜBERNACHTEN
Seehotel Frankenhorst. Vier-Sterne-Wellnesshaus in Schwerin direkt am See, Restaurant mit Sommerterrasse und Wintergarten. www.seehotelfrankenhorst-schwerin.de
Gothisches Haus. Modernes Vier-Sterne-Plus-Hotel im historischen Fachwerkgebäude direkt am Wernigeroder Markt, mit Wellness und Gourmetrestaurant.
Hotel Lahnromantik. Hübsches familiäres Hotel in Nassau mit Restaurant-Café, Sonnenterrasse mit Blick übers Lahntal. www.lahnromantik.de
Grand Hotel Post Plaza. Vier Sterne zentral im historischen Part von Leeuwarden. Hübscher Innenhof, Restaurant. www.post-plaza.nl

WEITERE INFOS
Oranier-Route:
www.erlebnisrouten.eu/erlebnisroute-oranierroute/

Im Westen von Deutschland

48 Deutsche Vulkanstraße

Die Dauner Maare, im Vordergrund das Weinfelder Maar, sind Zeugen des Vulkanismus.

HIGHLIGHTS

Laacher See. Im Calderasee zeugt aufsteigendes Kohlenstoffdioxid von vulkanischer Tätigkeit.

Geysir Andernach Erlebniszentrum. Etwa alle 120 Minuten erfolgt der Ausbruch des Kaltwasser-Geysirs.

Hohe Acht. Der Kaiser-Wilhelm-Turm auf dem 747 m hohen Basaltkegel bietet Einblicke in die Vulkaneifel.

Eifelmaare. Die insgesamt 75 mit Wasser gefüllten oder trockenen Maare sind die große Besonderheit der Region.

Manderscheid. Malerischer Kur- und Kneippkurort mit zwei Burgruinen, Edelsteinschleiferei und Maarmuseum.

FESTE UND VERANSTALTUNGEN

Nacht der Vulkane. Kultur- und Erlebniswoche um den Laacher See im Juli mit zahlreichen Feuerspektakeln, Musik, Eifelspezialitäten und wissenschaftlichen Führungen.

Römerlager in Mayen. Römerfest Ende Juli im Mayener Grubenfeld und dem sehenswerten Erlebniszentrum Terra Vulcanica.

Die Deutsche Vulkanstraße verbindet auf ihrem Weg vom Laacher See nach Manderscheid 39 Standorte im Geopark Vulkanland Eifel miteinander. Ein Netz von gut ausgeschilderten Wander- und Radwegen ergänzt die Ferien- und Erlebnisstraße.

Höhepunkte der Vulkaneifel

Die 14 Geoparks in Deutschland vermitteln Geologie zum Anfassen. Zu den spektakulärsten gehört der Geopark Vulkanland Eifel, durch den die Deutsche Vulkanstraße führt. Vulkanische Relikte aus einer Zeit vor 800 000 bis 11 000 Jahren wie Schlackenkegel, Lavaströme, Mineralquellen und die Maare, die »Augen der Eifel«, zeugen von der feurigen Vergangenheit der Landschaft. Erlebnispfade, Höhlen, Burgen oder Geocaching sind interessante Angebote auch für Kinder. Sieben Geo-Museen machen den Besucher an der Vulkanstraße mit geologischen, naturkundlichen oder industriegeschichtlichen Phänomenen vertraut. Besonders intensive Erlebnisse verspricht das Vulkanmuseum **Lava-Dome** in Mendig mit dem 32 m unter der Erde gelegenen, durch Basaltabbau entstandenen **Lavakeller** und der Ausstellung **Museumslay** auf dem alten Grubengelände.

Die ersten Stationen der Deutschen Vulkanstraße gehören zum Laacher-See-Komplex in der Osteifel. Der 51 m tiefe

Rheinland-Pfalz

Laacher See liegt in einer großen Caldera, die bei einem gewaltigen Vulkanausbruch vor 13 000 Jahren entstand. Aus den Eruptionsmaterialien Tuff und Basalt wurden die Klostergebäude und die Abteikirche von **Maria Laach** errichtet. Schon Kelten und Römer bauten vulkanisches Gestein bei **Kruft** und **Mayen** ab. Glutwolken des Laacher-See-Vulkans hinterließen besonders im **Brohltal** ihre Lockermassen. Bevor die Straße in die Westeifel führt, lohnt ein Abstecher auf den knapp 750 m hohen Vulkankegel **Hohe Acht** mit Rundumblick. In der Westeifel sind 75 Maare nachgewiesen, davon sind zehn mit Wasser gefüllt. Besonders reizvoll sind die **Maare um Daun, Ulmen und Meerfeld**. Informationen liefert das Maarmuseum in **Manderscheid**. Weitere Besonderheiten sind Felsformationen wie der **Rockeskyller Kopf**, die **Mühlsteinhöhlen** im Rother Kopf, die Lavabombe von **Strohn** und der »Brubbler« in **Wallenborn**, ein regelmäßig aufschießender Kaltwassergeysir.

Infos und Adressen

REISEROUTE
Infozentrum Rauschermühle in Plaidt. Bester Ausgangspunkt für die 280 km lange Route bis Manderscheid.

BESTE REISEZEIT
Frühling–Herbst

SEHENSWERT
Lava-Dome und Lavakeller. Vulkanmuseum in Mendig mit interaktiven Stationen. www.lava-dome.de
Römerbergwerk Meurin. Überdachtes römisches Tuffabbaugebiet in Kruft. www.vulkanpark.com

ESSEN UND TRINKEN
Löffel`s Landhaus. Im ehemaligen Bauernhaus werden Eifeler Gerichte serviert, Münstermaifeld. www.loeffelslandhaus.de
Landgasthof Gut Marienbildchen. Feine Regionalküche aus eigenen Produkten in Roetgen. www.gut-marienbildchen.de

ÜBERNACHTEN
Seehotel Maria Laach. Stilvolles Haus oberhalb des Laacher Sees und in Nähe der Abtei. www.seehotel-maria-laach.de
Landgasthof Michels. Wohlfühlhotel mit großem Wellnessbereich in Schalkenmehren. www.landgasthof-michels.de

WEITERE INFOS
Vulkanstraße: www.deutsche-vulkanstrasse.com
Geopark: www.geopark-vulkaneifel.de

Persönlicher Tipp

KRIMITOUREN
Seit 1989 sind Eifelkrimis »in«. Fast 50 Autoren lassen in der Region morden, rauben und betrügen. Elf ausgewählte Schauplätze des Tatorts Eifel kann man auf dem ungefährlichen Eifelkrimi-Wanderweg erkunden. Passende Lektüre bietet das Kriminalhaus in Hillesheim, stilvoll übernachten kann man dort im Krimihotel.

NÜRBURGRING
Nicht nur bei Rennveranstaltungen oder beim Open-Air-Festival Rock am Ring ist die legendäre Rennstrecke einen Besuch wert. Die Kartbahn, Backstage-Touren oder die Green Hell Driving Days durch die berüchtigte Nordschleife stehen auch Nicht-Rennfahrern offen. Von der gleichnamigen Burgruine oberhalb der Gemeinde Nürburg bietet sich ein Blick über die Rennstrecke.

NATIONALPARK EIFEL
Im benachbarten Bundesland Nordrhein-Westfalen wurde 2004 der Nationalpark Eifel in der Rureifel eingerichtet. Hier prägen keine Vulkankegel oder Maare die Landschaft, sondern tief eingeschnittene Täler und Wälder, in denen mittlerweile rund 1000 »Eifeltiger« (Wildkatzen) leben.

Imposant: Der Geysir Andernach ist weltweit der höchste Kaltwassergeysir.

Im Westen von Deutschland

49 Deutsche Edelsteinstraße

HIGHLIGHTS

Deutsches Edelsteinmuseum. Drei Etagen voller Edelsteinexponate.

Edelsteinminen Steinkaulenberg. Die einzigen Edelsteinminen Europas, die zur Besichtigung freigegeben sind.

Wildenburg. Mittelalterliche Burganlage auf 674 m Höhe, ein Turm bietet Aussicht auf die Umgebung.

Edelsteingarten. In dem Garten stehen 100 Edelstein-Rohsteine zum Anfassen bereit.

Edelsteinbetriebe. In rund 60 Edelsteinschleifereien lassen sich die Handwerker beim Schleifen von Edelsteinen und der Herstellung von Schmuck über die Schulter gucken.

FESTE UND VERANSTALTUNGEN

Karl-May-Festspiele. Im Sommer auf der Freilichtbühne Mörschied.

Spießbratenfest. Im Juni in Idar-Oberstein.

Straßentheaterfestival. Im August in Idar-Oberstein.

Edelsteinschleifer- und Goldschmiedemarkt. Ebenfalls im August in Idar-Oberstein.

Theatersommer. Im August/September in Idar-Oberstein.

Über Idar-Oberstein erheben sich neben der Felsenkirche auch zwei Burgruinen.

Wo die Natur Diamanten und Achate hervorgebracht hat, lässt sich die Welt der Edelsteine auf vielfältige Weise erfahren. Der Rundkurs führt von Idar-Oberstein durch das Herz der deutschen Edelsteinregion. Neben Bergwerken und Museen zeigen rund 60 Schleifereien die Kunst des Edelsteingewerbes.

Auf Schatzsuche im Hunsrück

Ein stilisierter Diamant markiert die 48 km lange Deutsche Edelsteinstraße. Start- und Endpunkt ist die Edelsteinmetropole **Idar-Oberstein**. Hoch über der Stadt an der Nahe thronen die Felsenkirche und die beiden Ruinen von Burg Bosselstein und Schloss Oberstein. Im Deutschen Edelsteinmuseum und im Deutschen Mineralienmuseum präsentiert das Zentrum der Edelsteinregion funkelnde Edelsteine und eine umfangreiche Sammlung an Mineralien. Achatschleifer zeigen in der historischen Weiherschleife ihr jahrhundertealtes Handwerk. Hochmodern präsentiert sich dagegen die Edelstein-Erlebniswelt, die Kristalle, Mineralien und Edelsteine in Höhlen und Grotten in Lichtspiele und Nebelschwaden tauchen lässt.

Fischbach wartet mit einem historischen Kupferbergwerk auf. Der Besuch der weitverzweigten Stollen lässt erahnen, wie bis ins 18. Jh. Kupfer abgebaut wurde. In **Herrstein** mit seinem mittelalterlichen Ortskern erinnert der Schinderhannesturm daran, dass der bekannte Räuber hier 1798 ein-

Rheinland-Pfalz

Alte Torbögen und schmucke Fachwerkhäuser prägen das Ortsbild von Herrstein.

Infos und Adressen

REISEROUTE
Idar-Oberstein–Fischbach–Herrstein–Kempfeld–Sensweiler–Wirschweiler–Kirschweiler–Idar-Oberstein; 53 km

BESTE REISEZEIT
Mai–Oktober

SEHENSWERT
Kupferbergwerk Fischbach. Historisches Kupferbergwerk mit bis zu 30 m hohen Hohlräumen und weitverzweigten Stollensystemen. www.besucherbergwerk-fischbach.de
Deutsches Mineralienmuseum. Edelsteine und Mineralien aus aller Welt, Idar-Obersteiner Schmuck. www.deutsches-mineralienmuseum.de

ESSEN UND TRINKEN
Zum alten Goten. Weinrestaurant in altem Fachwerkhaus. www.zum-alten-goten.de

ÜBERNACHTEN
Hotel-Restaurant Steuer. Komfort-Hotel in naturnaher Lage. www.hotel-steuer.de
Klosterhotel Marienhöh Mountains Lifestyle Familiy. Von Parklandschaft umgebenes Hotel mit Wellnessbereich. www.klosterhotelmarienhoeh.de

WEITERE INFOS
Tourist-Information Deutsche Edelsteinstraße. Brühlstraße 16, 55756 Herrstein. www.deutsche-edelsteinstraße.de

Persönlicher Tipp

MITTELALTERPFAD

Das Fachwerkstädtchen Herrstein bildet den Ausgangspunkt einer 8,6 km langen Wanderung auf den Spuren des Mittelalters. Vom Aussichtsturm Herrstein lässt sich ein Blick auf die abwechslungsreiche Landschaft werfen, durch die der 2010 als Deutschlands schönster Wanderweg prämierte Mittelalterpfad führt. Auf naturnahen Pfaden geht es zu Naturdenkmalen wie der Rabenkanzel, einem steil abfallenden Quarzitdurchbruch in der Nähe von Niederhosenbach. Die Jammereiche bei Breitenthal erinnert an den Dreißigjährigen Krieg. Mehrere Rastplätze und Sinnesbänke laden am Wegesrand zum Verweilen ein. Der Mittelalterpfad ist nur einer der Premium-Rundwanderwege rund um den Saar-Hunsrück-Steig, die als Traumschleifen die Region durchqueren. So führt der 13 km lange Köhlerpfad am Steinbach vom Köhlerdorf Langweiler aus auf naturnahen Wegen rund um die Steinbachtalsperre.

---

gesperrt war. Die schmalen Gässchen mit den rund 60 Fachwerkhäusern, die Schlosskirche und der Uhrturm strömen mittelalterliche Atmosphäre aus.

Der Edelsteingarten in **Kempfeld** präsentiert mehr als 100 Edelstein-Rohsteine zum Angucken und Anfassen. Schautafeln geben weitere Auskünfte über die verschiedenen Edelsteine. Weniger wertvolle, aber nicht weniger interessante Steine präsentiert der Geopark Krahloch zwischen Sensweiler und Wirtschweiler. Auf dem 1 km langen Rundweg informieren Exponate und Tafeln über die Geologie, den Bergbau und den Naturraum. Auch hier ist Ertasten ausdrücklich erwünscht.

In **Kirschweiler** erinnern gleich zwei Edelsteinbrunnen an die Bedeutung des Edelsteinbergbaus für die Region. Heute wird die Edelsteinstraße auch von Prominenten gern besucht. Seit 1976 verewigen sie sich im Steinernen Gästebuch in **Veitsrodt**.

Im Westen von Deutschland

50 Elsässer Weinstraße

HIGHLIGHTS

Weinfußwege. Fast 50 Spazierpfade führen ganz nah heran an die Reben – 26 sind Lehrpfade.In der Erntezeit kein Zugang.

Bergheim. Sehr gut erhaltenes Weindorf mit gotischer Basilika, Stadtmauern, uralter Linde und Hexenmuseum – im 16. und 17. Jh. wurden hier Hexenprozesse abgehalten.

Dambach-la-Ville. Winzer und andere Berufe porträtieren Wappen an den Fassaden der mittelalterlichen Stadt, mit historischem Rundweg und der Burgruine Bernstein.

FESTE UND VERANSTALTUNGEN

SlowUp. Autofreier Sonntag: Rund 30 km Straße werden für diese Veranstaltungen des langsamen Genießens (*Slow down – Pleasure up*) gesperrt und voller Kultur- und Schlemmer-Angebote für Fußgänger und andere Nicht-Motorisierte freigegeben.

Weinberg-Marathon. Ein Wochenende im Juni sind die sportlichen Elsass-Besucher gefragt: Auf und ab geht es durch die Weinberge, allerdings auch als Spaßlauf und mit vielen Wein- und Leckerei-Stationen.

Weinfeste der Dörfer. Jedes Dorf feiert zwischen April und November sein eigenes Fest, samt traditionellen Umzügen und offenen Weinkellern.

Frühmorgendliche Ruhe wie vor Jahrhunderten im mittelalterlichen Riquewihr.

Mulhouse im Süden, Straßburg im Norden: Fast durch die ganze Länge des Elsass zieht sich nicht nur ein Eldorado des Flammkuchens, sondern auch eine 170 km lange Abfolge malerischer Weinberge samt dazugehörigen Winzereien. Entsprechend erfordert die »Route des Vins Alsace« sehr viele Zwischenstopps mit Verkostung.

Genusstour für Freunde guter Tropfen

Grün in allen Facetten: Es bauscht sich an den Weinstöcken, zieht sich in geschwungenen Linien die Hänge entlang, leuchtet hell als dichter Grasteppich und setzt auf den Vogesen-Hängen einen sattdunklen Kontrapunkt. Grün – das gilt im Elsass für Frühling und Sommer. Bis der Herbst das Weinlaub erreicht und die Farben explodieren!

Seit 1953 existiert die Elsässer Weinstraße: Schilder mit Traube und Glas weisen die Strecke aus. Von **Marlenheim** bei **Straßburg** führen 170 kurvenreiche Kilometer nach Süden bis nach **Thann**, auf einer Höhe mit **Mulhouse**. Ganze 67 der 119 Elsässer Weinbauorte tangiert sie dabei, mit mehr als 300 Winzereien. Viele Dörfer bezaubern mit ihren mittelalterlichen Fachwerk- oder Natursteinhäusern – sechs zählen gar zu den schönsten Orten Frankreichs. Obendrein sind unterwegs Burgen, Schlösser, Kirchen und Zeugnisse der Merowinger zu sehen.

Wer die Weinstraße abfährt, beginnt meist im Norden. Das malerische **Marlenheim** bietet weite Ausblicke vom Marlen-

Frankreich

Die herbstliche Weinlese, hier ein Sammelbottich, erschöpft selbst die Katzen.

Infos und Adressen

REISEROUTE
Mit dem Auto:
Grob verläuft die Tour entlang der Autobahn A35, allerdings auf kleineren Landstraßen.

BESTE REISEZEIT
Hochsaison und farblich schönste Zeit ist August/September.

SEHENSWERT
Musée du Vignoble et des Vins d'Alsace. Im Schloss der legendären Weinbruderschaft Confrérie St. Étienne, www.musee-du-vignoble-alsace.fr

ESSEN UND TRINKEN
Winstubs. Kleine Weinstuben, im Herbst »Vin Nouveau« – dazu elsässer Flammkuchen – köstlich!

Au Trotthus. Kleines, sehr feines Lokal in Riquewihr. Kreative französische Küche mit asiatischem Touch. www.trotthus.com

ÜBERNACHTEN
Hotel des Berges. Romantikhotel in Illhaeusern, Fünfsternehaus samt Dreisterneküche.
www.hoteldesberges.com/de/
A La Cour d'Alsace. Viersternehotel samt Weinkeller und großem Garten im Zentrum von Obernai.
www.cour-alsace.com

WEITERE INFOS
Weinstraße Elsass:
www.elsass-weinstrasse.com/de/
Tourismus Elsass:
www.tourisme-alsace.com

Persönlicher Tipp

WEIHNACHTEN AN DER WEINSTRASSE

Hübsches Fachwerk, enge Gassen, historisches Flair, während früh die Nacht heraufzieht und erster Schnee fällt: Auch zur Winterzeit ist die Elsässer Weinstraße eine Reise wert. Besonders aber, wenn im Dunkel die Lichter strahlen, wenn die Dörfer mit Sternen und Handwerkskunst geschmückt sind – die Elsässer zelebrieren ihre Weihnachtszeit mit Hingabe. Zwischen 25. November und 6. Januar laden Hunderte von Veranstaltungen zum Mitmachen ein. Der größte und älteste Weihnachtsmarkt in Straßburg ist allenfalls ein Startpunkt. Zauberhafter sind die kleinen Events, wie der »Echte Weihnachtsmarkt« in Kaysersberg, der Mittelalter-Weihnachtsmarkt in Ribeauvillé oder der Kinder-Weihnachtsmarkt in Colmar. Am 6. Dezember zieht St. Nikolaus durch die Orte, nach Wissembourg kommen nachts am 17. Dezember feierlich Christkindel und Hans Trapp (eine Art Knecht Ruprecht). Konzerte und Workshops, Fackelzüge und Ausstellungen begleiten die Vorfreude – und natürlich typische elsässische Weihnachtsleckereien.

berg und trägt den Titel »Nördliches Tor zur Weinstraße«. Über **Westhoffen** mit Synagoge und über viele andere Dörfer mit hübschen Details geht es Richtung Süden. **Molsheim** war im 17. Jh. Universitätssitz, während im beliebten **Obernai** Kloster und Legende der heiligen Odilia den Ort bestimmen.

Das nahe **Barr** beherbergt zwischen besonderen Torbogen ein Museum der dekorativen Künste. Es folgen sehenswerte Weinlagen, Burgen und »Schönste Dörfer Frankreichs« – wie **Hunawihr**, **Mittelbergheim** oder **Riquewihr**. Sehr gut erhalten ist auch **Kaysersberg**, der Geburtsort von Albert Schweitzer mit passendem Museum. Die Kulturstadt **Colmar**, berühmt für ihre Altstadt und den Isenheimer Altar, gilt auch als »Hauptstadt der Elsässer Weine«. **Neuf-Brisach** in der Nähe ist UNESCO-Welterbestätte. Ab **Orschwihr** schließlich steigen die Berghänge so steil an, dass sich Traubenpflücker gar anseilen müssen – bis nach **Thann**, dem »Südlichen Tor zur Weinstraße«.

Im Westen von Deutschland

51 Auf der Romanischen Straße durchs Elsass

Die Türme der Gedeckten Brücken gehörten einst zu Straßburgs Stadtbefestigung.

HIGHLIGHTS

Neuwiller-lès-Saverne. Romanisches Ensemble aus Klosterkirche, Doppelkapelle und Pfarrkirche.

Straßburg. Mittelalterliche Altstadt auf einer Insel in der Ill (»Grande Île«) mit romanisch-gotischer Kathedrale und Barockbauten.

Sélestat. Malerische Altstadt mit Sainte Foye, der wohl schönsten romanischen Kirche an der Ferienstraße und der monumentalen gotischen Kirche St-Georges.

FESTE UND VERANSTALTUNGEN

Pfingstfest. Traditionelles Volksfest mit Pferderennen in Wissembourg.

Hopfenfest. Im August in Haguenau.

Internationales Musikfestival. Im Juni in Straßburg.

Marché du Canal Couvert. Bunter Wochenmarkt an Samstagen in Straßburg.

Karneval des Machores. Straßenkarneval am Wochenende nach (!) Aschermittwoch in Sélestat.

Sommerfest Kaysersberg. Mit Feuerwerk und Schloss-Illumination im Juni.

Von Nord nach Süd – von Wissembourg, wo die Lauter von der Pfalz kommend zum französischen Fluss wird, bis hinunter nach Feldbach nahe der Schweizer Grenze – führt die Ferienroute durch das gesamte Elsass. Ihr Thema ist die Baukunst der Romanik, die hier im 11./12. Jh. ihre Blüte erlebte.

Schätze romanischer Architektur

Mit rund 30 Kirchen in verträumten Dörfern und lebhaften Städten ist die Romanische Straße so reich bestückt, dass wir hier nur die wichtigsten Baudenkmäler nennen können. Sie zeichnen sich durch die für die Romanik typische Einfachheit und Strenge aus, folgen in der Regel dem basilikalen Bauschema mit Vierungsturm und faszinieren auch im Inneren durch archaische Erhabenheit. Ab dem 13. Jh. wurden viele romanische Bauten gotisch überformt und erweitert, so etwa die Abteikirche von **Wissembourg** und St. Georg in **Haguenau**. Dagegen blieben die Pfeilerbasilika von **Surbourg** (11. Jh.) sowie in **Neuwiller-lès-Saverne** das ungewöhnliche Ensemble (9.–13. Jh.) aus Klosterkirche, Doppelkapelle und Pfarrkirche weitgehend im romanischen Stil erhalten. In der Dorfidylle von **Avolsheim** beeindrucken die 1000-jährige Ulrichskirche und, auf freiem Feld, der Dompeter (9./10. Jh.), der wohl älteste Sakralbau des Elsass.

Frankreich

Hauptsehenswürdigkeit in **Straßburg** ist das grandiose romanisch-gotische Münster (12.–15. Jh.), architektonisch ebenfalls hochinteressant ist die spätromanisch-frühgotische Thomaskirche (12./13. Jh.). Der Ill folgend kommt man nach **Eschau** mit seiner frühromanischen Pfeilerbasilika (um 1050) und nach **Sélestat**, dessen Kirche Sainte Foye (12./13. Jh.) zu den schönsten romanischen Sakralbauten des Elsass gehört. In **Kaysersberg**, einer beliebten Station an der Weinstraße, stammt das bemerkenswerte Westportal der Pfarrkirche aus der Romanik, in **Gueberschwihr** der massive Kirchturm. Von der Abteikirche in **Murbach** (12. Jh.) präsentieren sich Chor und Türme in wunderbarer romanischer Formensprache. Den Abschluss der Reise bildet das kleine **Feldbach** mit dem großen romanischen Gotteshaus (12. Jh.).

Infos und Adressen

REISEROUTE
Wissembourg/Weißenburg–Surbourg/Surburg–Haguenau/Hagenau–Neuwiller-lès-Saverne/Neuweiler–Avolsheim–Strasbourg/Straßburg–Eschau–Sélestat/Schlettstadt–Kaysersberg–Gueberschwihr–Murbach–Feldbach; 250 km

BESTE REISEZEIT
Ganzjährig

SEHENSWERT
Wissembourg: Schöne Altstadt, romanisch-gotische Kirche mit Glasmalereien, Fresken und Kreuzgang.
Haguenau. Romanisch-gotische Kirche, mittelalterliche Stadtbefestigung, Musée d'Alsace.
Avolsheim. Romanische Dorfkirche und auf freiem Feld der Dompeter (älteste Kirche im Elsass).
Murbach. Chor und Türme als eindrucksvolle Reste der abgerissenen romanischen Abteikirche.

ESSEN UND TRINKEN
Au Petit Dominicain. Regionale Küche in Wissembourg.
La Vieille Forge. Restaurant in traditionellem Ambiente in Kaysersberg.

ÜBERNACHTEN
Hotel ibis Strassbourg Centre. Im Altstadtviertel Petite France.
Hotel Vaillant. Zentrales Hotel in der Altstadt von Sélestat.
www.hotel-vaillant.com

WEITERE INFOS
Atout France:
www.rendezvousenfrance.com
Tourismus Elsass:
www.tourisme-alsace.com

Persönlicher Tipp
BESUCH IN SÉLESTAT

Ganz zentral im Elsass – und auf unserer Reiseroute etwa auf halber Strecke – liegt das Provinzstädtchen Sélestat, das mit seiner charmant verwinkelten Altstadt zum Besuch einlädt. Von der Stauferzeit bis zur Annexion des Elsass durch Frankreich 1673 gehörte Schlettstadt, so der deutsche Name, zu den Reichsstädten. Weit über die Region hinaus berühmt war die Gelehrtenschule im ausgehenden 15. Jh. als Hort des Humanismus. Zeugnis von dieser kulturellen Blütezeit legt die einzigartige Bibliothèque Humaniste im Stadtmuseum ab, das in der ehemaligen Kornhalle untergebracht ist. Ausgestellt ist auch das älteste Buch des Elsass aus dem 7. Jh. Zwei großartige Sakralbauten prägen das Stadtbild: die eindrucksvolle romanische Kirche Sainte Foye mit Krypta und Doppelturmfassade sowie das Münster St-Georges, eine der größten gotischen Kirchen des Landes mit kostbaren Glasfenstern und Renaissancekanzel. Aber es gibt noch mehr zu entdecken: malerische Fachwerkhäuser, noble Barockfassaden und die mittelalterlichen Stadttürme.

Zum entspannten Bummel laden die Straßen des Provinzstädtchens Sélestat ein.

Im Westen von Deutschland

52 Rundtour durch Luxemburg

HIGHLIGHTS

Tal der Alzette. Nahe der Hauptstadt siedelten hier einst nur Arme, heute viele Künstler. Durchläuft Richtung Norden hübsche Dörfer.

Koerich. Zwei eindrucksvolle Bauwerke im kleinen Dorf: Die Grevenburg, nur noch Ruine, aber als »Hexenburg« bekannt, steht im besonderen Kontrast zur vor allem innen üppig geschmückten Barockkirche St. Remigius.

Schloss Colpach. Mit Skulpturenpark und Bibliothek, einst Zentrum der Luxemburger feinen Gesellschaft, heute Erholungsheim.

FESTE UND VERANSTALTUNGEN

Ginsterfest (Geenzefest) Wiltz. Seit 1948 alljährlich zu Pfingsten mit großem internationalen Umzug samt Ginsterkönigin.

Vianden Festival. Kammermusik im August, Workshops und Konzerte im klassischen Ambiente. www.viandenfestival.eu

Festival de Wiltz. Im Juli schon seit mehr als 60 Jahren Bühnenstücke, Musik und Tanz im Amphitheater des Schlosses. www.festivalwiltz.lu

Festival des Arts de la Rue. Straßenkünstler verzaubern die Hauptstadt ein Augustwochenende lang. Rundherum von Juni bis September »Summer in the City«-Programm.

Die Kirche der Benediktinerabtei Neumünster schmückt das Alzette-Tal seit 1606.

Luxemburg ist eines der kleinsten Länder der EU – und eines der unbekanntesten. Dabei lassen sich hier auf kleinem Raum viele unerwartete Schönheiten entdecken.

Direkt hinter den Ardennen

Dichte Wälder und schattige Alleen, hübsche Dörfer und trutzige Burgen: Das ist die unbekannte Seite des Finanzplatzes **Luxemburg**. Und auch die Hauptstadt des Großherzogtums hat sehenswerte Geschichte zu bieten.

Die Fahrt beginnt via Trier im Grenzort **Grevenmacher** – vor allem an Wochenenden am Tanktourismus zu erkennen. Auf der N1 und N14 geht es nach Nordwesten Richtung **Müllerthal**. Rund um den Ort liegt die »Kleine Luxemburger Schweiz«: ein Naturparadies mit bizarren Felsformationen, Buchenwald und Flüsschen.

Zwei Strecken-Varianten bieten sich an: Im Osten, entlang der **Sauer** und der deutschen Grenze, zählt der historische Marktplatz von **Echternach** zu den schönsten des Kleinstaats. Das Tal führt weiter nach Norden, vorbei an den Mauerresten von **Beaufort** im dichten Wald, dann entlang der **Our** bis nach **Vianden**, Luxemburgs wohl wichtigstem Tourismusort. Dessen riesige, restaurierte Burg steht hoch über dem Ort, während sich unten das Haus des großen französischen Autors Victor Hugo als Museum präsentiert. Die zweite, westliche Variante verläuft durch das schmucke **Christnach** zum Ort **Larochette**, auch **Fels** genannt, über

Luxemburg

Unter alten Brücken schießt das Wasser in den idyllisch gelegenen Schiessentümpel.

Infos und Adressen

REISEROUTE
Mit dem Auto: Anfahrt via Trier nach Grevenmacher. Gegen den Uhrzeigersinn nach Norden, grob im Kreis knapp 300 km bis Luxemburg-Stadt im Süden

SEHENSWERT
Stadt Luxemburg. Auch »Lëtzebuerg« und »Luxembourg«. Hauptstadt des Kleinstaats, ein genießerisches Erkunden wert. Es locken die Altstadt – UNESCO-Kulturerbe, Festung und Kasematten, Museen und mittendrin das Petrusse-Tal. www.vdl.lu

ESSEN UND TRINKEN
L'Inoui. Nach einem Pausenjahr wieder geöffnet – innovatives Kleinrestaurant in Redange mit Musik- und Theater-Bühne. www.inoui.lu

Ma Langue Sourit. Sterneküche mit dem vielversprechenden Namen »Meine Zunge lächelt«. In Moutfort. www.mls.lu

ÜBERNACHTEN
La Gaichel & Auberge de la Gaichel. Exquisites Viersternehotel mit Michelin-Küche nahe Belgien, daneben die etwas günstigere Auberge. Gaichel/Eischen. www.lagaichel.lu

Cocoon Hotel Belair. Traditionshaus im Ösling direkt am Flussufer mit Burgblick und leicht historischem Charme. In Bourscheid-Plage. www.cocoonhotels.eu/en/belair-en.html

WEITERE INFOS
Tourismus Luxemburg: www.visitluxembourg.com/de/

Persönlicher Tipp

DURCH DEN SCHLÜFF ZUM PANORAMA

Skurrile Felsformationen mit noch skurrileren Namen: Zickzackschlüff und Werschrumschlüff, Predigtstuhl und Räuberhöhle – für die tief in den Sandstein genagten Gebilde im Müllerthal sind die letzten Eiszeitgletscher verantwortlich. Wind, Wetter und Flüsse wie die Schwarze Enz haben das Werk später nur vollendet. Diese Waldlandschaft ist durchzogen von schmalen Straßen, Grund genug für beschwingtes Fahren. Doch auch Aussteigen ist hier angesagt. Das Müllerthal ist ein Mekka für Wanderer und Naturfreunde, gemeinsam mit der deutschen Südeifel bildet es seit 1964 den ersten grenzüberschreitenden Naturpark Westeuropas. Heute führt der Müllerthal-Trail in mehreren Schleifen durch moosigen Wald und romantische Bachtäler, vorbei an kleinen Wasserfällen wie dem Schiessentümpel und zu besonderen Aussichtspunkten: Wo plötzlich steile Felsmassive aufragen, lohnt die Suche nach engen Spalten, den »Schlüffen«. In manchen leiten schmale Stufen nach oben, für einen besonders weiten Panoramablick.

---

dem ein stattliches Rest-Gemäuer thront. Auch von hier geht es nach Vianden: via **Diekirch**, berühmt für den Dukatenesel-Brunnen, aus dem gelegentlich Bier fließt.

Die Landschaft im Norden Luxemburgs ist vom **Ösling** bestimmt, einer dicht bewaldeten Ardennen-Hochfläche mit tief eingeschnittenen Tälern. Das **Wiltzer Schloss**, die lauschige **Göbelsmühle** oder auch das Denkmaldorf **Lellingen** mit seinen traditionellen Öslinger Häusern laden zur Pause. Mitten im Wald hoch über der **Sauer** ragt auch hier eine enorme Burganlage auf, die rund ein Jahrtausend lang erbaute Märchenfestung **Bourscheid**.

Dann geht es entlang der belgischen Grenze nach Süden zur **Stadt Luxemburg** – allerdings nicht ohne einen weiteren Umweg durch das »**Tal der sieben Schlösser**« entlang der idyllisch gewundenen **Eisch**.

Im Westen von Deutschland

53 Entlang der Mosel nach Lothringen

Metz, die Hauptstadt der Region Lothringen, von der untergehenden Sonne vergoldet

HIGHLIGHTS

Metz. Saint-Etienne, eine der größten und höchsten gotischen Kathedralen Frankreichs; Deutsches Tor, imposanter Rest der mittelalterlichen Stadtbefestigung; Centre Pompidou Metz. Museum für moderne Kunst.

Nancy. Die drei zentralen Plätze (um 1750, UNESCO-Welterbe) mit prachtvollen Gebäuden, Triumphbogen und Prunkbrunnen; Jugendstilmuseum Museé de l'École de Nancy.

FESTE UND VERANSTALTUNGEN

Römertage. Im Freiluftmuseum in Perl, mit Legionären und Gladiatoren; August.

Mirabellenfest. Straßentheater, Konzerte und Feuerwerk im August, in Metz.

Montgolfiade. Tag des Heißluftballons im September, in Metz.

Rendezvous Place Stanislas. Ton- und Lichtshow auf dem schönsten Platz Lothringens, jeden Abend von Juni bis September, in Nancy.

Nikolausfest. In ganz Lothringen groß gefeiert, besonders spektakulär in Nancy mit buntem Umzug und Jahrmarktstimmung.

Vom deutschen Perl an der Mosel geht die Fahrt Richtung Süden immer am Fluss entlang ins nordwestfranzösische Lothringen. Eine sanfte Hügellandschaft und so geschichtsträchtige Städte wie Metz und Toul sowie das noble Nancy machen die Reise zum Erlebnis.

Kulturreise durch eine geschichtsträchtige Region

Im Dreiländereck, wo der gigantische, 2003 eingeweihte Viadukt von Schengen das deutsche Moselufer mit dem luxemburgischen verbindet, liegt **Perl**, die einzige Weinbaugemeinde des Saarlands. Im archäologischen Freilichtmuseum in Perl-Brohl wird die römische Vergangenheit lebendig: Die originalgetreue Rekonstruktion einer *villa rustica*, eines Landguts also, ist weltweit einzigartig. Das größte römische Bodenmosaik nördlich der Alpen erwartet den Besucher in Perl-Nennig. Über die Grenze geht es nach **Thionville**, wie die gesamte Region jahrhundertelang umkämpft. Zwei mittelalterliche Türme stehen für die Zeit der Luxemburger: der runde Wehrturm Tour aux Puces und der schlanke gotische Belfried.

Nächste Station ist **Metz**, altehrwürdige Bischofsstadt und im Mittelalter Reichsstadt, heute Hauptstadt der Region Lothringen. Die Kathedrale Saint-Etienne ist ein Meisterwerk der Gotik mit herrlichen Buntglasfenstern. Ein imposanter

Saarland, Frankreich

Rest der mittelalterlichen Stadtbefestigung ist das Deutsche Tor *(Porte des Allemands)*. Futuristisch wirkt das 2010 eröffnete Centre Pompidou Metz, die erste Zweigstelle des Pariser Museums für Moderne Kunst. Den westlichsten Punkt der Mosel markiert **Toul**, wie Metz alte Bischofs- und Reichsstadt mit gotischer Kathedrale, außerdem Hauptort der lothringischen Weinbauregion Côtes de Toul.

Östlich von Toul, an der Meurthe, liegt **Nancy**, Lothringens historische Hauptstadt, ein städtebauliches Juwel, dabei keineswegs museal, sondern voller Genuss- und Lebensfreude. Majestätische Pracht kennzeichnet das Ensemble der drei Plätze (UNESCO-Weltkulturerbe) Place Stanislas, Place de la Carrière und Place d'Alliance. Als Stadt des Jugendstils zeigt sich Nancy nicht nur mit einem exzellenten Spezialmuseum, auch viele Häuser der Innenstadt entstanden im Art-nouveau-Stil.

Infos und Adressen

REISEROUTE
Perl–Thionville–Metz–Toul–Nancy; 150 km

BESTE REISEZEIT
Ganzjährig

SEHENSWERT
Perl. Mosel-Weinberge, Viadukt von Schengen.
Thionville. In der Altstadt mittelalterlicher Wehrturm Tour aux Puces (Flohturm) mit archäologischem Museum, gotischer Belfried, Renaissance-Rathaus, Feste Obergentringen aus deutscher Zeit (um 1900).
Metz. Stadtgeschichtliches Museum Cour d'Or, Hauptbahnhof im Stil des Historismus aus deutscher Zeit (um 1900).
Nancy. Villa Majorelle in Historismus-Jugendstil-Mix, Markthalle.

ESSEN UND TRINKEN
Schloss Berg. Gourmet-Restaurant (3 Michelin-Sterne) und Landgasthof in Perl-Nennig. www.victors-gourmet.de
Brasserie Flo Excelsior. Stilvoll Speisen im Herzen von Nancy. www.brasserie-excelsior.com

ÜBERNACHTEN
Grand Hotel de Metz. Traditionshaus nahe der Kathedrale. www.hotel-metz.de
Hotel La Villa Lorraine. Im historischen Zentrum von Toul. www.hotel-villa-lorraine.com

WEITERE INFOS
Tourismuszentrale Saarland: www.tourismus.saarland.de
Atout France: www.rendezvousenfrance.com und www.tourismus-lothringen.de

Persönlicher Tipp

IM JUGENDSTILMUSEUM DER SCHULE VON NANCY

Um 1900 entwickelte sich Nancy zu einem Zentrum des Jugendstils beziehungsweise des Art nouveau, wie die »neue Kunst« in Frankreich genannt wurde. Künstler schlossen sich mit innovationsfreudigen Handwerkern und Fabrikanten zur École de Nancy (Schule von Nancy) zusammen, um ihre Entwürfe als handwerkliche oder auch industrielle Produkte zu realisieren und zu vermarkten. Dazu gehörten vor allem Möbel, Gläser, Keramik, Lampen, Heimtextilien, Tapeten – Dinge für den Alltag einer gehobenen bürgerlichen Schicht. Typisch für die »Schule« waren historisierende Formen, etwa des Rokoko, als Ergänzung zur floralen Ornamentik, die den Jugendstil insgesamt auszeichnet. Das Museum der École de Nancy findet man im ehemaligen Anwesen ihres Förderers Eugène Corbin, einer Jugendstilvilla mit traumhaft schönem Garten. Besonders kostbar ist die Sammlung der Objekte von Émile Gallé, dem wichtigsten Künstler und ersten Präsidenten der École, dessen Vasen und Lampen aus farbigem Glas heute Spitzenpreise erzielen.

La Place Stanislas: das klassizistische Ensemble im Herzen von Nancy

Im Westen von Deutschland

54 Hunsrückhöhenstraße

Im Herzen von Kastellaun thront auf steilem Fels die mittelalterliche Burg.

HIGHLIGHTS

Saarburg. Mit Burg und schöner Altstadt, Verkostung und Verkauf in Weingütern.

Hermeskeil. Mit Informationszentrum des Naturparks Saar-Hunsrück.

Ringwall von Otzenhausen. Archäologische Stätte aus keltischer Zeit.

Archäologiepark Belginum. Ausgrabungsstätte als Freilichtmuseum.

Burg Kastellaun. Wehranlage mit Museum über dem gleichnamigen Städtchen.

FESTE UND VERANSTALTUNGEN

Saarweinfest. Mit Krönung der Weinkönigin. Im September in Saarburg.

Dorfkirmes. In Hermeskeil, im Juni.

Hermeskeiler Stadtwoche. Im Juli.

Merscheider Markt. Bauern- und Handwerkermarkt im September in Morbach.

Sommertheater. Auf der Burg von Kastellaun.

Beller Markt. In Kastellaun im Juli.

Nature One. Elektronische Musik auf der ehemaligen Raketenbasis Pydna im August.

Sie wird auch »Straße der weiten Aussicht« genannt, die Ferienroute quer durch den Hunsrück: Von der Saar geht es zum Rhein, in etwa entlang der Wasserscheide zwischen Mosel und Nahe.

Unterwegs zwischen Saar und Rhein

Die erste Hälfte der Hunsrückhöhenstraße liegt im **Naturpark Saar-Hunsrück**. Mit seinen Wäldern und Wiesen befindet er sich in einer stillen Landschaft, in der schon Kelten und Römer ihre Spuren hinterließen. Startpunkt der Tour ist das 20 km südlich von Trier gelegene **Saarburg**, das Zentrum der Saarwein-Region. Über Zerf am Rand des Osburger Hochwalds erreicht man den Luftkurort **Kell am See** beim Keller Stausee, einem beliebten Erholungsgebiet.

Nächste Station ist **Hermeskeil** im Schwarzwälder Hochwald, dem hier auch ein Museum gewidmet ist. Im Naturpark-Informationszentrum befindet sich das interaktive Erlebnismuseum »Mensch und Landschaft«, überregionale Bedeutung hat das private Luftfahrtmuseum mit über 100 Maschinen. Über den Luftkurort **Thalfang** am Erbeskopf (816 m), dem höchsten Berg im Hunsrück, fährt man nach **Morbach**, Standort eines großen Energieparks. Zurück ins Mittelalter führen zwei Burgruinen in der Nähe: Baldenau war eine der wenigen Wasserburgen im Hunsrück, die Reste

Rheinland-Pfalz

der Höhenburg Hunolstein bestechen durch ihre Aussicht. Noch weiter zurück, in die Römerzeit, führt der Archäologiepark Belginum. Hier erinnert das Museum »Leben an der Fernstraße« an die alte Römerstraße von Trier nach Bingen, der die Hunsrückhöhenstraße in weiten Teilen folgt.

Über Hahn erreicht man **Kastellaun**, dessen Altstadt von der gleichnamigen Burg beherrscht wird. Die teilweise rekonstruierte Anlage auf dem Burgberg geht zurück auf das 13. bis 16. Jh. Das Museum in der Unterburg dokumentiert 2500 Jahre Geschichte des Kastellauner Landes, Thema ist auch die ehemalige NATO-Raketenbasis Pydna, gegen die sich 1986 eine der größten Demonstrationen der Friedensbewegung formierte. **Emmelshausen**, die nächste Station, ist heute Endpunkt der Hunsrückbahn, die von Boppard am Rhein herüberführt. Zu Wanderungen lädt, nördlich der Hunsrückhöhenstraße, das Ehrbachtal ein. Nun ist es nicht mehr weit nach **Koblenz**, wo die Ferienroute endet.

Infos und Adressen

REISEROUTE
Saarburg–Zerf–Kell am See–Hermeskeil–Morbach–Hahn–Kappel–Kastellaun–Emmelshausen–Koblenz; 160 km

BESTE REISEZEIT
Frühjahr–Herbst

SEHENSWERT
Saarburger Wasserfall. 17 m hoch mitten in der Altstadt, einst Energielieferant der städtischen Mühlen.
Flugausstellung L.+P. Junior. Größtes privates Luftfahrtmuseum Europas in Hermeskeil. www.flugausstellung.de
Burgruinen Baldenau und Hunolstein in herrlicher Lage nahe Morbach.

ESSEN UND TRINKEN
Museumscafé »Concorde«. Im Luftfahrtmuseum Hermeskeil.
Kastellauner Burg. Gastronomie mit Mittelalterflair im Kellergewölbe und Burghof.

ÜBERNACHTEN
Hotel Saarburger Hof. Hotel und Restaurant in zentraler Lage in Saarburg. www.saarburger-hof.de
Landhaus am Kirschbaum. Familienbetrieb mit Wellnessbereich in Morbach. www.landhausamkirschbaum.de

WEITERE INFOS
Hunsrücktouristik GmbH: www.hunsruecktouristik.de
Naturpark Saar-Hunsrück: www.naturpark.org

Persönlicher Tipp

ABSTECHER IN KELTISCHE VERGANGENHEIT

Im ältesten Römerlager Deutschlands, das 2010 bei Hermeskeil entdeckt wurde, sind noch die Archäologen der Uni Mainz am Werk, um die wissenschaftlich höchst wertvolle Stätte zu sichern. Immerhin entstand das Militärlager bereits zu Zeiten Cäsars, zwischen 53 und 51 v. Chr. in der Endphase seines Gallischen Kriegs. Man geht davon aus, dass es zur Abwehr der keltischen Treverer errichtet wurde. Die saßen ganz in der Nähe, wehrhaft und gut geschützt auf ihrem Oppidum am Hang des Dollbergs. Die Reste der befestigten Keltensiedlung, den mächtigen Ringwall von Otzenhausen, erreicht man auf einem kurzen Abstecher von Hermeskeil (ca. 8 km Richtung Süden über Nonnweiler). Er stammt aus der La-Tène-Zeit (5.–1. Jh. v. Chr.), ist archäologisch gesichert und kann ganzjährig frei besichtigt werden. Für die Erkundung des Hunnenrings – so nennt ihn fälschlich der Volksmund – empfiehlt es sich, dem ausgeschilderten Archäologischen Infoweg zu folgen. Daneben verläuft ein Kinder-Erlebnispfad mit Wissens- und Spielstationen.

Ein Abstecher in die Römerzeit führt zu den Grabhügeln von Oberlöstern.

Im Westen von Deutschland

55 Nibelungen-Siegfried-Straße

HIGHLIGHTS

Worms. 2000-jähr ge »Nibelungenstadt« am Rhein; historisch und kunsthistorisch bedeutender romanischer Kaiserdom; auf dem Marktplatz Siegfriedbrunnen, am Rheinufer Hagendenkmal.

Lorsch. Karolingische Torhalle des 764 gegründeten Klosters (UNESCO-Welterbe).

Würzburg. Grandiose Barockanlage der Fürstbischöflichen Residenz (UNESCO-Welterbe), monumenta er romanischer Dom; Neumünster mit Lusamgärtchen; Alte Mainbrücke; Festung Marienberg.

FESTE UND VERANSTALTUNGEN

Nibelungenfestspiele. Freilicht-Theaterfestival am Dom von Worms im Juli/August.

Volks- und Weinfest Worms. Ende August, mit Umzug und Fischerstechen.

Bergsträßer Weinfrühling. Im Mai in Bensheim. Im September dann **Bergsträßer Winzerfest**.

Märchen- und Sagentage. Im Oktober in Reichelsheim.

Bienenmarkt. Großes Volksfest mit Verkaufsmarkt an Pfingsten in Michelstadt.

Würzburger Bachtage. Festival klassischer Musik im Oktober/November.

Das schöne Würzburg, wohl Sterbeort des Minnesängers Walther von der Vogelweide

Quer durch den schönen Odenwald, vom Rhein bis zum Main, geht es zu historischen Stätten und sagenumwobenen Orten, zu Burgen und Schlössern, zu geschichtsträchtigen Städten und malerischen Fachwerkdörfern.

Auf sagenhaften Wegen von Worms nach Würzburg

Historie und Sage treffen zusammen beim romanischen Kaiserdom zu **Worms** am Rhein, der um 1200 entstand, etwa zur selben Zeit wie das *Nibelungenlied*. Doch beider Wurzeln reichen viel weiter zurück: Die Vorgeschichte des Doms beginnt bereits in der Römerzeit, während das Epos um den Drachentöter Siegfried und den Untergang der Nibelungen alte germanische Sagen verschmilzt. Mehr darüber erfährt man im Wormser Nibelungenmuseum. Auch der imposante Dom, an dessen Tür es im Epos zum folgenschweren Streit zwischen Kriemhild und Brünhild kommt, lohnt den Besuch. Weit zurück ins frühe Mittelalter führt die nächste Station: Kloster **Lorsch** mit seiner eindrucksvollen karolingischen Torhalle (UNESCO-Weltkulturerbe) und Museumszentrum.

Bevor die Ferienstraße die Bergstraße quert, teilt sie sich: Die Nibelungenstraße führt durch den mittleren Odenwald mit zauberhaften alten Städten wie **Lindenfels**, **Michelstadt** und **Miltenberg**. Den südlichen Odenwald erschließt die Siegfriedstraße. Ab Tauberbischofsheim verläuft sie im lieblichen Taubertal, um sich im altertümlichen **Wertheim** am

Rheinland-Pfalz, Hessen, Baden-Württemberg, Bayern

Infos und Adressen

REISEROUTE
Nibelungenstraße: Worms–Lorsch–Lautertal-Reichenbach–Lindenfels–Michelstadt–Miltenberg–Wertheim–Würzburg, 170 km;
Alternativroute **Siegfriedstraße** im südlichen Odenwald über Amorbach–Walldürn–Tauberbischofsheim, 190 km

BESTE REISEZEIT
Ganzjährig

SEHENSWERT
Lautertal-Reichenbach. Felsenmeer mit Siegfriedquelle.
Lindenfels. Fachwerkstädtchen mit Burgruine und Drachenmuseum.
Michelstadt. Originelles Fachwerkrathaus, spätgotische Kirche, Stadtturm.
Miltenberg. Der vielleicht schönste Fachwerk-Marktplatz Frankens.
Wertheim. Altertümliches Stadtbild, kulturhistorisches Grafschaftsmuseum.

ESSEN UND TRINKEN
Zum Raupenstein. Odenwälder Spezialitäten in Lindenfels-Winterkasten. www.zumraupenstein.de
Bürgerspital Weinstuben. Traditionelle fränkische Gastlichkeit in Würzburg. www.buergerspital-weinstuben.de

ÜBERNACHTEN
Alleehotel Europa. Modernes Haus mit Frühstücksterrasse in Bensheim. www.alleehotel.de
Odenwaldhotel Nibelungen. Freundlicher Familienbetrieb in Michelstadt. www.odenwaldhotel-nibelungen.de

WEITERE INFOS
Touristik-Arbeitsgemeinschaft Nibelungen-Siegfried-Straße: www.nibelungen-siegfried-strasse.de

Hagen versenkt den Nibelungenschatz im Rhein: Bronzeplastik am Wormser Rheinufer.

Persönlicher Tipp

FELSENMEER MIT SIEGFRIEDQUELLE

Einmal vorausgesetzt, der Drachentöter Siegfried wäre keine fiktive, sondern eine historische Persönlichkeit gewesen, dann könnte die Siegfriedquelle bei Lautertal-Reichenbach durchaus der Tatort gewesen sein, an dem der Bösewicht Hagen den im Kampf unbesiegten Helden heimtückisch ermordete. Die Quelle findet man am Fuß des Felsenmeeres, einer spektakulären Felsenlandschaft im Südosthang des Felsbergs (514 m) im Vorderen Odenwald. Die Sage erklärt die Entstehung des geheimnisvollen Naturphänomens damit, dass sich hier in grauer Vorzeit zwei verfeindete Riesen mit Felsbrocken bewarfen, die Wissenschaft hält ganz prosaisch mit Wollsackverwitterung dagegen. Seit der Römerzeit wurde das Felsenmeer als Steinbruch genutzt, davon zeugen noch rund 300 beschädigte Werkstücke, die die antiken und mittelalterlichen Steinmetze unfertig liegen ließen, weil sich der Abtransport nicht lohnte. Heute ist das Felsenmeer beliebtes Ausflugsziel und markante Wegmarke am Fernwanderweg Nibelungensteig.

Main wieder mit der Nibelungenstraße zu vereinen. Den abschließenden Höhepunkt der Ferienstraße bildet **Würzburg** mit seiner grandiosen Barockresidenz der Fürstbischöfe (UNESCO-Welterbe) und der mittelalterlichen Festung Marienberg hoch über dem Main. Eine wahre Idylle erwartet den Besucher im spätromanischen Kreuzgang des Neumünsterstifts: Im Lusamgärtchen erinnert ein Grabmal an Walther von der Vogelweide, der um 1230 wahrscheinlich in Würzburg starb. Ob er der Autor des *Nibelungenlieds* war? Viel spricht dafür, viel dagegen. Wer die alten Sagen tatsächlich zu dem großen mittelhochdeutschen Versepos verschmolzen hat, wird wohl für immer im Dunkel der Geschichte bleiben.

Im Westen von Deutschland

56 Rheinischer Sagenweg

Spuk im Düsseldorfer Schlossturm? So mancher will die weiße Frau gesehen haben.

HIGHLIGHTS

Drachenfels. Schauplatz von Siegfrieds Kampf gegen den Drachen, bei Königswinter.

Rolandsbogen über Remagen. Mauerreste der vermeintlichen Stammburg des Ritters Roland aus dem *Rolandslied*.

Loreley. Sagenumwobener Felsen im Rhein bei St. Goarshausen.

Bingener Mäuseturm. In dem Turm sollen Mäuse den bösen Mainzer Erzbischof bei lebendigem Leib aufgefressen haben.

FESTE UND VERANSTALTUNGEN

Karneval. Mit Rosenmontagszug in Köln.

Fastnacht. Mit Rosenmontagszug in Mainz.

Gutenberg-Stadtmarathon. Im Mai in Mainz.

Mittelalter Spectaculum. Im Juni in Oberwesel.

Loreley-Freilichtbühne. Für Großveranstaltungen, St. Goarshausen.

Rhein in Flammen. Großfeuerwerke an verschiedenen Orten am Rhein im Juli/August.

Altstadtherbst-Kulturfestival. Im September/Oktober in Düsseldorf.

Die Landschaften des Rheins und seiner Nebenflüsse Mosel, Lahn und Nahe erlebt man auf dieser Route, die sich dem beinahe unerschöpflichen Schatz lokaler Sagen, Märchen und frommer Legenden widmet.

Sagenumwoben und märchenhaft

Da ist etwa das Rad im Stadtwappen von Mainz: Die Legende führt es auf den hl. Willigis zurück, der um das Jahr 1000 Bischof von Mainz war, als Erbauer des ersten Doms gilt und Sohn eines einfachen Wagners war. Wie und wann das **Mainzer Rad** als Wappen allerdings wirklich entstand, ist unbekannt. Die Menschen suchten schon immer nach Erklärungen für rätselhafte Phänomene, und so dachten sie sich schöne und schaurige Geschichten aus – wie die von der **Loreley**, die mit ihrem verführerischen Gesang die Rheinschiffer ins Unglück stößt. In der Tat zerschellten in alter Zeit unzählige Schiffe an dem steilen Schieferfelsen im Rhein bei St. Goarshausen. Heute ist er ein touristisches Highlight im Oberen Mittelrheintal (UNESCO-Welterbe).

Auch weiter nördlich, wo sich das Tal weitet, hat die Natur die Vorstellungskraft der Menschen beflügelt. In **Oberwesel** sieht man die Felsen im Fluss als sieben Schwestern, die zur Strafe für ihre Hartherzigkeit versteinerten. Die vulkanischen Höhen des Siebengebirges wurden in der Fantasie mit

Nordrhein-Westfalen, Rheinland-Pfalz, Hessen

Riesen und Drachen bevölkert, auf dem **Drachenfels** soll Siegfrieds Kampf stattgefunden haben. Einfallsreich waren die beiden **Andernacher Bäckerjungen**, die angeblich ihre Stadt mithilfe von Bienenkörben vor Angreifern retteten. Und als hilfreiche Hausgeister errangen die **Kölner Heinzelmännchen** weit über die Domstadt hinaus Popularität.

48 Orte und über 100 Sehenswürdigkeiten erschließt der Rheinische Sagenweg, ein Begleitbuch erzählt die Geschichten dazu. An der Mosel erzählt man sich von der **Winninger Weinhex**, deren Vorrat an bestem Wein dank ihrer Zauberkünste niemals zur Neige ging. Einen Pakt mit dem Teufel schloss die berühmte literarische Figur **»Doktor Faust«**. Das reale Vorbild, ein Wunderheiler und Alchimist, war anno 1507 nachweislich in Bad Kreuznach ansässig. Historisch belegt ist auch der gewaltsame Tod einer Prinzessin im **Düsseldorfer Schlossturm**. Dass sie dort des Nachts als Gespenst umgeht, ist eine andere Geschichte.

Infos und Adressen

REISEROUTE
Rhein-Route von Düsseldorf bis Mainz; Mosel-Lahn-Route von Cochem bis Limburg; Nahe-Rheingau-Route von Idar-Oberstein bis Wiesbaden; insgesamt ca. 590 km

BESTE REISEZEIT
Frühjahr–Herbst

SEHENSWERT
Kölner Dom. Hochgotische Kathedrale, drittgrößte der Welt, UNESCO-Welterbe.
Schlösser Augustusburg und Falkenlust sowie Oberes Mittelrheintal. UNESCO-Welterbe.

ESSEN UND TRINKEN
Brauhaus Früh am Dom. Kölsche Gastlichkeit gegenüber dem Heinzelmännchen-Brunnen.
www.frueh.de
Johann Lafers Stromburg. Gourmetrestaurant des Fernsehkochs in Soonwald-Burg.
www.johannlafer.de

ÜBERNACHTEN
Burghotel Auf Schönburg. In der Burg in Oberwesel.
www.burghotel-schoenburg.de
Hotel Krone. Romantik pur in Rüdesheim-Assmannshausen.
www.hotel-krone.com

WEITERE INFOS
Romantischer Rhein Tourismus GmbH:
www.romantischer-rhein.de
Karte und Routen:
www.rheinischer-sagenweg.de

Persönlicher Tipp

DER ROLANDSBOGEN ÜBER REMAGEN

Das *Rolandslied*, eine altfranzösische Versdichtung, erzählt von Roland, einem Ritter in Diensten Karls des Großen, der in Spanien gegen die muslimischen Mauren kämpft, in einen Hinterhalt gerät und nach tapferer Gegenwehr als Letzter der Nachhut fällt. Den Kriegszug gab es 778 wirklich, auch den Hinterhalt, und das reale Vorbild für Roland war vermutlich ein bretonischer Markgraf. In einer mittelalterlichen deutschen Version dagegen stammt der edle Ritter von Burg Rolandseck bei Remagen, von der nur wenige Mauerreste und der »Rolandsbogen« erhalten sind. Dennoch lohnt sich der Weg hinauf auf das kleine Hochplateau des Rodderbergs, der ca. 100 m tief zum Rhein abfällt. Der Blick hinunter auf das Flusstal und hinüber zum Siebengebirge mit dem direkt gegenüberliegenden Drachenfels ist einfach fantastisch. Zur Einkehr lädt das traditionsreiche Restaurant Rolandsbogen, in dem der Kölner Konrad Adenauer, 1949 bis 1963 erster deutscher Bundeskanzler, 1902 Verlobung feierte.

Hoch über dem Rhein thront die sagenumwobene Marksburg bei Braubach.

Im Westen von Deutschland

57 Durchs Bergische Land

HIGHLIGHTS

Neanderthal Museum. Spannende Aufbereitung der Menschheitsgeschichte am Fundort des Urmenschen.

Beyenburg. Bergisches Idyll.

Nümbrecht-Bruch. Spazieren im beschaulichen Fachwerkdörfchen.

Tropfsteinhöhle Wiehl. Imposantes Naturschauspiel aus Stalaktiten und Stalagmiten in der Höhle mit 1,5 km langen Gängen.

Altenberger Dom. Bergische Kathedrale mit beeindruckender Architektur, 1857 an beide Konfessionen übergeben.

Christkinds Postamt. In der Vorweihnachtszeit stapeln sich in Engelskirchen die Wunschzettel.

FESTE UND VERANSTALTUNGEN

Trödelmarkt. Unter der Schwebebahn in Wuppertal-Vohwinkel, Ende September.

Erntedankfest. Im Höhendorf Witzhelden, Anfang Oktober.

Karneval. Überall in den Orten, Februar/März.

Jazztage Wiehl. International renommierte Konzertangebote Ende Mai.

Kultursommer Altenberg. Diverse Konzerte zwischen Juni und September.

Erst aus der Luft werden die enormen Ausmaße von Schloss Burg bei Solingen sichtbar.

Obwohl der nördliche Teil des Rheinischen Schiefergebirges mit einer Höhe von knapp 520 m in Homert bei Gummersbach schon über gewissen Mittelgebirgscharakter verfügt, war das Bergige nicht namengebend für das Bergische. Es geht vielmehr auf das Herzogtum derer von Berg zurück, die seit dem Mittelalter große Teile der Region südlich der Ruhr, westlich des Rheins und nördlich der Sieg in ihrem Besitz hatten.

Im Reich von Fachwerk und Schiefer

Das Tal der Düssel zwischen Mettmann und Erkrath östlich der nordrheinwestfälischen Landeshauptstadt Düsseldorf bekam gegen Ende des 18. Jh. den Namen Neandertal, nach dem bekannten Kirchenmusiker Joachim Neander, der die ursprüngliche Landschaft gern für Predigten und Andachten nutzte. Der Industrialisierung, genauer dem Kalkabbau, fiel später zwar der Landschaftseindruck zum Opfer, dafür entdeckte man 1856 rein zufällig die Gebeine des legendären Urmenschen, der ein neues Kapitel in der Evolutionsgeschichte schrieb. Das ungewöhnliche, im Innern wie ein Schneckenhaus gestaltete **Neanderthal Museum** ist Ausgangspunkt der Reise durch das Bergische Land.

Im Zoo von **Wuppertal** gehören neben den quicklebendigen Vorfahren des *Homo sapiens* die Elefanten zu den Stars, die wiederum in der Geschichte der Wuppertaler Schwebebahn eine schwerwiegende Rolle spielten. Tuffi, dem jun-

Nordrhein-Westfalen

Eine der »Bunten Kirchen« überagt die malerische Ortsmitte von Marienberghausen.

gen indischen Zirkuselefanten, wurde es in dem Waggon über der Wupper zu eng, und er stieg aus, überstand aber den Sturz aus 12 m Höhe beinahe unverletzt. Bereits alle wesentlichen Kriterien des Bergischen Landes vereint das Dörfchen **Beyenburg** auf sich: Fachwerkhäuser, Schieferfassaden, Kopfsteinpflastergassen und die Klosterkirche, eingebettet in ein eindrucksvolles Naturpanorama, das sich malerisch im Wupperstausee spiegelt. Noch viel mehr Schiefer präsentiert **Lennep**, Ortsteil der alten Stadt der Tuchmacher, Remscheid. Dem größten Sohn der Stadt, Wilhelm Conrad Röntgen, ist ein eigenes Museum gewidmet, das für besten medizinischen Durchblick sorgt.

Die lange gepflasterte Marktstraße führt durch die Altstadt **Hückeswagens** bis hinauf zum Schloss, in dem nun Stadtväter und Verwaltung ihr standesgemäßes Domizil eingerichtet haben und von hier aus über eine perfekte Aussicht über ihre Gemeinde verfügen. Viele herrschaftliche Gebäude der früheren Tuchmacherinnung sind noch erhalten. Die erst seit 2012 offizielle Hansestadt **Wipperfürth** gilt als älteste Stadt des Bergischen Landes, wie eine Urkunde von 1131 belegt. Schon im 14. Jh. war die Kaufmannschaft Wipperfürths Mitglied im Bund der Hanse.

Anmutig liegt das Wasserschloss **Gimborn** im Tal der Leppe. Ein geradezu idealer Platz für unvergessliche Hochzeitsfeiern. Schon die Grafen von Berg nutzten es im 13. Jh. als Residenz. Heute befindet es sich im Besitz der Freiherrn von Fürstenberg. Zur Stadt **Gummersbach**, die noch immer vom Ruf ihrer erfolgreichen Handballer zehrt, gehört **Lieberhausen**, das eine der schönsten, typischen »Bunten Kirchen« besitzt. Der Aussichtsturm am **Unnenberg** verhilft zu perfektem Weitblick über Wälder, Stauseen und Dörfer.

Grafen und Kirchenfürsten

Die spätmittelalterliche Anlage **Bergneustadts** als Stadtburg bedingte ihren heutigen, charmanten Charakter einer bergischen Gartenstadt. Silbergruben sorgten schon früh für einen gewissen Wohlstand in **Reichshof**. Der Stadtteil **Eckenhagen** darf sich seit 1991 als Luftkurort bezeichnen, diesen Status besitzt **Nümbrecht** schon wesentlich länger. Etwas westlich des denkmalgeschützten Ortskerns liegt mit dem Fachwerkweiler Bruch ein wahres bergisches Kleinod. Die Grafen zu Sayn begründeten Schloss Homburg um etwa 1250, das erst 1806 zum Herzogtum Berg gelangte. Unter

Persönlicher Tipp

DAS BUNTE IN DER KIRCHE

Lieberhausen östlich von Gummersbach erlangte weithin Berühmtheit durch seine schmackhaften, tortenähnlichen Eierkuchen. Doch wirklich bekannt ist es wegen seiner **Bonte Kerke.** Der oberbergisch-mundartliche Begriff stand ursprünglich nur für das kleine, spätromanische Gotteshaus im Dorf selbst. Später zählte man noch vier weitere Kirchen aus der Region zu den bunten Kirchen hinzu: Müllenbach, Marienberghausen, Marienhagen und Wiedenest. Bunt, weil sie in ihrem Innern über und über mit sehr schönen Fresken, Wand- und Deckenmalereien versehen sind, die unterschiedliche Sujets aus der Schöpfungsgeschichte in Form von teils fast naiven Darstellungen widergeben. Diese Bilder wurden überwiegend während des 15. Jh. auf die bis dahin gänzlich weißen Flächen aufgebracht, im 19. Jh. übermalt und später wieder freigelegt. Lieberhausen nimmt eine besondere Stellung ein, denn hier gibt es das seltene Phänomen bildlicher Darstellungen sowohl aus der Zeit vor der Reformation als auch danach zu bestaunen. www.bunte-kirchen.de

Persönlicher Tipp

BERGISCH NOSTALGISCH

Seit 1998 steht die Zeit still im Freilichtmuseum von Lindlar. Das Konzept der weitläufigen Anlage ist nämlich die Bewahrung einer authentischen Bergischen Siedlungsstruktur und des sozialen Lebenswandels, wie es in der Zeit vor gut 150 Jahren in der Region alltäglich war. Die Umsetzung gelang dem Landschaftsverband Rheinland hinsichtlich Ökologie und bäuerlich-handwerklicher Kultur derart vorbildlich, dass es dafür von der UNESCO ausgezeichnet wurde. Für die Besucher stehen natürlich die historischen Gebäude im Vordergrund, die aus allen Teilen der Region zusammengetragen und wieder im ursprünglichen Zustand aufgebaut wurden. Die Werkstätten der Handwerker, vom Seiler, Lumpenreißer, Stellmacher, Bandweber bis zum Bäcker oder Schmied, sind immer noch betriebsbereit und Gegenstand regelmäßiger Vorführungen. Kapelle, Kiosk und Gaststätte runden das Bild ab. Kulturlandschaft, Felder und Gärten werden ebenfalls ihrer Zeit entsprechend mit historischen Fahrzeugen oder Nutztieren bewirtschaftet.
www.freilichtmuseum-lindlar.lvr.de

Das Westfenster des Altenberger Doms zeigt eine Darstellung des himmlischen Jerusalem.

Schloss Burg ist alljährlich Schauplatz spektakulärer Ritterspiele.

der Erde liegt die größte Sehenswürdigkeit **Wiehls**: die Tropfsteinhöhle, die 1860 nach Sprengungen im Steinbruch entdeckt wurde. Sie ist ebenso populär wie ungewöhnlich für Hochzeitszeremonien. Während des ganzen Jahres betreibt **Engelskirchen** das Postamt des Christkinds. Im Schloss Ehreshoven befindet sich das Damenstift der Rheinischen Ritterschaft. Als Tagungsstätte für Seminare und Konferenzen wird Schloss Heiligenhoven bei **Lindlar** mit dem angrenzenden englischen Landschaftspark genutzt. Und Schloss Bensberg, das oberhalb der Stadt **Bergisch-Gladbach** thront, dient als exklusive Hotelunterkunft.

Zisterzienser gründeten 1131 die Abtei Altenberg an der Dhünn etwas außerhalb von **Odenthal**. Heute gilt der Altenberger Dom als das Bergische Gotteshaus schlechthin. Beide christlichen Konfessionen halten in dem sakralen Bauwerk mit den beeindruckenden Buntglasfenstern Gottesdienste ab. Auf Schloss Burg bei **Solingen** oberhalb der Wupper hatten die Grafen von Berg seit Beginn des 12. Jh. ihren Stammsitz. Eine Seilbahn führt vom Dorf in der Wupperbiegung hinauf zur größten wiederhergestellten Burganlage Deutschlands. Unweit davon entfernt stellt die stählerne Brückenkonstruktion der Müngstener Brücke die höchste Eisenbahnbrücke des Landes dar. Im weiten Bogen verbindet sie Remscheid mit Solingen. In **Solingen Gräfrath** schließlich erzählt das Klingenmuseum von der weltweiten Beliebtheit der Solinger Werkzeugschmieden.

Durchs Bergische Land

Infos und Adressen

REISEROUTE
Mettmann–Wuppertal–Remscheid–Hückeswagen–Wipperfürth–Marienheide–Gummersbach–Bergneustadt–Reichshof-Eckenhagen–Nümbrecht–Wiehl–Engelskirchen–Lindlar–Bergisch Gladbach–Odenthal–Solingen; 270 km

BESTE REISEZEIT
Ganzjährig

SEHENSWERT
Zoo Wuppertal. Alte, landschaftlich behutsam gewachsene Anlage.
www.zoo-wuppertal.de
Röntgen-Museum. Das Leben und Werk Wilhelm Conrad Röntgens, Remscheid-Lennep.
www.roentgenmuseum.de
Schloss Gimborn. In verträumter oberbergischer Landschaft gelegen in Marienheide.
www.ibz-gimborn.de
Aussichtsturm Unnenberg. Fantastischer Weitblick aus 505 m Höhe über Bergisches Land und Sauerland, Gummersbach.
Heimatmuseum Bergneustadt. Geologie, Kultur- und Industriegeschichte der Stadt.
www.heimatmuseum-bergneustadt.de
Bauernhofmuseum Reichshof. Leben wie vor 200 Jahren, Kappesfest, in Eckenhagen.
www.ferienland-reichshof.de
Markt Waldbröl. Großer Vieh- und Krammarkt seit 1851, jeweils am zweiten Donnerstag

im Monat. www.markt.wir-fuer-waldbroel.de
Kurpark Nümbrecht. Anregung und Entspannung rund um den ikonischen Säulenbrunnen von der Landesgartenschau 1974.
www.nuembrecht.de
Burg Homburg. Kulturhistorisches Schmuckstück des Homburger Ländchens im barocken Stil, Nümbrecht.
www.schloss-homburg.de
Schloss Ehreshoven. Das Wasserschloss in Engelskirchen dient als Kulisse der TV-Serie *Verbotene Liebe*.
www.stift-ehreshoven.de
Schloss Burg. Stattliche Residenz der Herzöge von Berg in Solingen oberhalb der Wupper mit sehenswerter Ausstellung und interessanten Führungen.
www.schlossburg.de

Deutsches Klingenmuseum. Scharfe Produkte traditionellen regionalen Handwerks im ehemaligen Kloster in Solingen.
www.klingenmuseum.de
Müngstener Brücke. Besonders beeindruckend wirkt die imposante Stahlkonstruktion in Solingen aus dem idyllischen Tal der Wupper.
www.muengstener-bruecke.de

ESSEN UND TRINKEN
Die **Bergische Kaffeetafel** ist der kulinarische Klassiker in der Region. Zum starken Kaffee aus der typischen **Dröppelmina** gehören diverse Brotsorten, süße wie herzhafte Aufstriche und Beilagen sowie zum Abschluss die Bergische Waffel mit Sahne und Kirschen oder alternativ mit Zimt, Zucker und Milchreis. Zur Ver-

Touristen aus aller Welt besuchen die einzigartige Schwebebahn in Wuppertal, die seit dem Jahr 1901 über der Wupper schwebt.

dauung gibt es einen Bergischen Korn aus dem traditionellen Zinnlöffel.
Altes Landhaus. Gutbürgerlich und gemütlich, Kaffeetafel auf Bestellung, Burscheid.
www.altes-landhaus-online.de
Rusticus. Bauernhof mit Restaurant, Café und Käserei, frische Milch inklusive, Leichlingen. www.bauernkaese.com
Schloss Lerbach. Charmant, eleganter Gourmettempel mit Hotel in Bergisch Gladbach.
www.schlosshotel-lerbach.com

ÜBERNACHTEN
Schloss Bensberg. Grandhotel in Bergisch Gladbach mit Blick bis zum Kölner Dom.
www.schlossbensberg.com/de
Schlosshotel Gimborn. Familiengeführtes Haus im Schatten des Wasserschlosses in Marienheide.
www.schlosshotel-gimborn.de
Hotel Feste Neustadt. Familienbetrieb im typischen Altstadthaus in Bergneustadt.
www.feste-neustadt.de
Zum Schwanen. Stilvolles Haus mit guter Küche, Wermelskirchen.
www.zumschwanen.com

WEITERE INFOS
www.dasbergische.de

Im Westen von Deutschland

58 Moselweinstraße

Zu Füßen sonniger Rebhänge liegt Dhron, einer der ältesten deutschen Weinorte.

HIGHLIGHTS

Rheinisches Landesmuseum Trier. Mit archäologischen Funden wie dem »Neumagener Weinschiff« aus der Römerzeit.

Bernkastel-Kues. Mit schöner Altstadt rund um den Marktplatz und modernem Mosel-Weinmuseum.

Cochem. Fachwerkstädtchen, beherrscht von der **Reichsburg Cochem**.

Schloss Gondorf. Stammsitz der Herren und Fürsten von der Leyen am Moselufer.

FESTE UND VERANSTALTUNGEN

Weinfeste. Von Juni bis Oktober in dichter Reihe in allen Weinbauorten der Mosel.

Mosel Musikfestival. Klassikkonzerte von Juli bis Oktober.

Happy Mosel. Autofreier Erlebnistag an der Mosel zwischen Schweich und Reil (81 km) mit Livemusik, Spiel und Spaß für Groß und Klein, Gastronomie, Kulturangebot, an einem Sonntag im Frühsommer.

Weihnachtsmärkte. Im Advent finden z. B. in Trier, Bernkastel-Kues, Traben-Trarbach und Koblenz romantische Märkte statt.

Berühmte Weinlagen, alte Städtchen und Burgen in einer einzigartigen Flusslandschaft: Von der französischen Grenze bis nach Koblenz folgt die Moselweinstraße den romantischen Schleifen, in denen sich der Fluss seinen Weg bahnt zwischen der Eifel im Norden und dem Hunsrück im Süden.

Wo schon die Römer Wein anbauten

Der Riesling dominiert das Weinbaugebiet Mosel, die älteste deutsche Weinregion und das größte Steillagen-Anbaugebiet der Welt. In fast ununterbrochener Reihe begleiten Weinberge den Fluss. Die felsigen Böden bilden ideale Wärmespeicher für die Rebstöcke. Weit zurück reicht die Weinbautradition, bis zu den Römern, die vor fast 2000 Jahren ihre mediterrane Hochkultur an die Mosel brachten. In **Trier** kann man imposante Römerbauten bestaunen, eine Fülle archäologischer Funde zeigt das Rheinische Landesmuseum, darunter das Grabmal eines Weinhändlers (um 220 n. Chr.) in Form eines Schiffs mit Weinfässern. Es wurde in **Neumagen** ausgegraben, wo sich jetzt eine steinerne Replik findet.

Der reizvollste Abschnitt des Moseltals liegt zwischen den beiden Weinbauorten **Bernkastel-Kues** und **Traben-Trarbach**. Über die zauberhafte Altstadt von Bernkastel wacht eine Burgruine, ganz auf der Höhe unserer Zeit hingegen ist

Rheinland-Pfalz

das multimediale Mosel-Weinmuseum. Beherrscht von den Resten einer ehemals französischen Barockfestung liegt unten am Fluss Traben-Trarbach mit dem fantasievoll gestalteten Jugendstil-Brückentor. Weiter führt die Ferienroute flussaufwärts zum Zeller Hamm, so der Name der Flussschleife bei **Zell** mit der bekannten Lage »Zeller Schwarze Katz«.

Cochemer Krampen heißt die von einer Reichsburg gekrönte Flussschleife, die dem Charme des Weinstädtchens **Cochem** noch eins draufsetzt. Nur Ruinen blieben von den beiden Höhenburgen über **Treis-Karden**, wie alle Mosel-Burgen wurden sie im Pfälzer Erbfolgekrieg von den Franzosen zerstört. Versteckt in einem Seitental blieb dagegen **Burg Eltz** in ihrer ganzen Pracht erhalten. Ein letzter Höhepunkt, bevor die Moselweinstraße in **Koblenz** endet, ist die Weinbaugemeinde **Kobern-Gondorf** mit einem der ältesten Fachwerkhäuser Deutschlands.

Infos und Adressen

REISEROUTE
Perl (Grenzort zu Frankreich)–Trier–Neumagen-Dhron–Bernkastel-Kues–Ürzig–Traben-Trarbach–Zell a. d. Mosel–Cochem–Treis-Karden–Kobern-Gondorf–Koblenz; 240 km

BESTE REISEZEIT
Frühjahr–Herbst

SEHENSWERT
Roscheider Hof. Volkskunde- und Freilichtmuseum bei Konz. www.roscheiderhof.de
Trier. Porta Nigra und die anderen römischen Bauten sowie Dom und Liebfrauenkirche sind UNESCO-Weltkulturerbe. www.welterbe-trier.de
Deutsches Eck. In Koblenz mit Kaiser-Wilhelm-Denkmal und fantastischer Aussicht am Zusammenfluss von Mosel und Rhein.

ESSEN UND TRINKEN
Doctor Weinstube. In Bernkastel-Kues. www.doctor-weinstube-bernkastel.de
Litziger Lay. In Traben-Trarbach. www.litzigerlay.de

ÜBERNACHTEN
Moselromantikhotel Panorama. In Cochem. www.panorama-hotel.de
Hotel Moselschild. In Ürzig. www.hotel-moselschild.de

WEITERE INFOS
Mosellandtouristik GmbH. www.mosellandtouristik.de
Rheinland-Pfalz Tourismus. www.rlp.de

Persönlicher Tipp

DER STEILSTE WEINBERG DER WELT

Wo die Mosel ihre engste Schleife zieht, zwischen Bremm und Ediger-Eller, ragt eindrucksvoll der Calmont empor: mit einer Neigung von bis zu 60 Grad der steilste Weinberg der Welt. Auf einem im wahrsten Sinn des Wortes atemberaubenden Steig kann man ihn erklimmen, die sensationellen Ausblicke genießen – und am eigenen Leib spüren, wie hart und schweißtreibend die Arbeit der Weinbauern ist, die an diesem sonnendurchfluteten Südhang ihre Rebstöcke anbauen. Aufgrund der vielen Trockenmauern und Terrassen, die das Abrutschen des Steilhangs verhindern, sowie der schroffen Schieferfelsen zwischen den Rebflächen kann man praktisch keine Erntemaschinen einsetzen. Am Calmont geht es nur mit Handarbeit! Bei der Lese und auch unterm Jahr beim Schneiden, Düngen und Binden der Rebstöcke wird der Winzer zum Bergsteiger. Dafür zeichnet sich der Riesling vom Bremmer Calmont durch eine Fülle an Aromen und eine Vielfalt an Fruchtnoten aus. Auch die geringen Erntemengen machen ihn unter Kennern zum begehrten Moselwein.

Das römische Weinschiff von Neumagen hat der Weinschenke den Namen gegeben.

Cochem liegt malerisch auf der linken Seite einer langen Moselschleife (Cochemer Krampen).

Im Westen von Deutschland

59 Spessart-Höhenstraße

HIGHLIGHTS

Brüder-Grimm-Stadt Steinau. Mit Fachwerkhäusern und Brüder-Grimm-Museum.

Jossatal. Ein lohnender Abstecher in eines der idyllischsten Bachtäler im hessischen Spessart.

Beilstein. Ein bewachsener Basaltkegel mit der größten Basalthöhle des Spessart (Naturschutzgebiet).

Wiesbüttmoor. Das einzige Hochmoor im Spessart mit seltener Flora (Naturschutzgebiet) und Waldsee (kein Badesee!).

Lochborn. Naturschutzgebiet mit Spuren des historischen Bergbaus in Wiesen.

FESTE UND VERANSTALTUNGEN

Katharinenmarkt. Großes Traditionsfest am dritten Oktoberwochenende in Steinau an der Straße, mit Krammarkt, Mittelaltermarkt, Babbelabend und Kinderprogramm.

Steinauer Puppenspieltage. International renommiertes Marionettentheater, ebenfalls in Steinau, ebenfalls im Oktober.

Weihnachtsmarkt. Im Advent lockt der Weihnachtsmarkt nach Steinau.

Floßhafenregatta auf dem Main. Kanu- und Drachenbootregatta mit bis zu 1800 Teilnehmern an zwei Wettkampftagen im Juni/Juli in Aschaffenburg.

Stolz erhebt sich das Aschaffenburger Renaissanceschloss Johannisburg am Mainufer.

Natur ist Trumpf auf dieser rund 50 km langen Ferienstraße durch den für seine Wälder berühmten Spessart. Die Route verbindet die höchsten Erhebungen des westlichen Teils und führt durch zwei Spessart-Naturparks, zunächst durch den hessischen, um dann, etwa auf halber Strecke, in den bayerischen zu wechseln.

Erlebnisreiche Naturpark-Tour

Bevor es von der Kinzig – der nördlichen Begrenzung des Spessart – in den hessischen Naturpark geht, wird man sich Zeit nehmen für **Steinau an der Straße**. Zu den schönsten Fachwerkhäusern der Region gehört das alte Amtshaus, in dem die Brüder Grimm Jahre ihrer Kindheit verbrachten. Es ist als Grimm-Gedenkstätte und Museum eingerichtet.

Durch **Seidenroth**, wo die Türme einer mittelalterlichen Burg grüßen, fährt man hindurch, danach vorbei an dicht bewaldeten Höhen wie Schnepfenkopf (490 m), Merneser Heiligen (398 m) und Markberg (516 m) zu Deutschlands größtem Schullandheim, dem Frankfurter Kindern wohlbekannten **Kinderdorf Wegscheide**. Nächste Station ist, hinter dem Hohen Berg (521 m), **Villbach**, wo sich ein Abstecher in das idyllische Jossatal anbietet. Gleich neben der Spessart-Höhenstraße (Parkplatz) erhebt sich der Beilstein (500 m), ein dicht bewachsener Basaltkegel mit Höhle und eines der ältesten hessischen Naturschutzgebiete. Auf einem ausgeschilderten Wanderweg kann man es erkunden.

Hessen, Bayern

Liebenswerte Begegnung mit Frau Holle in der Brüder-Grimm-Stadt Steinau

Infos und Adressen

REISEROUTE
Steinau an der Straße–Seidenroth–Alsberg–Mernes–Kinderdorf Wegscheide–Villbach–Wiesen–»Engländer«–Sailauf bei Aschaffenburg; 50 km

BESTE REISEZEIT
Ganzjährig, im Winter nur bei freier Straße

SEHENSWERT
Erlebnispark Steinau. Sympathische, überschaubare Anlage für die ganze Familie.
Aschaffenburg. Mit Renaissanceschloss Johannisburg (Gemäldegalerie), »italienischer Villa« Pompejanum, spätromanisch-gotischer Stiftskirche, schönen Parks und reizvoller Altstadt.

ESSEN UND TRINKEN
Landgasthof Grüner Baum. Traditionell, regionale Küche, Steinau. www.gruenerbaum-steinau.de
Wirtshaus zum Fegerer. Ungemein gemütlich-rustikal speisen in Aschaffenburg, der Stadt mit der größten Dichte an gastronomischen Betrieben im ganzen Freistaat. www.fegerer.de

ÜBERNACHTEN
Deutsches Haus. Landgasthof in Steinau-Ulmach, Familienbetrieb in ruhiger Lage. www.landgasthof-deutsches-haus.de
Schlosshotel Weyberhöfe. Kurfürstliches Schlosshotel in Sailauf mit noblem, historischem Flair. www.weyberhoefe.de

WEITERE INFOS
Tourismusmanagement Spessart-Kinzigtal: Gelnhausen, www.mkk-tourismus-spessart.de
Tourist-Information Spessart-Mainland: Aschaffenburg, www.spessart-mainland.de

Persönlicher Tipp

ERLEBNISPARK STEINAU

In wunderschöner Landschaft, eingebettet zwischen Wäldern und Wiesen, erstreckt sich auf einem Gelände von rund 25 ha der charmante Erlebnispark Steinau. Spektakuläre Achterbahnen und andere Sensationen wird man hier zwar nicht finden, doch dafür entschädigen Fliegenpilz-Karussell und Märchenerzählerin, Goldwaschanlage und Kletterfels, Streichelzoo und Hüpfburg, Autoscooter, Ponyreiten und tolle Spielplätze. Auf der Hochbahn Albatros muss man selber treten, aber auf Sommerrodelbahn und Riesenrutsche geht es ganz ohne Anstrengung rasant bergab. Und wenn der Hunger kommt, geht man ins Parkrestaurant Schneewittchen oder sucht sich einen der vielen Grillplätze aus. Mit den großen Freizeitparks kann und will der familiär geführte Erlebnispark Steinau nicht mithalten. Was er bietet, ist Spiel und Spaß für die Kleinen und Erholung für die Großen in einer gepflegten Anlage mit Liegewiesen und Picknickhütten, einem blühenden Bauerngarten und einem kleinen Landwirtschaftsmuseum.
www.erlebnispark-steinau.de

Nach der **Flörsbacher Höhe** liegt das Naturschutzgebiet Wiesbüttmoor, das einzige Hochmoor im Spessart mit bis zu 2 m dicker Torfschicht und großartiger Vegetation. Nun tritt die Höhenstraße in den bayerischen Spessart ein, wo auf dem Gemeindegebiet von **Wiesen**, das wie eine Rodungsinsel im Wald liegt, weitere Naturschönheiten zu entdecken sind. Die teilweise sehr kurvige Spessart-Höhenstraße gehört zu den Traumrouten für Motorradfahrer, und der **»Engländer«**, ein Waldhaus bei Jakobsthal, ist bekannter Biker-Treff. In Sailauf im Vorspessart endet die Ferienstraße. Wer nach so viel Natur Lust auf Kultur verspürt, sollte unbedingt weiter bis **Aschaffenburg** am Main fahren.

Im Westen von Deutschland

60 Naheweinstraße

Die legendäre Felsformation Rheingrafenstein, im Vordergrund die mächtige Ebernburg

HIGHLIGHTS

Bingener Mäuseturm. Mittelalterliche Zollstelle mitten im Rhein.

Bad Kreuznach. Mit Kurviertel und Brückenhäusern auf der Alten Nahebrücke.

Rheingrafenstein. Markanter Porphyrfels mit Burgruine und **Rotenfels** mit grandioser Steilwand bei Bad Münster am Stein.

Monzingen. Malerisches Fachwerkdorf.

Kirche von Sponheim. Geht zurück auf die Klostergründung von 1101.

FESTE UND VERANSTALTUNGEN

Rhein in Flammen. Spektakuläre Großfeuerwerke im Sommer, Bingen.

Traditioneller Jahrmarkt. Im August in Bad Kreuznach.

Fischerstechen. In Bad Kreuznach im September auf der Nahe.

Mittelaltermarkt. Mit Ritterturnier im September in Ebernburg.

Sonntags um drei. Bunte Veranstaltungsreihe im Freilichtmuseum, Bad Sobernheim.

Konzerte im Orgel Art Museum. Windesheim.

Der Weinbau prägt die Kulturlandschaft entlang der Nahe, die zu beiden Seiten von sanften Höhenzügen gesäumt ist und bei Bingen in den Rhein fließt.

Weindörfer, Burgen und Naturschönheiten

Kenner wissen: Naheweine sind unverwechselbar und doch ganz verschieden. Das liegt an den Böden, die eine größere Vielfalt an Gesteinen aufweisen als in anderen deutschen Weinregionen. Auch unterschiedliche klimatische Bedingungen tragen dazu bei, dass von der Nahe sowohl fruchtige, schlanke Weißweine kommen als auch anspruchsvolle Burgundersorten mit moderater Säure.

In **Bingen**, wo mitten im Rhein der sagenumwobene Mäuseturm steht, überquert man auf der fast 1000-jährigen Drususbrücke die Nahe, der die Ferienroute nun direkt Richtung Süden folgt. Erster Höhepunkt ist **Bad Kreuznach**, größte Weinbaugemeinde der Naheregion und ältestes Radon-Sole-Bad der Welt. Südlich liegt das Mineralheilbad **Bad Münster am Stein** mit dem alten Weindorf **Ebernburg** und dem Rheingrafenstein, einem markanten, von einer Burgruine gekrönten Porphyrfelsen. Nicht zu übersehen ist das Felsmassiv Rotenfels mit der größten Steilwand nördlich der Alpen: Imposant steigt sie direkt am Ufer auf. Zurück ins Mittelalter führt ein Abstecher auf den Disiboden-

Rheinland-Pfalz

berg mit den Mauerresten des uralten Klosters, in dem Hildegard von Bingen eine Zeit lang als Nonne lebte. Über **Bad Sobernheim** mit dem Rheinland-Pfälzischen Freilichtmuseum geht es weiter nach **Martinstein**, dem westlichsten Weindorf an der Nahe, dann am nördlichen Ufer wieder zurück und zum romantischen Fachwerkdorf **Monzingen**, wo nachweislich seit dem 8. Jh. Wein angebaut wird.

Jetzt führt die Naheweinstraße gen Nordosten zu den Weindörfern an den Nahe-Nebenflüssen. Interessant ist die Ruine der Stammburg der einst bedeutenden Grafen von Sponheim. 1101 gründeten sie in **Sponheim** ein Kloster, dessen romanisch-gotische Kirche als wertvollstes Baudenkmal im Naheland gilt. Von überregionaler Bedeutung ist auch das moderne Orgel Art Museum im Weinstädtchen **Windesheim**. Bei **Münster-Sarmsheim**, Heimat der exquisiten Weinlage Dautenpflänzer, erreicht die Ferienroute wieder die Nahe und begleitet sie zurück nach Bingen.

Infos und Adressen

REISEROUTE
Bingen–Bad Kreuznach–Bad Münster am Stein–Ebernburg–Bad Sobernheim–Martinstein–Monzingen–Sponheim–Windesheim–Münster-Sarmsheim–Bingen; 130 km

BESTE REISEZEIT
Frühjahr und Herbst

SEHENSWERT
Rheinland-Pfälzisches Freilichtmuseum. Historische Bauten, Äcker und Gärten im Nachtigallental bei Bad Sobernheim. www.freilichtmuseum-rlp.de
Orgel Art Museum. Über 30 Orgeln und andere Tasteninstrumente, Windesheim. www.orgel-art-museum.de

ESSEN UND TRINKEN
Hofgut Rheingrafenstein. Auf dem Bad Kreuznacher Kuhberg. www.hofgut-rheingrafenstein.de
Museumsgaststätte. Im Rheinland-Pfälzischen Freilichtmuseum.

ÜBERNACHTEN
Hotel Burgblick. Haus mit toller Aussicht in Bad Münster am Stein. www.hotel-burgblick.com
Der Kaiserhof. Traditionshotel in Guldental. www.kaiserhof-guldental.de

WEITERE INFOS
Naheland-Touristik GmbH: www.naheland.net
Weinland Nahe e.V.: www.weinland-nahe.de

Persönlicher Tipp

KUR- UND WEINSTADT BAD KREUZNACH

Reich gesegnet mit 70 Weingütern und 700 ha Anbaufläche zählt Bad Kreuznach mit seinen Stadtteilen zu den größten Weinbaugemeinden im Naheland. Den Weinbau haben an der Nahe bereits die Römer eingeführt, Hinterlassenschaften ihrer hochstehenden Kultur zeigt die archäologische Ausstellung in der Römerhalle. Man geht davon aus, dass die Römer, bekanntermaßen leidenschaftliche Anhänger des Badens, bereits die salzhaltigen Kreuznacher Quellen kannten. Weltruf erlangte Bad Kreuznach dann 1904 durch die Entwicklung der Radon-Therapie. Historische Bäderarchitektur, der herrliche Kurpark sowie moderne Thermen, Gesundheits- und Wellnesseinrichtungen findet man konzentriert auf der Insel in der Nahe. Wahrzeichen der Stadt sind die Brückenhäuser auf der mittelalterlichen Nahebrücke. Malerisch reihen sich im ehemaligen Gerberviertel die altertümlichen Häuser aneinander. Ein Fachwerkhaus mit Vergangenheit ist das Dr. Faust-Haus, in dem anno 1507 der Wunderheiler und Alchimist wohnte – das Vorbild für die literarische Faust-Figur.

Beliebtes Fotomotiv: das Brückenhaus auf der Alten Nahebrücke von Bad Kreuznach

Im Westen von Deutschland

61 Lahn-Ferienstraße

HIGHLIGHTS

Marburg. Verwinkelte Altstadt, Fachwerk-Marktplatz, gotische Elisabethkirche, gotisches Landgrafenschloss.

Wetzlar. Viel schönes Fachwerk, unvollendeter romanisch-gotischer Dom, Alte Lahnbrücke, moderner Optikparcours.

Braunfels. Fachwerkidylle, gekrönt von Solmser Märchenburg.

Limburg. Gepflegte Fachwerk-Altstadt, Domberg mit romanisch-gotischem Dom.

Bad Ems. Bäderarchitektur des 19. Jh., moderne Kur- und Wellnesseinrichtungen.

FESTE UND VERANSTALTUNGEN

Weidenhäuser Höfefest. Veranstaltung im alten Gerberviertel von Marburg, September.

Stadtfest. Dreitägiges Fest im August in Gießen.

Gallusmarkt im Oktober, **Brückenfest & Brückenlauf** im September, **Fastnacht** mit Umzug am Sonntag – alles in Wetzlar.

Mittelalter-Spektakulum. Im Kurpark von Braunfels mit Ritterturnier, Greifvogel-Schau und Markttreiben, im Juni.

Gauklerfest und Rheingauer Weintage. Im Juli in Limburg.

Altstadt-Weihnachtsmarkt. In Limburg.

Von der Alten Lahnbrücke schweift der Blick zum prachtvollen Limburger Dom.

Zwischen bewaldeten Höhen schlängelt sich die Lahn von ihrem Quellgebiet im Rothaargebirge in einem weiten Bogen dem Rhein zu. Und fast ständig verläuft neben dem Fluss die Ferienstraße.

Flussidylle mit viel Geschichte

Da das Quellgebiet den Wanderern vorbehalten bleibt, beginnt die Autoreise an der Lahn in Glashütte, das bereits zum Gemeindegebiet von **Bad Laasphe** gehört, dem Kneipp-Kurort mit dem Stammschloss derer von Wittgenstein (heute Internat). Über Biedenkopf, Hessens waldreichste Gemeinde, geht es in die Universitätsstadt **Marburg** mit dem majestätischen Landgrafenschloss und der Elisabethkirche, die als erster rein gotischer Sakralbau Deutschlands gilt. Auf ruhigen Landstraßen (parallel zur A3) fährt man nun Richtung Süden. Zum Baden lockt im Sommer der Wißmarer See, von Wettenberg aus lässt sich das Gleiberger Land mit seinen Burgruinen und dem Aussichtsturm auf dem Dünsberg (497 m) erkunden.

In **Gießen**, Universitätsstadt und Technologiezentrum, lädt das Mitmachmuseum Mathematikum zum Besuch ein. Dem großen Chemiker Justus Liebig, der hier wirkte, ist ebenfalls ein Museum gewidmet. Die Geschichte von Stadt und Raum Gießen dokumentiert das Oberhessische Museum. In der alten Reichsstadt **Wetzlar** folgt man den Spuren des jungen Goethe, der als Praktikant am Reichskam-

Nordrhein-Westfalen, Hessen, Rheinland-Pfalz

Jeden Mittwoch und Samstag findet auf dem Domplatz in Wetzlar ein Wochenmarkt statt.

Infos und Adressen

REISEROUTE
Bad Laasphe–Biedenkopf–Marburg–Wißmar–Gießen–Wetzlar–Braunfels–Weilburg–Limburg–Diez–Nassau–Bad Ems–Lahnstein; 245 km

BESTE REISEZEIT
Ganzjährig

SEHENSWERT
Altstadt Bad Laasphe. Wie aus dem Bilderbuch mit Fachwerkhäusern und Kopfsteinpflaster; ältestes Gebäude ist die romanisch-gotische Stadtkirche mit dem ungewöhnlichen Turmhelm.
Museen in Gießen. Mitmachmuseum Mathematikum, Liebig-Museum, Oberhessisches Museum mit interessanter stadtgeschichtlicher Abteilung.
www.mathematikum.de,
www.liebig-museum.de,
www.giessen.de
Schloss Weilburg. Auf einem Bergsporn über der Lahn: eine bedeutende Schlossanlage der Renaissance, im Barock erweitert, mit Schlossgarten und Schlosskirche.

ESSEN UND TRINKEN
Restaurant-Café Forsthaus Lahnquelle. Reizvoll gelegenes Lokal in Lahnhof. www.forsthaus-lahnquelle.de
Das Jagdschlösschen. Junge regionale Küche in Wetzlar-Dutenhofen. www.dasjagd.de

ÜBERNACHTEN
Jagdhof Glashütte. Romantikhotel im Rothaargebirge an der oberen Lahn.
www.jagdhof-glashuette.de
Hotel Marburger Hof. Gediegene, freundliche Unterkunft in der Marburger Altstadt.
www.marburgerhof.de

WEITERE INFOS
Lahntal Tourismus Verband. Wetzlar. www.daslahntal.de

Persönlicher Tipp

AUF DEM LIMBURGER DOMBERG

Weithin sichtbar thront hoch über der verwinkelten Limburger Altstadt mit ihren schönen alten Fachwerkhäusern der berühmte Dom St. Georg – unverwechselbar allein schon durch seine sieben Türme und die mehrfarbige Außenbemalung. Architekturhistorisch gilt die 1235 geweihte Kirche als vollendete Schöpfung spätromanischer Baukunst, wobei sich frühgotische Stilformen bereits andeuten. Zum Dom wurde St. Georg aber erst im 19. Jh. mit der Gründung des Bistums Limburg erhoben, seit damals nennen die Limburger den exponierten Kalkfelsen Domberg. Eine Vorgängerkirche stand dort oben bereits um 900, noch ein Jahrhundert früher setzt die Forschung die Anfänge der Felsenburg an, die ursprünglich der Kontrolle des strategisch wichtigen Lahnübergangs diente. Heute wirkt sie wie ein massives Bollwerk zum Schutz des kostbaren Gotteshauses. Dessen Innenraum ist mit seinen hohen schmucklosen Strebepfeilern vergleichsweise schlicht. Farbige Akzente setzen einige kostbare Fresken aus Spätromanik und Gotik.

mergericht in der verträumten Kleinstadt die Inspiration für seinen Erfolgsroman *Die Leiden des jungen Werthers* fand.

Weiter folgt die Ferienstraße der Lahn durch das **Solmser Land**, wo das Besucherbergwerk Grube Fortuna an Hessens bergmännische Vergangenheit erinnert. Ein Höhepunkt an der Ferienstraße ist **Limburg**, die schöne alte Stadt mit Dom und Burg. In Diez steht das Barockschloss Oranienburg, in Nassau die stattliche Burg, in **Bad Ems** lockt der Glanz der Gründerzeit mit Grandhotel, Villen, Parks und Bäderarchitektur. In **Lahnstein** schließlich bewacht eine Höhenburg die Mündung der Lahn in den Rhein.

Im Westen von Deutschland

62 Badische Weinstraße

Im Herzen des Kaiserstuhls liegt Vogtsburg, Badens größte Weinbaugemeinde.

HIGHLIGHTS

Baden-Baden. Traditionsreiche Kurstadt, Bäderarchitektur des 19. Jh., moderne Caracalla-Thermen, prächtige Gärten und Parks, Museum Frieder Burda.

Durbach. »Goldenes Weindorf«, vielfach ausgezeichnet: der Klingenberger Riesling vom oberen Schlossberg mit Schloss Staufenberg.

Freiburg im Breisgau. Monumentales gotisches Münster mit hochkarätiger Ausstattung, Münsterplatz mit Baudenkmälern, Augustinermuseum mit Werken oberrheinischer Meister.

FESTE UND VERANSTALTUNGEN

Oster-, Pfingst-, Sommer- und Herbst-Festspiele. Opern und Konzerte im Festspielhaus Baden-Baden.

Schwäbisch-alemannische Fasnacht. Traditioneller Fasching der Narren- und Hexenzunft in Offenburg.

Schauinsland Klassik Oldtimer-Rallye. Ende Juli in Freiburg.

Weinfeste. Ortenauer Weinfest Ende September, Freiburger Weinfest im Juli, Weinfest Kaiserstuhl und Tunigau Ende August in Breisach.

Wo die sanften Vorberge des Schwarzwalds aus der Oberrheinebene aufsteigen, befindet sich Deutschlands drittgrößtes und wärmstes Weinbaugebiet. Durch dieses Rebenland verläuft die Badische Weinstraße mit ihren charmanten Winzerdörfern und sehenswerten Städten.

Weinreise von Baden-Baden nach Weil am Rhein

Stilvolle Bäderarchitektur des 19. Jh., das prunkvolle Casino, moderne Thermen, nicht zu vergessen die schicken Boutiquen, die wunderschönen Gärten und Parks, das Festspielhaus und das Museum Frieder Burda: So attraktiv präsentiert sich die traditionsreiche Kurstadt **Baden-Baden** am Beginn der Badischen Weinstraße. Richtung Süden geht es zunächst durch die von Wein- und Obstbau geprägte Ortenau mit dem »goldenen Weindorf« **Durbach**, der Stadt **Offenburg** und dem pittoresken Fachwerkort **Ettenheim**. Es folgt der Weinbaubereich Breisgau, wo man sich vor allem für das schöne **Freiburg** ein wenig Zeit nehmen sollte. Eine Nebenroute schlängelt sich durch den kleinen, aber feinen Weinbaubereich am Kaiserstuhl, dem vulkanischen Bergstock mit mediterraner Flora und Fauna: ein Paradies für Naturfreunde! Auf steilem Fels thront das gotische Münster von **Breisach** am Rhein, der jahrhundertelang umkämpften

Baden-Württemberg

Grenzstadt. Heute ist man dem gegenüber am französischen Rheinufer liegenden Neuf-Brisach mit den barocken Festungsanlagen von Vauban (UNESCO-Weltkulturerbe) freundschaftlich verbunden.

Zurück auf der Hauptroute bezaubert die Burgruine über den Weinbergen in **Staufen im Breisgau**, wo man bei Führungen durch die Traditionsbrennerei Schladerer alles über die Herstellung der gehaltvollen Obstbrände erfährt. Auf der Fahrt durch das reizvolle Markgräflerland lädt die Weinbaugemeinde **Müllheim** zum Besuch im Markgräflermuseum. Schließlich ist im äußersten Südwesten Deutschlands der Endpunkt der Ferienstraße erreicht: **Weil am Rhein**, die »Stadt der Stühle« mit dem international renommierten Vitra Design Museum, dem Firmenmuseum des Möbelherstellers Vitra im spektakulären Bau des Stararchitekten Frank Gehry.

Infos und Adressen

REISEROUTE
Hauptroute: Baden-Baden–Durbach–Ettenheim–Freiburg im Breisgau–Breisach am Rhein–Staufen im Breisgau–Müllheim–Weil am Rhein; ca. 200 km

BESTE REISEZEIT
Frühjahr–Herbst

SEHENSWERT
Offenburg. Altstadt mit viel Fachwerk, barocken und klassizistischen Baudenkmälern.
Ettenheim. Fachwerkstädtchen mit Pfarrkirche und Wallfahrtskirche im Barockstil, Parkanlage Prinzengarten, prämierte Weingüter.
Breisach am Rhein. Altstadt auf dem und um den Münsterberg mit kostbar ausgestattetem gotischem Münster, barockes Rheintor mit Stadtmuseum.
Weil am Rhein. Vitra Design Museum. www.design-museum.de

ESSEN UND TRINKEN
Zum Alde Gott. Gehobener Landgasthof in Neuweier bei Baden-Baden. www.zum-alde-gott.de
Adelhauser Weinstube. Regionale Küche und Weine in Freiburg.

ÜBERNACHTEN
Hotel Sonne. Traditionshaus im Herzen von Offenburg. www.hotel-sonne-offenburg.de
Posthotel Kreuz-Post. Inmitten der Kaiserstühler Weinberge in Vogtsburg-Burkheim. www.hotel-kreuz-post

WEITERE INFOS
Badische Weinstraße: www.badische-weinstrasse.de

Persönlicher Tipp

FREIBURG IM BREISGAU

Die bunten Fassaden, die »Bächle« und die mit Rheinkieselsteinen gepflasterten Gassen, der Münsterplatz mit seiner prachtvollen historischen Bebauung, der Rathausplatz, das spätgotische Haus zum Walfisch ... Dass die Freiburger Altstadt dennoch nicht in musealer Schönheit erstarrt, dafür sorgen schon die vielen Studenten der Universität. Hauptsehenswürdigkeit ist das riesige, aus rotem Sandstein erbaute Münster (13./14. Jh.), eines der eindrucksvollsten gotischen Bauwerke in Deutschland. Den filigranen, 166 m hohen Turm kann man besteigen und den Rundblick über das grüne Umland genießen. Im Inneren des Münsters bestechen hochkarätige Kunstwerke, allen voran das berühmte Hochaltarbild (um 1515), ein Hauptwerk von Hans Baldung Grien. Wie etwa Matthias Grünewald zählt er zu den oberrheinischen Meistern, deren Kunst das Augustinermuseum in einem ehemaligen Klosterkomplex präsentiert. Freiburgs wechselvolle Stadtgeschichte ist das Thema des Museums im barocken Wenzingerhaus am Münsterplatz.

Traditionelle Masken und Kostüme bei der alemannischen Fasnacht in Freiburg

eutsche Hopfenstraße
lasstraße 212
era-Touren II 214
nn–Salzach«-Entdeckungstour
aiserpfad und Königsweg
änkische und Aischgründer Bierstraße
tlang des Böhmerwalds
Blauer Reiter«-Tour
e Dietzenhofers: Bamberg–Prag
Fünf-Seen-Land«-Route
tmühltal-Tour
berbayerische Inn-Klöster
Wilde Wachau«-Route

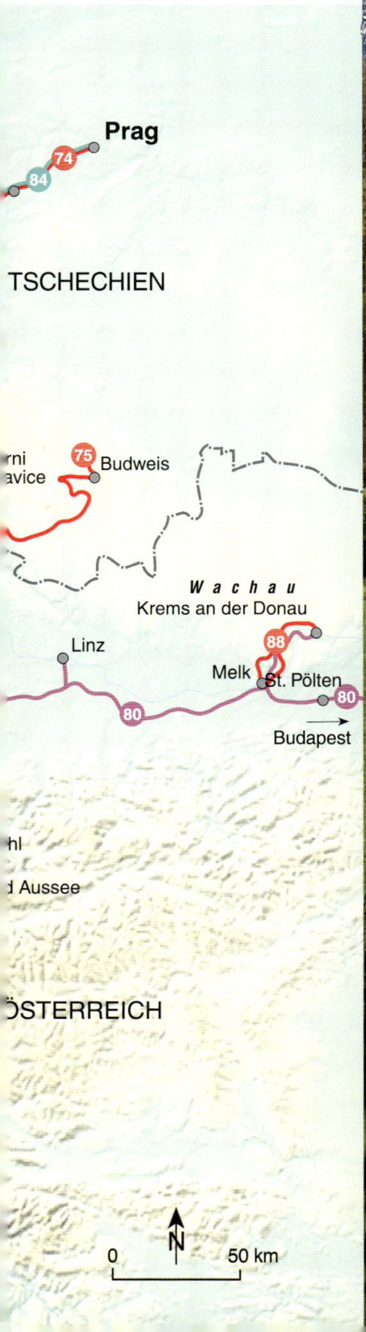

Im Süden von Deutschland

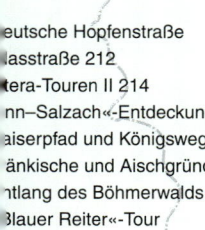

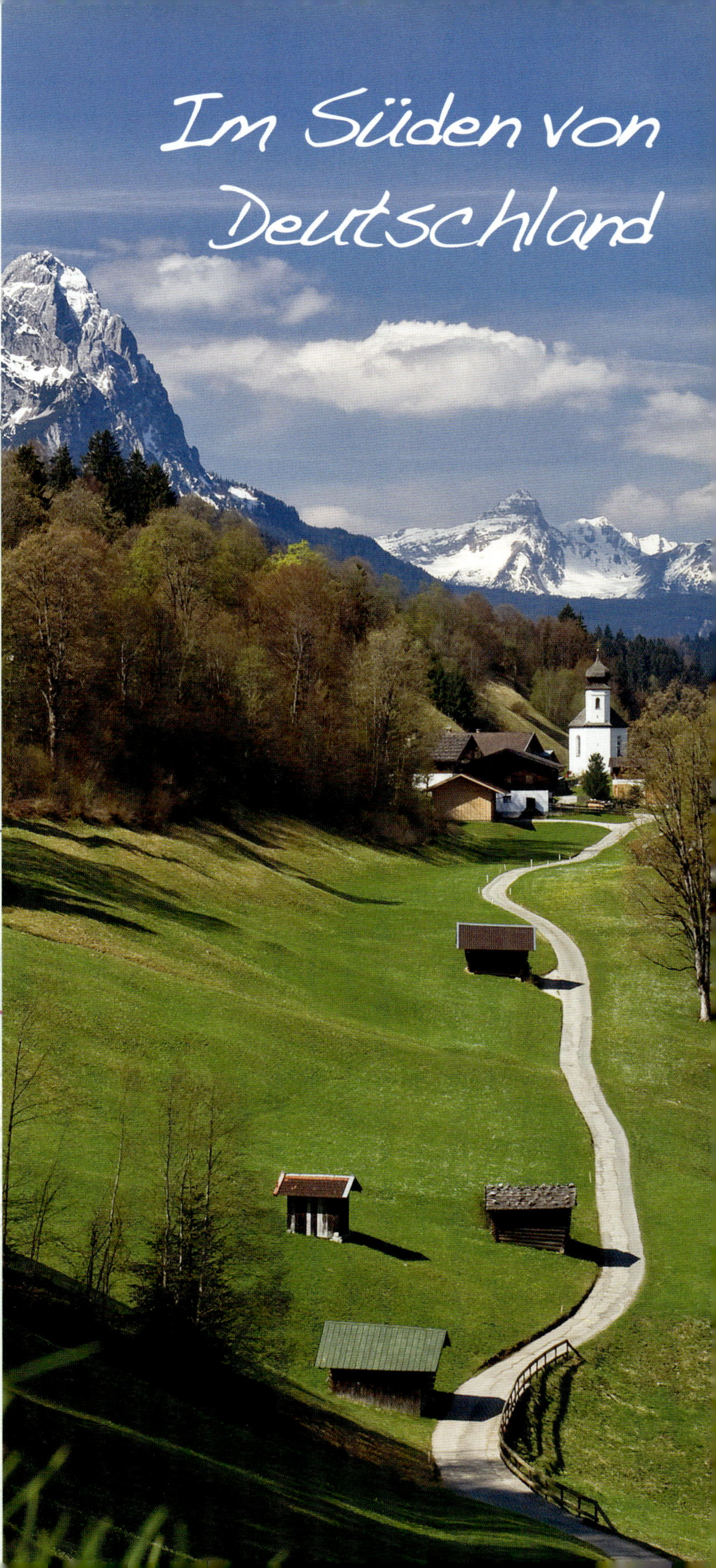

Prag

74
84

TSCHECHIEN

75 Budweis

Wachau
Krems an der Donau

88

Linz
Melk St. Pölten
80   80
Budapest

hl
d Aussee

ÖSTERREICH

0   N   50 km

Im Süden von Deutschland

63 UNESCO-Route: vom Bodensee in den Pfaffenwinkel

HIGHLIGHTS

Klosterinsel Reichenau. Mit ihren drei gut erhaltenen romanischen Kirchen herausragendes Zeugnis monastischer Kultur des frühen Mittelalters, UNESCO-Weltkulturerbe.

Pfahlbaumuseum Unteruhldingen. Mit rekonstruierten Pfahlbauten aus der Stein- und Bronzezeit, Teil des UNESCO-Welterbes »Prähistorische Pfahlbauten um die Alpen«.

Wieskirche. Bei Steingaden, Höhepunkt des bayerischen Rokoko, einzigartige Raumschöpfung mit feinstem Stuck, Skulpturenschmuck und großartigem Deckengemälde, UNESCO-Weltkulturerbe.

FESTE UND VERANSTALTUNGEN

Konstanz. Alemannische Fasnet mit großem Umzug am Sonntag; Seenachtfest im August mit Seefeuerwerk; DLRG-Silvesterschwimmen, 1,5 km in 5 °C kaltem See.

Meersburg. Droste-Literaturtage im Mai; Bodensee-Weinfest auf dem Schlossplatz im September.

Isny. Opernfestival im Juni und Theaterfestival im August auf der Freilichtbühne am Stadtgrabenweiher.

Steingaden. Konzertreihe Festlicher Sommer in der Wies, Abendkonzerte und Musik im Pfaffenwinkel.

Zurück in prähistorische Zeiten führt das Pfahlbaumuseum Unteruhldingen.

Der Bodensee, das Allgäu und das oberbayerische Voralpenland bilden die traumhaft schöne Naturkulisse für drei UNESCO-Welterbestätten, die weit zurückführen in die Vorgeschichte und über das frühe Mittelalter schließlich in die Epoche des Spätbarock.

Zeitreise durch Kulturlandschaften

Eine kleine Insel im Bodensee als geistiges und kulturelles Zentrum des Reiches – das war die **Reichenau** mit ihrer Benediktinerabtei vom 9. bis ins 11. Jh. In höchstem Ansehen standen Klosterschule und Bibliothek, im Scriptorium entstanden prächtig illuminierte Handschriften, bis heute sind 40 kostbare Codices aus der »Reichenauer Malerschule« erhalten. Eindrucksvolle bauliche Hinterlassenschaften sind die drei romanischen Inselkirchen: Wandmalereien des 10. Jh. schmücken St. Georg in Oberzell, auch in St. Peter und Paul in Niederzell ist die Apsis ausgemalt. Hauptkirche des Klosters war das Marienmünster, eine dreischiffige Basilika des 9. Jh. Von der Reichenau, die mit dem Festland über einen Damm verbunden ist, fährt man in die schöne alte Reichsstadt **Konstanz**.

Mit der Autofähre setzt man über nach Meersburg, wo sich schon wegen des Traumblicks über den Bodensee der Weg hinauf in die Oberstadt mit Altem und Neuem Schloss lohnt. Ein paar Kilometer weiter liegt direkt am Seeufer das

Baden-Württemberg, Bayern

Heitere Pracht des bayerischen Rokoko: in der Wieskirche bei Steingaden

Infos und Adressen

REISEROUTE
Konstanz mit Insel Reichenau–Autofähre Konstanz–Meersburg–Unteruhldingen–Isny–Nesselwang–Steingaden; 180 km

BESTE REISEZEIT
Frühjahr–Herbst

SEHENSWERT
Konstanz. Historische Reichs- und Bischofsstadt am Bodensee mit »Bilderbuch«-Altstadt und interessanten Museen.
Meersburg. Am Nordufer des Bodensees, von der Oberstadt mit Altem und Neuem Schloss bietet sich eine sensationelle Aussicht über den See bis zu den Alpen.
Isny im Allgäu. Mittelalterliches Städtchen mit fast vollständig erhaltener Stadtbefestigung.

ESSEN UND TRINKEN
Gasthof Moser. Bayerisches Wirtshaus bei der Wieskirche.
www.gasthof-moser.de

ÜBERNACHTEN
Hotel 3 Stuben. Gepflegtes Altstadthotel in Meersburg.
www.3stuben.de
Hotel Hohe Linde. Freundlicher Familienbetrieb in Isny im Allgäu.
www.hotel-hohe-linde.de

WEITERE INFOS
UNESCO-Welterbestätten in Deutschland:
www.unesco.de/welterbe-deutschland.html
Tourismus Marketing Baden-Württemberg:
www.tourismus-bw.de
Bayern Tourismus Marketing:
www.bayern.by

Pfahlbaumuseum **Unteruhldingen**, in dem das Leben unserer steinzeitlichen und bronzezeitlichen Vorfahren lebendig wird. »Prähistorische Pfahlbauten um die Alpen« heißt das UNESCO-Weltkulturerbe, zu dem auch die archäologische Stätte Unteruhldingen gehört.

Auf dem Weg durchs Allgäu Richtung Osten kommt man durch **Isny**, das noch ganz von seiner mittelalterlichen Befestigungsmauer umschlossene Städtchen, und durch den Luftkurort **Nesselwang**, wo die Alpspitzbahn ein beliebtes Wander- und Skigebiet erschließt. Nach der Überquerung des Lechs bei Lechbruck ist der oberbayerische Pfaffenwinkel erreicht, eine ländliche Idylle mit Kirchen und Klöstern. Glanzstück ist die **Wies bei Steingaden**, die vielleicht schönste Rokokokirche Deutschlands.

Persönlicher Tipp

IN DER KONSTANZER ALTSTADT

Die größte Stadt am Bodensee, in wunderbarer Lage am Seerhein zwischen Obersee und Untersee, blickt auf eine lange Geschichte zurück: von den Römern gegründet, seit dem Frühmittelalter Bischofssitz, seit der Stauferzeit Reichsstadt, heute Universitätsstadt mit malerischer Altstadt. Das mächtige romanisch-gotische Münster mit barocker Ausstattung und frühmittelalterlicher Krypta dominiert die Stadt. Unter den historischen Bauten am Münsterplatz sticht das bunt bemalte Haus zur Kunkel heraus. Eine fast mediterrane Atmosphäre verströmt der Obermarkt mit seinen Straßencafés, mit italienischen Renaissanceformen besticht das benachbarte Rathaus. Am Hafen, wo draußen die 9 m hohe Skulptur »Imperia« grüßt, erinnert das mächtige Konzilsgebäude an das Reformkonzil von 1414. Im Zunfthaus der Metzger zeigt das Rosgartenmuseum in originalgetreu eingerichteten Räumen seine Schätze zur Kunst- und Kulturgeschichte des Bodenseeraums. Ebenfalls empfehlenswert: das Archäologische Landesmuseum Baden-Württemberg in einem ehemaligen Kloster.

Im Süden von Deutschland

64 Bertha Benz Memorial Route

Die historische Altstadt von Ladenburg mit Marktplatz und Marienbrunnen

HIGHLIGHTS

Mannheim. Barocke Anlage als »Quadratestadt«, Schloss, Luisenpark und Jugendstilensemble am Wasserturm.

Heidelberg. Einzigartige Altstadt am Neckar, über der die Ruine des Heidelberger Schlosses thront.

Bruchsal. Barocke Schlossanlage mit Deutschem Musikautomaten Museum.

Pforzheim. Schmuckmuseum und Schmuckwelten.

Bretten. Fachwerkidylle in der Melanchthonstadt, Stadtmuseum mit origineller Schutzengelausstellung.

Schwetzingen. Residenzstadt mit Barockschloss und Schlossgarten mit französischer und englischer Gartenbaukunst.

FESTE UND VERANSTALTUNGEN

Bertha Benz Challenge. Unter dem Motto »Nachhaltige Mobilität auf der ältesten Automobilstraße der Welt« wurde im Sommer 2011 der seither immer im September stattfindende Wettbewerb ins Leben gerufen, der an die Erfindung des Automobils durch Carl Benz 1886 erinnert.

1888 unternahm die junge Ingenieursgattin Bertha Benz zusammen mit ihren Söhnen die erste automobile Fernfahrt der Welt – ohne Wissen ihres Mannes. Carl Benz hatte zwei Jahre zuvor in Mannheim mit seinem Benz Patent-Motorwagen Nummer 1 das erste Automobil mit Verbrennungsmotor der Öffentlichkeit vorgestellt. Doch erst die Fahrt seiner Frau mit dem Benz Patent-Motorwagen Nummer 3 erregte Aufsehen.

Ein mobiles Denkmal

Auf zwei Wegen führt die 194 km lange Ferienstraße von Mannheim nach Pforzheim und zurück. Die Bertha Benz Memorial Route wurde 2008 als Ferienstraße genehmigt und ist seit 2009 Mitglied der European Route of Industrial Heritage (ERIH). Entlang der Route informieren 31 QR-Code-Tafeln seit 2014 die Touristen über die Sehenswürdigkeiten. Bertha Benz, 1849 als Cäcilie Bertha Ringer in Pforzheim zur Welt gekommen, unterstützte mit ihrer Mitgift die Pläne ihres Mannes Carl Benz, mit dem sie seit 1872 verheiratet war. Die 1944 in Ladenburg verstorbene Bertha Benz gilt als eine der Pionierinnen des Automobils. Ihre Gedächtnisstrecke führt durch die Oberrheinische Tiefebene, den Kraichgau und berührt die Badische Bergstraße und das Neckartal – landschaftlich reizvolle Gegenden.

Baden-Württemberg

Ausgangspunkt ist **Mannheim**. Im Quadrat T6 erfand Carl Benz das Automobil, die Werkstatt ist heute einer Wohnbebauung gewichen. Der wichtigste Ankerpunkt der Route ist aber **Ladenburg** mit dem **Automuseum Dr. Carl Benz** in der alten Benz-Fabrik von 1906 und dem Carl-Benz-Haus, in dem das Ehepaar Benz wohnte. Über **Heidelberg** führt die Strecke nach Wiesloch mit der ersten Tankstelle der Welt: Nachdem den mutigen Pionieren der Sprit ausgegangen war, besorgten sie sich in der alten **Stadtapotheke** das Reinigungsmittel Ligroin als Treibstoff. Zwei Pannen konnten ebenso souverän gemeistert werden. Eine verstopfte Benzinleitung wurde mit einer Haarnadel gereinigt, eine gebrochene Zündung mit dem Strumpfband repariert. Auf dem Weg nach **Pforzheim** berührt die Route **Bruchsal** und Karlsruhe. Für die Rückfahrt wählte Bertha Benz eine Strecke durch den **Kraichgau** über die Rennstadt **Hockenheim** und die Residenzstadt **Schwetzingen**.

Infos und Adressen

REISEROUTE
Hinfahrt Mannheim–Pforzheim: 104 km; Rückfahrt Pforzheim–Mannheim; 90 km

BESTE REISEZEIT
April–Juni (Spargelzeit)

SEHENSWERT
Automuseum Dr. Carl Benz. Ankerpunkt der Route mit historischen Fahrzeugen. www.automuseum-ladenburg.de
Hockenheimring. Die Rennstrecke kann an veranstaltungsfreien Tagen besichtigt werden. www.hockenheimring.de

ESSEN UND TRINKEN
Backmulde. Regional-mediterrane Küche in enem Fachwerkhaus in Ladenburg. www.backmulde.de
LoewenThor. In einem ehemaligen Kutschenhalt in Gondelsheim. www.loewenthor.de

ÜBERNACHTEN
Hotel zum Ritter St. Georg. In einem Renaissance-Palais in der Heidelberger Altstadt. www.ritter-heidelberg.de
Walk'sches Haus. Romantikhotel in Weingarten. www.walksches-haus.de

WEITERE INFOS
Homepage der Ferienstraße: www.bertha-benz.de
Website der Bertha Benz Challenge: www.bertha-benz-challenge.de

Persönlicher Tipp

SEHENSWERTE TECHNIK- UND AUTOMUSEEN

Direkt an der Route und in unmittelbarer Nähe lohnen einige mit dem Thema Mobilität verbundene Museen einen Besuch. Das TECHNOSEUM in Mannheim, das Landesmuseum für Technik und Arbeit, ist eines der großen Technikmuseen in Deutschland. In der alten Benz-Fabrik in Ladenburg, die nach dem Umzug des Unternehmens von Mannheim gebaut wurde, beherbergt das Automuseum Dr. Carl Benz unter den rund 70 ausgestellten Fahrzeugen auch den Benz Patent-Motorwagen. Auf mehr als 2000 m² präsentiert das Motor-Sport-Museum am Hockenheimring alles, was mit dem Rennsport zu tun hat. Ein besonderes Highlight ist die größte Rennmotorradsammlung Europas. Etwas abseits der Route liegt in Altlußheim das Museum Autovision, im Mittelpunkt der Ausstellung steht der Wankelmotor. Das Deutsche Straßenmuseum in Germersheim widmet sich als einziges Museum seiner Art der Geschichte des Straßenbaus. Ebenfalls ein Technikmuseum der Superlative ist das Technik Museum Speyer, das schon von Weitem durch die ausgestellten Flugzeuge die Aufmerksamkeit auf sich zieht.

Bei der Wieslocher Stadt-Apotheke tankte Berta Benz damals auf.

Im Süden von Deutschland

65 Oberschwäbische Barockstraße

HIGHLIGHTS

Basilika in Weingarten. Die Stiftskirche St. Martin und Oswald ist die größte Barockkirche Deutschlands.

Wallfahrtskirche Steinhausen. Als »schönste Dorfkirche der Welt« bezeichnete Wallfahrtskirche der Brüder Zimmermann. Ein Hauptwerk der Wessobrunner Schule.

Basilika Birnau. Prachtvoll ausgestattete Wallfahrtskirche oberhalb des Bodensees.

Kloster Ottobeuren. Auch als »Schwäbischer Escorial« bezeichnete Benediktinerabtei. In der prächtigen Basilika beeindrucken auch die beiden Chororgeln.

Schloss Meersburg. Neues Schloss mit Barockfassade zur Seeseite mit Gartenterrasse und Rokokofassade am Schlossplatz.

FESTE UND VERANSTALTUNGEN

Ulmer Fischerstechen. Alle vier Jahre an zwei Sonntagen vor dem Schwörmontag im Juli auf der Donau stattfindendes Turnier der Mitglieder des Ulmer Schiffervereins. Jährlich findet am Nachmittag des Schwörmontags die Nabada statt, ein bunter Wasserumzug.

Weingartener Blutritt. Die größte Reiterprozession Europas findet am Freitag nach Christi Himmelfahrt statt.

Das Neue Schloss in Meersburg thront am Bodensee.

Entlang der rund 500 km langen Ferienstraße, die auf der Südroute auch die Ostschweiz und das österreichische Bundesland Vorarlberg berührt, kann man mehr als 100 barocke Kirchen, Klöster und Schlösser besichtigen. Das Logo der Oberschwäbischen Barockstraße ist ein gelber Putto, das typische pausbäckige Barockengelchen, auf grünem Grund.

Das Himmelreich des Barock

Die sich wie Perlen an einer Schnur aneinanderreihenden barocken Bauwerke sind im katholischen Oberschwaben Stein gewordener Ausdruck der Gegenreformation, während im übrigen Württemberg in dieser Zeit der bibeltreue Pietismus den Ton angab. Die Hauptroute der Oberschwäbischen Barockstraße führt als Rundkurs von Ulm über Wiblingen, Ochsenhausen, Wolfegg, Wangen im Allgäu, den Bodensee, Weingarten, Steinhausen und Zwiefalten zurück in die Donaustadt. Vom gotischen **Ulmer Münster** erreicht man über das Kloster **Wiblingen** die Reichsabtei **Ochsenhausen** und Kloster **Rot an der Rot**. Hinter Bad Wurzach ist man schon im voralpenländischen Allgäu. Vorbei an den Schlössern in **Kißlegg** und **Tettnang** gelangt man bei Langenargen an den Bodensee. Zurück geht es über Ravensburg, die Wallfahrtskirche in **Weingarten**, die Klosterbibliothek von **Schussenried**, die »schönste Dorfkirche« von **Steinhausen** und die Klöster von **Zwiefalten** und **Obermarchtal**.

Baden-Württemberg, Bayern

In der Klosterbibliothek von Ottobeuren gibt es über 15 000 Handschriften und Drucke.

Infos und Adressen

REISEROUTE
Hauptroute von Ulm bis Zwiefalten 380 km, Westroute von Riedlingen bis Friedrichshafen, Ostroute von Buxheim bis Kißlegg, Südroute von Langenargen über St. Gallen rund um den Bodensee bis Meersburg

BESTE REISEZEIT
Frühling–Herbst

SEHENSWERT
Museum Biberach. Städtisches Museum mit reicher Barocksammlung und zwei vollständig eingerichteten Künstlerateliers. www.museum-biberach.de
Klostermuseum Schussenried. Blick auf die über 800-jährige Klosterwelt, im Nordflügel des Kreuzgangs. www.kloster-schussenried.de

ESSEN UND TRINKEN
Landgasthof zur Linde. Bodenständige regionale Küche mit saisonalen Wildgerichten, Bad Schussenried-Steinhausen. www.zur-linde-steinhausen.de
Lamm im Kau. Biologische Küche in der Wirtsstube und im schönen Biergarten, Tettnang. www.lamm-im-kau.de
Adler. Sorgfältig zubereitete regionale Küche zu fairen Preisen in Bad Wurzach. www.hotel-adler-bad-wurzach.de

ÜBERNACHTEN
Oberamer Hof. Zum Hotel umgebauter Bauernhof in schönem Fachwerkgebäude, Bad Saulgau-Bondorf. www.oberamerhof.de/
Der Löwen. Charmantes Hotel in Hagnau am Bodensee mit Privatstrand, japanischem Garten, Restaurant und Café. www.loewen-hagnau.de

WEITERE INFOS
www.oberschwaben-tourismus.de, www.oberschwaebische-barockstrasse.de

Persönlicher Tipp

DIE SCHWÄBISCHE BÄDERSTRASSE

Zum Teil parallel zur Oberschwäbischen Barockstraße verläuft die Schwäbische Bäderstraße. Thermalquellen und heilkräftiges Naturmoor sorgen für Wohlbehagen. Den Auftakt macht Bad Wurzach am Naturschutzgebiet Wurzacher Ried, einem ausgedehnten Hochmoor. Lehrpfade, das Oberschwäbische Torfmuseum und die multimediale Ausstellung MoorExtrem liefern Wissenswertes. Das Thermal- und Moorbad Bad Waldsee feiert seit dem 15. Jh. eine bekannte schwäbisch-alemannische Fasnet. In Bad Schussenried locken neben dem lichtdurchfluteten Bibliothekssaal des Klosters das Oberschwäbische Museumsdorf in Kürnbach. Von Bad Buchau aus sollte man einen Abstecher zum Federsee unternehmen. Der Federseesteg führt auf einer Länge von 1486 m durch Schilf und Feuchtwiesen zu einer Aussichtsplattform im See. Glanzstück des Federseemuseums sind die Nachbauten von Häusern aus den stein- und bronzezeitlichen Moorsiedlungen und Pfahlbauten. Auch Bad Saulgau mit seiner schwefelhaltigen Thermalquelle ist eine Hochburg der schwäbisch-alemannischen Fasnet.

Die Ostroute macht mit der **Kartause von Buxheim**, Memmingen, der Benediktinerabtei **Ottobeuren**, Kempten und Leutkirch einen Abstecher tiefer ins Allgäu und stellt die bayerische Spielart des Barock vor. Mit der Südroute, die den Bodensee umrundet und Lindau, Maria Bildstein, **Sankt Gallen**, Konstanz und **Meersburg** berührt, wird die Oberschwäbische Barockstraße zur internationalen Ferienstraße. Die Westroute schließlich führt mit Stationen wie Bad Saulgau, Sigmaringen, **Salem** und der Wallfahrtskirche **Birnau** mit dem berühmten Honigschlecker an die obere Donau und in den Linzgau.

Im Süden von Deutschland

66 Bis zur Quelle des Rheins

Magische Stimmung an der Kölner Hohenzollernbrücke, die direkt auf den Dom zu führt

HIGHLIGHTS

Rheinpark Köln, Rheinaue Bonn, Rheinanlagen Koblenz und Bingen. Parks und Uferpromenaden als beliebte Naherholungsgebiete und Kulturfläche.

Rheinschleifen und Altarme. Reizvolle Naturschutzgebiete neben dem Hauptfluss, wie die Bislicher Insel bei Xanten, der Lampertheimer Altrhein, das Europa-Reservat Kühkopf-Knoblochsaue oder das Auengebiet Taubergießen bei Offenburg.

FESTE UND VERANSTALTUNGEN

Mittelrhein-Musikfestival. Sommerkonzerte, oft Open-Air, an UNESCO-Kulturerbe-Orten.

Rhein in Flammen. Spektakuläres Feuerwerksfestival von Mai bis September fünf Mal zwischen Bonn und St. Goar.

Rheingau Musikfestival. Rund 150 vor allem klassische Konzerte an 40 Spielorten im Sommer.

nordArt-Theaterfestival. Stein am Rhein präsentiert im August rund 15 ungewöhnliche Bühnenstücke.

Kulturfloß ImFluss. Auf einer Bühne mitten im Rhein werden in Basel jeden August Open-Air-Konzerte gegeben.

Mehr als 1200 km misst Deutschlands größter Strom von seinem Ursprung in der Schweiz bis zur Mündung in die Nordsee. Unterwegs winken Legenden und Geschichte, Industriekultur und modernes Leben.

Immer schön gegen den Strom

»Ich hab den Vater Rhein in seinem Bett gesehen«, tönt ein Karnevalsschlager – gemütlich im Flussbett mit Wein zu beiden Seiten. Wer ihm bis zur Quelle folgt, erlebt eine spannende Verjüngung. Am Startpunkt Nordsee ist der Rhein zunächst am Ende: Die lange Mole **Hoek van Hollands** leitet die Schiffe weit ins Meer hinaus – als Teil des breiten Mündungsdeltas von Rhein und Maas. Dicke Tanker tuckern zum größten Ölhafen Europas, dem **Europoort**.

Mit dem Auto geht es stromaufwärts, vorbei an **Rotterdam** und **Nimwegen**. In **Emmerich** ist der Rhein mehrere Hundert Meter breit, unter der längsten Hängebrücke Deutschlands. Richtung Süden mäandert er durch die Niederrheinische Bucht, durch **Wesel**, **Duisburg**, **Krefeld**, **Dormagen** und **Leverkusen** bis **Köln**. Als meistfotografiertes Fluss-Bauwerk gilt die Hohenzollernbrücke am Kölner Dom.

Ab **Bonn** beginnt der Mittelrhein, in den bei **Koblenz** die Mosel mündet. Bis **Bingen** zwängt er sich durch das Rheinische Schiefergebirge. Das Obere Mittelrheintal samt der **Loreley** gehört seit 2002 zum UNESCO-Welterbe.

Niederlande, Deutschland, Frankreich, Schweiz, Österreich, Liechtenstein

Dann wird der Fluss zum Oberrhein, passiert **Mainz** und **Wiesbaden**, wo der Main hinzufließt, **Worms**, **Mannheim**, **Karlsruhe** – um dann via **Straßburg** bis in die Schweiz, nach **Basel** zu verlaufen. Als Hochrhein »klettert« er über Staustufen bis **Schaffhausen**, zum 23 m hohen **Rheinfall** – bevor er bei **Stein am Rhein** den **Bodensee**, den Untersee, erreicht. Die Uferstraße folgt ihm bis **Konstanz**, wo die Seerheinbrücke den offiziellen »Rheinkilometer 0« markiert – dabei sind es bis zur Quelle noch knapp 161 km Wasserstrecke.

Am anderen, österreichischen Ufer geht die Tour weiter: Als Alpenrhein kommt der Fluss hier an, via Liechtenstein aus der Schweiz, wo er sich bei **Reichenau** aus Vorderrhein und Hinterrhein vereint hat. An Ersterem liegt sein offizieller Ursprung. Von **Oberalppass** geht es nur zu Fuß zur Rheinquelle am **Toma-See** in 2345 m Höhe.

Infos und Adressen

REISEROUTE
Mit dem Auto: Von Hoek van Holland an der Nordsee bis zum Oberalppass in der Schweiz sind es rund 1000 Autokilometer, theoretisch ohne Zwischenstopp in 10 Stunden zurückzulegen.

BESTE REISEZEIT
Ganzjährig

SEHENSWERT
Oberes Mittelrheintal. Wo die Loreley lockte und die Nibelungen kämpften: Die malerischen Orte der Rheinromantik lassen sich auch per Schiff besuchen. www.loreley-linie.de und www.k-d.com/de/

ESSEN UND TRINKEN
Expo Unicum. Frische Muscheln und Nordseefisch mit ungewöhnlichem Panoramablick auf die Schiffe, die das Ende des Rheins befahren. Hoek van Holland 3151, NL. www.expounicum.nl
Torkel. Beste Liechtensteiner Küche und Weine mit Blick über das Rheintal am anderen Ende des Flusses. Vaduz, LI. www.torkel.li

ÜBERNACHTEN
Grand Hotel Les Trois Rois. Direkt am Rheinufer der Altstadt nächtigt es sich luxuriös bei den »Drei Königen«. Basel, CH. www.lestroisrois.com

WEITERE INFOS
Gesamtrheinische Tourismusangebote gibt es leider nicht, doch die Länder, Bundesländer, Kreise und Städte bieten zahlreiche eigene Websites, wie z. B. www.romantischer-rhein.de

Persönlicher Tipp

BESUCH BEIM JUNGEN WILDEN

Blaugrün schimmernd liegt der kleine Toma-See – Lai da Tuma – zwischen Geröllhang und grünen Alpenwiesen im Schweizer Gotthard-Massiv, vom nahen Oberalppass führt ein Wanderweg her. Auf Steinen kann man den unscheinbaren Bach noch überschreiten, der an der Seite des Sees abläuft: Er ist offizieller Ursprung eines der mächtigsten Ströme Europas. Allerdings ist es nicht die einzige Wasserquelle des Rheins: Zahlreiche Bäche mit Namen wie »Rein«, »Reno« oder »Ragn« plätschern in der Alpenlandschaft, bilden schließlich gemeinsam den Vorderrhein sowie im Rheinwald-Hochtal den Hinterrhein, der auch durch die spektakulären Viamala- und Roffla-Schluchten verläuft. Die ganze Region lohnt sich zu erwandern, Berghütten bieten Schlafquartier. Bei Disentis suchen Goldwäscher gern nach echtem »Rheingold«. Weiter bergab rauscht der Fluss als **Alpenrhein** wild durch das schroffe Ruinaultal – Wagemutige sollten hier unbedingt paddeln oder raften und den »Schweizer Grand Canyon« von innen erleben.

Am Rheinfall von Schaffhausen stürzt das Wasser noch schäumend über die Klippen.

Im Süden von Deutschland

67 Württemberger Weinstraße

HIGHLIGHTS

Schloss Weikersheim. Das Renaissance-Schloss gilt als eines der schönsten Schlösser in Hohenlohe.

Burgruine Weibertreu Weinsberg. Die Sage um die Burg, die Geschichte der Stadt Weinsberg und das Leben des Dichters Justinus Kerner sind Themen des Weibertreumuseums am Marktplatz.

Neckarschleife Lauffen. Vom 175 m hohen Lauffener Umlaufberg bietet sich ein schöner Panoramablick auf die Stadt Lauffen.

Kloster Maulbronn. Am vollständigsten erhaltene Klosteranlage der Zisterzienser nördlich der Alpen.

Hessigheimer Felsengärten. Schroffe, durchbrochene Muschelkalkfelsen oberhalb der steilen Weinberge, beliebte Kletterfelsen.

FESTE UND VERANSTALTUNGEN

Tag der offenen Weingüter – 360° Württemberg. Anfang Mai laden Weingüter zu Weinverkostungen und Kellerführungen ein.

Stuttgarter Weindorf. Das neben dem Cannstatter Wasen größte Fest in Stuttgart findet Ende August/Anfang September auf dem Marktplatz, dem Schillerplatz und der Kirchstraße statt.

Weinsberg mit Ruine Weibertreu ist Sitz einer Weinbauschule und eines Staatsweinguts.

Diese Ferienstraße erschließt das Weinbaugebiet Württemberg von Weikersheim über Heilbronn und Stuttgart bis nach Metzingen. Bis 2004 war die Württemberger Weinstraße unter dem Namen »Schwäbische Weinstraße« bekannt, jetzt umfasst sie zusätzlich die Remstal-Route.

Mit dem Besenkalender in der Hand

Wichtiges Utensil bei einer Reise durch die Weinanbaugebiete in Baden-Württemberg ist der Besenkalender. **Besen** nennt man hier die saisonal geöffneten Gastwirtschaften der Winzer, die ihren eigenen Wein ausschenken und dazu kleine Gerichte servieren. Man erkennt sie an einem außen angebrachten Reisigbesen. In der Regel sind es kleine Familienbetriebe, nicht die großen renommierten Weingüter, die in Württemberg eine Besenwirtschaft betreiben. Mehr als drei Viertel der im Weinanbaugebiet Württemberg erzeugten Weine sind Rotweine, neben Trollinger v. a. Lemberger, Schwarzriesling und Spätburgunder.

In **Weikersheim** mit seinem von einem Barockgarten umgebenen Renaissance-Schloss startet die Weinstraße im fränkischen **Taubertal**. Weiter in Richtung Süden erreicht man den großen Weinbaubereich Württembergisch Unterland und quert dabei Jagst und Kocher. Lohnenswert ist ein Abstecher nach Stuppach zur **Stuppacher Madonna**, einem Gemälde von Matthias Grünewald aus dem frühen 16. Jh.

Baden-Württemberg

Über den Weinterrassen am Neckar ragen die Hessigheimer Felsengärten empor.

Infos und Adressen

REISEROUTE
Von Weikersheim bis Metzingen 511 km, bis Kressbronn kommen noch etwa 300 km hinzu.

BESTE REISEZEIT
Frühling–Herbst

SEHENSWERT
Vinarium Tripsdrill. Weinbaumuseum im Erlebnispark Tripsdrill mit der Rutschbahn Altweibermühle.
Schloss Ludwigsburg. Eines der größten erhaltenen profanen Bauwerke des Barock in Europa mit ausgedehnten Parkanlagen. www.schloss-ludwigsburg.de

ESSEN UND TRINKEN
Wiesenkelter. Restaurant des Weinguts Fürst zu Hohenlohe-Öhringen mit großer Sonnenterrasse. Wiesenkelter, Öhringen-Verrenberg.
www.wiesenkelter.verrenberg.de
Zum alten Rentamt. Gehobene regionale Küche im holzgetäfelten Gastraum und im schönen Innenhof, Schwaigern.
www.altesrentamt.de

ÜBERNACHTEN
Württemberger Hof. Komfortables Hotel am historischen Oberen Tor in Öhringen.
www.wuerttemberger-hof.de
Am Markt. Schönes Fachwerkgebäude in der historischen Altstadt von Besigheim.
www.besigheim-hotel.de
Weinstadt Hotel Krone. Im weinreichen Remstal gelegen mit gemütlichem Restaurant und Gartenterrasse, Weinstadt-Beutelsbach.
www.weinstadt-hotel.de

WEITERE INFOS
Weinland Württemberg:
www.weinbauverband-wuerttemberg.de

Persönlicher Tipp

EXKLAVE KRESSBRONN

Ein Kuriosum der Württemberger Weinstraße ist die Weinexklave Kressbronn am Bodensee, liegt sie doch etliche Kilometer von der eigentlichen Ferienstraße entfernt. Die an den sonnigen Hängen wachsenden Weine kann man in den Besenwirtschaften, hier heißen sie Weinrädle, und Restaurants verkosten. Dazu kommen die Moströdle, denn die Bodenseeregion ist v. a. durch den Obstanbau bekannt. Eine Besonderheit ist der aus Spätburgundertrauben gekelterte fruchtige Weißherbst. Einen Einblick in die bäuerliche Geschichte ermöglicht die Hofanlage Milz, ein ehemaliger Bauern- und Schultheißenhof.

GRENZGÄNGER IM KRAICHGAU

Grenzgänger heißt ein schmackhafter Rotwein eines Weinguts in der Gemeinde Kürnbach. Das Lesegut des Cuvées stammt aus den Weinanbaugebieten Baden und Württemberg. Die sanfte Hügellandschaft des Kraichgaus liegt ebenfalls im Grenzbereich von Baden und Württemberg. Die fruchtbaren Lössböden machen den Kraichgau zu einer Kornkammer Süddeutschlands. Streuobstwiesen, Hohlwege und üppige Bauerngärten gehören zu den charakteristischen Landschaftselementen.

Bekannte Weinbauorte sind **Weinsberg**, **Brackenheim**, **Lauffen am Neckar** und **Neipperg**. Auch **Ludwigsburg** mit dem mächtigen Barockschloss und **Maulbronn** mit dem berühmten Zisterzienserkloster gehören in diesen Bereich. Um **Stuttgart**, bezüglich der Rebfläche immerhin eine der größten Weinbaugemeinden Deutschlands, und im idyllischen **Remstal** schließt sich der Bereich Remstal-Stuttgart an. Im Ortsteil **Strümpfelbach** der Gemeinde Weinstadt vermittelt ein Skulpturenpfad Kunst in den Weinbergen. Kaum bekannt ist der winzige Bereich Oberer Neckar um die Universitätsstadt **Tübingen**, Reutlingen und Rottenburg. Die hier erzeugten Weine sind immer schnell ausgetrunken.

Im Süden von Deutschland

68 Rund um die bayerischen Königsschlösser

Vor der Kulisse der Tannheimer Berge erhebt sich Schloss Neuschwanstein.

HIGHLIGHTS

Neuschwanstein. Das auf einem Felsen über der Pöllatschlucht erbaute Schloss ist ein großer Besuchermagnet.

Linderhof. Die im Stil des Rokoko erbaute »Königliche Villa« war der einzige vollendete Schlossbau, in dem Ludwig II. auch mehrere Jahre verbrachte.

Herrenchiemsee. Obwohl ein Fragment geblieben, vertritt die bayerische Kopie von Versailles am ehesten die Funktion eines königlichen Schlosses.

Füssen. Das frühere Benediktinerkloster St. Mang beherbergt ein Museum und in der Annakapelle den »Füssener Totentanz«.

Kloster Ettal. Herzstück der Benediktinerabtei ist die barocke Klosterkirche.

FESTE UND VERANSTALTUNGEN

Königsschlösser Romantik Marathon. Im Juli durch das Ostallgäu um Füssen führender Rundlauf.

Herrenchiemsee-Festspiele. Im Juli in und um das Schloss Herrenchiemsee und an der Klosterkirche auf Frauenchiemsee stattfindendes Musikfestival.

Auf eine Strecke von mehr als 500 km muss man sich einlassen, um die Königsschlösser von Ludwig II. von Bayern zu bestaunen. Ein guter Ausgangspunkt ist Füssen am Südende der Romantischen Straße.

Auf den Spuren Ludwigs II. von Bayern

König Ludwig II. von Bayern wurde 1845 auf Schloss Nymphenburg in München geboren. Seine Kindheit und Jugend verbrachte er lieber auf Schloss Hohenschwangau, das der königlichen Familie als Sommersitz diente. Der neugotische Bau liegt in Sichtweite von Schloss Neuschwanstein, dem ersten Bauvorhaben des jungen Königs. In seinen Bauplänen versuchte Ludwig II., sein von romantischen bis mystischen Vorstellungen geprägtes Königsbild zu verwirklichen. Bei den Bauten wurde die damals modernste Technik eingesetzt. Die Realisierung der architektonischen Fantasien kostete Unsummen. Deshalb hält sich hartnäckig die Theorie, dass seinem Tod am 13. Juni 1886 im Starnberger See bei Schloss Berg nachgeholfen wurde.

Der empfohlene Ausgangspunkt der Tour im Allgäuer Königswinkel ist schon eine Reise wert. **Füssen** hat eine reizvolle Altstadt, über der **Kloster St. Mang** und das **Hohe Schloss** thronen. Von hier ist es nicht weit zum Schloss **Hohenschwangau** und zur »Gralsburg« **Neuschwanstein**. We-

Bayern

gen des großen Besucherandrangs lohnt die Reservierung eines Kombitickets. Weiter geht es mit einem Schlenker über Reutte und Lermoos im österreichischen Tirol vorbei an der **Zugspitze** nach **Garmisch-Partenkirchen**. Von hier aus kann man auf dem »Königsweg« zu Fuß das im Stil eines Schweizer Hauses erbaute **Königshaus am Schachen** erreichen. Nächste Station ist Schloss **Linderhof** mit Park, Venusgrotte und Maurischem Kiosk – das einzige Schloss, das zu Lebzeiten Ludwigs vollendet wurde. Das längste Teilstück der Schlössertour führt über Bad Tölz, Miesbach und Rosenheim nach Prien am Chiemsee. Mit dem Boot lässt man sich zur Herreninsel übersetzen. Schloss **Herrenchiemsee** sollte einst das bayerische Versailles werden. Fertiggestellt wurden jedoch nur der Mitteltrakt und die Parkanlage.

Infos und Adressen

REISEROUTE
Von Füssen bis zum Chiemsee mehr als 500 km

BESTE REISEZEIT
Ganzjährig

SEHENSWERT
Museum der Bayerischen Könige. 2011 im ehemaligen Hotel Alpenrose am Alpsee eröffnet.
www.hohenschwangau.de
Hohenschwangau. Neugotische Jagd- und Sommerresidenz der Wittelsbacher.
www.hohenschwangau.de
Abtei Frauenwörth. Benediktinerinnenabtei auf der Fraueninsel im Chiemsee.
www.frauenwoerth.de

ESSEN UND TRINKEN
Braugasthof Falkenstein. Rustikales Brauhaus in Pfronten mit deftigen Allgäuer Spezialitäten.
www.braugasthof-falkenstein.de
Restaurant Husar. Gehobene Gastronomie in Garmisch-Partenkirchen.
www.restauranthusar.de
Hotel zur Linde. Köstlichkeiten aus dem Chiemsee und von der Insel Frauenchiemsee. Fraueninsel im Chiemsee,
www.linde-frauenchiemsee.de

ÜBERNACHTEN
Hotel Hirsch. Tradition in Füssen,
www.hotelfuessen.de
Burghotel Falkenstein. In Pfronten-Meilingen,
www.burghotel-falkenstein.de
Neuer am See. In Prien.
www.neuer-am-see.de

WEITERE INFOS
Bayern Tourismus: www.bayern.by/koenigsschloesser

Persönlicher Tipp

EINBLICKE IN BAYERN UND NACH TIROL

Auf dem Weg von Füssen nach Garmisch-Partenkirchen kommt man an der Zugspitze, mit 2962 m Deutschlands höchstem Berg, vorbei. Über das zum Wettersteingebirge der Ostalpen zählende Zugspitzmassiv verläuft die Grenze zwischen Deutschland (Bayern) und Österreich (Tirol). Der Gipfelbereich der Zugspitze ist sommers wie winters bestens erschlossen. Von Grainau bei Garmisch-Partenkirchen führt eine Zahnradbahn, die Bayerische Zugspitzbahn, auf das Zugspitzplatt – von Riffelriss bis zum Schneefernerhaus durch einen 4466 m langen Tunnel. Den Gipfel mit grandioser Aussicht erreicht man vom Zugspitzplatt über die Zugspitz-Gletscherbahn. Ein Fußgängerstollen verbindet das Schneefernerhaus, heute eine Umweltforschungsstation, mit der Gipfelstation der Tiroler Zugspitzbahn, die von Ehrwald in Tirol auf den Westgipfel der Zugspitze führt. Die Eibseeseilbahn, die zweite Luftseilbahn, verkehrt zwischen dem Eibsee und dem Zugspitzgipfel. Eine Großkabinenbahn bringt Wintersportler zum beliebten Skigebiet Zugspitzplatt.

Der Latonabrunnen vor Schloss Herrenchiemsee entstand nach dem Versailler Vorbild.

Im Süden von Deutschland

69 Salve auf den Straßen der Römer

HIGHLIGHTS

Römisches Freilichtmuseum in Hechingen-Stein. Zahlreiche gut erhaltene Bauten einer großen Gutsanlage samt Multivisionsschau vor der Schwäbischen Alb.

Thermen und Römerpfad Schleitheim. Badebecken und Bodenheizung, Römerkeller und andere Ausgrabungen sind im Museum und im Ort zu finden.

Schloss Bad Zurzach und »Kirchlibuck«. Ein einstiges Römerkastell ist als Park, die Fundamente einer frühen Taufkirche auf einer malerischen Wiese zu genießen.

FESTE UND VERANSTALTUNGEN

Römerfeste. Geschichte feiern und nacherleben – im Mai zelebrieren die Orte Windisch und Brugg in der Schweiz ein großes Festival. Hechingen-Stein feiert im August, Rottenburg ebenso, allerdings nur in ungeraden Jahren.

Erlebnispädagogik & Ausstellungen. Kochen, kleiden, kämpfen oder kommunizieren wie die Römer – solche Kurse oder Workshops bieten die Museen der Route. Auch das Ausstellungsprogramm ist immer einen Blick wert.

In Stein am Rhein stand ein wichtiges Kastell der Römer – einige Mauern gibt es noch.

In Sandalen durchwanderten die alten Römer Obergermanien – heute kommen Besucher bequem auf vier Rädern, um an der historischen Römerstraße Neckar-Alb-Aare auf Spurensuche zu gehen. Die Landschaft in Südwestdeutschland und der Schweiz hat sich seit damals kaum verändert.

Immer der Karte nach

Bräunlich vergilbt, mit Knicken und Flecken und dennoch eindeutig erkennbar: Die **»Tabula Peutingeriana«**, die Peutinger Karte, zeigt eine stilisierte Straßenkarte der Römer. Zwischen Gebirgszügen und Bäumen liegt der Bodensee, Flüsse sind zu erkennen, etwa Aare und Neckar. Und die Orte tragen sogar Namen: **Vindonissa** (heute Windisch), **Arae Flaviae** (Rottweil) oder **Grinario** (Köngen). Selbst die Entfernungen sind korrekt – der namenlose Mönch, der im Mittelalter diese Kopie einer altrömischen Straßenkarte zeichnete, lieferte die perfekte Vorlage für heutige Besucher. Wer ihr folgt, findet Reste römischer Straßen, Brücken, Feldlager oder Schutzwälle. Geschichte wird wieder lebendig.

Die Fahrt führt von Köngen nahe Stuttgart nach Süden bis Rottweil bei Freiburg. Dort gabelt sich der Weg in einen Arm bis nach Windisch in die Schweiz und einen anderen bis zum Bodensee. **Köngen** hat bereits 1911 den Eckturm eines römischen Infanterielagers wieder aufgebaut. Im nahen **Nürtingen-Oberensingen** sind die massiven Grundmauern

Baden-Württemberg, Schweiz

Restauriert und prächtig wie einst: Villa Rustica im Freilichtmuseum Hechingen-Stein

Infos und Adressen

STRECKENVERLAUF
Anfahrt: Nach Köngen am Nordende via Stuttgart; nach Windisch am Südwestende via Zürich; nach Eschenz am Südostende via Konstanz oder Schaffhausen. 400 km in drei Teilstrecken:
1) Alb–Neckar: von Köngen über Nürtingen, Rottenburg/Neckar, Burladingen, Hechingen-Stein, Sulz, Oberndorf nach Rottweil;
2) Neckar–Aare: von Rottweil über Hüfingen, Schleitheim und Bad Zurzach nach Windisch;
3) Neckar–Hochrhein: von Rottweil über Bargen nach Stein am Rhein und Eschenz

BESTE REISEZEIT
April–Oktober, einige Einrichtungen im Winter geschlossen

SEHENSWERT
Villa Rustica in Oberndorf am Neckar. Hier ist eine original römische 7 m hohe Wand samt Tor und Bogenfenstern erhalten. www.oberndorf.de

ESSEN UND TRINKEN
Café im Schloss Glatt. Kuchen im Schloss-Ambiente bei Sulz. www.schlosscafeglatt.de
Grotto. Portugiesische Küche in familiärem Ambiente, Brugg. www.restaurantgrotto.ch

ÜBERNACHTEN
Villa Junghans. Charmant gehobenes Hotel in ehemaliger Villa der Uhrmacher Junghans, mit großem Park. In Schramberg. www.villa-junghans.de
Hotel Chlosterhof. Großes Hotel mit hohem Anspruch, direkt am Rhein mit Ausblick auf Stein. Stein am Rhein, Schweiz. www.chlosterhof.ch

WEITERE INFOS
Ferienstraße Römerstraße: www.roemerstrasse.net

Persönlicher Tipp

LEBEN WIE DIE RÖMER

Besonders tief eintauchen in den Alltag der Römer – das verspricht der »Legionärspfad Vindonissa« in Windisch. Einzigartig auf dem Gebiet der Schweiz, lagerten hier einst bis zu 6000 Legionäre vor dem nächsten Einsatz. Wie das aussah und sich anfühlte, können Besucher heute spielerisch und hautnah im originalgetreu nachgebauten Umfeld miterleben. Nicht nur an Kinder richtet sich das erlebnispädagogische Angebot: Neun Fundstätten auf dem Gelände sind historisch korrekt inszeniert, 2000 Jahre alte Kochrezepte oder Arbeitstechniken selber auszutesten. »Werde Römer« heißt das Programm für Familien. Die Thementour »Luxus und Genuss« richtet sich eher an Ältere, während die »Forschungsreise« für alle die archäologische Entdeckungsgeschichte dieses Lagers plastisch macht. Sogar Übernachtungen sind manchmal möglich – natürlich, wie es sich gehört, in historisch korrekten Mannschaftsunterkünften. Geöffnet April bis Oktober. www.legionaerspfad.ch

eines ganzen Gutshofes zu begehen. Weiter am Neckar gen Süden warten in **Rottenburg** die größte römische Prachtlatrine nördlich der Alpen und in **Eutingen** die »Zwölfgötter«. Nach **Rottweil** geht es bei **Niedereschach** zu Fuß auf einen Höhenweg, gekrönt von einem mächtigen Risalitbau.

Dann teilt sich die Römerstraße: Westlich geht es vorbei am Militärbad von **Hüfingen**, über **Schleitheim** und **Bad Zurzach** zum Vindonissa-Museum in **Brugg** und nach **Windisch** mit dem Legionärspfad. Östlich locken in **Tengen** ein restaurierter Römischer Gutshof und Wasserfälle, in **Stein am Rhein** die Ruinen des Kastells Tasgetium, in **Eschenz** die Römerbrücke und am Endpunkt **Pfyn** die Kastellruinen.

Im Süden von Deutschland

70 Romantische Straße

Die Fresken der Wieskirche bei Steingaden stehen unter dem Schutz der UNESCO.

HIGHLIGHTS

Würzburg. Barocke Residenz (UNESCO-Welterbe), Mainfränkisches Museum auf der Festung Marienberg, romanischer Dom.

Rothenburg ob der Tauber. Mittelalterliche Stadt mit vorzüglich erhaltenen Baudenkmälern und großer Kunst in der Stadtkirche.

Wieskirche. Glanzstück des süddeutschen Rokoko (UNESCO-Welterbe).

Schloss Neuschwanstein. Weltbekanntes Märchenschloss Ludwigs II.

FESTE UND VERANSTALTUNGEN

Altstadt-Weinfest. Im Mai/Juni im Würzburger Weindorf.

Reichsstadttage. Mit historischem Festspiel »Der Meistertrunk« im September in Rothenburg.

Historisches Heimatfest »Die Kinderzeche«. Ende Juli in Dinkelsbühl.

Pfingstmesse. Mit Festzug, Volksfest und Verbrauchermesse, Nördlingen.

Brecht Festival. Um den 10. Februar (Brechts Geburtstag) in Augsburg.

Plärrer. Großes Volksfest an Ostern und im Herbst in Augsburg.

Sie besteht seit 1950 und gilt als echter Klassiker unter Deutschlands Ferienstraßen, die Romantische Straße von Würzburg bis Füssen, an der Bilderbuchstädte und Traumschlösser, altehrwürdige Kirchen und pittoreske Burgen nicht nur bekennende Romantiker verzaubern.

Höhepunkte an Deutschlands ältester Ferienstraße

Die Tour beginnt in **Würzburg** mit einem Paukenschlag, denn was barocke Pracht angeht, sucht die Fürstbischöfliche Residenz (UNESCO-Welterbe) ihresgleichen. Die große Kunst des Tilman Riemenschneider erlebt man auf der Festung Marienberg hoch über dem Main, und auch die leiblichen Genüsse kommen in der fränkischen Weinmetropole nicht zu kurz. Die Touristenattraktion schlechthin ist die alte fränkische Reichsstadt **Rothenburg ob der Tauber** – trotz des Rummels ein echtes Highlight. Auch **Dinkelsbühl** hat sein historisches Stadtbild wunderbar erhalten, mit Stadtbefestigung, spätgotischer Kirche und dem Deutschen Haus am Weinmarkt, für viele das schönste Fachwerkhaus Frankens. Weithin sichtbar grüßt der »Daniel«, der hohe Turm der spätgotischen Stadtkirche von **Nördlingen**, das mit viel Fachwerk in verwinkelten Gassen und seiner begehbaren Stadtmauer beeindruckt. In der Nähe erwartet die malerische Burg **Harburg** im lieblichen Wörnitztal die Besucher.

Bayern

Reich an Sehenswürdigkeiten ist das geschichtsträchtige **Augsburg**: Römerstadt, Bischofsstadt, Reichsstadt und Stadt der Renaissance, in der einst die Fugger ihr internationales Handelsimperium begründeten. Durch eines der imposantesten Stadttore Bayerns betritt man die Altstadt von **Landsberg am Lech** mit ihren spitzgiebeligen Bürgerhäusern, dem zauberhaften Rokoko-Rathaus und der spätgotisch-barocken Stadtkirche. Die schönste Kirche weit und breit ist natürlich die **Wies bei Steingaden**, ein Geniestreich des süddeutschen Rokoko und UNESCO-Welterbe. Im Königswinkel bei **Füssen** endet die Romantische Straße, wieder mit einem Paukenschlag: In luftiger Höhe steht es oben: **Schloss Neuschwanstein**, der Stein gewordene Traum des bayerischen Märchenkönigs Ludwig II.

Infos und Adressen

REISEROUTE
Würzburg–Rothenburg o. T.–Dinkelsbühl–Nördlingen–Harburg–Augsburg–Steingaden–Füssen/Hohenschwangau; 330 km

BESTE REISEZEIT
Ganzjährig

SEHENSWERT
Dinkelsbühl. Stadtbefestigung mit Türmen und Toren, historisches Stadtbild mit viel Fachwerk (Deutsches Haus!), bedeutende spätgotische Stadtkirche.
Nördlingen. Historisches Stadtbild mit begehbarer Stadtmauer, Fachwerkhäusern und spätgotischer Stadtkirche; außerhalb: märchenhafte Burg Harburg.
Augsburg. Renaissance-Rathaus mit Goldenem Saal; Maximilianstraße mit Fuggerhäusern (Renaissance) und Schaetzlerpalais (Rokoko); Fuggerei; erstklassige Kunstmuseen.
Landsberg/Lech. Historisches Stadtbild mit Rokoko-Rathaus und mittelalterlichem Stadttor.

ESSEN UND TRINKEN
Altdeutsches Restaurant im Hotel Deutsches Haus Dinkelsbühl. www.deutsches-haus.net
Ratskeller Augsburg im Gewölbekeller des Rathauses. www.ratskeller-augsburg.de

ÜBERNACHTEN
Hotel-Restaurant Eisenhut. Im Herzen von Rothenburg. www.eisenhut.com
Hotel-Restaurant Müller. Traditionshaus in Hohenschwangau. www.hotel-mueller.de

WEITERE INFOS
Romantische Straße Touristik: www.romantischestrasse.de

Persönlicher Tipp

MITTELALTERROMANTIK PUR: ROTHENBURG OB DER TAUBER

Wenn sich Busladungen staunender Touristen durch das alte fränkische Reichsstädtchen wälzen, kann man leicht übersehen, wie bestechend schön es doch ist. Dass Rothenburg sein mittelalterliches Stadtbild so unversehrt erhalten hat, erklärt sich aus dem wirtschaftlichen Niedergang nach dem Dreißigjährigen Krieg. Es war schlicht kein Geld mehr da für neue Bauprojekte. Erst die Romantiker des 19. Jh. weckten Rothenburg aus dem Dornröschenschlaf und sorgten dafür, dass alle Welt von ihrer Entdeckung erfuhr. Lassen wir uns also vom Rummel nicht stören beim Rundgang auf dem Wehrgang der Stadtmauer, beim Streifzug durch die verwinkelten Gassen, bei der Besichtigung der spätgotischen Stadtkirche St. Jakob mit dem Heiligblutaltar des genialen fränkischen Bildschnitzers Tilman Riemenschneider. Eines der imposantesten Rathäuser Süddeutschlands steht am Marktplatz, ein Doppelbau aus Gotik und Renaissance mit begehbarem Turm, der uns eine neue Perspektive auf das weltbekannte Städtchen eröffnet.

Die alte Reichsstadt Rothenburg, ein Höhepunkt an der Romantischen Straße

Im Süden von Deutschland

71 Auf den Spuren schwäbischer Dichter

HIGHLIGHTS

Bad Mergentheim. Deutschordensschloss mit Deutschordensmuseum und Mörike-Kabinett.

Marbach. Deutsches Literaturarchiv, Schiller-Nationalmuseum zu Schiller und seinen schwäbischen Dichterkollegen, Literaturmuseum der Moderne, Schillers Geburtshaus.

Knittlingen. Faust-Museum und -Archiv.

Calw. Hermann-Hesse-Museum mit umfangreicher Sammlung zu Leben und Werk.

Tübingen. Hölderlinturm am Neckar mit Ausstellung zu Leben und Werk des Dichters.

FESTE UND VERANSTALTUNGEN

Burgfestspiele auf der Götzenburg. Von Juni bis August in Jagsthausen.

Kelterfest. Im September in Marbach.

Schillerwochen. Rund um Schillers Geburtstag am 10. November in Marbach.

Schlossfestspiele. Internationales Kulturfestival mit Musik, Tanz, Theater und Literatur von Mai bis Juli in Ludwigsburg.

Schlossgarten-Sommerfest. Im August in Stuttgart.

Stocherkahnrennen. An Fronleichnam auf dem Neckar, Tübingen.

Büsten des großen schwäbischen Dichters im Schiller-Nationalmuseum Marbach

Dass Schwaben zu den reichsten literarischen Landschaften Europas gehört, ist auch passionierten Lesern nicht unbedingt bewusst. Gerade das 19. Jh. – für die deutsche Literatur eine besonders fruchtbare Epoche – brachte eine ganze Reihe schwäbischer Dichter und Schriftsteller hervor.

Auf ins Literatourländle

Eduard Mörike (1804–1875) gehört zu den Berühmtheiten, denen man auf der Tour mehrmals begegnet. Gleich am Beginn, in **Bad Mergentheim**, wo er einige Jahre lebte, erinnert das Mörike-Kabinett im Deutschordensmuseum an den Lyriker und Erzähler. Literaturwissenschaftlern weltweit ein Begriff ist **Marbach am Neckar**, als Geburtsort Friedrich Schillers (1759–1805) und als Sitz des Deutschen Literaturarchivs, das sich der Sammlung und Erschließung der deutschen Literatur von 1750 bis heute widmet. Ebenfalls auf der Marbacher Schillerhöhe laden das Schiller-Nationalmuseum und das neue Literaturmuseum der Moderne zum Besuch. Die Kindheit des Dichterfürsten wird in Schillers Geburtshaus wieder lebendig. Als Geburtsort von Mörike und anderen schwäbischen Dichtern und Denkern präsentiert die ehemalige Residenzstadt **Ludwigsburg** in ihrem Stadtmuseum Möbel, Bilder und Bücher ihrer »Literatensöhne«. **Stuttgart** hat das Geburtshaus des Philosophen Georg Wilhelm Friedrich Hegel (1770–1831) und den

Baden-Württemberg

Der Hölderlinturm am Tübinger Neckarufer, heute Gedenkstätte und Museum

Infos und Adressen

REISEROUTE
Bad Mergentheim–Marbach–Ludwigsburg–Stuttgart–Calw–Tübingen; 210 km

BESTE REISEZEIT
Ganzjährig

SEHENSWERT
»Götzenburg« Jagsthausen. Höhenburg zwischen Bad Mergentheim und Marbach mit Götz-von-Berlichingen-Museum.
Kloster Maulbronn. Größte mittelalterliche Klosteranlage Deutschlands, ab dem 16. Jh. evangelische Klosterschule, UNESCO-Weltkulturerbe.
Bönnigheim. Im Barockschloss befindet sich die weltweit größte Privatsammlung von Naiver Kunst und Art Brut.
Ludwigsburg. Barockstadt mit der größten barocken Schlossanlage Deutschlands (»Schwäbisches Versailles«) und Gartenschau »Blühendes Barock«.
Museumslandschaft in Stuttgart. Von internationalem Rang: Alte und Neue Staatsgalerie.

ESSEN UND TRINKEN
Restaurant zur Scheune. In der Marbacher Altstadt. www.scheunemarbach.de
Wirtshaus Casino am Neckar. Lokal mit Sonnenterrasse in Tübingen. www.casino-am-neckar.de

ÜBERNACHTEN
Nestor Hotel Ludwigsburg. Unterkunft in einem Baudenkmal beim Schloss. www.nestor-hotels.de
Hotel-Restaurant Ratsstube. Am Marktplatz von Calw. www.hotel-ratsstube-calw.de

WEITERE INFOS
Tourismus Marketing Baden-Württemberg: www.tourismus-bw.de

Alterssitz des ersten deutschen Bundespräsidenten Theodor Heuss (1884–1963) als Museen eingerichtet, auf dem Pragfriedhof ist Mörike begraben. Einen schönen Blick über die Landeshauptstadt hat man von der nach dem Schriftsteller Hermann Lenz (1913–1998) benannten Höhe; sein Elternhaus stand ganz in der Nähe. Zum Pilgerort aller Bewunderer des Literaturnobelpreisträgers Hermann Hesse (1877–1962) ist dessen Geburtsstadt **Calw** geworden. Seinem Leben und Werk widmet sich ein hervorragendes Museum. Eng verbunden mit dem großen Friedrich Hölderlin (1770–1843) ist die Universitätsstadt **Tübingen**. Hier verbrachte er seine Studentenjahre – und die zweite Lebenshälfte als verstummter Dichter im Hölderlinturm am Neckar.

Persönlicher Tipp

ABSTECHER ZUM »FAUST«-STÄDTCHEN KNITTLINGEN

Kurz vor Marbach bietet sich ein literarisch ergiebiger Abstecher an: Erste Station ist Bönnigheim, wo ein Museum an Sophie von La Roche erinnert, die im benachbarten Schloss *Die Geschichte des Fräuleins von Sternheim* (1771) vollendete, den ersten von einer Frau verfassten Roman in deutscher Sprache. Weiter geht's zum Kloster Maulbronn (UNESCO-Weltkulturerbe), dessen evangelische Klosterschule so berühmte Schüler wie Friedrich Hölderlin und Hermann Hesse besuchten. Ganz in der Nähe liegt das Fachwerk-Städtchen Knittlingen, in dem Johann Georg Faust um 1480 das Licht der Welt erblickte. Der Alchimist, Wunderheiler und Astrologe war ein durchaus gebildeter Mann, aber auch ein Scharlatan, der von Ort zu Ort wanderte und den Leuten das Geld aus der Tasche zog. Das Knittlinger Faust-Museum widmet sich auf anregende Weise vor allem dem ganz erstaunlichen literarischen Nachleben des »Dr. Faust« in Volkserzählungen und Romanen, in Puppenspielen und Opern, nicht zuletzt in Goethes großem Drama.

Im Süden von Deutschland

72 Schwarzwaldhochstraße

Größter Marktplatz in Deutschland: Wasserfontänen im Sommer in Freudenstadt

HIGHLIGHTS

Baden-Baden. Das harmonisch in eine Parklandschaft eingebettete Puppenstubenstädtchen bietet 67 Grad heiße Mineralbäder und viel Flair.

Bühlerhöhe. Ab 1912 Offiziersgenesungsheim, dann Adenauers Urlaubsdomizil. Heute beginnt nahe dem historischen Ensemble ein Erlebnispfad durch ein natürliches Waldgebiet.

Marktplatz von Freudenstadt. Der größte Marktplatz Deutschlands mit den Ausmaßen der Place de la Concorde in Paris.

Baiersbronn. Deutschlands »kulinarische Hauptstadt«.

FESTE UND VERANSTALTUNGEN

Schwarzwald Musikfestival. Konzerte an mehreren Spielorten im Schwarzwald, u. a. in der Freudenstädter Stadtkirche, Ende Mai/Anfang Juni.

Mittelalterliche Winzertage. Drei Tage lang Anfang Juni kulturelle und kulinarische Hochgenüsse in Baden-Baden.

Schlosskonzerte. Ende Juni/Anfang Juli begeistert die Philharmonie Baden-Baden im wunderbaren Ambiente des Schlosses Neuweier.

Wer unbedingt will, schafft die 65 Kilometer auf der B500 von Baden-Baden nach Freudenstadt durch den Schwarzwald in zwei Stunden. Genießern werden allerdings mindestens zwei Tage dafür empfohlen. Und manche benötigen wegen der vielen Gasthöfe und ihrer kulinarischen Verführungen aber auch vier Tage oder länger ...

Mümmlein und Kirschwässerle

Zum guten alten Schwarzwald gehören traditionell Mädel und Hut – 14 rote Woll-Pompons muss er haben – sowie Schinken, Schnaps und Seen: Der dunkle, sagenumwobene **Mummelsee** etwa liegt auf halber Strecke der Schwarzwaldhochstraße. Er ist der tiefste und auf 1029 m auch der höchstgelegene See des Schwarzwalds. Hans Jakob Christoph von Grimmelshausen dichtete ihm märchenhafte »Mümmlein« als Bewohner an. Und von der 1164 m hohen **Hornisgrinde** dahinter sieht man ihn am besten.

Die Strecke liegt im nördlichen Schwarzwald zwischen 700 und 1100 Höhenmetern und führt über 65 km von Baden-Baden nach Freudenstadt. Das lässt sich eigentlich locker in zwei Stunden fahren. Aber allein **Baden-Baden** ist ein paar Tage Aufenthalt wert: Seit mehr als 200 Jahren

Baden-Württemberg

rollt leise die Roulettekugel in der kleinsten Weltstadt der Welt, die sowohl mondäne Verschlafenheit als auch brave Nostalgie kennzeichnen. Wie Rom ist das Städtlein auf sieben Hügeln gebaut.

Auch wegen der vielen Wirtshäuser muss die Tour unbedingt ein paar Tage dauern. Denn im Schwarzwald ist ein Landgasthof wirklich noch ein Landgasthof. Häufig ist eine Hausmacherplatte mit Leberwurst, Schwarzwurst, Bratwurst, Bauchspeck und Kirschwässerle zu 7,90 Euro das teuerste Gericht auf der Karte. Dabei kommen meist Wurst und Fleisch aus eigener Schlachtung, und auch der Schnaps ist selbst gebrannt.

Und wer schon immer mal wissen wollte, woher das Hornberger Schießen kommt, fährt ab **Freudenstadt** noch 40 km nach **Hornberg**. Karl Moor sagt in Friedrich Schillers *Räuber*: »Da ging's aus wie's Schießen zu Hornberg« – 1564 wurde dort der Herzog von Württemberg zu Besuch erwartet. Späher sahen eine Staubwolke am Horizont, und die Kanoniere legten sich heftig mit Begrüßungsböllern ins Zeug. Allein: Es war nur eine Rinderherde, die dort in der Ferne Staub aufwirbelte.

Infos und Adressen

REISEROUTE
Von Baden-Baden nach Freudenstadt sind es 65 km auf der B500.

BESTE REISEZEIT
Ganzjährig

SEHENSWERT
Schinkenräuchereien. Den echten Schwarzwälder Schinken bekommt man z. B. bei der Genussmanufaktur Wein in Freudenstadt.
www.schinken-wein.de

ESSEN UND TRINKEN
Traube Tonbach. Schlemmen beim besten Koch Deutschlands. Rechtzeitig bei Harald Wohlfahrt in der Schwarzwaldstube des Hotels Traube Tonbach in Baiersbronn reservieren.
www.traube-tonbach.info

ÜBERNACHTEN
Brenners Park-Hotel & Spa. Übernachten in einem der besten Hotels in Deutschland.
www.brenners.com

WEITERE INFOS
www.schwarzwald-tourist-info.de

Persönlicher Tipp

FAITES VOS JEUX

Grün wie der Roulette-Tisch, glamourös wie die Kronleuchter im Florentiner Saal, stilvoll wie die im Smoking gewandeten Croupiers: Baden-Badens Casino hat eine mehr als 200-jährige Geschichte. Noch heute spürt man das Flair der Belle Époque in den Prunksälen. Marlene Dietrich sagte, dies sei die schönste Spielbank der Welt. Und Fjodor Dostojewski verlor darin sein Vermögen. Leo Tolstoi erging es nur unwesentlich besser.

1855 schuf Edouard Bénazet die Prunksäle, die man gar nicht Spielsalons nennen möchte. Kaiser, Könige und Künstler, Maharadschas, Mogule und Mätressen, Prinzen, Potentaten und Prälaten: Die Reichen, Mächtigen und Schönen gingen in diesem Casino ein und aus. Sie flanierten, kutschierten, dinierten und sie zockten in Baden-Baden, der Stadt, die zu einem Muss der gehobenen Gesellschaft von der Zeit der Reiseromantik des 19. Jahrhunderts über die Belle Époque bis heute wurde. Wen wundert es da, dass erst 1989 erstmals das verruchte Poker-Spiel Einzug gehalten hat? Bei zwei Euro Mindesteinsatz geht der Spaß los.

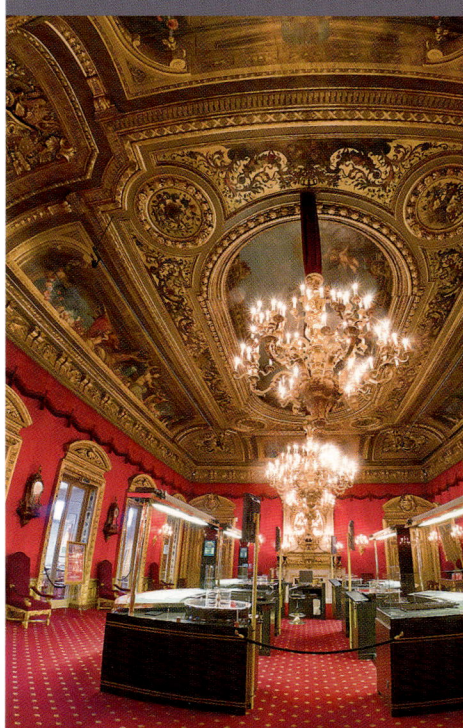

Das schönste Casino der Nation: der elegante Florentiner Saal in Baden-Baden

Im Süden von Deutschland

73 UNESCO-Route: Von Regensburg nach Bad Homburg

HIGHLIGHTS

Altstadt von Regensburg. Als authentisches Beispiel einer mittelalterlichen Stadt mit hochgotischem Dom UNESCO-Weltkulturerbe.

Würzburger Residenz. Als herausragendes Exempel einer barocken Schlossanlage UNESCO-Weltkulturerbe.

Grube Messel. Als Fossilienfundstätte und geologisches Naturdenkmal aufgenommen in die Liste des UNESCO-Weltnaturerbes.

Saalburg und Archäologischer Park. In Bad Homburg, als Limes-Kastell Teil der UNESCO-Welterbestätte »Grenzen des römischen Imperiums«.

FESTE UND VERANSTALTUNGEN

Regensburg. Tage Alter Musik im Juni; Mittelalter-Spectaculum an der Steinernen Brücke im Juli, vier Altstadt-Christkindlmärkte im Advent.

Nürnberg. Musikfestival Rock im Park im Mai; Christkindlesmarkt, einer der bekanntesten und größten Weihnachtsmärkte.

Würzburg. Weinfest Würzburger Weindorf im Mai/Juni; Mozartfest im Juni/Juli.

Frankfurt. Museumsuferfest im August; Rheingauer Weinmarkt im September, Frankfurter Buchmesse im Oktober.

Die Steinerne Brücke führt über die Donau in die schöne Regensburger Altstadt.

Die Regensburger Altstadt, die Würzburger Residenz, die Fossilienlagerstätte Grube Messel und das Römerkastell Saalburg – vier UNESCO-Welterbestätten sind die wichtigsten Stationen auf dieser Tour.

Vom Mittelalter zu den Römern

Der hochgotische Dom und die 900-jährige Steinerne Brücke über die Donau sind die Wahrzeichen von **Regensburg**, das mit seinen Kirchen und Klöstern, den historischen Bürger- und Handwerkerhäusern, den verwinkelten Gassen und stimmungsvollen Plätzen noch das authentische Bild einer mittelalterlichen Stadtkultur bietet. Neben bayerischen Wirtshäusern findet man hier das gigantische Schloss der Thurn und Taxis. Über die alte Reichsstadt **Nürnberg** mit Kaiserburg und gotischen Kirchen, Albrecht-Dürer-Haus und Germanischem Nationalmuseum geht es weiter nach **Würzburg**, Hauptstadt des Frankenweins und religiöses Zentrum Unterfrankens seit dem 8. Jh. Zum UNESCO-Welterbe gehört die Residenz der Würzburger Fürstbischöfe als überragendes Beispiel barocker Schlossarchitektur.

Nahe Darmstadt befindet sich das erste deutsche Naturdenkmal der UNESCO: die 65 ha umfassende Grube **Messel**, deren gut erhaltene Fossilien Auskunft geben über die klimatischen, biologischen und geologischen Verhältnisse in unseren Breiten vor 60 bis 35 Mio. Jahren. Die alte Reichsstadt **Frankfurt** am Main, von jeher erstrangiger Messe-

Bayern, Hessen

Der Frankoniabrunnen vor der grandiosen Residenz der Würzburger Fürstbischöfe

Infos und Adressen

REISEROUTE
Regensburg–Nürnberg–Würzburg– Messel bei Darmstadt–Frankfurt–Bad Homburg; 370 km

BESTE REISEZEIT
Ganzjährig

SEHENSWERT
Nürnberg. Kaiserburg, gotische Kirchen St. Lorenz und St. Sebaldus, Albrecht-Dürer-Haus, Germanisches Nationalmuseum.
Würzburg. Mainfränkisches Museum mit exquisiter Riemenschneider-Sammlung auf der Festung Marienberg.
Frankfurt. Römerberg mit gotischem Rathaus »Römer« und Schirn-Kunsthalle, Kaiserdom, Alte Oper, Paulskirche, Museumsufer mit Städel.

ESSEN UND TRINKEN
Bürgerspital Weinstuben. Fränkische Gastlichkeit in der Würzburger Altstadt.
www.buergerspital-weinstuben.de
Zum Schwarzen Stern. Schlemmen am Frankfurter Römerplatz, mit Terrasse.
www.schwarzerstern.de

ÜBERNACHTEN
Hotel-Restaurant Bischofshof. Regensburger Traditionshaus.
www.hotel-bischofshof.de
Parkhotel Bad Homburg. Zentral gelegenes Hotel, mit tollem Parkblick.
www.parkhotel-bad-homburg.de

WEITERE INFOS
UNESCO-Welterbestätten in Deutschland:
www.unesco.de/welterbe-deutschland.html
Bayern Tourismus Marketing:
www.bayern.by
Hessen Agentur Tourismus- und Kongressmarketing:
www.hessen-tourismus.de

Persönlicher Tipp

RÖMERKASTELL SAALBURG

Den Obergermanisch-Rätischen Limes zwischen Rhein und Donau, mit dem die Römer ihr Weltreich gegen die germanischen »Barbaren« schützten, bewachten einst zahlreiche Kastelle, doch die Saalburg bei Bad Homburg im Hochtaunus ist einzigartig. Dank der wissenschaftlich fundierten Rekonstruktion kann sich hier auch der Laie lebhaft vorstellen, wie so ein Grenzstützpunkt einst aussah: Eine trutzige Wehrmauer mit vier Toren umschließt das Militärlager mit Kommandantur, Mannschaftsbaracken, Getreidespeicher und Brunnen. Das zivile Lagerdorf, das sich wie bei allen größeren Kastellen auch bei der Saalburg entwickelte, ist zwar nicht rekonstruiert, aber zumindest wurden die Steinfundamente freigelegt und konserviert. Informationstafeln und ein ausgeschilderter Rundweg durch die Wälder ergänzen den Archäologischen Park. Das Kastell Saalburg bestand rund 170 Jahre – bis Mitte des 3. Jh. n. Chr., als in der Krise des Imperium Romanum die Grenzbefestigungen aufgegeben wurden oder auch unter dem Ansturm der Germanen fielen.

standort und heute internationales Finanzzentrum mit der einzigen echten Skyline Deutschlands, besticht Kunstfreunde mit einer reichen Museumslandschaft. Zu einer Art Vorort von Frankfurt ist **Bad Homburg** geworden, die Kurstadt mit dem Archäologischen Park und dem rekonstruierten Römerkastell **Saalburg**. Die antike Grenzanlage wurde als Teil des Limes in die deutsch-britische Welterbestätte »Grenzen des Römischen Imperiums« aufgenommen. Mit 550 km Länge ist der Limes das größte Flächendenkmal Europas. Seine Kastelle und Wachtürme, Mauern und Palisaden erstreckten sich einst von Rheinbrohl bei Neuwied am Rhein bis Hienheim an der Donau nahe Regensburg.

Im Süden von Deutschland

74 Von Bayern nach Böhmen

Die Astronomische Uhr des Altstädter Rathauses zählt zu Prags bekanntesten Fotomotiven.

HIGHLIGHTS

Nürnberg. In der gotischen Frauenkirche, zu deren Füßen der Christkindlesmarkt stattfindet, erließ Kaiser Karl IV. die »Goldene Bulle«.

Amberg. Auch die »Kulturhistorische Perle Ostbayerns« gehörte zum Einflussgebiet von Karl IV.

Pilsen. Böhmens höchster Kirchturm überragt den von Barock- und Renaissancehäusern gesäumten Marktplatz.

Prag. Die »Goldene Stadt«, eine der schönsten Metropolen Europas, ist Geburts- und Sterbeort von Karl IV.

FESTE UND VERANSTALTUNGEN

Historisches Marktspektaculum Bärnau. Das traditionelle sommerliche Marktspektakel mit Musikgruppen aus Tschechien, Ungarn und Deutschland, Gauklern, Jongleuren, Handwerkern und Ritterlager lockt Tausende Besucher in die Altstadt, die sich in einen mittelalterlichen Festplatz verwandelt.

Hersbrucker Altstadtfest. Beliebtes Bürgerfest mit großem Angebot an musikalischen Darbietungen und kulinarischen Genüssen. Höhepunkt ist das bekannte Eselrennen.

Die »Goldene Straße« von Nürnberg nach Prag gehörte im Mittelalter zu den wichtigsten Handelsrouten Deutschlands. Auf der historischen Trasse durch die Fränkische Alp, die Täler von Naab und Vils, den Oberpfälzer und Böhmer Wald locken Kultur und Natur.

Auf der Straße des Kaisers

Bereits im 13. Jh. angelegt, begann die große Zeit der Handelsroute von Bayern nach Böhmen erst mit Kaiser Karl IV., nachdem dieser durch Kauf und Heirat die Obere Pfalz hinzugewann, um ohne Zoll auf eigenem Grund von Nürnberg in die böhmischen Stammeslande zu gelangen. Entlang der Route hinterließ der Kaiser seine Spuren. In **Nürnberg** erließ er die »Goldene Bulle«, ein Gesetzeswerk, das die Wahl der römisch-deutschen Herrscher durch die Kurfürsten regelte. In **Lauf an der Pegnitz** steht auf einer Flussinsel das imposante Wenzelschloss. **Sulzbach-Rosenberg** war in der zweiten Hälfte des 14. Jh. Hauptstadt des neu geschaffenen Territoriums Neuböhmen – Karl IV. regierte hier in einer Burg, die unter den nachfolgenden Wittelsbachern zum repräsentativen Schloss umgebaut wurde. Zur Sicherung der »Goldenen Straße« richtete der Kaiser »Pflegämter« ein. Der Verwalter von **Hirschau** nutze dazu die bestehende Befestigungsanlage, die heute zur Brauerei umgewandelt ist.

Bayern, Tschechien

Im Naabtal entstand am Kreuzungspunkt mit der »Magdeburger Handelsroute« die Stadt **Weiden**, die unter Karl IV. zum bedeutsamen Handelszentrum erblühte. Auch **Neustadt an der Waldnaab** gehört zu jenen Städten, die Karl IV. »des Kaisers Land in Bayern« einverleibte. In waldreiche Landschaft eingebettet liegt **Bärnau**, das der Kaiser als Stützpunkt seiner Handelsstraße erwarb.

Über einen 698 m hohen Pass führt der Weg weiter ins tschechische **Tachov**, von dessen Blütezeit unter Karl IV. die gotische Erzdekanatskirche zeugt. Weitere böhmische Handelsorte, wie die Bergbaustadt **Stříbro**, säumen die Route, bevor man die berühme Bierbrauerstadt **Pilsen** und den Höhepunkt der »Goldenen Straße« erreicht: **Prag**, Geburts- und Sterbeort von Kaiser Karl IV. Im Veitsdom auf der Prager Burg fand der Kaiser 1378 seine letzte Ruhestätte. 1848 wurde anlässlich des 500. Jahrestages der Gründung der Karls-Universität ein Bronzedenkmal des Kaisers enthüllt.

Infos und Adressen

REISEROUTE
Die 320 km lange Route führt über die B14, B15 und B22 durch den Oberpfälzer Wald und über einen kleinen Pass nach Tschechien; auf der D5 geht es nach Pilsen und Prag.

BESTE REISEZEIT
Mai–Oktober

SEHENSWERT
Germanisches Nationalmuseum. Das Museum in Nürnberg birgt die größte Sammlung von Objekten zur Kunst und Kultur in Deutschland. www.gnm.de
Deutsches Knopfmuseum. Nirgends sonst auf der Welt gibt es so viele Knöpfe zu bestaunen wie in Bärnau.

ESSEN UND TRINKEN
Zum Gulden Stern. Historische Bratwurstküche in Nürnberg. www.bratwurstkueche.de
BräuWirt. Zoigl-Bier in historischem Gewölbe in Weiden. www.braeuwirt.de
Brauerei Pilsner Urquell. Pflichtprogramm nicht nur für Bierliebhaber.

ÜBERNACHTEN
Grand Hotel Nürnberg. Die Hotellegende der Stadt. www.lemeridiennuernberg.com
Grand Hotel Prag. Nobelhotel mit Blick auf die Astronomische Uhr. www.grandhotelpraha.cz

WEITERE INFOS
www.goldene-strasse.de

Persönlicher Tipp

PRACHT DER AKANTHUS-ALTÄRE

Eine Sonderform des Barocks entlang der Handelsroute nach Prag sind die böhmisch-oberpfälzischen Akanthus-Altäre. Namensgebend für die Rankenaltäre ist das Blatt des Akanthus, das schon in der Antike als gestalterisches Vorbild diente. Die Rankenaltäre, bei denen man auf die damals üblichen architektonischen Säulen- und Giebelzusätze verzichtete, zeichnen sich durch Schnitzkunst in absoluter Vollendung aus. Von Böhmen, wo zwischen 1680 und 1720 etwa 200 davon entstanden, kam die Kunst über die »Goldene Straße« in die Oberpfalz. Und so kann man auf beiden Seiten der deutsch-tschechischen Grenze auf Entdeckungsreise gehen, um die einzigartigen, mit Gold überzogenen Prunkstücke in verstreut liegenden Kirchen und Kirchlein ausfindig zu machen. Herausragende Beispiele finden sich in Bärnau, Sulzbach-Rosenberg, Vohenstrauß, Plößberg, Krummennaab, Leonberg, Mähring, Püchersreuth, Eslarn, Waldthum oder Pullenreuth, und in Tschechien in Kladruby, Planá oder Stříbro.

Der Christkindlesmarkt von Nürnberg ist einer der ältesten und berühmtesten der Welt.

Im Süden von Deutschland

75 Von Passau nach Südböhmen

Blick von der Luitpoldbrücke auf die Altstadt von Passau mit dem Rathausturm und Dom

HIGHLIGHTS

Dreiländereck. Die Grenzen von Deutschland, Tschechien und Österreich treffen sich im Bayerischen Wald.

Fotoatelier Seidel. Das Fotomuseum führt in die Anfänge der Fotografie ein und zeigt eine Chronik der deutch-tschechischen Grenzregion aus dem 19. und 20. Jh.

Altstadt von Böhmisch Krumau. Die schöne Renaissance-Stadt mit riesiger Burganlage an der Moldauschleife gehört zum UNESCO-Weltkulturerbe.

Schloss Hluboká. Das neugotische Märchenschloss Frauenberg und der große Park sind ganzjährig geöffnet.

FESTE UND VERANSTALTUNGEN

Festspiele der fünfblättrigen Rose. Das mittelalterliche Leben ist in Krumau zu Hause. Bei dem Festival im Sommer finden Umzüge, Ritterturniere und Handwerkermärkte statt.

Fischteiche von Trebon. Eine jahrhundertealte Tradiiton. Das Abfischen im Herbst ist ein besonderes Erlebnis. Fische wie Karpfen, Hecht und Aal sind eine lokale Spezialität.

Zwischen der Dreiflüssestadt Passau in Bayern und den Städten in Südböhmen ragen die Gipfel der Nationalparks Bayerischer Wald und Šumava in Tschechien hoch hervor. Dichte Wälder, dunkle Moore, große Seen, Obstbaumwiesen, kleine Dörfer und historische Denkmäler säumen die Straßen auf der Fahrt. Die Route ist ein Kurven- und Naturparadies für Entdeckungsreisende, die es auch gern gemütlich mögen.

Von Donau, Inn und Ilz in den Bayerischen Wald

Sagenumwoben und berühmt sind die Flüsse Donau und Moldau. Viel bereist werden die beiden Ströme, doch auch die Region zwischen ihnen bietet viele Naturschönheiten und Überraschungen. Wasser ist in der **Dreiflüssestadt Passau** so präsent wie nur in wenigen Städten. Donau, Inn und Ilz fließen vor der Ortsspitze der Altstadt zusammen. Große Schiffe liegen an den Kais, und Wassersportler tummeln sich auf den Flüssen. Klöster und Brauereien mit gemütlichen Biergärten findet man an den Uferhängen. Entlang dem Donauufer geht die Fahrt am Wasser weiter bis nach **Obernzell**, der ehemaligen Sommerresidenz der Passauer Bischöfe. Enge Serpentinen schlängeln sich von dort den steilen Donauhang hinauf. Die schmale Landstraße mit schönen Aus-

Bayern, Tschechien

blicken führt an Obstbaumwiesen und bayerischen Bauernhöfen vorbei an der Granitstadt Hauzenberg weiter zum **Dreisesselberg**. Nach einer kurzen Wanderung mit einem Panoramablick von dem Gipfel des Plöckensteins verläuft die Route entlang der »Glasstraße« vorbei an **Haidmühle**, wo die »Kalte Moldau« entspringt, den Glashütten von Schwarzenthal bis in den Nationalpark Bayerischer Wald. Dort bietet sich vom Baumwipfelpfad in **Neuschönau** ein schöner Blick auf die grünen Wälder und Wiesen der Region und die baumlosen Gipfel rund um den rund 1373 m hohen Lusen. Nach dem Borkenkäferbefall kann sich die Natur im Nationalpark völlig unberührt wieder regenerieren.

Über die Grenze nach Tschechien

Geradewegs nach Osten führt die Bundesstraße 12 von Freyung. Immer wieder eröffnen sich durch die Bäume am Straßenrand schöne Ausblicke, wie bei Sonndorf. Immer kleiner werden die Ortschaften in Richtung Grenze. Landwirtschaft und große Fichtenwälder prägen die Region. Hinter dem Grenzübergang bei **Philippsreuth** beginnt der tschechische **Nationalpark Šumava**. Der im Jahr 1991 gegründete Park erstreckt sich auf einer Länge von 70 km entlang der bayerischen Grenze und grenzt im Süden an Österreich an. Die Hochebenen mit Tannen, Buchen und Fichten werden von dunklen Torfmooren und Seen durchzogen. Im Nordosten wird das Mittelgebirge flacher und

Persönlicher Tipp

DIE GRENZREGION VON OBEN

Der Weg von Passau nach Südböhmen führt durch das Mittelgebirge Bayerischer Wald. Am Dreiländereck treffen sich die Grenzen von Deutschland, Österreich und Tschechien. Dieser historische Ort liegt versteckt mitten im Wald und ist nur zu Fuß erreichbar. Der leichte Wanderweg beginnt auf dem Parkplatz beim Berggasthof Dreisessel und folgt der blau-weißen Markierung entlang der deutsch-tschechischen Grenze. Der 2,3 km lange Rundweg ist in 1,5 Stunden problemlos zu bewältigen. Vorbei an den Dreisesselfelsen führt der Pfad zum Dreiländereck. Etwas weiter bietet sich von dem Gipfel des österreichischen Plöckensteins ein guter Blick auf die Grenzregion, den Nationalpark Šumava/Böhmerwald, den sagenumwobenen Plöckensteinsee und den Moldau-Stausee, an dem die Autofahrt später vorbeiführen wird. Mit 1378 m ist der Plöckenstein der höchste Berg in der Region und sogar in ganz Südböhmen.
www.nationalpark-wanderland-bayerischer-wald.de

Der Baumwipfelpfad Schönau bietet fantastische Ausblicke über den Bayerischen Wald.

Verzaubert liegt der Šumava-National-Park im frühen Morgenlicht.

Die mehrstöckige Mantelbrücke überspannt den Burggraben von Schloss Krumau.

Persönlicher Tipp

AUSFLÜGE MIT DEM SCHIFF

Die großen Flüsse Donau und Moldau begleiten die Reise von Passau nach Südböhmen. Immer wieder streift die Route Flüsse und Seen.

Auf dem Moldaustausee (Lipno auf Tschechisch) fährt sogar eine kleine Autofähre, um den Reisenden den großen Umweg um die »Böhmische Riviera« zu ersparen. Von dem Städtchen Horní Planá legt sie am Hafen neben den Ruderbooten der Fischer ab. Der Blick auf den See und die dunkelgrünen Wälder, die sich an seinen Ufern ausbreiten, ist herrlich.

Ein Abstecher auf ein Boot, wenn auch ohne Auto, ist auch an anderen Orten empfehlenswert: Bei einer Dreiflüssefahrt in Passau zeigt sich die Altstadt mit der Veste Oberhaus und dem Stephansdom an Donau, Inn und Ilz von einer ganz neuen Seite. Auch in Böhmisch Krumau ist das Schiff eine gute Ergänzung zum Stadtspaziergang. Die Moldau umfließt in einer großen Schleife die Altstadt, und die Dimensionen der Burganlage auf dem Bergrücken oberhalb der Stadt wirken imposant.

verwandelt sich in eine grüne Hügellandschaft. Nach ein paar Kilometern führt die Route über die schön gelegene B39 in Richtung Horní Planá. Eine Weile kann man die **»Warme Moldau«** entlang der Straße beobachten. Bei dem Städtchen Chlum fließt sie schließlich mit der »Kalten Moldau« zusammen. Der gewachsene Strom erreicht wenig später den 47 km langen **Moldau-Stausee**, auf Tschechisch Lipno genannt. Der große Stausee liegt auf über 700 m und ist ein Paradies für Segler, Fischer, Schwimmer und Wanderer. Im Westen ragt der Gipfel des 1379 m hohen Plöckensteins hoch hervor, und die bewaldeten steilen Hänge zeichnen die Ländergrenzen von Deutschland, Tschechien und Österreich nach.

Böhmische Dörfer und Kulturmetropolen an der Moldau

Vom Moldau-Stausee über die B 39 in nördliche Richtung beginnt das dörfliche Südböhmen, fernab der Grenze. Majestätisch thronen die Dorfkirchen auf den Hügeln und schneeweiße Gehöfte werden von Wiesen grün umrahmt. Die Kirche **Kájov** ist einer der ältesten Marienwallfahrtsorte Tschechiens. Nur wenige Kurven weiter erhebt sich in **Böhmisch Krumau** eine der größten Burgen des Landes mit über 40 Gebäuden, Schlössern und Palästen, Innenhöfen und Gärten. Hoch über der Altstadt auf einem Hügelkamm erbaut, bietet sich von den Terrassen ein guter Blick auf die Moldau. Malerisch fließt der längste Fluss Tschechiens in einer Schleife um die Altstadt mit ihren verwinkelten Gassen, den Pflasterstraßen und den schmucken Bürgerhäusern. Die Giebel barocker Bauernhöfe, die sich in dem See auf dem weitläufigen Dorfplatz spiegeln, findet man in **Hollschowitz**. Das böhmische Dorf mit den 17 Bauernhöfen erzählt eine 800-jährige Geschichte und gehört wie Krumau zum UNESCO-Weltkulturerbe. Als nächster Halt an der Moldau bietet sich **Budweis** an. Die Stadt mit dem größten tschechischen Marktplatz, den eleganten Bürgerhäusern und den berühmten Brauereien ist damals durch die Lage an der Salzstraße zwischen Prag und Linz reich geworden. Nur einen Steinwurf entfernt liegt das neogotische Märchenschloss **Frauenberg**, auf alle Fälle eines der romantischsten und eindrucksvollsten Gebäude auf der Strecke von Passau nach Südböhmen.

Von Passau nach Südböhmen

Infos und Adressen

REISEROUTE
Anreise: mit dem Zug nach Passau und von dort weiter mit dem Mietwagen oder mit dem eigenen Auto nach Passau reisen.
Wichtig: Wer in Tschechien die Autobahn nutzen möchte, muss zuvor eine Vignette kaufen.
Route: Passau–Nationalpark Bayerischer Wald–Moldau-Stausee–Böhmisch Krumau–Hollschowitz–Budweis–Schloss Hluboká; ca. 260 km

BESTE REISEZEIT
April–Oktober

SEHENSWERT
Veste Oberhaus. Die Burg von Passau thront hoch über dem Zusammenfluss von Donau und Ilz und zählt zu den mächtigsten Anlagen Europas. www.oberhausmuseum.de
Baumwipfelpfad. Von dem 44 m hohen Baumturm in Neuschönau bietet sich ein herrlicher Blick auf den Bayerischen Wald. www.neuschoenau.de
Egon Schiele Art Centrum. Das Museum in Krumau zeigt Grafiken von Schiele, tschechische und internationale zeitgenössische Kunst. www.schieleart-centrum.cz
Burgmuseum. Ausstellung in Krumau mit historischem Kino, Lapidarium und Modellen der Burg. www.zamek-cesky-krumlov.cz

ESSEN UND TRINKEN
Goldenes Schiff. Bayerische Küche und gemütliches Ambiente in der Passauer Altstadt. www.goldenesschiff.de
Veit Hof. In dem Vierseithof bei Hauzenberg vermischen sich bayerische und französische Küche. www.veit-hof.de
Švejk. Die Räume des Krumauer Restaurants erinnern an das vergangene Österreich-Ungarrn; taditionelle böhmische Küche. www.svejkck.cz
Potrefená husa. »Zur getroffenen Gans« in Budweis serviert Spezialitäten wie *Kulajda*, eine sämige Suppe mit Kartoffeln, Pilzen, Ei und Dill. www.staropramen.cz/husa

ÜBERNACHTEN
Hotel Schloss Ort. An der Ortsspitze von Passau bieten die Zimmer einen herrlichen Blick auf den Inn. www.hotel-schloss-ort.de
Hotel Bellevue. Eine luxuriöse Unterkunft mit Panoramablick über die Renaissance-Stadt Krumau. www.bellevuehotelkrumlov.cz/
Budweis. Das Hotel Budweis in der gleichnamigen Stadt ist in einem Haus aus dem 14. Jh. untergebracht. Stilvolle Zimmer und gute regionale Küche. www.hotelbudweis.cz

WEITERE INFOS
www.czechtourism.cz
www.bayern.by

Schloss und Kirche St. Jodokus von Český Krumlov in der blauen Stunde

Im Süden von Deutschland

76 Deutsche Hopfenstraße

Die auch Holledau genannte Hallertau ist das weltweit größte zusammenhängende Hopfenanbaugebiet, das mehr als 85 Prozent des deutschen Hopfens liefert. Das Land, »wo's Bier wächst«, bietet nicht nur kulinarische Spezialitäten. Schon die Kelten und Römer haben sehenswerte Spuren hinterlassen.

Hopfengärten prägen die Landschaft

Kein Besuch der Hallertau ohne eine Hopfenerlebnisführung. Nach dem in Deutschland heute noch gültigen Reinheitsgebot von 1516 dürfen zur Herstellung von Bier nur Malz, Hefe, Wasser und Hopfen verwendet werden.

Zahlreiche Hopfenbaubetriebe beiderseits der Deutschen Hopfenstraße machen Besucher mit dem Anbau, der Ernte und der Verarbeitung des »Grünen Goldes« vertraut. In **Wolnzach** wurde 2005 das **Deutsche Hopfenmuseum** in Form eines Hopfengartens eröffnet. Rund 1000 Hopfenbauern gibt es in der Hallertau. Die Hopfengärten mit ihren 7 m hohen Gerüstanlagen prägen die sanft hügelige Landschaft mit ihren fruchtbaren Lössböden. In der westlichen Hallertau, in der Gegend um **Schrobenhausen**, wird auf sandigeren Böden auch Spargel angebaut.

Beliebte Start- oder Zielorte für die Route sind die Donaustadt Regensburg im Norden oder **Freising** im Süden mit dem Domberg und der Staatsbrauerei **Weihenstephan**. Mit Fahrradweg entlang der Straße beginnt die Deutsche Hopfen-

HIGHLIGHTS

Abensberg. Historische Altstadt mit Stadtmuseum im Herzogskasten und Karmelitenkloster; Brauerei zum Kuchlbauer mit Hundertwasser-Turm.

Schloss Ratzenhofen. Barocke Vierflügelanlage mit idyllischem Biergarten.

Mainburg. Hallertauer Heimat- und Hopfenmuseum.

Au in der Hallertau. Im 19. Jh. verändertes Renaissance-Schloss mit Kapelle, Brauerei und großem Biergarten.

Freising. Lebendige Altstadt unterhalb des Dombergs; gräfliches Hofbrauhaus; im Ortsteil Weihenstephan Klosteranlage mit Bayerischer Staatsbrauerei.

FESTE UND VERANSTALTUNGEN

Hallertauer Hopfakranzlfest. Im September an jährlich wechselnden Standorten stattfindende Regionalmesse rund um das Therma Hopfen.

Gillamoos. Seit 1313 findet am ersten Septemberwochenende ein Jahrmarkt in Abensberg mit politischem Gillamoos-Montag statt.

Limesfest. Volksfest mit historischen Darbietungen im August in Kipfenberg.

Schon 1050 wurde die Brauerei von Kloster Weltenburg am Donaudurchbruch gegründet.

Bayern

2010 wurde der nach Plänen von Hundertwasser errichtete Kuchlbauer-Turm eröffnet.

Infos und Adressen

REISEROUTE
Die Route ist identisch mit der B301 von Abensberg bis Freising.

BESTE REISEZEIT
Frühling und Sommer

SEHENSWERT
Deutsches Hopfenmuseum. Auf 1000 m² Ausstellungsfläche liefert das Museum in Wolnzach alles Wissenswerte über den Hopfen.
www.hopfenmuseum.de
Kelten Römer Museum. Bedeutendstes Exponat des Museums in Manching ist der keltische Goldschatz.
www.museum-manching.de

ESSEN UND TRINKEN
Klosterschenke Scheyern. Mit Hotel, Bräustüberl, Klosterstubn und Biergarten. Schyrenplatz 1, Scheyern.
www.klosterschenke-scheyern.de
Espert-Klause. Kleiner Gourmettempel; Bar und Partyservice, in der Saison auch Hopfenspargel. Espertstraße 7, Mainburg.
www.espert-klause.de

ÜBERNACHTEN
Haimerlhof. Kleines Privathotel in denkmalgeschütztem Gebäude am Marktplatz in Wolnzach.
www.haimerlhof.de
Hotel Müllerbräu. Gemütliches Traditionshaus in Pfaffenhofen mit bayerischer Küche.
www.hotel-muellerbraeu.de

WEITERE INFOS
Website der Ferienstraße:
www.hallertau.by/deutsche-hopfenstrasse.html
Die Region stellt sich vor:
hopfenland-hallertau.de

Persönlicher Tipp

DONAUDURCHBRUCH BEI WELTENBURG

In der Weltenburger Enge nördlich der Hallertau durchbricht die Donau auf einer Strecke von 5,5 km den Kalkstein des Oberjura. Die fast 80 m senkrecht aufsteigenden Felswände wirken besonders eindrucksvoll von einem Ausflugsboot aus, das von Kelheim aus das Kloster Weltenburg ansteuert. Architektur, Fresken und Stuckarbeiten der spätbarocken Klosterkirche der mächtigen Benediktinerabtei stammen von den Gebrüdern Asam. Der Biergarten der Klosterschenke zählt zu den schönsten in Bayern.

SPARGELWOCHEN IN SCHROBENHAUSEN

Nicht nur der Hopfen gedeiht prächtig in der Hallertau. Auf den sandigen Böden um Schrobenhausen wird schon seit Ende des 19. Jh. Spargel gezogen, der sich durch einen besonders kräftigen Geschmack auszeichnet. Von Mitte April bis zum 24. Juni lockt die Spargelsaison zahlreiche Liebhaber des königlichen Gemüses auf die Spargelhöfe und in die Gaststätten. In einen Turm der Stadtmauer ist 1991 das Europäische Spargelmuseum eingezogen, das alles um den Spargel zeigt: von der Pflanze über den Anbau bis zur Kulturgeschichte, die Kulinarik und die Kunst.

straße in **Abensberg** mit seiner sehenswerten Altstadt. Im **Herzogskasten**, einem spätgotischen Lagerhaus, ist das Stadtmuseum untergebracht. Auf dem Gelände der auf Weizenbier spezialisierten Traditionsbrauerei Kuchlbauer steht der von Friedensreich Hundertwasser entworfene **Kuchlbauer-Turm**. Auch **Siegenburg** wartet mit einer Spezialitätenbrauerei auf und Eisendorf mit dem schönen Biergarten im **Schloss Ratzenhofen**. In **Mainburg** wurde in der alten Knabenschule das Hallertauer Heimat- und Hopfenmuseum eingerichtet. Das **Renaissance-Schloss Au** mit der größten privaten Jagdtrophäensammlung Deutschlands ist heute Sitz der Auer Schlossbrauerei. In Au in der Hallertau endet offiziell die Deutsche Hopfenstraße. Zu den lohnenden Abstechern zählt das **Kelten Römer Museum** in Manching.

Im Süden von Deutschland

77 Glasstraße

Filigrane Gebilde sind die »Bäume« des Gläsernen Waldes vor der Burgruine Weißenstein.

HIGHLIGHTS

Waldsassen. Barocke Basilika und Klosterbibliothek, runde Dreifaltigkeitskirche Kappl und Stiftlandmuseum.

Landestormuseum – Drachenmuseum. Der Stadtturm auf dem Further Schlossplatz beherbergt das Museum mit Glasabteilung.

Gläserne Gärten von Frauenau. Skulpturenpark vor dem Glasmuseum Frauenau.

Kristallglaspyramide in Zwiesel. Über 8 m hohe Pyramide aus 93 665 Glaskelchen.

Passau. Die Dreiflüssestadt wird von Veste Niederhaus, Stephansdom und der Pfarrkirche St. Paul dominiert.

FESTE UND VERANSTALTUNGEN

Zwieseler Glastage. Alle zwei Jahre wird von August bis Oktober Glaskunst auf hohem Niveau präsentiert. Alljährlich Mitte August steigt die **Zwieseler Glasnacht.**

Frauenauer Glasstraßenfest. Ende Juni findet das traditionelle Spektakel statt.

Drachenstich. Der seit 500 Jahren aufgeführte »Further Drachenstich« ist das älteste Volksschauspiel Deutschlands.

Im Oberpfälzer und im Bayerischen Wald und im östlich angrenzenden Böhmerwald blickt die Glasherstellung auf eine rund 700-jährige Tradition zurück. Die Glasstraße führt auf mehreren Routen durch schöne Mittelgebirgslandschaften von Waldsassen nach Passau. Die 1997 ins Leben gerufene Ferienstraße berührt dabei 48 Gemeinden in acht Landkreisen.

Glitzernde Vielfalt in dunklen Wäldern

Glas wurde vor mehr als 3500 Jahren erstmals in Mesopotamien und im alten Ägypten hergestellt. Die Römer brachten diese Kunst nach Mitteleuropa. Wegen des enormen Bedarfs an Holz zur Befeuerung der Öfen und zur Aschegewinnung siedelten sich viele Glashütten in waldreichen Gebieten an, so auch in Ostbayern und in Böhmen. Traditionsreiche Glasunternehmen, Glashütten und kleine Glaskunstbetriebe präsentieren entlang der Glasstraße ihr Handwerk und laden zum Einkaufsbummel ein. In einigen Glashütten können die Gäste unter fachmännischer Anleitung selbst geblasene Kunstobjekte herstellen.

Im nördlichen Streckenabschnitt, im Oberpfälzer Wald, treffen Kristallglas und Porzellan aufeinander. **Waldsassen**, **Neustadt a. d. Waldnaab** und **Weiden i. d. Oberpfalz** haben sich dem Bleikristall verschrieben, in **Plößberg** werden

Bayern

seit 1719 Glasschmelzöfen hergestellt. Die zweite Route führt von **Waidhaus** an der tschechischen Grenze über die Drachenstich-Stadt **Furth im Wald** in den **Lamer Winkel**, einem der schönsten Täler im nördlichen Bayerischen Wald. Die Region wird auch »Spiegelglasland« genannt. Das »Gläserne Herz« ist das Gebiet zwischen **Arber** und **Frauenau**. **Zwiesel** ist die Glasstadt an sich, weltberühmt sind die Produkte der hiesigen Kristallglasmanufaktur **Theresienthal**. In Frauenau arbeitet noch die älteste, 1569 gegründete Glashütte des Bayerischen Waldes. Vom **Zellertal** mit Arnbruck und Drachselried aus berührt der vierte Abschnitt der Glasstraße Regen, Bodenmais und Sankt Englmar. Auf dem **Pfahl**, einem 150 km langen freigelegten Quarzgang, thront die **Burgruine Weißenstein** mit dem Gläsernen Wald. Der letzte Abschnitt führt vom **Nationalpark Bayerischer Wald** über die alten Glaszentren **Spiegelau** und **Riedlhütte** ins Dreiländereck um die Donaustadt **Passau**.

Infos und Adressen

REISEROUTE
Fünf unterschiedliche Abschnitte: von Weiden nach Waldsassen, von Waidhaus bis zum Lamer Winkel, von Arber bis Frauenau, von Zellertal bis Südkamm, vom Nationalpark bis Passau

BESTE REISEZEIT
Frühling–Herbst

SEHENSWERT
Glasmuseum Passau. Im historischen Gebäudekomplex geben mehr als 30 000 Gläser einen Eindruck von der böhmischen Glaskunst. www.glasmuseum.de
Glasmuseum Frauenau: Geschichte des Glases von Mesopotamien bis in die Moderne. www.glasmuseum-frauenau.de

ESSEN UND TRINKEN
Berghof Gibacht. Wirtshaus und Glasschmiede in Waldmünchen. www.gibacht.com
Gut Schmelmerhof. Ferienhotel mit Gewölberestaurant in Sankt Englmar. www.gut-schmelmerhof.de

ÜBERNACHTEN
Klassikhotel am Tor. Traditionshaus in der Altstadt von Weiden. www.klassikhotel.de
GlasHotel. Wellnesshotel in Zwiesel. www.glashotel.de
Wilder Mann. Hotel im gleichen Gebäude wie das Glasmuseum, Passau. www.wilder-mann.com

WEITERE INFOS
www.die-glasstrasse.de

Persönlicher Tipp

DIE BAYERISCHE PORZELLANSTRASSE

Der nördliche Abschnitt der Glasstraße im Oberpfälzer Wald lässt sich gut mit der Bayerischen Porzellanstraße verknüpfen. Die 550 km lange Touristenstraße führt in die 300 Jahre alte Heimat des »Weißen Goldes« und berührt die Ferienregionen Steigerwald, Maintal, Coburger Land, Frankenwald und Fichtelgebirge. Von Weiden i. d. Oberpfalz aus werden Porzellanstädte wie Arzberg, Selb oder Tirschenreuth angesteuert. Sehenswert sind z. B. auch Bamberg, Bayreuth, Coburg, Kronach, Lichtenfels und Wunsiedel.

WANDERWEGE ZUM THEMA GLAS

Nicht nur Autorouten führen durch die Glasregion, sondern auch gut ausgeschilderte, informative Wanderwege. Der Glasschleiferweg an der Grenze zu Tschechien führt an mehr als 20 ehemaligen Glasschleif- und Polierwerken vorbei. Die Hagenmühle bei Pleystein ist zu besichtigen. Vorbei an den bizarren Felsgebilden der riffartigen Quarzader Pfahl führt der Pfahlwanderweg. Durch den Lamer Winkel und über das Arbergebiet verläuft zum Teil auf alten Saumpfaden der Gläserne Steig. Zu fünf ehemaligen Wanderglashütten und alten Kohlenmeilern führt der informative Glashütten-Wanderweg.

Auf dem Glasberg bei Waldsassen steht die barocke Kappl von Georg Dientzenhofer.

Im Süden von Deutschland

78 LiteraTouren II

HIGHLIGHTS

Weiden. Die literarischen Bezugspunkte sind heute ein Schuhhaus (Goethes Poststation) und eine Sparkasse (Nietzsches und Marx' Gasthof).

Murnau. Im Schlossmuseum ist Horváth eine eigene Abteilung gewidmet. Der Markt hat einen historischen Ortskern mit Mariensäule, Rathaus und dem Ähndl, wie die St. Georgs-Kirche genannt wird.

Gaienhofen. Hesses Wohnhaus in Gaienhofen kann besichtigt werden. Ihm ist ein Museum angeschlossen.

FESTE UND VERANSTALTUNGEN

Frühlingsfest. Um den 1. Mai herum in Weiden.

Volksfest. Das größere Fest im August hat seit 1897 in Weiden Tradition.

Flohmarkt. Der Markt, der jeden ersten und dritten Samstag im Monat stattfindet, lohnt die Fahrt nach Weiden.

Heilig-Blut-Fest. Der höchste Feiertag auf der Bodensee-Insel Reichenau im Juni.

Fischerstechen von Seehausen. Am 15. August in Murnau.

Schäfflertanz. Der nächste Termin der nur alle sieben Jahre abgehaltenen Veranstaltung in Murnau ist 2020.

Pferde im Murnauer Moos: Die Künstler des »Blauen Reiter« faszinierte diese Stimmung.

Von der Dichte der literarischen Prominenz, die sich in der unscheinbaren Stadt aufhielt, könnte man Weiden in der Oberpfalz fast mit Goethes Weimar verwechseln. Während Murnau am oberbayerischen Staffelsee und Gaienhofen am Bodensee jeweils einem der ganz großen Schriftsteller die Wahlheimat waren.

Mit Marx- und Engelszungen

An der Schnittstelle zwischen Goldener Straße von Nürnberg nach Prag und Magdeburger Straße zwischen Ostsee und Italien musste beinahe jeder Fernreisende haltmachen. Johann Wolfgang von Goethe berichtete in seiner *Italienischen Reise* von **Weiden**. Friedrich Schiller recherchierte für *Wallensteins Tod* in der Stadt im Oberpfälzer Wald. 1867 wohnte Friedrich Nietzsche in der Wirtschaft »Zum Schwane«, die ein paar Jahre später so überfüllt war, dass Karl Marx auf der Tour nach Karlsbad eine Nacht im Bahnhofswartesaal von Weiden verbringen musste. Marx- und Engelszungen halfen nicht, ein Bett zu bekommen. Thomas Manns Novelle *Das Eisenbahnunglück* entstand wiederum einige Jahre später ebenfalls in der Stadt von Max Reger, dem berühmten Komponisten. Erich Loest erlebte seine Kriegsgefangenschaft dort. Trotzdem kam er 1985 zu den ersten Weidener Literaturtagen, die sich über die Region hinaus einen guten Ruf erworben haben. »Provinz ist, was du daraus machst!«, sagte Walter

Bayern, Baden-Württemberg

Ein Stückchen Bayern, fast wie aus dem Biderbuch: die Altstadt von Murnau.

Infos und Adressen

REISEROUTE
Von Weiden nach Murnau sind es 270 km, von Murnau nach Gaienhofen ebenfalls.

BESTE REISEZEIT
Frühling–Herbst

SEHENSWERT
Staffelsee. Der See mit sieben Inseln ist der wärmste See Bayerns, da er von warmen Moorbächen gespeist wird. Auf der »MS Seehausen« werden Rundfahrten angeboten.
Untersee. Der kleine Bruder des Bodensees, mit den Uferorten Allensbach, Radolfzell und der Reichenau, bietet vielfältige Ausflugsmöglichkeiten ab Gaienhofen.

ESSEN UND TRINKEN
Hölltaler Hof. In dem Restaurant am Waldrand von Oberhöll bei Weiden gibt es gute Forellen aus eigener Zucht. www.hoelltaler-hof.de
Schtägefässle. Uriges Wirtshaus mit regionaler Bodensee-Küche in Gaienhofen.

ÜBERNACHTEN
Alpenhof Murnau. Bietet einen herrlichem Blick aufs Blaue Land und die Alpen, hat ein schönes Spa und ein sehr gutes Restaurant. www.alpenhof-murnau.com
Landgasthof Schienerberg. In Öhningen bei Gaienhofen warten sechs behagliche Zimmer auf Gäste. www.landgasthof-schienerberg.de

WEITERE INFOS
www.weiden.de,
www.murnau.de,
www.gaienhofen.de

Persönlicher Tipp

IM BLAUEN LAND

Murnau am Staffelsee in Oberbayern ist das Zentrum des Blauen Landes und des Expressionismus. »Der Blaue Reiter« nannte sich eine Gruppe von Malern, die nicht mehr dem Vorbild der Natur folgten, sondern den subjektiven Eindruck erfassten und die vorangegangene impressionistische Malweise völlig hinter sich ließen. Die Atmosphäre, die Wassily Kandinsky, Ernst Ludwig Kirchner oder Franz Marc in ihren Bann zog, öffnete auch bei Literaten neue Sichtweisen. Ödön von Horváths Texte sind gefärbt von der Malerei des »Blauen Reiter«, von Murnau und seiner Landschaft. Unter anderem entstanden dort die Stücke *Zur schönen Aussicht*, *Kasimir und Karoline* und *Glaube Liebe Hoffnung*. Wechselnde Lichtstimmungen, wie sie die Maler und Künstler bis heute lieben, verzaubern. Häufig wirken die Seen und Moore, die Wälder und Wiesen, ja, sogar die Alpenkette im Süden wie modelliert und in weiches Blau getönt. Nur acht Gemeinden bilden das »Blaue Land«, und dennoch ist es wegen seiner Künstler weltbekannt.

Höllerer, Mitglied der Gruppe 47, bei seiner legendären Eröffnungsrede. Für zwei ganz Große geht's im Anschluss weiter in den Süden: Ödön von Horváth lebte zwischen 1924 und 1933 in **Murnau**, ehe er ins politische Exil musste. Der Dramatiker zählt zu den wichtigsten Repräsentanten des literarischen Expressionismus. Peter Handke schrieb über ihn: »Horváth ist besser als Brecht. Ich mag diese irren Sätze bei ihm.« Hermann Hesse hingegen verbrachte acht Jahre in **Gaienhofen** am Bodensee. Seinem Schriftsteller-Kollegen Stefan Zweig schrieb er von der fehlenden Eisenbahn und Industrie, von seinem Garten und seinem Haus mit Seeblick: »ein hübscher Traum«. In dieser Idylle verfasste der spätere Nobelpreisträger seinen ersten Erfolgsroman *Peter Camenzind* und die Erzählung *Unterm Rad*.

Im Süden von Deutschland

79 Inn und Salzach entdecken: Von Passau zum Waginger See

HIGHLIGHTS

Passau. Die Altstadt der Dreiflüssestadt bezaubert mit ihren verwinkelten Gassen, dem Dom und dem Farbspiel der drei Flüsse an der Ortsspitze.

Innauen. Sie werden durch das deutschösterreichische Europareservat Unterer Inn auf 55 km geschützt.

Burghausen. Die längste Burganlage der Welt thront über der romantischen Altstadt an der Salzach.

Altötting. Berühmter Wallfahrtsort.

Waginger See. Er gilt als der wärmste See Oberbayerns.

FESTE UND VERANSTALTUNGEN

Eulenspiegel Festival. Musik- und Kabarettfestival im Zirkuszelt in Passau

Jazzwoche Burghausen. Zur Internationalen Jazzwoche kommen jedes Jahr Stars, Grenzgänger und Newcomer in die Stadt.

Burgtage. Historische Burgfeste finden auf der imposanten Burg in Burghausen und der kleinen Burg in Tittmoning statt.

Dampfdreschen. Im Rupertiwinkler Bauernhofmuseum am Waginger See werden u.a. alte Schlepper ausgestellt und die Dampfmaschine in Betrieb genommen.

Blick auf Burg und Altstadt von Burghausen an der Salzach

In der Dreiflüssestadt Passau fließen Donau, Inn und Ilz an der Ortsspitze zusammen. Der Inn ist der wasserreichste Zufluss der Donau und die Salzach wiederum der größte für den Inn. Die Reise entlang der Ufer dieser Flüsse ist eine Reise zu Orten mit geschichtlichen Schätzen und wunderschönen Landschaften, die mit Auenwäldern, Schluchten, Seen und Wäldern verzaubern. Die Grenze von Österreich und Deutschland lädt ein, barocke Städte, Klöster, Gehöfte und urige Wirtshäuser Geschichte, zu erleben.

Der grüne Fluss und seine Ufer

Es ist ein gegensätzliches Paar, das in **Passau** zusammenfindet: Die blaue Donau wird auch »Straße der Könige und Königinnen« genannt und mäandert gemächlich gen Osten, während der leuchtend grüne Inn mit Schwung und Strudeln an der Ortsspitze auf sie trifft. Der Inn zählt zu den längsten und mächtigsten Gebirgsflüssen Europas. Von der Quelle im Schweizer Engadin legt er bis Passau 517 km zurück. Eine Reise entlang des Unterlaufs des Inns führt über kleine Landstraßen an romantischen Orten vorbei. Unzählige Brücken bieten schöne Ausblicke auf den grünen Gletscherschmelzwasserstrom. Die Marienbrücke in Passau überspannt den Fluss auf der Höhe vom Stephansdom. Gegenüber thront das Kloster Mariahilf und bietet einen Panoramablick auf die Stadt. Kurz darauf ist die österrei-

Bayern

chische Grenze erreicht, und die Fahrt geht über die Nibelungen- und Römerstraße in Richtung Schärding am Inn weiter. Auf dem Weg lohnt sich ein Halt für die Burg in Wernstein, bevor die Barockstadt Schärding zu einer gemütlichen Pause einlädt. Pastellfarbene Bürgerhäuser mit runden Giebeln umgeben den Marktplatz und verwinkelte Gassen führen zur Innpromenade, um die Füße im kühlen Wasser zu erfrischen. Wenige Kilometer weiter liegt das Stift Reichersberg. Das Augustiner-Chorherrenstift blickt auf eine 900-jährige Geschichte zurück und lohnt eine Besichtigung. In **Obernberg** ist in der Burg eine Falknerei untergebracht. Hier führt die Brücke zurück nach Bayern und über die B12 zu dem mittelalterlichen Dorf **Ering**, wo das Infozentrum des Europareservats Unterer Inn beheimatet ist. Das grenzüberschreitende Reservat erstreckt sich über 55 km von Haiming bis Schärding entlang dem Innufer.

Am Zusammenfluss von Salzach und Inn

Kurz vor der Mündung der Salzach in den Inn liegt **Braunau**. Über die farbenfrohen Häuser ragt der gotische Kirchturm hoch hinaus, und durch die engen Gassen führt der Weg vom weitläufigen Marktplatz zum Inn hinunter. Dort bietet sich auf dem Damm ein Spaziergang am Ufer des **Europareservats** an. Durch das von Inn und Salzach transportierte Geröll ist an der Mündung ein großes Feuchtgebiet

Kloster und Kirche erheben sich auf dem Mariahilfberg über die Altstadt von Passau.

Persönlicher Tipp

DAS SALZ UND DIE FLÜSSE

Salz ist ein lebenswichtiger Stoff und seit Jahrhunderten ein wichtiges und wertvolles Handelsgut. Für den Transport des »weißen Goldes« waren die Flüsse nicht wegzudenken. Auch Salzach, Inn und Donau waren Teil des internationalen Exportnetzwerks. Auf Holzkähnen, den sogenannten Plätten, wurde das Salz flussabwärts gebracht. Auf der Salzach können diese Plättenfahrten wieder erlebt werden. Von der Einlegestelle in Tittmoning geht die Fahrt vorbei an dem Kloster Raitenhaslach bis nach Burghausen. Von der Plätte aus bieten sich die schönsten Blicke auf Auenlandschaften, bewaldete Steilufer, Kirchen, Klöster, Dörfer und schließlich auf die imposante Burg von Burghausen mit der denkmalgeschützten Altstadt. Die Treidler und Salzfertiger berichten auf der Fahrt von ihrem Leben auf dem Fluss und geben einen Einblick in die Geschichte des Salzes.

Burghausen glänzt mit der längsten Burg der Welt an der Salzach.

Persönlicher Tipp

WANDERUNG DURCH DEN FILZ

In den Landschaftsschutzgebieten rund um das Seenensemble Waginger und Tachinger See bieten sich interessante Spaziergänge durch Heidelandschaften, Hochmoore, Kiefernwälder und eine alte Kulturlandschaft an. Die Natur um die Seen mit ihren unberührten Schilfgürteln und Bachläufen ist für ihre vielfältige Pflanzen-, Tier- und Vogelwelt bekannt. Bei der Rundwanderung durch den Schönramer Filz, einem der größten Hochmoore in Oberbayern, gelangt man zu einem wunderschönen Moorsee. Informationstafeln erzählen die wechselvolle Geschichte der Region, in der sich zwischen 1933 und 1951 rund 2000 Torfstecher am ausgetrockneten Filz bedienten, bevor das Moor seit den 1980er-Jahren renaturiert wird. Auch der Auenlehrpfad bei Tittmoning lohnt einen Besuch. Ein weiteres Highlight für Naturliebhaber sind die Salzachauen bei Fridolfing. Es sind kurze Ausflüge in eine friedvolle und einmalig schöne Landschaft – ideal, um sich zwischen den Autofahrten die Beine zu vertreten.

Prächtige Fassade eines Giebelhauses in der Altstadt von Burghausen

entstanden, das ein Paradies für nistende Vögel ist. Von Braunau ist es nur ein kurzer Weg bis zur nächsten Sehenswürdigkeit: **Marktl am Inn**. Joseph Ratzinger, der spätere Papst Benedikt XVI., wurde in dem Städtchen geboren. Neben dem Geburtshaus mit der goldenen Benediktsäule kann auch seine Taufkirche mit dem Taufbecken besichtigt werden. Religiös geht es auch im benachbarten **Altötting** zu. Seit über 1250 Jahren ist die Stadt ein wichtiges geistliches Zentrum in Bayern, und seit über 500 Jahren ist Altötting der bedeutendste Marien-Wallfahrtsort Deutschlands. Jährlich pilgern rund eine Million Menschen zu der schwarzen Muttergottes in die Gnadenkapelle am Kapellplatz.

Entlang der Salzach bis zum Waginger See

Mit der längsten Burg der Welt trumpft die Stadt **Burghausen** an der Salzach auf. Über einen Kilometer zieht sich die Anlage über eine schmale Bergzunge zwischen dem Wöhrsee und der Salzach hin. Zu Füßen der Burg liegt die mittelalterliche Altstadt, deren einzigartiges städtebauliches Ensemble unter Denkmalschutz steht. Schöne Biergärten und alte Gassen mit originellen Geschäften und Galerien laden zu einem Einkaufsbummel ein. Neue Pracht in alten Mauern gibt es im **Kloster Raitenhaslach** an der Salzachschleife zu bestaunen. Zu dem ältesten Zisterzienserkloster in Oberbayern gehört eine 800 Jahre alte Klosterkirche mit imposanter Rokoko-Ausstattung. Sehenswert sind auch die Fresken und der Kreuzgang mit den Grabplatten der Wittelsbacher. Über die B 20 entlang der Salzach erhebt sich wenig später die Burg von **Tittmoning**. Die alten Stadttore schützen die barocke Kirche, die stattlichen Bürgerhäuser und geschichtsträchtige Brunnen. Eine landschaftlich sehr schöne Straße schlängelt sich um die grünen Wiesen über Weilham bis zum **Tachinger See**. Bei der **Kirche St. Coloman**, dem Patron der Viehhirten, lohnt sich eine Rast, um die fantastische Aussicht auf die Chiemgauer Bergkette zu genießen. Nur einen See weiter liegt bereits der Waginger See, der als wärmster Badesee Oberbayerns gilt. Lebendig mit vielen Cafés und Läden geht es im historischen Ortskern von **Waging am See** zu. Der Ort selbst wird auch als »Wiege der Bayern« bezeichnet, denn schon um 500 n. Chr. sollen am See die Bajuwaren gesiedelt haben.

Von Passau zum Waginger See

Infos und Adressen

REISEROUTE
Anreise: Mit dem Zug nach Passau und von dort weiter mit dem Mietwagen oder direkt mit dem eigenen Auto nach Passau fahren. **Wichtig:** Wer in Österreich über die Autobahn nach Passau zurückfahren möchte, braucht eine Vignette.
Route: Passau–Schärding am Inn–Braunau am Inn–Altötting–Burghausen–Waginger See; ca. 160 km

BESTE REISEZEIT
April–Oktober

SEHENSWERT
Veste Oberhaus. In Passau thront die geschichtsträchtige Burg über dem Zusammenfluss von Donau und Ilz. Neben dem Museum gibt es ein Café mit Blick auf die Dreiflüssestadt. www.oberhausmuseum.de
Chorherrenweg. Führt vom Stift Reichersberg in Österreich hinunter zum Inn und auf Stegen und Brücken durch die Innauen.
Herzogsburg. Das Bezirksmuseum in Braunau zeigt kulturhistorische Sammlungen, Kunst und Kuriositäten, wie den Bart vom Stadthauptmann Steininger. www.ooemuseumsverbund.at
Wöhrsee. In Burghausen glitzert der Wöhrsee unterhalb der Burg türkisgrün und lädt zu einem erfrischenden Bad mit Panoramablick ein. www.baeder-burghausen.de

Der Bau der Veste Oberhaus als Ausdruck militärischer Stärke, datiert auf das Jahr 1219.

Bajuwarenmuseum. Das archäologische Museum in Waging am See widmet sich der Geschichte der Bajuwaren, die am See lebten. www.waginger-see.de/de/bajuwarenmuseum-1/

ESSEN UND TRINKEN
Heilig Geist Stiftsschenke. Bayerische Küche, historisches Ambiente und Weingarten bietet dieses alteingesessene Lokal in Passau. www.stiftskeller-passau.de
Orangerie im Park. Das Restaurant in Schärding am Inn befindet sich in einem schönen Park und ist auf österreichische Gerichte spezialisiert. www.orangerie-schaerding.at
Burg Frauenstein. Burgschänke, Restaurant und Biergarten laden auf Frauenstein bei Ering am Inn zum Einkehren ein. www.burg-frauenstein.com
Schlosstaverne Ranshofen. Seit über 440 Jahren gibt es dieses Restaurant mit regionalen Gerichten und Fischspezialitäten im Stift Ranshofen bei Braunau am Inn. www.schlosstaverne-ranshofen.at
Kloster Raitenhaslach. Das Restaurant im ältesten Zisterzienserkloster Oberbayerns bei Burghausen mit einem Biergarten an der Salzach bietet bayerische Küche in prächtigen Räumen. www.klostergasthof.com
Pritzlwirt. Hausgemachte Spezialitäten in einem liebevoll renovierten Bauernhaus. Die Sonnenterrasse liegt hoch über der Salzach. www.pritzlwirt.de
Landhaus Tanner. Restaurant mit Sonnenterrasse und Blick auf den Waginger See. Auch Picknickkörbe für einen Ausflug ans Seeufer können vorbestellt werden. www.landhaus-tanner.de

ÜBERNACHTEN
Schloss Ort. Passauer Hotel an der Ortsspitze. Zimmer und Terrasse bieten einen herrlichen Blick auf den Inn. www.hotel-schloss-ort.de
Münchner Hof. Einen schönen Kontrast bilden die modernen Hotelzimmer mit dem alten Gebäude direkt am Kapellplatz von Altötting. www.gasthof-muenchnerhof.de
Bayerische Alm. Landhotel bei Burghausen mit Almgarten und Blick auf die Burg und die Salzach. www.bayerischealm.de
Eichenhof. Familienhotel am Waginger See mit gemütlichen Zimmern und Wellness. www.hotel-eichenhof.de

WEITERE INFOS
www.bayern.by
www.austria.info

Im Süden von Deutschland

80 Kaiserpfad und Königsweg

HIGHLIGHTS

Twin-City-Liner. In nur 75 Minuten wandelt sich das Panorama von Wiens Innenstadt zu wilder Natur der Donau-Auen zu Bratislavas charmanter Altstadt. Perfekt für den Tagesausflug, um das Donauufer vom Wasser aus zu erleben.

Venus-Figurinen. Klein, aber oho: Die »Venus von Willendorf« in der Wachau und die »Venus von Mohravany« in Bratislava untermauern, dass die fruchtbare Donauregion schon vor zig Jahrtausenden nicht nur besiedelt war, sondern auch bereits Künstler ernährte.

FESTE UND VERANSTALTUNGEN

Budapester Frühlingsfestival. Musik, Tanz und Theater satt beleben zwei Wochen im März und April Ungarns Hauptstadt.

Europäische Wochen Passau. Grenzüberschreitende Festspiele bieten in drei Ländern und rund 20 Spielorten vor allem Musik aller Art.

Donauinselfest. Ende Juni beherbergt Wiens Donauinsel auf 4,5 km Länge Europas größtes Open-Air-Konzertfestival.

Ars Electronica Linz. Seit 1979 im September Festival digitaler Kunst in Bild und Ton.

Erbaut von Leo Klenze, angeordnet von König Ludwig I.: In der Walhalla versammeln sich Mamorbüsten bedeutender Persönlichkeiten.

Gekrönte Häupter haben Mitteleuropa geprägt – eine ihrer historischen Reisestrecken führt von Regensburg über Wien bis nach Budapest. Die Straßen verlaufen oft dicht an der Donau entlang. Mit Regensburg, der Wachau, Wien und Budapest zählen gleich vier Abschnitte zum UNESCO-Welterbe.

Immer nur dem Strome folgen

Zu Schiff auf der Donau, das war die fürstlichste Art des Reisens – deutlich weniger beschwerlich als in der Pferdekutsche. **Regensburg** als das eine Ende der royalen Straße war 350 Jahre lang diplomatischer Nabel Mitteleuropas: Fürsten und Bischöfe, Grafen und Gesandte der Reichsstädte tagten ab 1663 zum »**Immerwährenden Reichstag**« im **Alten Rathaus**. Doch auch der Handel blühte und machte Regensburg reich. Die mittelalterliche Altstadt mit der **Steinernen Brücke** und dem Dom St. Peter, Heimat der **Regensburger Domspatzen**, ist Teil des UNESCO-Weltkulturerbes.

Von hier aus windet sich die Donau Richtung Budapest. Nach der **Walhalla** mit bestem Flussblick besticht die Herzogstadt **Straubing** durch bunte Bürgerhäuser, Basilika und Römerschatz. Die Drei-Flüsse-Stadt **Passau** ist die nächste

Bayern, Österreich, Slowakei, Ungarn

große historische Siedlung auf der Reisestrecke. Von Westen kommt die »blaue Donau«, vom Norden die »schwarze Ilz« und aus dem Süden der »grüne Inn« – an ihrem Treffpunkt entstand eine prächtige Stadtkulisse, die sich auch von großen Überflutungen immer wieder erholt hat. Hier erhebt sich der **Stephansdom** über die verwinkelte Altstadt, die **Veste Oberhaus** blickt von den Anhöhen herunter. Napoleon war hier, ebenso Österreichs Kaiserinnen Maria Theresia und Sisi. Kaiser Leopold I. heiratete gar hier: Wien liegt nur 280 Flusskilometer entfernt.

Felix Austria – das glückliche Kaiserland

Ab jetzt verläuft die Donau als Grenzfluss zwischen Deutschland und Österreich: bis zum **Stift Engelhartszell**, Österreichs einzigem Trappistenkloster. An der **Schlögener Schlinge** vollführt der Strom eine scharfe S-Kurve. Grund für einen Aussichtsstopp beim **»Schlögener Blick«** oder der **Burgruine Haichenbach**. 35 km weiter – oder 55 km am Ufer entlang – folgt **Linz**. Die einst recht triste Landeshauptstadt Oberösterreichs hat sich spätestens 2009 gemausert: Als Kulturhauptstadt Europas festigte sie ihr touristisches Angebot. Am Fluss liegt das **Kunstmuseum Lentos** direkt gegenüber dem **Ars Electronica Center**, das Kunst mit moderner Technik verknüpft. Auf den **Postlingsberg** hoch fährt die kleine **Grottenbahn**.

Dann geht es durch den romantischen Strudengau, den Nibelungengau und das UNESCO-Welterbe **Wachau** nach Wien, wo viele der Fürsten, Könige und Kaiser ihre Spuren

Die Drei-Flüsse-Stadt Passau. Hier Blick auf die Pfarrkirche St. Paul und dem Dom St. Stephan.

Persönlicher Tipp

STADT DER DREI FLÜSSE

Wasser in allen Himmelsrichtungen – das ist Passau. Hier siedelten Menschen schon in der Steinzeit. Die Römer begründeten mit ihrem Kastell »Batavis« den Namen. Für Bedeutung sorgten Bischöfe ab 739 und Fürsten ab 1217, während der Handel Wohlstand schuf und Kunst und Kultur finanzierte. Passaus hübsche Altstadt auf einer Halbinsel stammt vor allem aus der Zeit nach dem großen Stadtbrand von 1662: Barockmeister aus Italien bauten die Stadt wieder auf. Sie schufen Rathaus, Bischofsresidenz und Kirchen, eingebettet zwischen pittoresken Plätzen, Gassen und Promenaden – und über allem der enorme Dom St. Stephan mit seinen drei grünen Kuppeln. Er beherbergt die weltweit größte Dom-Orgel mit knapp 18 000 Orgelpfeifen. Ein Konzert hier ist immer ein Erlebnis, ebenso wie der Christkindlmarkt auf dem Domplatz. Hoch über der Stadt thronen die Veste Oberhaus, Sitz des Stadtmuseums und herrlicher Aussichtspunkt, und gegenüber die Wallfahrtskirche Maria Hilf mit ihren 321 Gebetsstufen.

Gefeiert wird immer – hier beim Gäubodenvolksfest in Straubing an der Donau.

Persönlicher Tipp

SEIT JEHER MULTIKULTURELL

Bratislava, Herz der Slowakei, war schon immer ein Multikulti-Ort: geprägt von vorbeiziehenden Völkern, Herrschern und Händlern zwischen Donau und Kleinen Karpaten. Dies spiegelt sich in der Architektur rund um das Alte Rathaus und den gotischen Martinsdom wider. Seine Spitze ist ebenso ein Aussichtspunkt wie die monumentale Burg Bratislava, deren Ursprünge schon zum Limes der Römer gehörten, und das Drehrestaurant auf dem spitzen Kamzík-Fernsehturm. Das Michaelertor zeugt noch von mittelalterlichen Stadtmauern, daneben das schmalste, gerade mal 1,30 m breite Haus Europas. Die »Blaue Kirche« St. Elisabeth etwa ist im Jugendstil gehalten, die einzig erhaltene Synagoge von 1926 hingegen schon in der Moderne. Und zwischen den zahlreichen barocken Palästen, in denen schon das Wunderkind Mozart aufspielte, finden heute zahlreiche Märkte, Konzerte und bunte Straßenfeste statt. Der Kaiser und Könige gedenken die Menschen hier jedes Jahr im September: mit der Krönungsfeier für die Monarchen der vergangenen Jahrhunderte.

Wiens Kunsthistorisches Museum zählt zu den bedeutendsten Museen weltweit und beherbergt Meisterwerke von Rubens, Rembrandt und Dürer.

hinterließen. **Schloss Schönbrunn** und **Tiergarten**, **Wiener Hofburg** und **Sisi-Museum**, **Stephansdom** und **Kärntnerstraße**, **Wiener Prater** und **unzählige Museen** locken zu einem mehrtägigen Zwischenstopp.

Nur 55 km weiter wartet am Strom schon die Hauptstadt der Slowakei, **Bratislava**. Dorthin geht es mitten durch den lang gestreckten **Nationalpark Donau-Auen**, oft säumt dichter »Urwald« die Ufer. Wer die Natur an Land durchqueren will, beginnt am **Schloss Orth** samt Museum. Hier starten auch geführte Touren mit Parkrangern. Weitere Schlösser und zahlreiche Barockkirchen laden hier im **Marchfeld** zum Anhalten. Und 25 km vor der slowakischen Grenze zeigt der **Archäologiepark Carnuntum** in Petronell, dass sich auch die Römer entlang der Donau einige Jahrhunderte lang zu Hause fühlten.

Hinein in den Osten

Bratislava, das frühere Pressburg, ist Wirtschaftszentrum und Kulturmetropole. Beiderseits des Flusses und direkt an der Grenze zu Österreich und Ungarn gelegen, gibt es sich weltoffen städtisch. Dahinter wird die Landschaft wieder idyllisch naturnah. An den verzweigten Wassern der Ebene **Podunajská nížina** reihte sich einst eine Wassermühle an die nächste. Einige sind noch erhalten, etwa im **Wassermühlenmuseum Kolárovo** oder bei **Dunajský Klátov** am Naturreservat **Klátovské rameno.**

Am anderen Ufer liegt mittlerweile Ungarn. Kurz vor dem scharf nach Süden abknickenden **Donauknie** beansprucht es dann beide Flussseiten. Dann fließt der Strom noch etwa 60 km durchs magyarische Mittelgebirge, bis er schließlich **Budapest** erreicht – einst Wiens Schwesterstadt. Das erklärt die ähnlich prächtige Bauweise. Auch hier residierten die Römer, bauten unter anderem Amphitheater und Bäder: Ein Erbe, das sich bis heute hält, denn die Ungarn sind erstens stolz auf ihre Kultur – Theater und Konzerthallen, Galerien und Museen gibt es zuhauf. Und zweitens auf ihre Badekultur, dank der vielen Thermalquellen der Region. Wer Budapest besucht, muss nicht nur die **Altstadt** durchstreifen, ebenfalls auf der UNESCO-Welterbeliste. Er muss auch ungarische Musik hören, unbedingt ungarisch essen und die Umgebung erforschen. Nördlich der Stadt steht das barocke **Schloss Gödöll**: Residenz der ungarischen Könige und Lieblingsort von Kaiserin Sisi.

Kaiserpfad und Königsweg

Infos und Adressen

REISEROUTE
Regensburg–Deggendorf–Straubing–Passau–Linz–Krems–Melk–Wien–Bratislava–Budapest; 950 km

SEHENSWERT
Schloss Thurn und Taxis, Regensburg. Prachtschloss im ehemaligen Kloster St. Emmeran, mit Kreuzgang, Marstall und Schatzkammer. Im Sommer Schlossfestspiele, im Winter Weihnachtsmarkt, mit eigener Brauerei und Biergarten.
www.thurnundtaxis.de
Walhalla. Die Ruhmeshalle der Dichter, Denker und Lenker »teutscher Zunge« präsentiert hinter griechischen Säulen die Marmorbüsten bedeutender Persönlichkeiten. Geschichtskenntnisse oder die Audioführung lohnen sich hier.
www.walhalla-regensburg.de
Donaukreuzfahrt. Auf dem Wasser reisend wie die gekrönten Häupter – Ausgangsorte für eine kleine oder große Tour gibt es an beinah allen größeren Städten. Am glitzerndsten geht es wohl ab Passau mit dem Kristallschiff voller Swarovski-Steine.
www.donauschiffahrt.de
Enns. Angeblich älteste Stadt Österreichs, seit 4000 v. Chr. besiedelt, Wirkungsort des hl. Florian und Speerspitze der Slow-Food-Bewegung.
Schloss Artstetten. Heimat und letzte Ruhestätte von Kronprinz Franz Ferdinand und Gemahlin, deren Tod in Sarajevo zum Ersten Weltkrieg führte.
www.schloss-artstetten.at
Unterirdisches Wien. Ein dichtes Netz von Kellern liegt seit Jahrhunderten unter der Kaiserstadt.

ESSEN UND TRINKEN
Wurstkuchl. Die angeblich älteste Wurstbraterei der Welt, direkt neben der Steinernen Brücke in Regensburg, sommers auch draußen.
www.wurstkuchl.de
Heilig-Geist-Stiftsschenke. Österreichische Küche in barockem Kellergewölbe oder Garten in bester Passauer Altstadtlage.
www.heilig.passau-live.de
Konditorei Leo Jindrak. Die wirklich originale Linzer Torte verspricht dieses Traditionscafé mit sieben Filialen. Doch auch rund um den historischen Hauptplatz von Linz werden leckere »Plagiate« serviert.
www.linzertorte.at
Café Bouchon. Gemütliche Atmosphäre mit exzellenter ungarischer Küche im kleinen Stil. In Budapest.
www.cafebouchon.hu

ÜBERNACHTEN
Hotel Orphee. Ein großes und ein kleines Haus bilden das Orphee, doch beide mit Liebe zum verspielten Detail in Regensburgs Altstadt, dazu ein Restaurant mit jahrhundertealten Innenräumen.
www.hotel-orphee.de
Hotel Imperial Vienna. Wie zu Kaisers Zeiten und voller Anekdoten, das luxuriöse Fünfsternehaus im ehemaligen Prinzen-Privatpalais.
www.imperialvienna.com
Tulip House Hotel. Sehr große Räume, charmant und hohe Servicequalität direkt am Zentrum Bratislavas.
www.tuliphousehotel.com/hotel_bratislava.html
Buda Castle Fashion Hotel. Großzügig eingerichtetes Viersternehaus in Budapests Burgviertel, mit Blick über die Donau. www.budacastlehotelbudapest.com/de/

WEITERE INFOS
Gemeinsame Tourismus-Seite aller Anrainerländer:
www.danube-river.org

Die Fischerbastei auf dem Burgberg markiert die Stelle des früheren Fischmarkts des mittelalterlichen Buda.

Entlang der Donau und durch das Donautal und die Weinberge der Wachau auf Höhe der Marktgemeinde Weißkirchen.

Im Süden von Deutschland

81 Fränkische und Aischgründer Bierstraße

Die mächtige Plassenburg überragt Kulmbach mit der spätgotischen Petrikirche.

HIGHLIGHTS

Markgräfliches Opernhaus. Das spätbarocke Theater in Bayreuth wurde 2012 als UNESCO-Weltkulturerbe ausgewiesen.

Plassenburg. Renaissance-Festung Plassenburg oberhalb von Kulmbach mit Deutschem Zinnfigurenmuseum.

Bamberg. Zu den bedeutendsten Bauwerken der zum UNESCO-Weltkulturerbe erhobenen Stadt gehören der Dom mit dem Bamberger Reiter und das Brückenrathaus.

Pottenstein. Malerisch in der Fränkischen Schweiz gelegene Stadt mit Tropfsteinhöhle Teufelshöhle.

Fränkisches Freilandmuseum. Im historischen Kommunbrauhaus in Bad Windsheim wird meist mittwochs Museumsbier gebraut.

FESTE UND VERANSTALTUNGEN

Bamberger Sandkerwa. Das Volksfest in der Altstadt mit Fischerstechen in der Regnitz findet im August statt.

Forchheimer Annafest. Am 26. Juli, dem Namenstag der heiligen Anna, erinnert ein Bierfest an die Wallfahrt 1516 zur Einweihung einer Kapelle in Unterweilersbach.

Bei Forchheim geht die Fränkische Bierstraße fast nahtlos in die Aischgründer Bierstraße über. Den genauen Verlauf der Fränkischen Bierstraße kennt niemand, aber jede Brauerei, die sich zwischen Bayreuth, Kulmbach, Lichtenfels und Bamberg befindet, liegt an ihr. Die Aischgründer Bierstraße ist dagegen eine ausgewiesene Touristenstraße mit fester Route.

Raritäten im Land der Brauereien

Oberfranken dürfte über die höchste Brauereidichte Deutschlands, wenn nicht der Welt verfügen. Die meisten der rund 200 Brauereien sind noch in privater Hand, viele brauen ausschließlich für den eigenen Gastronomiebetrieb. Rund 1000 Biersorten bieten für jeden Geschmack etwas, darunter echte Raritäten wie das Rauchbier in Bamberg oder das Steinbier der Brauerei Leikeim in Altenkunstadt. Doch nicht nur des Bieres wegen sollte man Oberfranken besuchen. Mit der **Fränkischen Schweiz** lockt eine der reizvollsten Landschaften Bayerns, dazu kommen kulinarische Spezialitäten und an Kulturgütern reiche Städte wie **Bamberg** oder **Bayreuth**, der ideale Startpunkt für eine Bierreise, für die man das Auto schon einmal stehen lassen sollte. In der durch die Richard-Wagner-Festspiele weltberühmten Stadt brauen noch drei große Brauereien Weiß-

Bayern

biere und naturbelassene Kellerbiere. Ein **Brauerei- und Büttnerei-Museum** sowie die labyrinthischen **Felsenkeller** lohnen einen Besuch. Die Festungsstadt **Kulmbach** lockt mit einem der stärksten Biere der Welt. Hier informiert das **Bayerische Brauereimuseum** über die Braukunst der Mönche. Über Lichtenfels und Bad Staffelstein mit der Wallfahrtskirche **Vierzehnheiligen** und Kloster und Schloss **Banz** geht es weiter nach Bamberg, selbsternannte »Hauptstadt des Biers« mit neun Brauereien, zwei Mälzereien und einer Brauereimaschinenfabrik.

Von **Forchheim** aus, bekannt für seine vielen Bierkeller im Kellerberg, lässt sich die Aischgründer Bierstraße erkunden, die von **Bad Windsheim** über Uffenheim, Scheinfeld und Neustadt a. d. Aisch nach Uehlfeld in den Steigerwald führt. Im **Fränkischen Freilandmuseum** bei Bad Windsheim wird ein besonders süffiges Bier gebraut.

Infos und Adressen

REISEROUTE
Rund 300 km, keine festgelegte Route. Die Aischgründer Bierstraße ist etwa 100 km lang.

BESTE REISEZEIT
Frühling–Herbst

SEHENSWERT
Fränkisches Brauereimuseum Bamberg. In der ehemaligen Klosterbrauerei der Benediktinerabtei Michaelsberg.

ESSEN UND TRINKEN
Lohmühle. Feine fränkische Küche in Bayreuth, mit Biergarten. www.hotel-lohmuehle.de
Schlenkerla. Eine Institution in Bamberg, im ehemaligen Dominikanerkloster. www.schlenkerla.de
Zur Hammerschmiede. Landgasthof, in dem Karpfen ganz oben stehen, Gerhardshofen. www.landgasthof-hammerschmiede.de

ÜBERNACHTEN
Goldener Löwe. Traditioneller fränkischer Gasthof mit Bierkennenlern-Arrangements, Bayreuth. www.goldener-loewe.de
Brauerei Spezial. Die Bamberger Rauchbierbrauerei bietet Zimmer und fränkische Küche. www.brauerei-spezial.de
Zum Storchen. Gemütliches Fachwerkhotel in Bad Windsheim. www.zumstorchen.de

WEITERE INFOS
Verein Bierland Oberfranken: www.bierland-oberfranken.de

Persönlicher Tipp

DIE AISCHGRÜNDER TEICHWIRTSCHAFT

Der fränkische Aischgrund zwischen Bad Windsheim und Forchheim gilt als das größte zusammenhängende deutsche Teichgebiet. Dort gibt es noch rund 7200 Fischteiche, aus denen die 1200 Teichwirte jährlich bis zu 3000 t Aischgründer Spiegelkarpfen abfischen. Die Aischgründer Bierstraße folgt zum großen Teil dem Lauf der Aisch. Die Karpfenteiche liegen terrassenförmig angeordnet am Unterlauf der Aisch vom Ufer bis auf die Hochflächen. Die Aquakultur geht auf die Frankenkönige zurück, die, um immer frische Fische essen zu können, bei ihren Höfen Teiche anlegen ließen. Später übernahmen die Zisterziensermönche das einträgliche Fischgeschäft für die beliebten Fastenspeisen. Im Mittelalter soll es 4000 Teichbauern im Aischgrund gegeben haben. Die Tourismuszentrale Aischgrund bietet Exkursionen ins Karpfenland an. Ein Höhepunkt sind die Karpfenschmecker-Wochen im Herbst, an denen auch schon mal eine Karpfenbratwurst oder ein Karpfensushi serviert werden.

Seit 1649 wird im Fässla in Bamberg Bier gebraut. Beliebt ist das dunkle Zwergla.

Im Süden von Deutschland

82 Entlang des Böhmerwalds

HIGHLIGHTS

Böhmerwaldmuseum (Muzeum Šumavy). Im imposanten Renaissancebau in Sušice. Glassammlung und Geschichte der hiesigen Zündholz-Tradition.

Preisgekröntes Bier. Aus der Böhmerwald-Brauerei Šumavský pivovar im nahen **Vimperk** (Winterberg).

Winter im Böhmerwald. Nicht nur für Langläufer rund um Kvilda, reizvoll sind auch lange Schneewanderungen mit Spurensuche, danach Aufwärmen am Feuer.

Urige Wanderung im Boubínský prales (Kubany-Urwald). Rundlehrpfad in verwunschen verwachsener Natur.

FESTE UND VERANSTALTUNGEN

Europäisches Festival der geistlichen Musik Šumava-Bayerischer Wald. Jeden Mai jubeln Chöre in diversen Kirchen.

Šumava Rocks. Rockfestival in Sušice, gefolgt von der Kirmes Anfang September.

Nelkenfestival Klatovy. Seit 200 Jahren Stadtsymbol, feiern die Klattauer Nelkenbauern jeden Juli zwei Wochen lang.

Holzfestspiele Volary. Handwerkermarkt und Wettkämpfe um den Wanderholzschuh, im September in Volary bei Horní Vltavice.

Sichere Stege durchs Hochmoor Jezerní slať im Šumava-Nationalpark, nahe Kvilda

Die Strecke zwischen Böhmerwald und »Warmer Moldau« ist zwar in wenigen Stunden zurückzulegen, doch die einstige Region der Händler, Glasbläser und Goldwäscher lockt mit ursprünglicher Natur, in der sich – einst geschützt vom Eisernen Vorhang – Elche, Wölfe und Luchse wieder angesiedelt haben.

Wald und Gold im Dreiländereck

Grenzgebiet, fast vergessen – und gerade deshalb ein Paradies: Den äußersten Westen der Tschechischen Republik haben Reisende lange Zeit sträflich vernachlässigt. Dabei war dies im Mittelalter eine Boomregion, denn der Handelsweg »Goldener Steig« *(Zlatá stezka)* führte mitten hindurch.

Die Fahrt führt an der Bergkette des Böhmerwalds – tschechisch **Šumava** – entlang. Sie beginnt in **Klatovy** *(Klattau)*, im 13. Jh. Königsstadt von Ottokar II. Von der Schnellstraße geht es in eine Feld-, Wald- und Wiesenlandschaft. Vielerorts wurden vom 13. bis 16. Jh. Goldschürfer im Flusssand fündig. In **Hrádek** lädt ein Schloss zur Pause bei böhmischer Küche.

Auch die Kleinstadt **Sušice** *(Schüttenhofen)* lag am »Goldenen Steig« und wurde vor fast 1000 Jahren zur Königsstadt. Wer dem Fluss Otava nach Südwesten folgt, kommt ins wildromantische **Tal der Vydra**, das angeblich schönste Flusstal des Böhmerwalds.

Die Straße führt weiter nach Süden: Rechts bietet **Hartmanice** eine historische Synagoge und links thront bei **Kaš-

Tschechische Republik

Eine hölzerne Statue wacht über das Quellgebiet der Moldau mitten im Böhmerwald.

Infos und Adressen

REISEROUTE
Anfahrt: von Nürnberg, Chemnitz oder Prag kommend via Pilsen über die E53 nach Klatovy (40 km); alternativ ab Regensburg in 2 Stunden über den Gebirgskamm über die B16 und B20 via Furth im Wald nach Klatovy; 123 km
Gesamtstrecke Klatovy–Horní Vltavice: 82 km
Streckenführung: Ab Klatovy auf der Schnellstraße 22 Richtung Südosten; nach ca. 12 km (via Kocourov) rechts ab auf die Bezirksstraße 187; nach 16,5 km (via Brod, Kolinec, Hrádek) in Sušice/Schüttenhofen im Kreisverkehr auf die 169 Richtung Süden; nach kurvenreichen 33 km (via Rejštejn, Svojše, Horská Kvilda) in Kvilda links halten und auf die 167 einbiegen; nach weiteren 19 km (via Borová Lada) samt 90-Grad-Kurve links Ankunft in Horní Vltavice.

SEHENSWERT
Klatovy (Klattau). Altstadt-Ensemble im historischen Stilmix; Weißer und Schwarzer Turm säumen Stadtmauerreste; lebendiges, barockes Apothekenmuseum »Weißes Einhorn«; Katakomben-Mumien aus dem 18. Jh. www.klatovy.cz

ESSEN UND TRINKEN
Šumava Inn. Altböhmische Gerichte wie Grill-Rippchen mit Maiskolben oder Böhmerwald-Kaiserschmarrn (Trhanec) mit Blaubeeren im antiken Ambiente in Kvilda. www.sumavainn.cz

ÜBERNACHTEN
Zamek Hrádek. Romantisches Schlosshotel mit Restaurant bei Sušice. www.zamekhradek.cz
Hotel Srní. Tagungs- und Wellnesshotel mitten im Nationalpark, nahe Rejštejn. www.hotely.srni.cz

WEITERE INFOS
Tourismus-Informationen: www.czechtourism.com/de
Reiseführer Südböhmen und Böhmerwald: www.jiznicechy.org/de/

Persönlicher Tipp

TIEF HINEIN IN DEN WALD DER WÄLDER

Der Eiserne Vorhang hat ein Juwel geschaffen – oder erhalten: In der Grenzregion zwischen Bayern und Tschechien blieb die Natur jahrzehntelang so gut wie ungestört: Selbst wo Rodung, Holzeinschlag und Köhlerei für die Glasbläser den Wald angenagt hatten: Heute wirkt die Natur wieder wie vor dem Mittelalter, und es lohnt sich, tief hineinzutauchen. Damit das so bleibt, schützt auf deutscher Seite der Nationalpark Bayerischer Wald die Region und verschmilzt nahtlos mit dem größeren tschechischen Nationalpark und UNESCO-Biosphären-Reservat Šumava. An mehreren Stellen des Nationalparks darf man dennoch eine Nacht frei zelten – oder unter freiem Himmel schlafen. Auf besonderen Wildnis-Führungen tief in den Böhmerwald hinein kann man auch Elchen und Wölfen begegnen, mit besonderem Glück sogar einem Luchs. Auf jeden Fall aber einer der artenreichsten Fauna und Flora ganz Mitteleuropas. Verewigt haben sie der »Böhmen-Dichter« Karel Klostermann ebenso wie Karl May und Carl Maria von Weber in seinem *Freischütz* (www.npsumava.cz/de/).

perské Hory die Ruine der **Burg Kašperk**. Es folgt **Rejštejn**, einst Sitz der bedeutendsten **Glashütte** Österreich-Ungarns. **Horská Kvilda** ist Ausgangspunkt für Wanderwege in den Nationalpark. Dort beginnt das »Tal der Warmen Moldau«, die später mit ihrer »kalten« Schwester zur Moldau verschmilzt. Über den Hochmoor-Ort **Borová Lada**, knapp 10 km von Bayern entfernt, endet die Fahrt im Örtchen **Horní Vltavice**.

Im Süden von Deutschland

83 Auf den Spuren des »Blauen Reiter«

HIGHLIGHTS

Städtische Sammlung im Lenbachhaus München. Die größte und bedeutendste Sammlung des »Blauen Reiter«.

Schlossmuseum Murnau. Gemälde von Gabriele Münter und ihren Freunden, dazu ihre Sammlung von Hinterglasbildern.

Das »Russenhaus«. Münters bunt ausgemaltes Wohnhaus in Murnau, das sie von 1909 bis zu ihrem Tod 1962 bewohnte, ist als Museum zu besichtigen.

Franz Marc Museum Kochel. Mit über 150 Werken des Malers, dazu persönliche Gegenstände aus seinem Besitz sowie Gemälde wichtiger Weggefährten.

FESTE UND VERANSTALTUNGEN

München. Opernfestspiele im Juni/Juli; Oktoberfest im September/Oktober; die Lange Nacht der Museen im Oktober.

Murnau. Kulturwoche im Mai; Fronleichnamsprozession auf dem Staffelsee von Seehausen zur Insel Wörth, Leonhardi-Ritt im Ortsteil Froschhausen.

Kochel am See. Seefest an der Promenade Anfang August; traditioneller Kocheler Heimattag mit Trachtenumzug, Tanz und Unterhaltung am 15. August (Mariä Himmelfahrt).

Malerische Landschaften im »Blauen Land«: Austritt der Loisach aus dem Kochelsee

Das »Blaue Land« nannten sie die Landschaft um Staffelsee und Kochelsee, die Maler der Münchner Künstlergruppe »Der Blaue Reiter«, die in den Jahren vor dem Ersten Weltkrieg im ländlichen Oberbayern Inspiration und Motive für ihre expressionistische Kunst fanden. Die Reise auf ihren Spuren beginnt in München.

Avantgarde im Voralpenland

Im Jahr 1896 siedelte Wassily Kandinsky von Moskau nach **München** um. Der 31-Jährige hatte genug von der Jursterei und wollte Maler werden. Dafür war die Kunststadt München der richtige Ort. Er studierte an der Kunstakademie, lernte die Malerin Gabriele Münter kennen und lieben, in **Kochel am See** machten sie erstmals Bekanntschaft mit dem »Blauen Land« und der Freilichtmalerei, ab 1909 verbrachten sie ihre Sommer in **Murnau**. Zwei Jahre später gründete Kandinsky mit Franz Marc in München den »Blauen Reiter«, eine lose Gruppe avantgardistischer Künstler, die heute als wichtige Wegbereiter der Moderne gelten. Die umfangreichste Gemäldesammlung zum »Blauen Reiter« zeigt die Städtische Galerie im Lenbachhaus München – mit Werken von Kandinsky, Marc, Jawlensky, Macke und den beiden Malerinnen der Gruppe Marianne von Werefkin und Gabriele Münter.

Stimmungen und Motive der Gemälde wird man auf der Fahrt durchs »Blaue Land« wiederentdecken. Die kräftigen

Bayern

Infos und Adressen

REISEROUTE
München–Murnau–Kochel;
85 km

BESTE REISEZEIT
Frühjahr–Herbst

SEHENSWERT
Kunstareal München. 16 Museen von internationalem Rang, dazu rund 40 Galerien sowie Kultureinrichtungen und Universitätsinstitute auf einem halben Quadratkilometer in der zentrumsnahen Maxvorstadt.
www.kunstareal.de
Murnauer Moos. Das größte zusammenhängende Moorgebiet Mitteleuropas, eine noch weitgehend intakte Naturlandschaft mit fast 1000 teilweise vom Aussterben bedrohten Pflanzenarten.

ESSEN UND TRINKEN
Restaurant Zum Blauen Reiter. In der historischen Villa des Franz Marc Museums in Kochel am See.
www.restaurant-blauerreiter.de
Alpengasthof Zur Loisach. Bayerisches Wirtshaus in Großweil mit schönem Biergarten.
www.alpengasthof-zur-loisach.de

ÜBERNACHTEN
Hotel Post. Traditionshaus im Zentrum von Murnau.
www.hotel-post-murnau.de
Seehotel Grauer Bär. In Kochel direkt am See.
www.grauer-baer.de

WEITERE INFOS
Bayern Tourismus Marketing:
www.bayern.by

Das Murnauer »Russenhaus«, in dem Gabriele Münter mit Wassily Kandinsky lebte.

Persönlicher Tipp

IM FREILICHTMUSEUM GLENTLEITEN

Etwa auf halber Strecke zwischen Murnau und Kochelsee liegt auf einem weitläufigen Gelände mit traumhaften Ausblicken auf die Berge und Seen das größte Freilichtmuseum Südbayerns. Thema auf der Glentleiten sind der ländliche Alltag im alten Oberbayern, die traditionelle Baukultur und die Arbeitswelt der Landbevölkerung anno dazumal. Über 60 Gebäude samt Einrichtung wurden an ihren ursprünglichen Standorten in ganz Oberbayern ab- und im Freilichtmuseum originalgetreu wieder aufgebaut. So ergibt sich eine Kulturlandschaft nach historischen Vorbildern mit stolzen Bauernhöfen und kleinen Almhütten, mit Stallungen und Werkstätten, Bienenhäusern und Backhäusern, Sägen und Mühlen. Dazwischen erstrecken sich blühende Gärten, saftige Wiesen und naturnahe Wälder, auch die Weiden für die alten Nutztierrassen, die im Museum gehalten werden. Auf Themenwegen kann man alles auf eigene Faust erkunden, oder man schließt sich einer der Führungen an, die speziell auch für Familien mit Kindern angeboten werden. www.glentleiten.de

Farben der Landschaft, die sanften Hügel, die Seen, Wälder und Moore vor der Kulisse der Alpen faszinierten die Maler aus der Stadt und inspirierten sie. Auch dörfliche Szenen findet man auf den Bildern, Menschen, Tiere und Gebäude – so etwa die Kirche von Murnau, die Kandinsky und Münter immer wieder vom »Russenhaus« aus gemalt haben, ihrem bunt ausgemalten Wohnhaus, dessen Besichtigung ein Erlebnis ist. Originalgemälde, dazu Fotografien und Dokumente sowie Münters großartige Sammlung volkstümlicher Hinterglasbilder sind im Murnauer Schlossmuseum zu sehen.

Franz Marc, der populärste Maler des »Blauen Reiter«, siedelte 1914 von seiner Heimatstadt München nach Kochel am See um. Hier hat man ihm ein Kunstmuseum gewidmet. Wie sein Freund und Kollege August Macke fiel Marc im Ersten Weltkrieg. 1917 trennte sich Kandinsky von Münter – der »Blaue Reiter« war Vergangenheit.

Im Süden von Deutschland

84 Die Dientzenhofers – von Bamberg nach Prag

Kuppel und Türme der Prager Nikolauskirche: Glanzstück der Barockarchitektur

HIGHLIGHTS

Franken. Jesuitenkirche (heute St. Martin), Kloster Michelsberg und Neue Residenz in Bamberg, Kloster Banz, Schloss Weißenstein bei Pommersfelden.

Oberpfalz. Stiftsbasilika Waldsassen, Wallfahrtskirche Kappel, Kloster Speinshart.

Nordwestböhmen. St. Klara in Eger, Wallfahrtskirche Maria Kulm, Maria-Magdalenen-Kirche in Karlsbad, Dreifaltigkeitskirche in Teplá, Klostergebäude Stift Tepl.

Prag. Kloster Brevnov und mehrere Kirchen, darunter das Meisterwerk: St. Nikolaus.

FESTE UND VERANSTALTUNGEN

Bamberg. Konzertreihe Bamberger Sommernächte im Juni/Juli; Calderón-Festspiele, Freilichttheater in der Alten Hofhaltung im Juni/Juli; Sandkerwa (Kirchweih), das größte Altstadtfest im August.

Waldsassen. Konzerte in der Basilika, Musikseminare wie Internationale Orgelakademie und Singwoche im Sommer.

Prager Frühling. Das älteste und wichtigste Musik- und Kulturfestival der Stadt; vom 12. Mai (Todestag von Smetana) bis Mitte Juni.

Als bedeutende Baumeister des Barock gingen die Dientzenhofers in die Architekturgeschichte ein: fünf Söhne und der Enkel eines oberbayerischen Bergbauern, die vor allem im fränkischen und böhmischen Raum Kirchen, Klöster und Schlösser bauten.

Meisterwerke der Barockarchitektur

Sie stammten aus der Gegend von Aibling, von einem kleinen Bauernhof, der die große Familie nicht ernährte. Deshalb zogen die fünf Brüder hinaus in die Welt, zunächst nach Prag, wo ihre Schwester 1678 den Bauunternehmer Abraham Leuthner heiratete. Bei ihm dürften sie ihr Handwerk von der Pike auf gelernt haben: das Fundament für ihre glänzenden Karrieren als Maurer, Steinmetze, Bauleiter, Architekten und Bauunternehmer. Ihre Auftraggeber waren Kirchenfürsten und Adelige – allesamt infiziert von der »Bauwut« der Barockzeit und bereit, dafür Unsummen auszugeben. In **Bamberg** baute Leonhard Dientzenhofer, der vierte Bruder, seit 1687 Hofbaumeister des Fürstbischofs, die Klosteranlage auf dem Michelsberg, die Jesuitenkirche sowie die barocken Teile der Neuen Residenz. Ein Meisterwerk gelang ihm mit **Kloster Banz** im Obermaintal. Die Kanzel und mehrere Altäre der Klosterkirche entwarf Johann, der jüngste Bruder, der für den Fürstbischof auch das

Bayern, Tschechische Republik

Schloss Weißenstein bei Pommersfelden schuf. In **Waldsassen** in der Oberpfalz wirkte Georg Dientzenhofer, der älteste Bruder, als Bauleiter seines Schwagers Leuthner am Bau der prächtige Klosterbasilika mit und schuf, als erstes eigenständiges Werk, die Wallfahrtskirche Kappel.

Auf der Fahrt durch Böhmen stehen Bauten von Christoph auf dem Programm, dem einzigen Dientzenhofer, der in Prag blieb: in **Eger** die Kirche St. Klara, die Wallfahrtskirche Maria Kulm, in Teplá die Dreifaltigkeitskirche sowie die Klosterbauten des **Stifts Tepl**. Unter den Sakralbauten, die Christoph in **Prag** schuf, sticht St. Nikolaus auf der Kleinseite heraus: eine der schönsten Barockkirchen der Welt. Bedeutend ist auch Kloster Brevnov. Für die noble Ausgestaltung des Kirchenraums zeichnete Christophs Sohn Kilian Ignaz verantwortlich, der sich auch selbst als Architekt und Bauunternehmer Ruhm erwarb. Wahre Meisterschaft bewies er in **Karlsbad** mit der Maria-Magdalenen-Kirche.

Infos und Adressen

REISEROUTE
Bamberg–Kloster Banz–Waldsassen– Cheb/Eger–Karlovy Vary/Karlsbad–Teplá/Tepl–Praha/Prag; 420 km

BESTE REISEZEIT
Ganzjährig

SEHENSWERT
Bamberg. Größte erhaltene Altstadt Deutschlands mit mittelalterlichem Dom (UNESCO-Weltkulturerbe).
Karlsbad. Einer der traditionsreichsten Kurorte der Welt mit historischer Bäderarchitektur.
Prag. Alte böhmische Königsstadt, weltberühmt mit grandiosem historischem Zentrum (UNESCO-Weltkulturerbe).

ESSEN UND TRINKEN
Gasthof Prinzregent Luitpold. Regionale Küche in Waldsassen. www.gasthof-prinzregent-luitpold.de
Brauerei-Gaststätte U Flek. Eine Prager Institution nahe der Karlsbrücke. www.ufleku.cz

ÜBERNACHTEN
Barockhotel am Dom. Hotel mit Dientzenhofer-Fassade, Bamberg. www.barockhotel.de
Grand Hotel Pupp. Fünf Sterne in Karlsbad. www.pupp.cz/de/

WEITERE INFOS
Bayern Tourismus Marketing: www.bayern.by
Tschechische Zentrale für Tourismus: www.czechtourism.com

Persönlicher Tipp

ABSTECHER INS KLOSTERDORF SPEINSHART

Auf der Fahrt von Kloster Banz nach Waldsassen bietet sich ein Abstecher (ca. 30 km) nach Speinshart im Oberpfälzer Hügelland an, wo seit 1145 Prämonstratenser-Chorherren nach der Regel des hl. Augustinus leben. Die Klosteranlage wurde um 1700 im barocken Stil erneuert. Baumeister war Wolfgang Dientzenhofer, der zweitälteste Bruder, der sich nach seiner Prager Zeit 1689 in Amberg niederließ und fortan in der Stadt und in der weiteren Umgebung als Architekt und Bauunternehmer tätig war. In jüngerer Zeit wurde nicht nur die Klosteranlage einer gründlichen Renovierung unterzogen. Auch die Häuser des Klosterdorfs sind nach den Regeln des Denkmalschutzes sorgsam saniert, was in erster Linie der Tatkraft und dem Zusammenhalt der Bewohner zu verdanken ist, die Mitte der 1980er-Jahre eine Initiative zur Dorferneuerung gründeten. Zu Recht wird Speinshart als schönstes Dorf der Oberpfalz gerühmt, eine wahre Idylle, in der es auch wieder ein Gasthaus mit Übernachtungsmöglichkeit gibt.

Lebensgroße Holzfiguren stützten die Empore in der Stiftsbibliothek Waldsassen.

Im Süden von Deutschland

85 Fünf-Seen-Land

HIGHLIGHTS

Schloss Starnberg. Es wurde als Sommerresidenz der bayerischen Herzöge erbaut.

Drei Schlösser, Votivkapelle und das Holzkreuz an jener Stelle, wo Ludwig II. zu Tode kam. All das ist in Berg am Starnberger See zu sehen.

Osterseen. Die 24 Seen sind Naturschutzgebiet.

Rund um den Ammersee. Andechs, der Dießener Himmel (Kuppelfresko im Marienmünster im Kloster Dießen), und Herrsching mit einem 10 km langen Uferweg, Schloss Mühlfeld und Kurparkschlössl.

FESTE UND VERANSTALTUNGEN

Todestag Ludwigs II. Alljährlich am 13. Juni (oder dem darauffolgenden Sonntag) pilgern König-Ludwig-Fans zur Gedenkmesse in die Votivkapelle von Berg.

Roseninsel-Serenaden. Konzerte am Starnberger See, zwischen Mai und August.

Blick auf den Starnberger See von der Maria-Denk-Kapelle in Degerndorf

Zwischen dem Starnberger See mit seinen Millionärsvillen und dem bäuerlich-bürgerlichen Ammersee liegen die drei kleineren Seen Pilsen-, Weßlinger und Wörthsee. Der Name des Fünf-Seen-Lands ist allerdings eine Untertreibung – Fünfzig-Seen-Land käme der Realität schon näher. Eine Tour mit reichlich Wasser und Energie.

Für Seen-Süchtige

Der **Starnberger See** war schon immer der Fürstensee. Neun Schlösser – in Starnberg, Possenhofen, Feldafing, Tutzing, Bernried, Münsing und drei in Berg – zeugen von einer hohen Dichte blauen Bluts. Kaiserin Sisi fuhr immer wieder ins heimatliche Possenhofen. Und auf der vor Feldafing liegenden Roseninsel, der einzigen Insel im See, traf sie sich öfters mit Ludwig II., ihrem Cousin, der ihr Gedichte vortrug. Heutzutage geht's weniger lyrisch zu. Die Seevillen dienen als Kulisse für Serienkrimis. Starnberg hat statistisch das höchste Prokopfeinkommen in Deutschland. Und an Spitzentagen im Sommer strömen um die 100 000 weniger Betuchte an die Gestade und parken jeden Zipfel der Uferstraße zu.

Am **Ammersee** indes gibt es keine Allüren. Aus den schmucken Höfen strömt Stallgeruch, Fischer, Forstwirte oder Handwerker verrichten ihr Tagwerk, und der Arbeiterschriftsteller Bert Brecht fuhr einst mit den sogenann-

Bayern

Eine Maß Bier geht immer: im Bräustüberl von Kloster Andechs über dem Ammersee.

Infos und Adressen

REISEROUTE
Ab München über Starnberger See, Ostersen, Ammer-, Pilsen- und Wörthsee zurück nach München, mindestens 100 km. Die Route lässt sich beliebig verändern.

BESTE REISEZEIT
Frühling–Herbst

SEHENSWERT
Buchheim Museum. Das Museum in Bernried am Starnberger See trägt den Zweitnamen Museum der Phantasie. In dem modernen Bau von Günter Behnisch ist Heiteres ebenso ausgestellt wie Volkskundliches aus Afrika oder Asien und natürlich die berühmte Expressionistensammlung. www.buchheimmuseum.de

ESSEN UND TRINKEN
Zum Fischmeister. Manchmal sitzt der Besitzer des Restaurants in Ambach am Starnberger See, der Schauspieler Josef Bierbichler, selbst im Biergarten. www.zumfischmeister.com

ÜBERNACHTEN
Schlossgut Oberambach. Erhaben überm Starnberger See und alles in Bioqualität. www.schlossgut.de
Ammersee-Hotel. Einen hauseigenen Badesteg am Ammersee hat nur dieses Hotel in Herrsching. www.ammersee-hotel.de

WEITERE INFOS
www.sta5.de,
www.fuenfseenland.de

Persönlicher Tipp

BIERDUNST UND WEIHRAUCH

177 m über dem Ostufer des Ammersees thront das Kloster, das 1438 als Augustinerstift gegründet wurde. Und wenn der Berg ruft, kommen alle, die dürsten: ob nach Gnade oder Geselligkeit, Gebet oder Gerstensaft. Kloster Andechs, der Heilige Berg, der bayerische Olymp, von weither sichtbar inmitten des Fünf-Seen-Landes gelegen, ist seit mehr als einem halben Jahrtausend ein Ziel für Pilger – und seit vielen Jahren auch für Biergartenfreunde. Wichtigste Motive der 250 000 Besucher jährlich sind die Klosterkirche mit dem Gnadenbild der Muttergottes sowie die opulenten Fresken und natürlich das leckere Bier. Schon lange vor Kloster und Kirche, wo der Komponist Carl Orff beigesetzt ist, war Andechs ein Wallfahrtsziel. Die Andechser Faszination aber ist, dass Andechs Bayern im Kleinformat darstellt. Mensch und Tier fügen sich in diese wunderschön bucklige Welt aus Bergen, Wald, Wiesen und Seen ebenso ein wie die krummen Wege und versteckten Dörfer. Und über den Dingen steht nur Andechs.

---

ten Badezügen von Augsburg an den Ammersee und wohnte sogar eine Weile in Schondorf und Utting. Szenen der *Dreigroschenoper*, dem weltweit erfolgreichsten Bühnenstück deutscher Sprache, schrieb er dort. Aber den Uttingern scheint das egal zu sein: Es gibt kein Schild, keinen Hinweis, nichts. Am Bauernsee ist einfach vieles normal geblieben. Pärchen knutschen auf den Bänken, Kinder schlecken Eis, und die Oma schaut stolz zu, wie es ihr Enkel schafft, die flachen Kieselsteine übers Wasser springen zu lassen.

Auch der **Wörthsee** ist angenehm provinziell. Der Paradieswinkel am Südende verdient die Bezeichnung, und zur Mausinsel in der Seemitte kann man schwimmen. Der kleinste der fünf Seen ist der **Weßlinger See**. Und den **Pilsensee** erkannte die Seherin vom Mühltal einst sogar als Energieplatz.

Im Süden von Deutschland

86 Durchs Altmühltal

Weithin sichtbar erhebt sich über dem Donautal die Befreiungshalle bei Kelheim.

HIGHLIGHTS

Eichstätt. Dom mit Bauteilen aus Romanik, Gotik und Barock und hochkarätigen Kunstwerken; Residenzplatz mit geschlossen barocker Bebauung; Willibaldsburg mit Museum für Ur- und Frühgeschichte des Altmühltals und einzigartiger Fossiliensammlung.

Schloss Prunn. Mittelalterliche Ritterburg in grandioser Höhenlage, als Museum zu besichtigen.

Kelheim. Altstadt mit Stadttoren des 13./14. Jh., Archäologisches Museum im spätgotischen Herzogkasten, Befreiungshalle.

FESTE UND VERANSTALTUNGEN

Burgfest Treuchtlingen. Im Juni.

Pro Musica-Konzerte. Von Oktober bis Mai im Spiegelsaal der Residenz in Eichstätt.

Limesfest. »Römisches« Volksfest Mitte August in Kipfenberg.

Chinesenfasching. Traditionell am Unsinnigen Donnerstag in Dietfurt.

Volksfest Kehlheim. Im August mit Fahrgeschäften, Wettbewerben etwa im Schafkopfen sowie Dirndl- und Lederhosen-Lauf.

Gemächlich schlängelt sich der Fluss durch den Naturpark Altmühltal im Fränkischen Jura und gibt die Route vor für diese Fahrt durch eine naturschöne Tallandschaft, in der historische Städte und romantische Burgen markante Akzente setzen.

Natur und Kultur in faszinierender Flusslandschaft

Die Fahrt beginnt im Kurort **Treuchtlingen**, wo im Renaissance-Schloss Graf Gottfried Heinrich geboren ist, der viel zitierte »Pappenheimer« aus Schillers *Wallensteins Tod*. Die mittelalterliche Stammburg des Geschlechts findet man ebenfalls an der Altmühl, im altertümlichen Städtchen **Pappenheim**. Als Fossilienlagerstätten weltbekannt sind die Plattenkalke von **Solnhofen**; eine Vielzahl hochinteressanter Funde zeigt das örtliche Museum. Als bedeutendes Kulturdenkmal ist die karolingische Sola-Basilika zu würdigen. Durch einen landschaftlich besonders reizvollen Talabschnitt mit bizarren Felsformationen wie den Zwölf Aposteln und herb-schönen Wacholderheiden geht es weiter: zunächst nach **Dollnstein**, das mit Stadtmauer, gotischer Pfarrkirche und Gipfelburg auf dem Stadtfelsen bezaubert, dann in die barocke Bischofsstadt **Eichstätt**, seit einem Jahrtausend das kulturelle und religiöse Zentrum des Alt-

Bayern

mühltals. Es folgt **Kipfenberg**, das Städtchen mit der mächtigen Felsenburg, in deren Vorburg das Römer und Bajuwaren Museum untergebracht ist.

Von Schloss Hirschberg, der barocken Sommerresidenz der Eichstätter Bischöfe, wird **Beilngries** beherrscht, das in der mauerumgürteten Altstadt noch Jura-Häuser mit typischem Kalkplattendach aufweist. Über die Sieben-Täler-Stadt **Dietfurt** – ab hier fließt der Main-Donau-Kanal im Altmühltal – erreicht man **Riedenburg**, wo von bewaldeten Höhen pittoreske Burgruinen und Schloss Rosenburg grüßen. Als Idealbild einer mittelalterlichen Ritterburg erhebt sich Schloss Prunn in luftiger Höhe. Ein unterirdisches Erlebnis bietet die Tropfsteinhöhle Schulerloch, dann ist an der Mündung der Altmühl in die Donau **Kelheim** erreicht, die altbayerische Herzogstadt mit der ältesten Weißbierbrauerei des Freistaats.

Infos und Adressen

REISEROUTE
Treuchtlingen–Pappenheim–Solnhofen–Dollnstein–Eichstätt–Kipfenberg–Beilngries–Riedenburg–Kelheim; 125 km

BESTE REISEZEIT
Frühjahr–Herbst

SEHENSWERT
Treuchtlingen. Stadtschloss mit Posamentenmuseum und Info-Zentrum Naturpark Altmühltal; Thermalbad Altmühltherme.
Solnhofen. Bürgermeister-Müller-Museum mit Fossilien aus den weltberühmten Plattenkalken; karolingische Sola-Basilika (9. Jh.).
Dollnstein. Burg Dollnstein thront über dem Städtchen; in der Umgebung bizarre Felsformationen und ökologisch wertvolle Trockenrasen und Wacholderheiden.
Riedenburg: Schloss Rosenburg mit Museum und Falknerei.

ESSEN UND TRINKEN
Enten Stub'n. Fränkische Gastlichkeit in Treuchtlingen/Dietfurt. www.entenstube.de
Weißes Bräuhaus Kelheim. Gaststätte der ältesten Weißbierbrauerei Bayerns. www.weisses-brauhaus-kelheim.de

ÜBERNACHTEN
Hotel Fuchsbräu. Zentral in Beilngries gelegenes Hotel. www.fuchsbraeu.de
Hotel Landgasthof Pröll. Ruhiges Hotel außerhalb von Eichstätt. www.landgasthof-proell.de

WEITERE INFOS
Naturpark Altmühltal: www.naturpark-altmühltal.de

Persönlicher Tipp

EICHSTÄTT: BAROCKSTADT MIT ARCHAEOPTERYX

Nach dem Dreißigjährigen Krieg verordneten die Fürstbischöfe ihrer Stadt ein anspruchsvolles Wiederaufbauprogramm. So entstand im 18. Jh. die neue geistliche Stadt mit dem Residenzplatz, der in seiner architektonischen Geschlossenheit zu den schönsten Barockplätzen Europas gezählt wird. Auch der kostbar ausgestattete 1000-jährige Dom glänzt mit einer barocken Westfassade. Hoch über der Stadt, mit weitem Blick über das Altmühltal, steht die Willibaldsburg, die einstige Festung der Fürstbischöfe mit zwei bedeutenden, ansprechend gestalteten Museen: dem Museum für Ur- und Frühgeschichte der Region sowie dem Jura-Museum, das mit Fossilien aus den nahen Solnhofener Plattenkalken 150 Millionen Jahre zurück in die Erdgeschichte führt; zu sehen sind Sensationsfunde wie der Urvogel Archaeopteryx, von dem weltweit nur neun Exemplare existieren, und der *Juravenator starkii*, Europas besterhaltener zweibeiniger Raubsaurier. Im Besuchersteinbruch am Eichstätter Blumenberg kann man sich selbst auf Fossiliensuche machen.

Spätgotische Heiligenfiguren schmücken den Hochaltar im Dom zu Eichstätt.

Im Süden von Deutschland

87 Die Klöster am oberbayerischen Inn

HIGHLIGHTS

Kirche Rott am Inn. Berühmtes Gesamtkunstwerk des süddeutschen Rokoko.

Kirche Altenhohenau. Gotischer Bau mit grandiosem Rokoko-Hochaltar.

Kirche Attel. Barockbau mit reichem Stuck.

Kloster Gars. In der barocken Klosterkirche ist der Blumenschmuck aus der weithin bekannten Klostergärtnerei zu bewundern.

Kloster Au. Barocke Klosterkirche mit kunstvoller Kanzel und Rokoko-Seitenkapellen.

FESTE UND VERANSTALTUNGEN

Starkbierfest. Mitte März in Rosenheim.

Herbstfest Rosenheim. Das größte Volksfest in Südostbayern, steigt im August/September.

Michaelimarkt. Im September in Wasserburg.

Stampfl-Berglauf. Im April in Au am Inn.

Töpfermarkt. Im Kloster in Au am Inn, Mitte November.

Mühldorfer Faschingszug. Größter Faschingsumzug in Südostbayern, am Faschingssonntag.

Mühldorfer Volksfest. Zehntägiges Fest mit internationalem Schützen- und Trachtenumzug, Ende August.

Bunte Häuserzeilen schmücken die belebte Rosenheimer Altstadt.

Drei sehenswerte Städte – Rosenheim, Wasserburg und Mühldorf – sowie fünf altehrwürdige Klöster markieren diese auch landschaftlich ansprechende Kultur-Tour. Sie folgt dem Lauf des Inns durch eine eher unbekannte Region Altbayerns.

Barocke Klosterlandschaft

Startpunkt ist **Rosenheim**, einst einer der wichtigsten Handels- und Schifffahrtsplätze am Inn, heute urbanes Zentrum für das ländlich geprägte Umland mit vielen Geschäften und einem breiten kulturellen Angebot. Richtung Norden geht es nach **Rott am Inn** mit der berühmten Klosterkirche. Um 1760 von dem genialen Baumeister Johann Michael Fischer errichtet, zählt das Gotteshaus mit seiner verschwenderischen Innenausstattung, den Stuckaturen und Malereien und dem figurenreichen Hochaltar zu den absoluten Glanzstücken des süddeutschen Rokoko. Ganz in der Nähe, in der gotisch-barocken Kirche des erst kürzlich aufgelösten Dominikanerinnenklosters **Altenhohenau**, stammt der Figurenschmuck ebenfalls von Ignaz Günther, einem der ganz Großen der deutschen Plastik des 18. Jh. Das »geistige Dreieck Altbayerns« vollendet Kloster **Attel** in herrlicher Lage auf einem Felssporn über dem Inn. Die barocke Kirche (um 1720) überzeugt vor allem durch ihren feinen Stuck, die Marmorgrabsteine der Äbte und das imposante Altarblatt des Hochaltars. Von Attel ist es

Bayern

Das Wasserburger Innufer mit Burgkapelle St. Ägidien und spätgotischem Schloss

Infos und Adressen

REISEROUTE
Rosenheim–Rott am Inn–Altenhohenau–Attel–Wasserburg am Inn–Gars–Au–Mühldorf am Inn; 75 km

BESTE REISEZEIT
Ganzjährig

SEHENSWERT
Rosenheim. Historische Straßenzüge und Plätze der belebten Innenstadt, spätgotische Stadtkirche mit barockem Zwiebelturm; Städtisches Museum zur Rosenheimer Stadt- und Kulturgeschichte im Mittertor, Ausstellungszentrum Lokschuppen.
Wasserburg. Wunderbar erhaltene Altstadt im Inn-Salzach-Stil, Kernhaus, Stadtmuseum, spätgotische Stadtkirche mit Renaissance-Ausstattung.
Mühldorf. Zwischen den beiden Stadttoren der breite, fast 500 m lange Straßenmarkt im Inn-Salzach-Stil mit Laubengängen, oft schmucklosen, aber authentischen Fassaden.

ESSEN UND TRINKEN
Gasthaus zum Stockhammer. Traditionshaus in der Rosenheimer Altstadt.
www.gasthaus-stockhammer.de
Bräustüberl Kloster Au. Mit stimmungsvollem Biergarten.
www.bräustüberl-kloster-au.de

ÜBERNACHTEN
Hotel Restaurant Fischerstüberl. Kreative Küche in Attel.
www.fischerstueberlattel.de
MI Hotel Mühldorf. Unterkunft in ruhiger Stadtrandlage.
www.mihotel.de

WEITERE INFOS
Bayern Tourismus Marketing:
www.bayern.by

Persönlicher Tipp

DAS MALERISCHE WASSERBURG AM INN

Nicht nur die einzigartige Lage inmitten einer engen Flussschleife macht die Wasserburger Altstadt so sehenswert, sondern auch das geschlossene historische Stadtbild. Ganz geschlossen wirkt sie schon von außen, wenn man die Rote Brücke quert und das mittelalterliche Brucktor mit der eng bebauten Innfront vor Augen hat. Von der Herzogsburg zur Linken, die bereits im 11. Jh. den Inn-Übergang schützte, sind spätgotische Bauteile erhalten. Beim Bummel durch die Altstadt lässt man sich von den vielfach in hübschen Pastellfarben gestrichenen Wohn- und Geschäftshäusern bezaubern, besonders schöne Exemplare sind das Kernhaus mit seinem gotischen Laubengang und der prächtigen Rokoko-Fassade sowie das Patrizierpalais, in dem das Stadtmuseum aus der wechselvollen Vergangenheit dieser einstmals bedeutenden Handels- und Schifffahrtsstadt erzählt. Bei der spätgotischen Stadtkirche St. Michael mit dem mächtigen Dach lohnt sich wegen der qualitätvollen Renaissance-Ausstattung auch der Blick in den Innenraum.

nicht weit nach **Wasserburg**. In der malerischen Stadt in der Flussschleife hat sich die charakteristische Bauweise der mittelalterlichen Inn-Salzach-Städte noch eindrucksvoll erhalten: hohe, horizontal abschließende Häuserfronten, oft mit Erkern versehene Fassaden und Laubengänge zur Straße hin. Auf dem Weg nach **Mühldorf**, das sich am langen, sanft geschwungenen Marktplatz ebenfalls als typische Inn-Salzach-Stadt präsentiert, gilt es zwei benachbarte Innklöster mit 1000-jähriger Geschichte zu entdecken: Graubündener Baumeister und Künstler schufen im 17. Jh. den barocken Neubau der Klosterkirche von **Gars**, ins 18. Jh. fällt die Bauzeit der opulent dekorierten Kirche von Kloster **Au**.

Im Süden von Deutschland

88 Durch die wilde Wachau

HIGHLIGHTS

Festung Aggstein. Die Ruine hoch auf einem Felsen besticht mit gruseligen Raubritterlegenden und authentischen Mittelalterfesten.

Tausendeimerberg. Auf dem Weinberg mitten in Spitz haben Mönche stets bis zu 1000 Eimer Trauben geerntet. Steile Pfade über Urgesteinsterrassen belohnen mit Weitblick.

Wachaubahn & Donauradweg. Die Wachau ganz anders – einige Stationen aus dem Zugfenster genießen und dann mit (E-)Leihrädern (Gratistransport) auf dem Donauradweg zurück.

FESTE UND VERANSTALTUNGEN

Wachau GOURMETfestival. Spezialmenüs in den besten Gaststätten, plus Weinverkostungen und Kochshows.

Osterreigen. Vielfältiges Frühlingseröffnungsprogramm rund um Kultur, Genuss und Wandern.

Barocktage Stift Melk. Barockmusiker aus aller Welt laden an Pfingsten zu Konzerten ins prachtvolle Benediktinerkloster ein.

Wachau in Echtzeit. Stimmungsvolles Kulturangebot in Kirchen, Schlössern, Winzereien und beim Weihnachtsmarkt.

Auf Felsen hoch über der Donau thront die gut erhaltene Ruine der Burg Aggstein.

Natur, Kultur und Geschichte, die bis in die Steinzeit reicht. Schroffe Basaltklippen mit Burgen, Klöstern und Ruinen: Die Wachau ist so vielfältig, dass die UNESCO das Donautal zwischen Melk und Krems zum Weltkulturerbe erhoben hat.

An der schönen blauen Donau

Auf rund 30 km Länge zwängt sich die Donau durch teils enge Täler. Das sorgt für kurvige Straßen, fast immer nah am Fluss. Schnell steigt das Ufer in die Höhe: im Norden als **Waldviertel**, im Süden als **Dunkelsteiner Wald**. Davor staffeln sich die Häuser der kleinen Wachau-Orte. Und das besondere Klima macht die Hänge optimal für beste Weinlagen.

Klassischer Startpunkt ist **Melk**: Das **Benediktinerstift Melk** hoch über der Donau setzt zu Beginn ein imposantes Zeichen. Das Örtchen selbst, mit seinen liebevoll verzierten Häusern, gilt als das »Tor zur Wachau«. Nun heißt es entscheiden, ob man rechts der Donau entlang die Uferstraße 33 hin und links auf der B3 wieder zurückfährt – oder zwischendurch die Seiten wechselt. Die nächste Brücke ist allerdings erst bei Krems, es bleibt die Querung auf den Autofähren Spitz–Arnsdorf und Weißenkirchen–St. Lorenz. Am rechten Ufer locken **Schloss Schönbühel** und die Ruine der **Festung Aggstein**. Am linken Ufer wurde einst in **Aggsbach-Markt** die »**Venus von Willendorf**« entdeckt – jene üppig gerundete Kalkstein-Statuette aus der Steinzeit. Das **Museum Venu-**

Österreich

Die Marillenblüten der Wachau verzaubern die Menschen wie die Kirschblüten in Japan.

Infos und Adressen

STRECKENVERLAUF
Anfahrt: Von Westen aus Linz A1 bis Melk, von Osten aus Wien S5 bis Krems.
Gesamtstrecke: 30 km pro Richtung an der Donau entlang, am Nordufer auf der B3, am Südufer der S33; beidseitig plus Abstecher ca. 80 km.

BESTE REISEZEIT
Frühjahr zur Marillenblüte, Sommer zur Marillenernte, Herbst zur Weinlese und Blätterpracht.

SEHENSWERT
Stift Melk. In dem riesigen barocken Prachtkloster – hier wurde *Der Name der Rose* gedreht – bestechen besonders die Bibliothek, die blauen Fresken und das »Prachtgärtlein«. www.stiftmelk.at

ESSEN UND TRINKEN
Jauerlingwarte. Höchster Ausblick von der Wachauterrasse am Jauerling mit durchgehend warmer Küche. www.naturpark-jauerling.at
Landhaus Bacher. Oft gekrönte Haubenküche bei Lisl Wagner-Bacher in Mautern.
www.landhaus-bacher.at

ÜBERNACHTEN
Stift Göttweig. Übernachtung mit Frühstück im besonderen Ambiente. Für längere Auszeiten heißt das Angebot »Kloster auf Zeit«.
www.stiftgoettweig.at
Nikolaihof. Das älteste Weingut Österreichs bietet neben biodynamischen Köstlichkeiten auch ein nettes Gästehaus. In Mautern.
www.nikolaihof.at

WEITERE INFOS
Tourismus-Region Wachau:
www.wachau.at
Welterbesteig Wachau:
www.welterbesteig.at

Persönlicher Tipp

LANDSCHAFT IM MARILLENFIEBER

Samtweiche Haut, rosige Wangen, nur ein Hauch von Rot auf dem Teint: So sieht eine Marille aus, die den geschützten Ehrentitel »Wachauer Marille« auch verdient hat. Die aromatischen Früchte – in Deutschland Aprikose genannt – sind der heimliche Star der Landschaft zwischen Krems und Melk. Schon im April zieht ein zartrosa Schimmer über die Hänge: Die ersten Marillenbäume blühen. Bis zu 100 000 von ihnen schmücken das Donau-Ufer und die Weinberge. Mitten hindurch führen etwa der Marillenweg Angern und die Marillenmeile Arnsdorf. Der Mix aus Fluss- und Bergklima verleiht dem Obst sein legendäres Aroma. Mitte Juli beginnt dann das wahre Fieber: Feinschmecker kommen von weit her, wenn endlich geerntet wird. Und gekocht, verarbeitet, eingeweckt – rund drei Wochen lang. Am leckersten sind die orangen Schätze frisch gepflückt, vom Bauern am Straßenrand. Doch kredenzen auch die Restaurants besonders viele Marillen, in Torten, Strudeln, Knödeln oder auch Schinken. Zum Mitnehmen gibt's Marillenmarmelade und -likör.

sium an der Fundstelle untermauert, dass die fruchtbaren Landstriche der Wachau schon sehr lange besiedelt sind.

Einen Abstecher vom Fluss weg ist **Maria Laach** mit seiner Wallfahrtskirche und dem Naturpark **Jauerling** wert. Dann geht es wieder an die Donau: Vorbei an **Spitz** mit seinem markanten Hausberg zur **Wehrkirche** in **Weißenkirchen**. Schöner nur ist die blaue Kirche von Dürnstein weiter nördlich. In der Burgruine von **Dürnstein** soll der Legende nach Richard Löwenherz gedarbt haben. Hier bietet sich dann ein Sprung über die Donau an, denn **Rossatz-Arnsdorf** punktet mit Marillen, Wein und Spuren der Römer. Diese führen bis zur Doppelstadt **Krems-Stein** und einem zweiten Benediktinerkloster: **Stift Göttweig** über dem Örtchen Furth.

In den Alpen:

- Über den Hochtannbergpass
- Silvretta-Hochalpenstraße
- Über den Reschenpass
- Über den Achenpass
- Deutsche Alpenstraße
- Timmelsjoch
- Brennerpass
- Über den Gerlospass
- Salzkammergut-Tour
- Großglockner-Hochalpenstraße
- Große Dolomitenstraße
- Übers Stilfser Joch in die Lombardei

In den Alpen

89 Über den Hochtannbergpass

Tannheimer Berge und Ammergauer Alpen säumen das untere Tiroler Lechtal.

HIGHLIGHTS

Lechtal. Der Lech gilt als letzter echter Wildfluss in den Nordalpen. Das Tiroler Lechtal ist seit 2004 Naturpark. Die Schaffung eines Nationalparks scheiterte am Widerstand der Jägerschaft.

Wälderbähnle. Die Museumsbahn ist so richtig nach dem Geschmack eingefleischter Nostalgiker. www.waelderbaehnle.at

Bregenzerwald. Auf der Fahrt durch den Bregenzerwald ist viel heile Berg- und Bauernwelt zu sehen, idyllische Dörfer mit den typischen holzgeschindelten Häusern.

FESTE UND VERANSTALTUNGEN

Geierwally-Freilichtbühne. Seit der Erstaufführung der *Geierwally* 1993 werden im Sommer auf der Freilichtbühne Elbigenalp Theaterstücke zur Aufführung gebracht, in einer faszinierenden Felskulisse.

Lecher Musikantentag. Anfang August 2014 findet zum siebten Mal der Musikantentag statt, mit Künstlern aus der näheren und weiteren Umgebung.

Bregenzerwälder Musikfest. Etwas für Liebhaber der Volksmusik (Juni in Langenegg).

Der kleine Pass verbindet zwei große Nordalpenlandschaften: das Tiroler Lechtal und den Bregenzerwald. Eine Straße gibt es hier überhaupt erst seit den 1950er-Jahren. Bis dahin war im hintersten Bregenzerwald Endstation, weiter ging's nur zu Fuß oder hoch zur Ross.

Vom wilden Lech in den Bregenzerwald

Die Fahrt von **Füssen** zum Bodensee führt vom Alpenrand in die **Nördlichen Kalkalpen** und durch die Nagelfluhwelt des Bregenzerwaldes zur Vorarlberger Hauptstadt. Große Show am Anfang und am Ende der Strecke: Neuschwanstein, das Märchenschloss Ludwigs II. bei Füssen, und Opern im Sommer auf der Seebühne von **Bregenz**. Dazwischen bäuerlich geprägte Landschaft, im Bregenzerwald viele Holzbauten.

Um Beton, nicht um Holz geht es am Tiroler **Lech**, dem letzten Wildbach der Nordalpen. Schroffe Berge begleiten ihn, links die Hauptkette der **Allgäuer Alpen**, rechts die **Lechtaler Berge**. Ohne den Lech und seine vielen Zuflüsse hätte das Tal noch heute ein V-Profil; erst die vielen Millionen Tonnen zerkleinertes Gestein schufen den breiten Boden, auf dem Menschen siedeln und Kühe äsen. Dazwischen nimmt der Wildfluss seinen Lauf, der bayerischen Grenzstadt Füssen entgegen, wo ihm gleich ein Korsett verpasst wird: die erste Staustufe von vielen.

Bayern, Tirol

Im obersten Tal, hinter Warth, regiert der Kommerz, die Nobelskiorte **Lech** und **Zürs** machen stolze Umsätze. Im Sommer präsentiert das Winterwunder seine Narben, sind die brutalen Eingriffe in die Natur nicht zu übersehen. Ob es sich da lohnt, für eine Nacht im Viersternehotel 150 Euro hinzublättern? Da taucht man doch lieber ein in die weniger gestylte grüne Welt des **Bregenzerwaldes**, dessen Dörfer sich an der Ache aneinanderreihen, von Schröcken bis hinaus nach **Egg**, wo die Stubersach, ihr größter Zufluss, mündet. Der Flecken war früher Station der Wälderbahn, die acht Jahrzehnte lang Bregenz mit den Ortschaften im Wald verband. Endstation war **Bezau**, und das stimmt heute noch, 30 Jahre nach der Betriebseinstellung. Das schmalspurige Wälderbähnle ist allerdings inzwischen ein rollendes Museum; auf einer Strecke von fünf Kilometern, zwischen Schwarzenberg und Bezau, wird Eisenbahn-Nostalgie lebendig, dampft es manchmal wieder an der Bregenzer Ache.

Infos und Adressen

REISEROUTE
Füssen–Lechtal–Warth–Hochtannbergpass–Bezau–Egg–Alberschwende–Bregenz; 148 km

BESTE REISEZEIT
Mai–Oktober

SEHENSWERT
Hochtannbergpass. Passlandschaft zwischen Allgäuer Alpen (Widderstein, 2533 m) und Lechquellengebirge.
Diedamskopf (2090 m). Gondelbahn von Schoppernau, großes Panorama des Bregenzerwaldes.

ESSEN UND TRINKEN
Schulhus. Originelles Lokal, zu dem auch ein Moorraum (mitten im Moor) gehört, souverän und sehr kreativ geführt. Feine Küche, gute Weine. Krumbach. www.schulhus.at
Käslädele. Im Bregenzerwald gibt's nicht nur eine »Käsestraße«, hier kann man die feinen Käse natürlich auch kaufen, beispielsweise im Käsladen Berchtold in Schwarzenberg.

ÜBERNACHTEN
Das Schiff. Gediegene Unterkunft in Hittisau mit hervorragender Küche und Wellnessbereich. www.schiff-hittisau.com

WEITERE INFOS
Tourismusbüro Lechtal: www.lechtal.at
Bregenzerwald Tourismus: www.bregenzerwald.at

Persönlicher Tipp

FURKAJOCH UND FASCHINAJOCH

In Au im mittleren Bregenzerwald nehmen zwei interessante Bergstrecken ihren Ausgang, deren Endpunkt im Rheintal bzw. im Walgau liegen. Viel Aussicht vermittelt die Route übers Furkajoch (1759 m), die ins Laternser Tal überleitet und bei Rankweil endet (48 km). Bei Damüls (1428 m), einem kleinen Wintersportplatz, zweigt die Straße zum nahen Faschinajoch (1486 m) ab. Dahinter ist das ganze Jahr Sonntag – stimmt tatsächlich, das kleine Dorf im Großen Walsertal heißt wirklich so.

Die Bergregion um das Furkajoch und den Hohen Freschen sowie das innere Walsertal sind Naturschutzgebiete und laden ein zu schönen Wanderungen auf markierten Pfaden. In der Umgebung des Furkajochs gibt es mehrere Höhenwege, u. a. zum Freschenhaus (1840 m); vom Faschinajoch aus lässt sich das Zafernhorn (2017 m) leicht besteigen. Naturfreunde haben am Blumenlehrpfad bei Faschina bestimmt ihre Freude (Frühsommer).

Der Bregenzerwald ist auch heute noch stark landwirtschaftlich geprägt.

In den Alpen

90 Silvretta-Hochalpenstraße

HIGHLIGHTS

Bartholomäberg. Den schönsten Blick auf die markanten Felszacken des Rätikons bietet die Streusiedlung Bartholomäberg am Hang über Schruns (kurvenreiche Zufahrt 5 km).

Bielerhöhe. Von der Scheitelhöhe der Passstraße genießt man herrliche Aussicht auf die vergletscherte Hochgebirgswelt um den Piz Buin (3312 m), den höchsten Gipfel des Montafon.

FESTE UND VERANSTALTUNGEN

Montafoner Sagenfestspiele. Im Silbertal bei Schruns werden auf einer großen Freilichtbühne »sagenhafte« Geschichten aufgeführt (Juli/August).

Montafoner Volksmusiktage. An drei Tagen Ende August ist Volksmusik – aus Österreich und den Nachbarländern – Trumpf im Montafon. Spielorte im Tal und am Berg.

Ischgler Kirchenkonzerte. Wer Ischgl nur vom Winter kennt, mag sich vielleicht wundern: Konzerte in der Pfarrkirche statt Partystimmung im Schnee (Juli bis September).

Die weitere Umgebung der Bielerhöhe ist ein dankbares Wanderrevier.

Wer vor hundert Jahren vom Montafon ins benachbarte Paznaun, von Vorarlberg nach Tirol wollte, musste zu Fuß gehen – es gab keine Straßenverbindung. Die kam erst mit der Moderne, nach dem Zweiten Weltkrieg, als am Oberlauf der Ill Staumauern und Kraftwerke entstanden. Heute ist die Silvretta-Hochalpenstraße ein Hotspot des Tourismus, ihrer vielen Serpentinen wegen natürlich auch bei den Motorradfahrern sehr beliebt.

Von der Werks- zur Touristenstraße

Die Frage nach der schönsten Serpentinenfolge einer österreichischen Passstraße ist leicht zu beantworten: die 25 dicht aufeinanderfolgenden Kehren der Silvretta-Hochalpenstraße zwischen Partenen und dem Vermunt-Stausee (1747 m). Da heulen PS-Boliden durch die Kurven, und auch brave VW-Piloten entdecken plötzlich ihre Lust an einer etwas sportlicheren Fahrweise. Die endet dann möglicherweise im Schlepptau eines fetten Reisebusses. Während die Motorräder locker vorbeisausen, hat unser Golfbesitzer keine Chance.

Also die nächste Parkmöglichkeit nutzen, aussteigen, die alpine Kulisse genießen. Und die kann sich durchaus sehen lassen, auch wenn die Dreitausender der Silvretta erst ober-

Vorarlberg

halb des Vermuntsees ins Blickfeld kommen. Früher ging der Weg ins Paznaun über das Zeinisjoch, das um fast 200 Meter weniger hoch ist als der Kulminationspunkt der Silvretta-Hochalpenstraße.

Sie wurde als Werkstraße erbaut, und die schweren Lastwagen waren garantiert noch langsamer unterwegs auf der Bergstrecke als unser Luxusliner. Ein erstes Teilstück entstand vor dem Zweiten Weltkrieg, verband den Vermunt-Stausee mit der Scheitelhöhe. Später wurde es nach Galtür verlängert, und erst in den 1950er-Jahren machten sich Bulldozer daran, eine Trasse zwischen Partenen und Vermunt anzulegen. Kurios: eine Passstraße, die von oben nach unten erbaut wurde ...

Die »Pässe-Bibel«

»Mit der Freigabe der Silvretta-Hochalpenstraße für den allgemeinen Verkehr (Herbst 1953) wurde eine der interessantesten und landschaftlich abwechslungsreichsten Touristenstraßen Österreichs geschaffen. Die angrenzenden Talschaften, das Montafon in Vorarlberg und das Paznaun in Tirol, erhielten durch diesen Verkehrsweg über die Bieler Höhe eine seit Langem erwartete Verbindung. [...] Für den Durchreisenden in der Ostwestrichtung oder umgekehrt bedeutet dieser geringe Umweg von ca. 30 km gegenüber der Arlbergroute den Genuss eines alpinen Leckerbissens.

An der Westrampe der Silvretta-Hochalpenstraße liegt der Vermunt-Stausee.

Persönlicher Tipp

SCHIFFFAHRT AUF DEM SILVRETTA-STAUSEE

Im Sommer kann man oben an der Bielerhöhe vom Auto aufs Schiff wechseln, zu einer Rundfahrt auf dem großen Stausee. Er bildet sozusagen das »Dach« der gesamten Ill-Kraftwerke; was in Form von elektrischer Energie das Ländle verlässt, wird hier erst einmal gespeichert: Wasser. Technisch ausgedrückt heißt das: Stauziel 2030 m, Nutzinhalt 38,6 Mio. m^3, Energieinhalt 134,89 Mio. kWh. Zwei Mauern stauen das Gletscherwasser, das seine milchiggrüne Farbe dem Gesteinsmehl verdankt, welches die Ill von ihrem Ursprung am Ochsentaler Gletscher mitbringt. Die westseitige Sperre ist fast einen halben Kilometer lang, nicht weniger als 470 000 m^3 Beton schwer und bis zu 80 m hoch. Auf der Paznauner Ostseite wurde eine eiszeitliche Endmoräne des Gletschers – sozusagen ein natürlicher Damm – einfach um ein paar Meter erhöht. Wer nicht aufs (kalte) Wasser mag, kann den Stausee auch auf markierten, allerdings etwas steinigen Wegen (Schuhe!) umwandern, etwa 1.30 Std.

Auch der schon etwas ältere Datsun meistert die Kehren der Hochalpenstraße.

Gaspedal hier, Pedale dort: ganz schnell oder viel langsamer auf der Passstraße.

Persönlicher Tipp

STAU IM MONTAFON

Wasser ist Leben, das wissen wir alle. Wasser kannst du trinken, es kann aber auch Räder antreiben, Turbinen. Dazu braucht es Höhe oder andersherum: Gefälle. Das Montafon hat neben dem Rohstoff das passende Profil, und die Vorarlberger Illwerke sorgen dafür, dass kein Regentropfen, kein Schneekristall, der hier vom Himmel fällt, ungenutzt dem Bodensee zufließt. »Weiße Kohle« nennt man den Energieträger H_2O, der keine rußgeschwärzten Hauswände und Gesichter zurücklässt: saubere Energie aus den Bergen. Was das bedeutet, wird einem im Tal der Ill anschaulich vorgeführt: auf dem »energie.weg« zwischen Partenen und Gaschurn (etwa 1 Std.) und im Wasser-Erlebnisstollen Vermunt, einem etwa 2 km langen ehemaligen Werksstollen (ab Vermunt-Seilbahn). Ganz Sportliche versuchen sich am »größten Fitnessgerät der Welt«, der Europatreppe 400: 700 m hoch, 4000 Stufen und Steigungen bis maximal 86 Prozent. Sie verläuft parallel zur (stillgelegten) Standseilbahn, die für die Kraftwerksanlage Vermunt errichtet wurde.

Zustand der Fahrbahn: Straße durch das Montafon eine schmale, jedoch staubfreie Asphaltstraße. »Die Silvretta-Hochalpenstraße hat nur in den Kehren der Nordwestrampe festen Belag. Die Fahrbahn weist eine durchschnittliche Breite von 3,5 m auf. Ausweichstellen auf Sichtweite, durch Schilder hervorragend gekennzeichnet. [...] Häufiges Viehtreiben auf der Straße, daher Vorsicht und Geduld geboten!«

So war es in Denzels Alpenstraßenführer, Ausgabe 1957, nachzulesen. Längst ist die gesamte Strecke zeitgemäß ausgebaut. Und oben an der Wasserscheide zwischen Montafon und Paznaun wartet dann der finale Höhepunkt: der Silvretta-Stausee, rund 3 km lang, umrahmt von dunklen Gneisgipfeln. Er wird vom Ochsentaler Gletscher gespeist, dessen Nährgebiet sich nördlich unter dem höchsten Gipfel Vorarlbergs, dem Piz Buin (3312 m) erstreckt. Die globale Erwärmung macht auch diesem Eisstrom schwer zu schaffen; seine Zunge zieht sich mehr und mehr zurück, und die Masse des Gletschers schwindet. Schlechte Zeiten fürs alpine Eis.

Galtür und Ischgl

Von der Scheitelhöhe senkt sich die Silvretta-Hochalpenstraße ins Tiroler Paznaun. Erste Ortschaft an der Trisanna ist Galtür, weiter flussabwärts liegt Ischgl. Ihre Geschäftsgrundlage fällt vom Himmel, im Winter zumindest: Schnee. Und wenn das Wetter einmal nicht mitspielt, hilft die moderne Technik nach, mit Schneekanonen.

Ischgl, das wohl im 9. Jahrhundert vom Engadin aus besiedelt wurde, beherbergte im 19. Jahrhundert die ersten Touristen. Heute zählt man in dem Ort 10 000 Gästebetten und die größte Dichte an Viersternehotels in Österreich. Das Publikum ist jung, liebt Fun, Action und Party: vom Board an die Theke, und die Nacht wird zum Tag. Auftritte von Showbizgrößen sind Programm. Tina Turner, Bob Dylan, Elton John und Robbie Williams waren schon hier und haben die weiße Winterpracht fast zum Schmelzen gebracht. Erfolgsmodell oder Alpen-Ballermann?

Dass der Winter auch Risiken birgt, zeigte sich im Februar 1999 in Galtür auf besonders drastische Weise. Nach extrem heftigen Schneefällen ging eine gewaltige Lawine über dem Dorf nieder; 38 Menschen fanden den Tod, zahlreiche Häuser wurden zerstört. Heute schützt eine 345 m lange Mauer – in die das Alpinarium integriert ist – den Ort. Vergessen ist das Unglück nicht, aber es soll sich nie wiederholen.

Silvretta-Hochalpenstraße

Infos und Adressen

REISEROUTE
Bludenz–Schruns–Partenen–Silvretta-Hochalpenstraße–Bielerhöhe (2037 m)–Galtür–Ischgl; 67 km

BESTE REISEZEIT
Die Silvretta-Hochalpenstraße ist in der Regel von Juni bis Oktober geöffnet.

SEHENSWERT
Lüner See (1970 m). Der Stausee am Rätikon-Hauptkamm ist ein beliebtes Ausflugsziel und Ausgangspunkt für eine Besteigung der Schesaplana (2965 m) auf dem leichtesten Weg. Anfahrt von Bludenz via Brand bis zur Talstation der Lünersee-Seilbahn. Markierter Rundweg um den See 1.30 Std.
Historisches Bergwerk. Der St.-Anna-Stollen oberhalb von Bartholomäberg (Zugang 50 Min.) kann im Rahmen von Führungen besucht werden.
Heimatmuseum Schruns. Erstklassige Sammlung an volkskundlichen Exponaten.
Hochjochbahn. Mit der Hochjochbahn von Schruns in wenigen Minuten zur Bergstation Kapell (1858 m) mit Aussicht auf das Montafon und die markanten Kalkgipfel des Rätikons. Schöne Höhenwanderung (1 Std.) auf gutem Weg zur Alpe Innerkapell (1662 m), wo im Sommer gekäst wird (Einkehr).
Zeinisjoch (1842 m) und Kops-Stausee. Dass auch der Technik eine gewisse Ästhetik innewohnen kann, beweist die elegante Bogen-Staumauer des Kopssees. Anfahrt von der Silvretta-Hochalpenstraße über das Zeinisjoch.
Alpinarium Galtür. Schutzwall, Museum und Informationszentrum in einem – ein ungewöhnliches Projekt. Entstanden ist es aus dem verheerenden Lawinenunglück im Winter 1999. www.alpinarium.at

ESSEN UND TRINKEN
Montafoner Hof. Weitum bekanntes Gourmet-Restaurant (und Hotel) in Tschagguns, vielfach dekoriert. Die Küche lässt keine Wünsche offen, der Service ist aufmerksam, auf der Weinkarte finden sich Spitzengewächse. Schöne Terrasse (Sommer). Und sogar eine Hausmusik gibt's!
www.montafonerhof.com

ÜBERNACHTEN
Hotel Taube. Berühmtester Gast hier war Ernest Hemingway. Das ist schon eine Weile her, was man auch dem Haus ansieht. Es ist in Würde gealtert. Wer mit Wellness- und Beauty nichts am Hut hat, wird sich mitten in Schruns wohlfühlen.
Silvretta-Haus. Allein schon die Architektur des modernen Hauses ist ein Blickfang, noch schöner der Blick von der Terrasse auf die Bergwelt der Silvretta und den großen Stausee. Silvretta-Bielerhöhe, Gaschurn-Partenen.
www.silvretta-haus.at
Hotel Rössle. Traditionsreiches Haus mitten in Galtür, gepflegtes Ambiente, dazu eine feine, regional ausgerichtete Küche.
www.roessle.com

WEITERE INFOS
Tourismusbüro Galtür:
www.galtuer.com

In Serpentinen windet sich die Hochalpenstraße hinauf zum Vermuntsee.

In den Alpen

91 Über den Reschenpass

Blickfang auf der Fahrt hinab in den Vinschgau ist das Kloster Marienberg.

HIGHLIGHTS

Reschensee. Stausee knapp unter dem Reschenpass, bei Kitesurfern beliebt.

Marienberg. Stattliche Klosteranlage oberhalb von Burgeis mit berühmten romanischen Fresken in der Krypta.

Glurns. Winziges spätmittelalterliches Städtchen mit drei Toren, sieben Türmen und 700 Einwohnern.

Martelltal. Das Tal der Gletscher und der Erdbeeren, hochalpin, jedoch ganz ohne Skizirkus.

St. Prokulus. Die ältesten erhaltenen Fresken im deutschsprachigen Raum schmücken die Innenwände des Kirchleins bei Naturns.

FESTE UND VERANSTALTUNGEN

Südtiroler Ritterspiele. Jeweils Ende August finden vor den Toren Schluderns spannende Ritterspiele statt – etwas für die ganze Familie! – **Marmor und Marillen.** Anfang August feiert Laas seine beiden Spezialitäten: den weißen Marmor vom Berg und die köstlichen Marillen (Aprikosen). – **Sealamorkt.** Am 2. November ist das Städtchen im Obervinschgau Schauplatz des traditionellen Allerseelenmarktes.

Oben am Pass, der vom Inntal in den Vinschgau führt, pfeift oft ein kalter Wind, dann mag man kaum glauben, dass dies der kürzeste Weg in den Süden sein soll. Doch 20 km weiter, im Talkessel vom Mals, scheint meist schon die Sonne, und nach einer weiteren halben Fahrstunde sieht man links und rechts Apfelbäume – und die ersten Weinberge.

Versunkene Bauernwelt

Am Pass, nach der recht kurvigen Fahrt vom grünen Inn herauf, vorbei an der altösterreichischen Festung **Hochfinstermünz**, begrüßt einen ein Monarch: der **Ortler**, mit seiner Gipfelhöhe von 3905 m der »Höchst Spitz in ganz Tyrol«, 1804 von Joseph Pichler, vulgo Pseyrer Josele, mit zwei Begleitern erstbestiegen. Noch spitzer ist der Turm der alten Grauner Kirche, der draußen im Wasser des **Reschen-Stausees** steht. Das Bild kennt alle Welt, es befindet sich in jedem Südtirolbuch. Ein pittoresker Anblick, aber auch ein Mahnmal. Denn beim Bau des Stausees gingen über 5 km² fruchtbarer Boden verloren, 163 Häuser versanken in den Fluten, mehr als die Hälfte der Grauner Bevölkerung wanderte in der Folge aus, zwangsenteignet. Am 16. Juli 1950 läuteten die Glocken der alten Grauner Kirche schließlich zum letzten Mal ...

Südtirol

Wasser – ein kostbares Gut

Am Südende des rund 6 km langen Stausees liegt **St. Valentin auf der Haide**, dann geht's über die Malser Haide hinunter in den Malser Talkessel. Bei der Haide handelt es sich um einen riesigen nacheiszeitlichen Schwemmkegel; zahlreiche Waale, gespeist von der jungen Etsch, übernehmen hier die Bewässerung der Felder. Wasser ist ein besonders kostbares Gut im trockensten Landstrich Südtirols. Die Ursache liegt in der Topografie: Die hohen Bergketten rundum halten feuchte Luftmassen zurück. In **Schlanders** beträgt die jährliche Niederschlagsmenge nicht einmal 500 mm – so waren die Bauern seit jeher gezwungen, die Bewässerung ihrer Felder zu organisieren. Die Lösung ist überall im Vinschgau zu sehen: **Waale**. Sie leiten auch heute noch, trotz vieler moderner Beregnungsanlagen, das kostbare Nass aus den Seitentälern auf die Felder, vielfach verästelt und nach einem exakt festgelegten Verteilschlüssel. »Wasserwosser« nennen das die Einheimischen, und sie wissen um den Wert dieser oft kilometerlangen Anlagen. Für ihre Pflege und Reparaturen ist der Waalwächter zuständig.

Marienberg

Bewässert werden muss auch jener ganz besondere »Berg« am Fuß des **Klosters Marienberg**. Hier entsteht – gegen kalte Nordwinde geschützt – der höchstgelegene Weinberg

Persönlicher Tipp

ERDBEEREN AUF EIS

Das Martelltal ist ein Unikum, in Südtirol einzigartig: grandios vergletschert der Talschluss, eine Straße bis an die Baumgrenze – aber keine Seilbahn, Pistenautobahnen und Schneekanonen. Dafür ein großes Tourengebiet fürs ganze Jahr – und die besten Erdbeeren des Landes. Die gedeihen hier zwischen Dreitausendern bis auf eine Höhe von knapp 1700 m über dem Meeresspiegel. Den Eingang zum Tal bewacht eine Burgruine (Obermontani), weit hinten im Tal ist die Plima zu einem See aufgestaut und vom Endpunkt der Straße, nach einer Gruppe extrem kurz aufeinanderfolgender Kehren sollte man zumindest den Alpinspaziergang zur Zufallhütte (2275 m) unternehmen. Die hat ihren Namen übrigens nicht vom schlichten Zufall, sondern vom nahen Wasserfall der Plima (zu Fall). Der Abstecher lohnt sich nicht nur der großen Bergkulisse wegen; in dem Haus kocht man auch auf einem Niveau, das der Höhenlage durchaus angemessen ist.

Über kilometerlange Waale wird das Wasser auf die Vinschgauer Felder geleitet.

Lebendiges Mittelalter: das winzige, zur Gänze ummauerte Städtchen Glurns.

Das Wahrzeichen des Reschenpasses: der alte Kirchturm von Glurns im Reschensee

Persönlicher Tipp

ÖTZI UND LEO

Zwei Männer kennt jeder im Schnalstal: den Steinzeitwanderer Ötzi, der oben am Similaun ein trauriges Ende fand, und Leo Gurschler, der dem armen Bauerntal einen traumhaften Boom bescherte, an ihm aber schließlich zerbrach. Der Hotelkomplex Kurzras und die große Seilbahn auf die Grawand – die höchste Südtirols! – sind sein Werk; Ötzi bekam ein Museum weiter unten im Tal, das sich auf wohltuend nüchterne, aber trotzdem interessante Art dem »Mann im Eis« widmet. Oft unterwegs in den Gletschern und Gletschergipfeln dieser Erde war der Besitzer von Schloss Juval, das über dem Eingang ins Schnalstal einen felsigen Rücken krönt: Reinhold Messner. In dem mittelalterlichen Schloss ist ein Teil des MMM (Messners Mountain Museum) untergebracht. Ein Besuch lohnt sich, und gleich neben der Burg lädt der Schlosswirt zur Einkehr. Hinterher kann man dann mit dem Schnalswaal nach Tarsch hinabwandern (1.30 Std.) – ein netter Verdauungsspaziergang.

der Alpen (ca. 1330 m). Wie er wohl schmecken wird, dieser Marienberger Klosterwein? Der weiß leuchtende Klosterkomplex ist ein Blickfang bei der Fahrt hinab nach **Mals**. Kunstliebhaber wissen um die besondere Kostbarkeit, die Marienberg in seiner Krypta bewahrt: romanische Fresken aus dem 12. Jh. Gezeigt werden sie im Klostermuseum – allerdings nur in einem Film. Wer die Figuren in natura erleben will, muss an der Vesper der Mönche teilnehmen (im Sommer um 17.30 Uhr).

Noch viel älter sind die Malereien im Kirchlein St. Benedikt in Mals. Der aus karolingischer Zeit stammende, kulturhistorisch wie künstlerisch bedeutsame Freskenschmuck wurde erst im letzten Jahrhundert zufällig wieder entdeckt und freigelegt.

Die kleinste Stadt Südtirols

Der **Vinschgau** ist uralter Kulturraum, hier verlief bereits zur Römerzeit eine Straße, die Via Claudia Augusta. Bald schon entstanden feste Plätze: Burgen, die meisten auf schwer zugänglichen Felsen. Ganz im Gegensatz zu **Glurns**, das mitten im Talboden liegt, gerade 200 mal 400 m groß, mit einer Mauer rundum, sieben Türmen und drei Toren: das kleinste Städtchen des Landes, fast so etwas wie ein verirrtes Stück Spätmittelalter. Erstaunlich, was innerhalb dieses engen Mauerrings so alles Platz findet: der krummste Laubengang Südtirols, ein stimmungsvoller Stadtplatz, drei herrlich altmodische Hotels, ein Museum, das dem hier geborenen Zeichner Paul Flora (1922–2009) gewidmet ist – und im Sommer viele, zu viele Autos. Abhilfe ist allerdings in Sicht, in absehbarer Zeit soll Glurns von Motorenlärm und Abgasen befreit sein.

In **Mals** wird aus der Pass- eine Talstraße, die mit der Etsch hinausläuft nach **Meran**. Man tut allerdings gut daran, sich bei der Fahrt Zeit zu lassen, zu viel Interessantes liegt am Weg: die Churburg, ein Bilderbuchschloss mit prächtigem Arkadenhof; der Laaser Marmor, das weiße »Gold« aus dem Berg; das uralte Kirchlein St. Prokulus bei Naturns mit seinen Fresken, die als älteste erhaltene im deutschsprachigen Raum gelten (7. oder 8. Jh.) und in **Partschins** zwei einzigartige Sammlungen: das Peter-Mitterhofer-Museum, dem (Mit-)Erfinder der Schreibmaschine gewidmet, und das K.u.k.-Museum von Onkel Taa im ehemaligen Bad Egart.

Über den Reschenpass

Infos und Adressen

REISEROUTE
Landeck–Inntal–Nauders–Reschenpass–Mals–Vinschgau–Meran; 125 km

BESTE REISEZEIT
April–Spätherbst

SEHENSWERT
Schifffahrt. Auf dem Reschensee verkehrt von Mai bis Anfang Oktober die »MS Hubertus« (Abfahrt täglich um 15 Uhr von Graun). Sie tat ihren Dienst früher auf dem bayerischen Tegernsee.

Paul-Flora-Museum. Die Dauerausstellung im Kirchtorturm von Glurns ist dem Leben und Werk des Künstlers gewidmet.

Ruine Lichtenberg. Mächtige Burgruine, die wohl auf das frühe 13. Jh. zurückgeht, mit seinen weißen Mauern ein Blickfang im Obervinschgau. Fußweg vom Dörfchen Lichtenberg zur Ruine (15 Min.).

Vintschger Museum. Interessantes zu Kultur und Geschichte der Region vermittelt das Museum in Schluderns mit Schwerpunkt auf der für den Vinschgau typischen Wasserbewirtschaftung (Waale). www.vintschgermuseum.com

Schludernser Ritterspiele. Ende August finden die Südtiroler Ritterspiele vor den Toren von Schluderns statt. Ein dreitägiges Spektakel mit Ross und Reiter, Schwerterkämpfen und einem Kinderreitturnier für den Nachwuchs. www.ritterspiele.it

Schloss Juval. Auf Schloss Juval, das beherrschend über der Mündung des Schnalstals thront, ist die Idee von Messners Mountain Museum geboren worden. In dem Schloss, dessen Kernsubstanz auf die Zeit um 1200 zurückgeht, werden heute u. a. die Tibetika-Sammlung, eine Galerie mit Bildern heiliger Berge, Messners Maskensammlung aus fünf Kontinenten, der Tantra-Raum und der Expeditionskeller gezeigt. www.messner-mountain-museum.it

Churburg. Eine der besterhaltenen Burgen Südtirols. www.churburg.com

Culturamartell. Das Marteller Nationalpark-Haus ist ein modern konzipiertes Heimatmuseum, in dem die bäuerliche Kulturlandschaft und das Leben am Berg dokumentiert werden. www.stelviopark.bz.it/culturamartell/

Spitalkirche Latsch. Der spätgotische Flügelaltar stammt vom schwäbischen Meister Jörg Lederer (1524); er lässt stilistisch feine Anklänge an die Renaissance erkennen.

ArcheoParc Schnal. Das etwas andere Museum, mit Winterschlaf. www.archeoparc.it

Schreibmaschinenmuseum am Kirchplatz in Partschins. www.schreibmaschinenmuseum.com

K.u.k.-Museum Bad Egart. Habsburger Antiquitäten, Südtiroler Folklore und Freilichtmuseum mit Kunst und Kuriositäten. Das Minirestaurant Onkel Taa verspricht »kaiserlichen Genuss«. www.onkeltaa.com/deutsch/k.u.k.-bad-egart-museum.html

ESSEN UND TRINKEN
Gasthaus zur Krone. Mitten im Marmordorf Laas liegt das bei den Einheimischen sehr beliebte Lokal mit Südtiroler Spezialitäten und italienischen Gerichten. www.krone-laas.it

Kuppelrain. Über Kastelbell leuchtet auch dann ein Stern, wenn's draußen regnet: jener nämlich, der Jörg Trafoier vor gut zehn Jahren von den Gourmet-Päpsten des »Michelin« verliehen worden ist. www.kuppelrain.com

ÜBERNACHTEN
Biohotel Panorama. Schon einmal Brennessel-Erdbeer-Risotto probiert? Bio ist im »Panorama« in Mals nicht nur ein Schlagwort, sondern eine Philosophie, die im Haus konsequent umgesetzt wird. In dem großen Garten vor dem Haus wird angebaut, was später auf den Tisch kommt, zugekauft wird möglichst wenig, und das stammt von Biobetrieben: Brot, Milch, Speck. www.biohotel-panorama.it

Zum Gold'nen Adler. Gemütlich wohnen, prima essen, umsorgt von freundlichen Gastgebern in Schleis. Gute Regionalküche, eigene Landwirtschaft und edle Tropfen im Keller. www.zum-goldnen-adler.com

Hotel Post. Tradition wird großgeschrieben in dem Haus, auch in der Küche, die klassische Südtiroler Kost bietet. Sauna und Whirlpool belegen, dass man sich auf neue Ansprüche einzustellen weiß. In Glurns. www.postglorenza.com

Oberraindlhof. Nostalgie pur verströmt der alte, bereits 1581 urkundlich erwähnte Bauernhof in Schnals. Familiärer Betrieb mit guter Küche. www.oberraindlhof.com

Hotel zum See. Wer einen fantastischen Blick auf vergletscherte Berge einer Shoppingmeile vorzieht, und nachts lieber ruhig schläft, statt in einer Disco abzufeiern, ist in Hintermartell im Martelltal genau richtig. Sehr gute, kreative Küche! www.hotelzumsee.com

Hanswirt. In dem Viersternehaus verbinden sich Tradition und Moderne. Der besondere Gag für alle großen und kleinen Buben: die Eisenbahnwelt. In Rabland/Partschins, www.hanswirt.com

WEITERE INFOS
Ferienregion Obervinschgau: www.ferienregion-obervinschgau.it

Tourismusverein Schlanders-Laas: www.schlanders-laas.it

Tourismusverein Naturns: www.naturns.it

Tourismusverein Partschins: www.partschins.com

In den Alpen

92 Über den Achenpass

HIGHLIGHTS

Kloster Tegernsee. Eines der ältesten Klöster Bayerns, 1803 säkularisiert. Die ehemalige Klosterbasilika dient heute als Pfarrkirche, im Nordtrakt ist das Herzoglich Bayerische Brauhaus Tegernsee untergebracht.

Bad Tölz. Schmuckes Städtchen an der Isar mit historischer Marktgasse (Lüftlmalereien). Über dem Ort thront auf dem Kalvarienberg die zweitürmige Kreuzkirche.

Engalm. Mitten ins Herz des Karwendels führt vom Sylvensteinsee via Vorderriß eine Stichstraße. Große Bergkulisse in der Eng.

FESTE UND VERANSTALTUNGEN

Käse- und Genussfestival. Im Mittelpunkt des dreitägigen Events steht der Käse, dazu gibt's ein attraktives Rahmenprogramm für Groß und Klein (Juni).

Leonhardifahrt. Traditionelle Prozession mit Pferd und Wagen, zu Ehren des heiligen Leonhard von Limoges jeweils am 6. November in Bad Tölz.

Internationales Bergfilm-Festival. In Tegernsee findet jeweils in der zweiten Oktoberhälfte das renommierte Bergfilm-Festival statt, 2014 bereits zum zwölften Mal.

Pertisau liegt am Ostufer des Achensees. Über dem Ort erheben sich Karwendelgipfel.

Zwei kleine Pässe, drei respektable Seen, alles eingebettet in eine teils grüne, teils felsig-schroffe Kulisse, und zum Schluss ein Prachtblick ins Zillertal. All das (und noch einiges mehr) bietet eine Fahrt vom Alpenvorland ins Tal des Inn, das als mächtiger Graben das Karwendel von den Tuxer und Zillertaler Alpen trennt.

Bilderbuchidylle und eine Dampfbahn

Wer von München aus nach Süden fährt, lässt die Stadt bald hinter sich, hat dafür die Alpen im Blick, eine viel gebrochene graue Zackenlinie unter dem weiß-blauen Himmel, da und dort vielleicht noch schneeweiß. Die grünen Vorberge rücken rasch näher, Vieh grast auf fetten Wiesen: Bauernwelt.

Dann kommt der **Tegernsee** ins Bild, die bayerische Bilderbuchidylle. Wer genauer hinschaut, kann allerdings nicht übersehen, dass hier einiges ziemlich in die Jahre gekommen ist: Glamour mit Patina, viel Architektur aus den 1970er-Jahren. Und verstopfte Straßen an den Wochenenden. Hinter dem See wird's ruhiger, **Kreuth** fehlt das Flair der Seeorte, im Wildbad zieht dafür seit den Franz-Josef-Strauß-Zeiten jeden Winter die CSU-Prominenz ein, um ihre Strategie zu beraten oder auch mal einen Vorsitzenden abzuservieren. Nicht ganz ungefährlich ist auch ein Abstecher in die **Große Wolfsschlucht**. Einem *Canis lupus* wird man

Bayern

Infos und Adressen

REISEROUTE
Gmund–Tegernsee–Kreuth–Achenpass–Achensee–Jenbach; 56 km

BESTE REISEZEIT
Frühling–Herbst

SEHENSWERT
Achensee. Der größte See Tirols ist bis zu 133 m tief, eingebettet zwischen den steilen Flanken des Karwendels und des Rofangebirges. Im Sommer verkehren Kursschiffe.

ESSEN UND TRINKEN
Bräustüberl Tegernsee. Eine Institution am Tegernsee in schöner Lage im ehemaligen Benediktinerkloster. www.braustuberl.de

ÜBERNACHTEN
Seehotel Überfahrt. Luxusherberge in Rottach-Egern am Tegernsee mit absoluter Spitzenküche. www.seehotel-ueberfahrt.com

WEITERE INFOS
www.tegernsee.com
www.achensee.info

Die elegant geschwungene Straßenbrücke überspannt den Sylvenstein-Stausee.

hier nicht begegnen, dafür lässt der Berg ab und zu einen Stein fallen ...

In sanftem Anstieg geht's im Tal der Weißach zum Achenpass (940 m). Wenig weiter mündet rechts die Straße vom Isartal herauf: eine interessante Alternativstrecke. Sie verläuft über die Staumauer des **Sylvensteinsees**, in dessen Fluten das alte Dorf Fall verschwand. Der Speicher wurde 1954–1959 als Hochwasserschutz im Isartal angelegt. Gespeist wird der Stausee aber nicht nur von der Isar, sondern auch vom **Achensee**, der ein paar Kilometer jenseits der Grenze auf Tiroler Boden liegt. Rund acht Kilometer lang ist dieser Alpenfjord, eingebettet zwischen Bergketten des Karwendels und des Rofan. An seinem Südende liegt **Maurach**, und da begegnet man öfters Eisenbahn-Nostalgikern. Der Grund: die Schmalspurbahn, die Jenbach im Inntal mit dem Achensee verbindet. An der Zahnstange klettert das mit Dampf betriebene Züglein hinauf nach Maurach. Steigungsmaxima 16 Prozent.

Ein letztes Highlight an der Strecke vom bayerischen Voralpenland ins Tiroler Inntal ist dann die Kanzelkehre oberhalb von **Wiesing**, von deren Terrasse man einen schönen Tal- und Bergblick genießt, hinein ins Zillertal, die Alpenheimat vieler Holländer.

Persönlicher Tipp

LENGGRIESER VINOTHEK

Als Geheimtipp kann man die Vinothek mitten in Lenggries ja nicht mehr bezeichnen, dafür gibt es sie schon viel zu lange. Als Fixstern in der Gastrolandkarte Oberbayerns schon eher. In Stefan Bergers Weinkeller lagern feine Gewächse, und die passenden Köstlichkeiten zum Roten oder Weißen gibt es in seinem Feinkostladen. Das Angebot an Weinen ist schlicht überwältigend, reicht vom idealen »Nudelwein« oder dem passenden Begleiter zu einem Grillfest bis zu absoluten Spitzenerzeugnissen – immer zu fairen Preisen. Für Gourmets ist die Lenggrieser Vinothek die richtige Anlaufstelle im Isarwinkel.
www.worldwidewine.de

In den Alpen

93 Deutsche Alpenstraße

Bayerische Alpenidylle: Wamberg bei Partenkirchen, Zugspitze, Waxenstein und Daniel

HIGHLIGHTS

Neuschwanstein. König Ludwigs Märchenschloss bei Füssen.

Zugspitze. Der höchste Punkt Bayerns und Deutschlands (2962 m).

Walchensee. Surferparadies am Rand des Karwendels.

Chiemsee. Mit seinen beiden Inseln und Schloss Herrenchiemsee ein Anziehungspunkt, auch für Wassersportler.

Berchtesgaden. Ferienort am Fuß des Watzmanns und Nationalparkgemeinde.

Königssee. Der schönste Alpenfjord der Nordalpen mit gewaltiger Watzmann-Ostwand.

FESTE UND VERANSTALTUNGEN

Opernfestspiele. Die Seebühne vor Bregenz ist im Juli/August Schauplatz der berühmten Opernfestspiele. – **Carmina Burana.** Im Maierhof des Klosters Benediktbeuern wird jeweils im Sommer (August) das berühmte Singspiel von Carl Orff unter freiem Himmel aufgeführt. – **Boogie, Blues & Swing.** Musik der 1950er-Jahre, ein nostalgischer Genuss unter freiem Himmel in Berchtesgaden (Anfang August).

Sie ist eigentlich eine Unvollendete, diese bayerische Alpentangente. Die Idee stammte von einem Sanitätsarzt namens Knorz aus Prien am Chiemsee. In den 1930er-Jahren nahmen die Nationalsozialisten den Gedanken auf und begannen mit dem Bau. Erst in Teilen realisiert, wurde sie nach dem Krieg mit bestehenden Straßen verknüpft und so zur Deutschen Alpenstraße.

Vom Bodensee zum Königssee

»Keine glücklichere Kombination läßt sich für den modernen Autowanderer denken, als ein zuverlässiger Wagen, eine glatte zügige Straße und eine Landschaft, die alle Höhen und Tiefen, alle Farben und Reize, Wasser und Berge und alte Städte auf einmal bietet. Dann fliegt dir die Fülle des Wunderbaren zu wie im Traum.« So schrieb der Journalist Wolf Strache im Jahr 1955. Das ist Enthusiasmus pur. Verständlich, gerade mal ein Jahrzehnt nach dem Ende des Zweiten Weltkriegs. Deutschland erholte sich allmählich, das Auto wurde zum Symbol für Wohlstand und neue Freiheit. Die bayerischen Alpen, ein schmaler Streifen am nördlichen Gebirgsrand, lieferten den reizvollen Rahmen zu einer Reise vom Bodensee zum Königssee: fast 500 km, viele Kurven und noch mehr Ausblicke. Die Hochgipfel der baye-

Baden-Württemberg, Bayern

rischen Alpen zeigen sich von ihrer schönsten Seite, und die eiszeitlichen Gletscher haben in Jahrtausenden die tiefen Mulden für Bayerns schönsten Schmuck ausgehobelt: seine Seen.

Start am Bodensee

An einem See startet auch die Tour, in **Lindau am Bodensee**, wo König Maximilian II. 1848 seine Alpenreise startete, die ihn ebenfalls nach Berchtesgaden führte. Er brauchte dafür allerdings sechs Wochen, und das Wetter soll – so heißt es jedenfalls – ziemlich schlecht gewesen sein in jenem Sommer. Das wünscht man niemandem auf der Deutschen Alpenstraße. Denn bereits nach dem ersten Anstieg öffnet sich bei **Scheidegg** ein bezaubernder Blick auf die lang gestreckten Ketten der Allgäuer Alpen, bis in den Frühsommer hinein mit weißen (Schnee-)Kappen. Diese Aussicht begleitet den Reisenden bis nach **Oberstaufen**, wo man allerlei Zipperlein auskurieren kann. Vor **Immenstadt** kommt ein See mit geradezu programmatischem Namen in Sicht: der Alpsee. **Hindelang** im Allgäu ist Kur- und Wanderort und Ausgangspunkt der legendären Oberjochstraße mit ihren 105 (!) Kurven. Nächstes Highlight an der Alpenstraße sind die Königsschlösser bei Füssen: **Neuschwanstein** und **Hohenschwangau** mit dem Tegelberg als Kulisse und zwei malerischen Seen in der Nähe. Auf der Weiterfahrt am Nordfuß des Ammergebirges werden Kunstfreunde der

Persönlicher Tipp

FRANZ MARC MUSEUM

Das Museum am Kochelsee wurde 1986 gegründet und vor ein paar Jahren um einen Zubau der Zürcher Architekten Diethelm & Spillmann erweitert. Im Mittelpunkt der Ausstellung steht das Œuvre des 1916 bei Verdun gefallenen Malers Franz Marc, aber auch Arbeiten verschiedener Mitglieder des »Blauen Reiter« sowie Werke der »Brücke«-Expressionisten und von Paul Klee werden gezeigt. Sie stammen aus der Zeit vor dem Ausbruch des Ersten Weltkrieges, als junge Künstler mit den Traditionen der akademischen Malerei brachen, neue Wege suchten. Franz Marc und Wassily Kandinsky, der 1908 mit Gabriele Münter und Marianne von Werefkin nach Murnau kam, gründeten den »Blauen Reiter«, eine Expressionismus-Vereinigung, der neben Malern auch Komponisten (u. a. Karl Schönberg) und Tänzer angehörten. Ihr Name geht auf ein Gemälde Kandinskys mit Ross und (blauem) Reiter zurück.
www.franz-marc-museum.de

Am Königssee. Über dem Kirchlein St. Bartholomä ragt die Watzmann-Ostwand empor.

Am Bodenseehafen von Lindau. Hier beginnt die Fahrt auf der Deutschen Alpenstraße.

Fern-sehen der anderen Art: Blick durchs Fernrohr auf die Berchtesgadener Berge.

Persönlicher Tipp

AN DER ZAHNSTANGE AUF DEN WENDELSTEIN

Den Wendelstein (1838 m) kann man natürlich per pedes besteigen, von allen Seiten sogar. Wer's bequemer mag und möglichst rasch hinaufwill zur großen Aussicht, nimmt die moderne Luftseilbahn. Länger dauert die Fahrt mit der altehrwürdigen Schienenbahn. Ausgehend von Brannenburg im Inntal rattert die Zahnradbahn hinauf zum Wendelsteinhaus. Rund 800 Arbeiter, überwiegend aus Kroatien und Italien, sprengten und schaufelten vor hundert Jahren die zehn Kilometer lange Trasse aus dem Fels. Bauleiter war Geheimrat Otto von Steinbeis, eröffnet wurde die Bahn am 25. Mai 1912. Exakt 37 722 Personen »bestiegen« bereits im ersten Jahr auf diese revolutionäre Art den schönen Berg. Von der Bergstation führt ein Serpentinenweg zum Gipfel, der eine immense Rundschau bietet. Noch in viel fernere Weiten schaut das neue 2-m-Teleskop der Sternwarte, deren glänzende Kuppe – neben dem monumentalen Antennenstachel – den Gipfel krönt (Führungen). www.wendelsteinbahn.de

Wieskirche, einem Juwel des Rokoko und heute Welterbe der UNESCO, ihre Reverenz erweisen.

Garmisch–Tegernsee–Inn

Über den Ettaler Sattel kommt man ins Tal der Loisach, an dem der Olympiaort **Garmisch-Partenkirchen** liegt, überragt von Deutschlands höchstem Berg, der **Zugspitze**, deren Gipfelkreuz an der Dreitausenderkote kratzt (2962 m). Vom Eibsee führt eine Seilbahn zum Gipfel, Eisenbahnfreaks nehmen lieber die Zahnradbahn, die seit 1930 ihren Dienst versieht.

Aussicht auf das Karwendel und die Bayerischen Voralpen bietet die Weiterfahrt, dazu zwei malerische Gewässer: **Walchen- und Kochelsee**, dazwischen das Kurvenkarussell der Kesselbergstraße. Via Bad Tölz und Lenggries geht's weiter zum **Sylvensteinsee**. Dahinter tangiert die Deutsche Alpenstraße am Achenpass kurz Tiroler Territorium, ehe sie mit der Weißach hinausläuft zum beliebtesten Wochenendziel der Münchner Schickeria, dem **Tegernsee**. An seinem kleinen Nachbarn, dem **Schliersee**, vorbei geht's weiter nach **Bayrischzell**, dann über eine Kurvenfolge hinauf zur Wasserscheide am Sudelfeld. Nach der Talfahrt quert die Deutsche Alpenstraße bei Brannenburg den Inn und steuert über Frasdorf das »bayerische Meer« an: den **Chiemsee**. Hier ist eine Schifffahrt Touristenpflicht, hinaus aufs Wasser zur Herreninsel mit dem Schloss Versailles nachempfundenen Prunkbau von Herrenchiemsee. König Ludwig grüßt!

Watzmann und Königssee

Weiter geht's durch die Chiemgauer Alpen mit **Reit im Winkl**, **Ruhpolding** und **Inzell** als Stationen. Kurz zeigt sich das Kletterprofil des Wilden Kaisers in der Tiroler Nachbarschaft; hinter dem idyllischen Weitsee kommt der Rauschberg ins Blickfeld. Die Alpenstraße folgt dem Lauf des Weißbachs, der sich tief in den Fels eingegraben hat (Weißbachschlucht, Gletschergarten).

Dann folgt der letzte Anstieg zum Schwarzbachwachtsattel und zum großen Schlussbild der bayerischen Alpenlängsstraße: zum **Watzmann**, ein Profil, das in den Alpen seinesgleichen sucht. Die wahren Dimensionen dieses Wahrzeichens von **Berchtesgaden** macht eine Schifffahrt auf dem Königssee nach St. Bartholomä deutlich: zwei Kilometer hoch ist die Ostwand und damit die größte in den gesamten Ostalpen. Wow!

Deutsche Alpenstraße

Infos und Adressen

REISEROUTE
Lindau–Immenstadt–Sonthofen–Bad Hindelang–Oberjoch–Füssen–Oberammergau–Ettal–Garmisch-Partenkirchen–Wallgau–Walchensee–Kochel–Bad Tölz–Lenggries–Achenpass–Tegernsee–Schliersee–Bayrischzell–Sudelfeld–Brannenburg–Aschau–Marquartstein–Reit im Winkl–Inzell–Berchtesgaden–Königssee; 490 km

BESTE REISEZEIT
Frühling–Herbst

SEHENSWERT
Lindau. Die Stadt am Bodensee bezaubert durch ihre Insellage, die schmucke Altstadt und den alten Hafen mit dem bayerischen Löwen.
Füssen. Grenzstadt am Lech mit sehenswertem historischem Kern, optisch dominiert vom Hohen Schloss und dem massigen Turm der ehemaligen Klosterkirche St. Mang.
Oberammergau. Bekannter Festspielort (Passionsspiel), viele Häuser mit kunstvollen Fassadenmalereien (Lüftlmalerei).
Ettal. Klosterkirche aus dem 14. Jh., später barock umgebaut, mit mächtiger, 60 m hoher Kuppel (Fresken von Johann Jakob Zeiller).
Benediktbeuern. Ältestes Kloster Bayerns, 739 gegründet. Der bestehende Komplex stammt aus der Zeit nach dem Dreißigjährigen Krieg; Anastasiakapelle in üppigstem Rokoko. Beliebter Treff: das Klosterbräustüberl Benediktbeuern.
Bad Tölz. Bekannter Kurort mit malerischer Altstadt. Am Kalvarienberg doppeltürmige Wallfahrtskirche (Tölzer Leonhardifahrt).
Tegernsee. Historisch wie kulturell das Zentrum der Region, das ehemalige Kloster, im 8. Jh. gegründet, gehörte zu den reichsten ganz Bayerns. Beliebt: das Bräustüberl gleich neben der Kirche.
Obersalzberg. Multimediale Ausstellung über den Obersalzberg als ein Machtzentrum der Hitler-Diktatur.

ESSEN UND TRINKEN
Moaralm. Nur ein paar Kilometer von Bad Tölz, bei Sachsenkam, thront die Moaralm auf einem kleinen Hügel mit prächtigem Alpenblick. Allerbeste französische Küche! www.moar-alm.de
Café Winklstüberl. Die Kuchen sind legendär, daneben gibt's auch bayerische Spezialitäten zu fairen Preisen. In Fischbachau (an der Straße Richtung Miesbach). www.winklstueberl.de

ÜBERNACHTEN
Seehotel Überfahrt. Nobelherberge am Südufer des Tegernsees mit absoluter Spitzenküche. Bad Wiessee. www.seehotel-ueberfahrt.com
Romantik Hotel Sonne. Traditionsreiches, zentral, aber ruhig gelegenes Haus, freundlicher Service, gute Küche. Bad Hindelang. www.sonne-hindelang.de

WEITERE INFOS
Tourismus Oberbayern: www.oberbayern.de
Allgäu Tourismus: www.allgaeu.de

Hierher kommen die meisten übers Wasser: St. Bartholomä am Königssee.

In den Alpen

94 Timmelsjoch

HIGHLIGHTS

Südrampe der Timmelsjochstraße. Der atemberaubend steile Hang am Seebertal, über den sich die Passstrasse ins innerste Passeier hinabwindet.

Talschluss von Obergurgl. Drei Dutzend Dreitausender bilden den Rahmen des Gurgler Tals, manche stark vergletschert. Der Gurgler Ferner ist 8 km lang, hat aber in den letzten Jahren stark an Volumen eingebüßt.

Passeiertal. Nach der kurvenreichen Talfahrt aus der Region des ewigen Eises herab empfängt einen das Passeiertal mit mediterraner Vegetation.

FESTE UND VERANSTALTUNGEN

Ötztaler Countryfest. Yippi-Yeah in den Ötztaler Alpen? Da mag sich mancher wundern, doch letztlich ist Countrymusik auch nichts anderes als Heimatmusik – auf US-amerikanisch halt. Das 9. Fest findet Anfang August 2014 in Sautens statt. – **Ötztal Classic – Oldtimer-Trophy.** Viel auf Hochglanz poliertes Autoblech gibt's jeweils Anfang August auf den Straßen des Ötztals zu bestaunen. – **Ötztaler Radmarathon.** Längst ein Klassiker und bei Jungs und Mädels mit strammen Waden gleichermaßen beliebt (Ende August).

Hochgebirgslandschaft an der Grenze zwischen Nord- und Südtirol: Ötztaler Alpen

Ob es in Österreich einen heimlichen Wettbewerb um die höchste Passstraße gibt? Weshalb sonst kolportiert man so hartnäckig die Höhe von 2509 m für den Kulminationspunkt der Timmelsjochstraße (Hochtor an der Großglockner-Hochalpenstraße: 2505 m)? Was soll's – ein paar Meter mehr oder weniger ändern nichts an der schönen Reise in den Süden.

Hochtrabende Pläne

Schon erstaunlich, dass es zwei Diktatoren brauchte, um eine Straße übers Timmelsjoch zuwege zu bringen. Ohne die Angst Mussolinis vor seinem übermächtigen »Verbündeten« im Norden der Alpen wäre der Übergang wohl nie ausgebaut worden, würden sich zwischen **Zwieselstein** und **Moos** bis auf den heutigen Tag bloß Wanderer und Kühe begegnen. Der Duce wollte einen Alpenschutzwall errichten und ließ dafür Straßen und Festungswerke an der Nordgrenze Italiens anlegen. Auch eine Straße aus dem Passeiertal hinauf zum Timmelsjoch entstand in den 1930er-Jahren. Sie wurde allerdings nie fertiggestellt – wie übrigens große Teile des Vallo Alpino. In den 1950er-Jahren erinnerte man sich im Norden und Süden Tirols der unvollendeten Trasse. Es sollte allerdings noch einige Jahre dauern, bis der Alpenübergang eröffnet werden konnte. Die Nordtiroler Rampe war bereits 1959 fertig, doch erst knapp ein Jahrzehnt später hieß es endlich: freie Fahrt übers Timmelsjoch!

Tirol, Südtirol

Auf italienischer Seite wurde bis zur Jahrhundertwende immer wieder nachgebessert, verbreitert und begradigt: nicht schön, aber zweckmäßig. Das führte schließlich zu einer bemerkenswerten Initiative, gespeist aus der seit 2006 auch für die Südtiroler Passrampe erhobenen Maut. Ihr Ziel: ein Straßenzug, der sich optimal in die Landschaft einfügt, aber kein Ausbau, dafür ein besseres öffentliches Transportangebot. Dazu passt die »Timmelsjoch Erfahrung«, ein Erlebniskonzept aus fünf Stationen, die über naturkundliche und historische Aspekte informieren.

Oetz – Sölden – Obergurgl

Doch bevor man oben am Pass ankommt, geht's durch das ewig lange Ötztal süd- und aufwärts. Ganz unten liegt **Oetz**, ein stattliches Dorf mit ein paar etwas groß geratenen Hotels. Touristischer Mittelpunkt ist **Sölden**, nach Wien die zweitgrößte Destination des Landes, bis hinauf in die Regionen des ewigen Eises verkabelt – im Sommer nicht unbedingt ein schöner Anblick. Doch wer Natur zu Geld machen will, muss halt investieren. Das dachte man auch in **Obergurgl**, das 1931 die Landung des Ballonfahrers Auguste Piccard erlebte und dadurch erstmals in der Weltpresse auftauchte. Heute steht hier ein Hotel neben dem anderen, und sogar eine Piccard-Ralley (auf Skiern) gibt es. Etwas verloren thront mitten in der Retortenstation die Büste des Schweizer Wissenschaftlers, der später auch noch einen Tiefenweltrekord aufstellte (3150 m im Tyrrhenischen Meer).

Persönlicher Tipp

ÖTZIDORF UND STUIBENFALL

Umhausen im mittleren Ötztal wartet mit zwei bemerkenswerten Sehenswürdigkeiten auf: dem Ötzidorf und dem Stuibenfall. Die missglückte Alpenüberquerung des Steinzeitmenschen, der heute ein eigenes Museum in Bozen hat, endete vor 5300 Jahren am Alpenhauptkamm; der größte Wasserfall Tirols ist noch etwas älter. Nach dem Rückgang der eiszeitlichen Gletscher brachen an der Westflanke des Ötztals rund drei Milliarden Kubikmeter Gestein herunter, was dem Volumen eines Würfels mit einer Kantenlänge von 1,3 km entspricht. Die Felsmassen blieben am Eingang ins Horlachtal (Taufersberg) liegen, wodurch der Lauf des Horlachbachs nach Norden verschoben wurde. So stürzen die Wassermassen – während der Schneeschmelze im Frühsommer bis zu 2000 Liter pro Sekunde – heute spektakulär über einen steilen Felsabbruch. Der feine Wasserstaub soll sehr gesund sein, befand kürzlich eine Forschungsgruppe; vor allem Asthmapatienten sprechen auf die Sprühnebel aus winzigen Wassertröpfchen (Aerosolen) an, die tief in die Lunge eindringen. Der Stuibenfall – ein echter Gesundbrunnen.

Stiebende Wasser bei Obergurgl im innersten Ötztal: die Rotmoosache

Die Südtiroler Rampe der Passstraße ist kühn in eine steile Bergflanke trassiert.

MuseumPasseier
MuseoPassiria

In St. Leonhard im Passeiertal hat Andreas Hofer, Tiroler Freiheitsheld, sein Museum.

Persönlicher Tipp

MOOSEUM – EIN ETWAS ANDERES MUSEUM

Die Südtiroler Museumslandschaft ist in den letzten zwei Jahrzehnten vielfältiger und auch moderner geworden, die Zeiten verstaubter Vitrinen und trockener Erläuterungen in Oberlehrermanier sind (glücklicherweise) vorbei. Ein gutes Beispiel ist das Mooseum in Moos im Passeiertal. Faschismus, Eiszeiten, Bergbau und Steinböcke – das alles findet man im Mooseum unter einem Dach, in einer ehemaligen Mussolini-Festung, die eine moderne Glasumhüllung bekommen hat. Die Stimmen des Duce und Hitlers lassen beim Aufstieg durch eine enge Wendeltreppe fast klaustrophobische Gefühle aufkommen, doch da hat man schon einige 10 000 Jahre Passeirer Geschichte hinter sich, Gletscherschwund, Archäologie und Geschichten aus der »guten alten Zeit« inklusive. Auf der Gefechtsebene entsteigen die Besucher dem Bunker auf ein Freigehege, das ein Rudel Steinböcke beherbergt. Faszinierend!

In Obergurgl kann man ganz bequem in alpine Höhen schweben: per Gondelbahn.

Der Tiroler Nationalheld

Die Talfahrt endet in **St. Leonhard in Passeier**, am Fuß eines weiteren Passes: dem Jaufen (2099 m). Nur ein paar Kilometer weiter talabwärts tritt uns die Tiroler Geschichte entgegen: **Andreas Hofer**. Im Sandwirt wurde am 22. November 1767 jener Mann geboren, der in Tirol als Anführer des Aufstandes von 1809 gegen die bayerische und napoleonische Besatzung absoluten Heldenstatus genießt. Zum Kampf musste der Gastwirt, Pferde- und Weinhändler allerdings eher gedrängt werden, und auch wenn er mit seinen Landsleuten Bayern und Franzosen am Bergisel dreimal vernichtend schlug, blieb Andreas Hofer – seinem Kaiser in unerschütterlicher Treue verbunden – nur eine Randfigur im europäischen Machtpoker. Nach verlorenen Kämpfen versteckte er sich auf der Passeirer Pfandleralm, wo er schließlich gefangen genommen wurde. 1810 hat man ihn in Mantova (Mantua) standrechtlich erschossen, auf Anordnung Napoleons. Andreas Hofer – Held oder Tor? Diese Frage kann das Museum Passeier im Sandwirt nicht beantworten, auch wenn unter dem Titel »Helden & Hofer« seine Rolle hinterfragt wird. Neben dem Themenschwerpunkt präsentiert das Museum eine volkskundliche Sammlung; angegliedert ist ein Außenbereich mit mehreren Gebäuden aus dem Passeiertal (16.–19. Jh.), dem Heilig-Grab-Kirchlein (1691) und der in historisierendem Stil erbauten Herz-Jesu-Kapelle von 1899.

Timmelsjoch

Infos und Adressen

REISEROUTE
Inntal–Oetz–Sulden–Timmelsjoch–Moos in Passeier–St. Leonhard in Passeier; 90 km

BESTE REISEZEIT
Die Timmelsjochstraße ist normalerweise von Juni bis Oktober geöffnet.

SEHENSWERT
Area 47. Den ultimativen Kick für alle, die jung oder jung geblieben sind, bietet der 60 000 m² große Outdoorpark. www.area47.at
Turmmuseum. Eine überwältigende Fülle alpiner Landschaftsbilder aus den vergangenen zwei Jahrhunderten präsentiert das Museum in Oetz. www.turmmuseum.at
Ötzi-Dorf. In Umhausen wird die Zeit des Eismanns lebendig, erfährt man, wie es sich in der Steinzeit so lebte. Ein besonderer Spaß für Familien. www.oetzi-dorf.at
Stuibenfall. Tirols größter Wasserfall rauscht oberhalb von Umhausen über eine 150 m hohe Felsstufe herab.
Ötztaler Heimat- und Freilichtmuseum. Hier wird die bäuerliche Tradition des Tals lebendig, auch der entbehrungsreiche Alltag in der »guten alten Zeit«.
www.oetztal-museum.at
Ötztaler Gletscherstraße. Höher hinauf führt in Österreich kein Straßenzug, von Sölden bis an den Rand des Rettenbachferners (2829 m)! Unübersehbar ist allerdings auch, was für Verheerungen der moderne Massenskilauf in der Natur anrichtet. Die mautpflichtige Strecke mit Abstecher zum Tiefenbachgletscher ist 16 km lang.
MuseumPasseier. Das Museum bei St. Leonhard in Passeier widmet sich Andreas Hofer und dem Leben der Passeirer von einst.
www.museum.passeier.it

ESSEN UND TRINKEN
Mesner Stuben. In dem denkmalgeschützten Haus in Längenfeld kann man traditionelle Gerichte genießen.
www.mesnerstuben.at
Tannenhof. Das Haus am Ortseingang von Platt – auf den ersten Blick eher unscheinbar – bietet eine gute Küche mit Südtiroler Spezialitäten. Anfahrt von Moos Richtung Pfelders. www.tannenhof.it

ÜBERNACHTEN
Aqua Dome. Therme und Wellnesshotel in einem – ideal für ein entspanntes Wochenende im mittleren Ötztal, vor einer großen Bergkulisse. In Längenfeld. www.aqua-dome.at
Hotel Alpenland. Ruhig gelegenes, komfortables Haus mit freier Sicht auf die Berge. Die Küche lässt kaum Wünsche offen, dafür sorgt der Juniorchef Arnold Kuprian persönlich. Moos in Passeier.
www.hotelalpenland.com
Niedersteinhof. Der Hof wurde 1357 erstmals erwähnt, war stets im Besitz der gleichen Familie: ruhige Lage, gemütliche Zimmer und ein Frühstück »frisch vom Hof«. Hier kann man sogar im Heu schlafen oder zumindest sein Haupt auf ein heugefülltes Kissen betten. St. Leonhard in Passeier.
www.niedersteinhof.com

WEITERE INFOS
Ötztal Tourismus:
www.oetztal.com
Tourismusverein Passeiertal:
www.passeiertal.it

Zweiräder und Vierbeiner: Action mit Zuschauern an der Timmelsjochstraße.

In den Alpen

95 Brennerpass

Ein Kloster mit langer Geschichte und Weinbautradition: Neustift bei Brixen

HIGHLIGHTS

Europabrücke. Das imposante Bauwerk, 820 m lang und 190 m hoch, ist zu einem Symbol einer »Unterwegs-Gesellschaft« geworden.

Sterzing. Schmuckes Städtchen gleich hinterm Brenner, einst durch den Bergbau am Schneeberg zu Reichtum gekommen, heute erster Zwischenstopp auf der Fahrt in den Süden Tirols.

Brixen. Die alte Bischofsstadt am Zusammenfluss von Eisack und Rienz lädt ein zu einem Bummel zwischen alten Mauern, auch zum Shopping. Für Kunstfreunde ein Muss: der gotische Kreuzgang.

FESTE UND VERANSTALTUNGEN

Sterzinger Yoghurttage. Mitte Juli bis Anfang August dreht sich in dem Fuggerstädtchen (fast) alles um den Yoghurt, kulinarisch zumindest. Der Sterzinger Milchhof und die Gastronomiebetriebe laden ein – probieren! – **Sterzinger Knödelfest.** Mitte September gibt's in Sterzing das Lieblingsgericht der Südtiroler in vielen Varianten, sehr lecker! – **Treffpunkt Wein.** Die Eisacktaler (Weiß-)Weinproduzenten präsentieren Ende Juli ihre feinen Gewächse unter den Brixner Lauben.

Pässe verbinden zuweilen Kulturen. Nirgendwo in den Alpen zeigt sich das augenfälliger als am Brenner, dem klassischen Tor in den Süden, seit vielen Generationen schon. Der Brenner, ein unsichtbarer Limes zwischen Alltag und Urlaub?

Ein Pass der Superlative

Der Brenner ist ein Pass der Superlative, obwohl man ihm das gar nicht ansieht – bei einer Scheitelhöhe von bloß 1370 m. Er ist der tiefste Einschnitt im Alpenhauptkamm, Reiseroute seit Jahrtausenden, Handelsweg, Heerstraße. Alle waren sie unterwegs an diesem Pass, der zwei Länder miteinander verbindet. Bestimmt kannten bereits Ötzis Zeitgenossen diesen Weg; um 200 v. Chr. bauten die Römer ihn zu einer Militärstraße aus; im Mittelalter ging die Hälfte aller Italienzüge deutscher Kaiser – von Otto I. (962) bis Karl V. (1530) – über den Pass. Andreas Hofer und seine Mannen überquerten den Brenner nach **Innsbruck** zum Bergisel (1809), wo sie die Franzosen dreimal das Fürchten lehrten. Nach dem Ersten Weltkrieg reisten sogar Tote, italienische Gefallene, bis hinauf nach Gossensaß, wo sie weitab der Front an der neuen Nordgrenze des Landes Präsenz zeigen sollten für ihre faschistischen Führer: ein makabres Szenario.

Tirol, Südtirol

Aus den Feinden von einst sind längst Partner in der EU geworden, man zahlt mit der gleichen Währung und hat ähnliche Sorgen: die stetig anschwellende Verkehrsflut und ihre Auswirkungen auf Mensch und Natur. Die Täler beiderseits des Brenners ächzen unter dem endlosen Güterstrom, der über die Autobahn donnert. Ein Dutzend Mal haben wütende Anwohner schon die Transitstrecke blockiert – umsonst. Versprochen wurde vieles, Politiker reden immer so, das weiß man längst in **Steinach** und **Matrei**, auch im Südtiroler Dorf **Klausen** und anderswo. Abhilfe schaffen soll jetzt der Brenner-Basistunnel. Doch der wird, so behaupten Fachleute, nach seiner Eröffnung nicht einmal den Zuwachs des Güterverkehrs schlucken können.

Verschwunden, buchstäblich niedergewalzt ist jener Fortschrittsglaube, den der damalige österreichische Kanzler Alfons Gorbach im November 1963 bei seiner Festrede zur Eröffnung der **Europabrücke** beschworen hatte. Von Aufbruch war die Rede, vom Beginn eines neuen Zeitalters. Im Land am Inn hielt die Zukunft Einzug: mit dem Sieg des Betons über die Natur. Heute fahren über die Europabrücke im Durchschnitt jeden Tag 70 000 Autos.

Auf der alten Straße zum Pass

Die **alte Brennerstraße**, unter Maria Theresia angelegt und um die Mitte des 19. Jh. zwischen **Innsbruck** und **Schönberg** ganz neu trassiert, hat heute lediglich noch regionale Bedeutung. Doch es gibt dort viel zu entdecken. Etwa die beiden alten Ortschaften Matrei und Steinach mit ihren erkergeschmückten Bürgerhäusern aus der »guten alten Zeit« oder das Bergsteigerdorf **St. Jodok**. Oben am Pass erinnert man sich: Früher standen da Zollbeamte, Ausweise wurden verlangt, manchmal das Gepäck durchwühlt. Längst vorbei, nur die hässlichen Grenzbauten, teilweise aus der Zeit des Italo-Faschismus, stehen noch, manche drohen zu verfallen. Ein seltsames Konglomerat von Bauten, flankiert vom viel zu großen Bahnhof, mit dem riesigen neuen Outlet Center als Kontrastpunkt. Schön ist es allerdings auch nicht.

Erster Halt im Süden

Ganz anders **Sterzing**, 15 km hinter dem Brenner: erste Ausfahrt im Süden. In der malerischen Stadt genießt man den ersten Caffè oder einen Veneziano. Das Ambiente ver-

---

Persönlicher Tipp

PRETZHOF

Bei Sterzing mündet von Osten das Pfitschtal, ein malerischer Landstrich, der bis zum gleichnamigen Grenzpass unter dem Hochfeiler (3510 m) ansteigt. Ein dankbares Revier für Wanderer, Bergsteiger – und Genießer. Denn auf einem der vielen Bauernhöfe im Pfitschtal, am Pretzhof, kann man fein essen und auch gleich noch einkaufen. Das hat sich mittlerweile bis in die Münchner Gegend herumgesprochen. Da verwundert es nicht, dass meistens ein paar Autos mit deutschen Kennzeichen auf dem Parkplatz vor dem Haus stehen. In den Stuben oder auf der Terrasse lässt man sich gern nieder; die Speisekarte verspricht Bodenständiges, viele Ingredienzen stammen vom eigenen Hof oder aus der näheren Umgebung. Im Hofladen gibt's Hausgemachtes: Speck, Kaminwurzen, Gamsschinken, Bergkäse von der Draßbergalm, Marmeladen und Säfte, Honig, Bärlauchpesto, Preiselbeerlikör, feines Schüttelbrot. Im Weinladele kann man feine Gewächse verkosten. www.pretzhof.com

In Südtirol weiß man Feste zu feiern: Erntedank in Brixen, auf dem Domplatz.

Die alpine Schlagader des europäischen Verkehrs: die Brennerautobahn

Persönlicher Tipp

ABENTEUERTRIP AM SCHNEEBERG

Wie wär's mit einem kleinen Abenteuer? Hinein in den Bauch des Berges statt hinauf zum Gipfel. Keine Aussicht, Licht kommt nur aus der Stirnlampe, die Füße stecken in Gummistiefeln, des Wassers wegen. Es ist kalt – und ein bisschen unheimlich. Wer den Schneeberg und seine faszinierende Unter-Tage-Welt kennenlernen möchte, muss eine der Führungen, die angeboten werden, mitmachen. Absolutes Highlight ist die große Tour (10 Std.). Sie wird nur im Sommer/Herbst durchgeführt, wenn die Schneebergscharte (2700 m) weitgehend schneefrei ist. Voraussetzungen sind etwas Bergerfahrung und eine ordentliche Kondition; Start ist um 7.30 Uhr, Mittagspause in der Schneeberghütte (2355 m). Für Familien gibt es die Führungen »Schneeberg Kompakt« und »Schneeberg Junior« (2 bzw. 3 Std.) Für alle Führungen muss man sich anmelden; Tel. 0472 65 63 64 oder 347 263 23 28. Die Anreise zu den Bergwerksanlagen in Maiern (1426 m) verläuft von Sterzing durch das Ridnauntal, 16 km (Buslinie).

Die Höhen rund um das Nordtiroler Wipptal sind ein beliebtes Bikerrevier.

führt zu einem kleinen Bummel durch die alten Gassen. Gotik dominiert, eine Folge des verheerenden Brandes, dem um die Mitte des 15. Jh. Teile von Sterzing zum Opfer fielen. Die Neustadt mit ihrem Wahrzeichen, dem Zwölferturm, wurde neu aufgebaut, ganz im Stil der Spätgotik mit schmalen Fassaden über den Lauben, hohen Erkern und spitzbogigen Portalen. Da und dort führt ein Durchgang in einen Innenhof, zur »Kleinen Flamme« beispielsweise (wo man vorzüglich isst) oder beim stattlichen Rathaus. Im Hof sind ein 1589 bei Mauls gefundener Mithrasstein und ein römischer Meilenstein aufgestellt – Hinweise auf die weit zurückreichende Geschichte des Brennerpasses als wichtigem Verkehrsweg.

Südtirol, hat ein Kenner des Landes einmal gesagt, beginnt am Brenner, der Süden aber erst in **Brixen**. Oben an der großen europäischen Wasserscheide regnet's vielleicht, es bläst ein kühler Wind, und die Berge stecken in den Wolken. Eine halbe Stunde später, drunten im Talbecken am Zusammenfluss von Eisack und Rienz, ist es trocken und wärmer. Hier beginnt er wirklich, der Süden Tirols, man merkt es an den Rebbergen rund um die Stadt. In den Gärten stehen Zypressen und Zedern, und manchmal blüht der gelbe Winterjasmin schon im Januar. An Ostern sitzt man längst draußen auf dem Domplatz, bei einem Glas Weißen. Der gedeiht an den Hängen über der Stadt und rund um **Neustift**, dessen Kloster deshalb nicht nur Kulturstätte von Rang, sondern auch Anlaufstelle für Weinbeißer ist.

Brennerpass

Infos und Adressen

REISEROUTE
Innsbruck–Matrei–Brennerpass–Sterzing–Brixen; 85 km

BESTE REISEZEIT
Frühling–Spätherbst

SEHENSWERT
Krippenmuseum Fulpmes. Größte Krippensammlung Österreichs, für Liebhaber ein absolutes Muss! www.krippenmuseum.at
Matrei am Brenner. Straßendorf im Nordtiroler Wipptal, früher vom Durchgangsverkehr schwer geplagt. Sehenswert die Hauptstraße mit ihren erkergeschmückten Häusern und kunstvollen Fassadenmalereien.
Maria Waldrast. Eines der höchstgelegenen Klöster Europas, herrlich am Südfuß der Serles gelegen. Dem Wasser des Marienbrunnens wird heilende Wirkung zugeschrieben. Mautpflichtige Zufahrt von Matrei, Klostergasthof mit großer Terrasse.
Stadtmuseum/Multscher Museum. Im Deutschhaus neben der Sterzinger Pfarrkirche zeigt einen Teil des spätgotischen Altars von Hans Multscher sowie Zeugnisse zur Stadtgeschichte.
Gilfenklamm. Ein tolles Naturschauspiel erwartet Besucher am Eingang ins Ratschingstal. Der Ratschingsbach schneidet hier eine mächtige Marmorader. Zugang beim Weiler Stange westlich von Sterzing; gesicherter Steig.
Schloss Wolfsthurn. In dem sehenswerten Spätbarockschloss (1740) mit seinen drei Flügeln, Ecktürmen und Mansardendächern ist das Südtiroler Jagd- und Fischereimuseum untergebracht. Sehenswertes Interieur des 18./19. Jh. www.wolfsthurn.it
Bergbaumuseum Ridnaun. Erlebnisbergwerk und mehr. www.bergbaumuseum.it
Burg Reifenstein. Bilderbuchburg im Sterzinger Moos, auf einer felsigen Kuppe thronend.
Franzensfeste. Gewaltige Festungsanlage beim gleichnamigen Ort, in der ersten Hälfte des 19. Jh. erbaut. Führungen des Vereins Oppidum, der sich um den Erhalt der Festung bemüht. www.franzensfeste-fortezza.it
Bischöfliche Hofburg. In der ehemaligen Bischofsresidenz in Brixen ist heute das Diözesanmuseum untergebracht mit sakralen Kunstwerken und der berühmten Krippensammlung.
Kloster Neustift. Augustiner-Chorherrenstift in Vahrn, auf Führungen zu besichtigen. www.kloster-neustift.it

ESSEN UND TRINKEN
Kleine Flamme. In einem Innenhof der Sterzinger Neustadt versteckt sich das Lokal von Burkhard Bacher: große kleine Küche, kreativ und originell variiert! www.kleineflamme.com
Arbor. In dem Sterzinger Lokal kommt neben Südtiroler Gerichten auch Mediterranes auf den Tisch, saisonal variiert. Es werden vor allem Produkte aus der Umgebung verwendet; der Weinkeller kann sich sehen lassen. www.arbor.bz.it
Fink. Im ersten Stock des Altstadthauses wird traditionell, aber gekonnt in gediegenem Rahmen Südtiroler Küche zelebriert. Herzlicher Service! www.restaurant-fink.it
Künstlerstübele Finsterwirt. Im Künstlerstübele ist Südtiroler Geschichte allgegenwärtig. Der Finsterwirt ist eine Brixner Institution, entsprechend ambitioniert zeigt sich die Küche. www.finsterwirt.com
Unterwirt Gufidaun. Traditionell das Ambiente in den gotischen Stuben, zeitgemäß die exzellente Kochkunst von Thomas Haselwanter, der sich auf regionale Produkte stützt. Gufidaun bei Brixen. www.unterwirt-gufidaun.com
Turmwirt. Das historische Haus von 1678 mit Erker und Walmdach strahlt echte Gemütlichkeit aus. Feine Südtiroler Küche mit passenden Weinen. Gufidaun. www.turmwirt-gufidaun.com

ÜBERNACHTEN
Gasthof Jenewein. Restaurant und Landgasthof in Fulpmes, nur ein paar Kilometer von der Brennerstraße entfernt. Feine Tiroler Küche, gastliches Ambiente. www.gasthofjenewein.at
Hotel Oberhofer. Elegantes Haus in Telfes, schon allein der hervorragenden Küche wegen den kleinen Abstecher ins Stubaital wert (keine Kinder unter 14 Jahren). www.hotel-oberhofer.at
Sonklarhof. Es gibt eine Sonklarspitze, benannt nach dem Alpenpionier, und einen Sonklarhof. Der geht auf ein bereits im 16. Jh. bezeugtes »Wirtshaus bei der Hitten« zurück, wurde vor mehr als 100 Jahren ausgebaut. Feine Küche, großer Wellnessbereich. Ridnauntal. www.sonklarhof.it
Romantik Hotel Stafler. Traditionsreiches Haus in Mauls an der Brennerstraße: komfortable Zimmer, großer Wellnessbereich und vorzügliche Küche. Die Gourmetstube Einhorn im Hotel bietet Gaumenfreuden auf Spitzenniveau. www.stafler.com
Elephant. Wer im Domkreuzgang das etwas eigenartige Elefantenfresko entdeckt hat, versteht auch, woher das traditionsreiche Hotel in Brixen seinen Namen hat. Historisches Gebäude, individuell eingerichtete Zimmer, feine Küche mit mediterraner Note. Kleiner ruhiger Park mit Pool. www.hotelelephant.com

WEITERE INFOS
Tourismusverband Wipptal: www.wipptal.at
Tourismusverein Sterzing: www.sterzing.com
Tourismusverein Brixen: www.brixen.org

In den Alpen

96 Über den Gerlospass

HIGHLIGHTS5

Zillertal. Das Tal steigt von seiner Mündung bis Mayrhofen nur sanft an, verzweigt sich dann in vier »Gründe« unter dem Hauptkamm der Zillertaler Alpen. Die schönste Aussicht auf Täler und Bergketten genießt man von der Zillertaler Höhenstraße, die von Ried nach Hippach rund 50 km lang ist (mautpflichtig). Ihren höchsten Punkt gewinnt sie beim Melchboden (2020 m).

Krimmler Wasserfälle. Grandioses Naturschauspiel, besonders zur Zeit der Schneeschmelze im Hochgebirge.

FESTE UND VERANSTALTUNGEN

Open Air der Schürzenjäger. Offenbar unverwüstlich, die legendäre Band aus dem Zillertal (Anfang August in Tux-Finkenberg).

Almabtrieb. Ende September wird das (festlich geschmückte) Vieh von den Almen ins Tal getrieben – mancherorts im Zillertal ein guter Grund für ein Volksfest (u. a. in Zell am Ziller, Gerlos, Mayrhofen).

Wasserfestspiele Krimml. Entspannung mit Blick auf die größten Wasserfälle der Ostalpen und klassischer Musik bieten diese besonderen »Festspiele«.

Stauseen haben das Bild der Zillertaler Landschaft verändert: der Speicher Durlaßboden.

Wasser hat dem Zillertal Wohlstand gebracht, die Landschaft auf der Nordseite der Zillertaler Alpen aber auch tiefgreifend verändert. Ein halbes Dutzend Speicherseen dienen der Energiegewinnung. Im Winter liegt viel Schnee auf den Höhen, dann ist Skilauf Trumpf. Und auch das finale Naturwunder auf der Fahrt vom Inntal in den Pinzgau ist ein wässeriges: die grandiosen Krimmler Wasserfälle, die größten der Ostalpen.

Durchs malerische Zillertal

Ins **Zillertal**, das auch durch die Musikgruppe »Schürzenjäger« berühmt wurde, kann man sogar per Bahn reisen, von **Jenbach** bis nach **Mayrhofen**, und das seit mehr als 100 Jahren. Heute dampft das Bähnlein nur noch gelegentlich. Dann wird eine Dampflok vorgespannt, und in den Waggons sitzen vor allem Familien und Nostalgiker. Bei der Fahrt hinein ins Zillertal entfaltet sich die Bergkulisse immer schöner. Hinter Mayrhofen, dem touristischen Zentrum, verzweigt es sich gleich mehrfach zu den Quelltälern des Ziller. Die heißen – sehr zutreffend – **Gründe**, weil sie so unglaublich tief eingeschnitten sind.

Wer über den Gerlospass will, zweigt bereits in **Zell am Ziller** nach Osten ab. Knapp unterhalb der Wasserscheide sperrt der Speicher Durlaßboden das Tal ab und zwingt die Straße zu einer weit ausholenden Schleife. Die erst in den 1960er-Jahren errichtete Gerlos-Alpenstraße steigt von der Pass-

Tirol, Salzburger Land

Rauschende Wasser: die Krimmler Wasserfälle sind die höchsten in den Alpen.

Infos und Adressen

REISEROUTE
Inntal–Mayrhofen–Gerlos–Gerlospass–Krimml–Mittersill; 80 km

BESTE REISEZEIT
Mai–Oktober

SEHENSWERT
Wildgerlostal. Vom Gerlospass bietet sich ein Prachtblick über den Speicher Durlaßboden durch das Tal auf die vergletscherte Reichenspitze (3303 m).

ESSEN UND TRINKEN
Metzgerwirt. Das Haus mit dem schmucken Gastgarten hat Tradition, ist aber auch auf der Höhe der Zeit. Hier wird bodenständig, aber mit einem guten Schuss Kreativität gekocht, und der Service ist ebenso kompetent wie herzlich. In Uderns.
www.dermetzgerwirt.at

ÜBERNACHTEN
Mountain & Soul. Genau richtig für Leute, die etwas Ausgefallenes suchen: ein trendiges Lifestyle-Hotel. Die Soulkitchen bietet traditionelle Küche modern variiert. In Ramsau (bei Hippach).
www.mountainandsoul.at

WEITERE INFOS
Zillertal Tourismus:
www.zillertal.at
Zillertal Arena:
www.zillertalarena.com

---

höhe (1503 m) noch ein Stück weit zur Gerlosplatte an, senkt sich dann über mehrere Serpentinen nach **Wald im Pinzgau**, mit freier Sicht auf die **Krimmler Wasserfälle**. Über drei Kaskaden stürzt das Wasser der Krimmler Ache hier 385 m in die Tiefe – ein einmaliges Naturschauspiel, besonders zu Zeiten der Schneeschmelze im stark vergletscherten Talschluss. In den Monaten Juni und Juli beträgt der Abfluss etwa 6 m^3 pro Sekunde, im Winter nicht einmal ein Zwanzigstel dieser Menge. Weil das Wasser von den Gletscherzungen bis zu den Fällen mehrere Stunden unterwegs ist, werden die Durchflussmaxima jeweils abends verzeichnet.

Interessantes zum Thema vermittelt die neue **Wasser-WunderWelt** an der Gerlos-Alpenstraße. Wer hier haltmacht, sollte auf keinen Fall den Abstecher zu den Fällen versäumen. In knapp einer Stunde steigt man hinauf zum Ansatzpunkt des obersten Falls, im Sommer mit Gratiskühlung durch feinste Wassertröpfchen. Das soll übrigens sehr gesund sein, haben Wissenschaftler herausgefunden.

Persönlicher Tipp

SCHLEGEISSPEICHER

Die Gerlosroute hält Abstand zu den großen Gipfeln der Zillertaler Alpen, die Straße zum Schlegeisspeicher (1782 m) dagegen führt mitten hinein in die Hochgebirgswelt zwischen Olperer (3476 m) und Hochfeiler (3509 m). Entsprechend grandiose Eindrücke vermittelt die Fahrt von Mayrhofen durch das Zemmtal hinauf zur Krone der 131 m hohen Betonsperre des Stausees. Die Hochtäler der Zillertaler Alpen – Gründe genannt – waren früher nur über beschwerliche Wege erreichbar. Mit dem Bau der Kraftwerksanlagen änderte sich das grundlegend; die Moderne hielt Einzug auch in abgelegenen Winkeln der Zillertaler Alpen. Deren Kernregion steht heute als Hochgebirgs-Naturpark unter Schutz. Wer zum Schlegeisspeicher hinauffährt, sollte zumindest eine der drei Alpenvereinshütten in diesem Teil der Zillertaler Alpen ansteuern: zu Fuß natürlich. In knapp zwei Stunden steigt man hinauf zur prächtig gelegenen Olpererhütte (2389 m), einem recht originellen modernen Bau. Bergschuhe und zweckmäßige Bekleidung nicht vergessen!

In den Alpen

97 Durchs Salzkammergut

Mit Dampfantrieb zur großen Aussicht: am Schafberg über dem Wolfgangsee

HIGHLIGHTS

Wolfgangsee. Auch der deutsche Alt-Kanzler Kohl fühlte sich an dem Alpensee wohl. Nordseitig über dem See der Schafberg (Zahnradbahn).

Hallstatt und sein See. Alpenfjord am Nordfuß des Dachsteinmassivs. Am Westufer der malerische Flecken Hallstatt mit gotischer Pfarrkirche. Berühmt ist die Fronleichnamsprozession auf dem Hallstätter See.

Dachstein-Eishöhle. Riesige Höhle im Kalkfels des Dachsteins mit fantastischen Eisbildungen. Seilbahn von Obertraun zur Schönfeldalm (Führungen).

FESTE UND VERANSTALTUNGEN

Sommernacht. Juli/August in St. Wolfgang an vier Tagen, mit Musik und kulinarischen Köstlichkeiten. – **Kaiserfest.** Einen Kaiser gibt's in Österreich zwar schon lange nicht mehr, in St. Gilgen feiert man trotzdem an drei Tagen im August das Fest zu Ehren Kaiser Franz Josephs. – **Lehár-Festival.** Ein absoluter Höhepunkt in Bad Ischl sind die Aufführungen im Rahmen des Operetten-Festivals (Juli/August). Kaisertage: Noch eine Nostalgie-Veranstaltung rund um den Geburtstag von Franz Joseph (Mitte August).

Das Salzkammergut ist ein Flecken »Felix Austria« für Nostalgiker. Zwischen Salzburg und Bad Aussee stößt man auf Reminiszenzen aus der »guten alten Zeit«, als die Monarchie in Wien über ein Großreich herrschte und Bad Ischl ihre liebste Sommerfrische war.

Ziel von royaler und künstlerischer Prominenz

Bereits 1809 veröffentlichte ein königlich bayerischer Universitätsprofessor eine Landesbeschreibung des Salzkammerguts, und bald darauf tauchten die ersten Reisenden auf: Erzherzog Johann, der in Bad Aussee die Liebe seines Lebens fand, Friedrich Simony als wissenschaftlicher Erschließer des Dachsteinmassivs, dessen Hauptgipfel (Hoher Dachstein, 2995 m) er 1847 als Erster im Winter erstieg.

Natürlich kam die Wiener und andere Prominenz nicht zufällig ins Salzkammergut. Die schöne Berg- und Seenlandschaft fand früh schon ihre Liebhaber, darunter viele Künstler, was sich bald auch auf die touristische Infrastruktur auswirkte. Im Jahr 1893 wurde die Salzkammergut-Lokalbahn eröffnet, die Salzburg mit Bad Ischl verband. Bis zu zwei Mio. Passagiere beförderte die Bahnlinie pro Jahr; trotzdem wurde sie 1957 eingestellt: Die Autowelle rollte an.

Bis heute in Betrieb ist dagegen die Zahnradbahn auf den **Schafberg**, und wie am Tag der Eröffnung vor 120 Jahren

Oberösterreich

verkehren dampfgetriebene Loks auf der knapp 6 km langen und bis zu 25 Prozent steilen Strecke. Und an der Aussicht von dem 1782 m hohen Gipfel hat sich auch nur wenig geändert: hinaus ins flache Land, hinein ins Gebirge. Von hoher Warte aus zeigt sich die einzigartige Topografie des Salzkammerguts: eine kleinteilige Landschaft mit isoliert stehenden Gebirgsstöcken, schroffen Felsen, runden Wald- und Wiesenbuckeln und vielen Seen. Am Nordfuß des Schafbergs liegt der **Attersee**, der weit ins Alpenvorland hinausgreift. Darin ist er dem Traunsee ähnlich, auch dem kleineren Mondsee. Ganz in der Bergen liegt der **Wolfgangsee**, berühmt durch das Singspiel *Weißes Rößl* von Ralph Benatzky. Der **Hallstätter See** ist ein richtig alpines Gewässer mit jähen Flanken, noch ausgeprägter der **Gosausee**. Das Salzkammergut ist ein Landstrich voller Kontraste: hier wild und unzugänglich, dort freundlich-gediegen.

Infos und Adressen

REISEROUTE
Salzburg–St. Gilgen–Bad Ischl–Bad Goisern–Hallstatt–Bad Ausse; 90 km

BESTE REISEZEIT
Frühling–Herbst

SEHENSWERT
St. Wolfgang. Ferienort am Nordufer des Wolfgangsees mit berühmtem Gasthaus (»Weißes Rößl«). In der Wallfahrtskirche prächtiger spätgotischer Flügelaltar des Südtirolers Michael Pacher (1481).
Bad Ischl. Berühmte Sommerfrische seit K.u.k.-Zeiten mit Kurhaus und Operettentradition (Franz Lehar).
Bad Aussee. Ferienort im Steirischen Salzkammergut, in einer grünen Mulde zwischen Totem Gebirge und Dachsteinmassiv gelegen.

ESSEN UND TRINKEN
Brunnwirt. Das gediegene Lokal steht in Fuschl am Fuschlsee, und da versteht es sich, dass sich auf der Speisekarte auch feine Fischrezepte befinden. www.brunnwirt.at

ÜBERNACHTEN
Kleefeld. Ruhig gelegenes Haus außerhalb von Strobl, familiär geführt; gute Küche. Wildgehege gleich daneben, beste Wandermöglichkeiten. www.kleefeld.at

WEITERE INFOS
Salzkammergut Tourismus: www.salzkammergut.at

Persönlicher Tipp

HALLSTATT: DAS SALZ AUS DEM BERG

Hallstatt gehört seit 1998 ins UNESCO-Inventar des Weltkulturerbes, und das zu Recht, denn wie kaum anderswo in den Alpen Österreichs verbinden sich hier Lage und historische Bedeutung zu einem faszinierenden Ensemble. Bis Ende des 19. Jh. war der Flecken nur mit dem Schiff oder über einen schmalen Saumpfad zu erreichen. »So sonderbar, wie Hallstatt gelegen ist, habe ich bisher noch keinen Ort gesehen. Die Häuser schienen aufeinander zu sitzen, wie sie an das schräge und schmale Ufer hingebaut sind, an welchem sie wie Schwalbennester kleben«, schrieb 1813 der Arzt Franz Sartori, und so präsentiert sich Hallstatt noch heute. Mit dem Berg war der Ort ja seit jeher verbunden, denn in seinem Innern lagert ein kostbares Mineral: Salz, vor vielen Jahrmillionen in den Lagunen des Tethysmeeres abgelagert. Seit mindestens 4500 Jahren wird es hier abgebaut. Ganz besonders spannend: eine Führung in den Berg!

Uralter Kulturboden und echte Touristenattraktion: Hallstatt an seinem See

In den Alpen

98 Großglockner-Hochalpenstraße

HIGHLIGHTS

Edelweißspitze (2571 m). Das schönste Panorama der Hochalpenstraße bietet der kleine Gipfel über dem Fuscher Törl, bei gutem Wetter auf jeden Fall einen Besuch wert.

Franz-Josephs-Höhe (2369 m). Für den legendären Blick auf Österreichs höchsten Gipfel und seinen größten Gletscher fährt man zum Endpunkt der Gletscherstraße.

Heiligenblut. Eines der bekanntesten Postkartensujets des Landes: der schlanke, spitze Kirchturm von Heiligenblut vor dem Gipfel des Großglockners.

FESTE UND VERANSTALTUNGEN

Burgfest. Mitte Juli wird im Kapruner Schloss die Vergangenheit lebendig, beim Burgfest, das 2014 bereits zum neunten Mal stattfindet – ein Spaß für Groß und Klein.

Großglockner Grand Prix. Anfang September findet ein Nostalgie-Autorennen mit Oldtimern der Jahrgänge 1920 bis 1965 statt – eine Reminiszenz an die klassischen Glockner Autorennen in den 1930er-Jahren.

Käse- und Knödelfestival. Eine Woche dreht sich in Kaprun alles um Käse und Knödel (erste Septemberhälfte).

Die am stärksten frequentierte Alpenstraße: die Großglockner-Hochalpenstraße

Mit Superlativen sollte man zurückhaltend umgehen, im Fall der Großglocknerstraße ist das allerdings schwierig. Kaum ein alpiner Straßenzug verläuft ähnlich spektakulär vor einem so fantastischen Hochgebirgspanorama.

Die Nummer eins der Alpenstraßen

Mittag ist schon vorbei, die Sonne steht hoch am Firmament, über das gemächlich watteweiße Sommerwolken ziehen, am **Mauthäuschen Ferleiten** hält gerade ein Reisebus. Ein Bub aus Zürich ist mit Muskelkraft unterwegs, auf zwei Rädern. Auf der berühmtesten Alpenstraße Österreichs, erbaut in den 1930er-Jahren, gepriesen als Meisterwerk der Ingenieurskunst, geplant als »Wanderweg« für den motorisierten Touristen mit einer Gipfelstrecke und einer Gletscherstraße. »Straßen sind beredte Zeugen menschlicher Schaffenskraft. [...] Sie dienen edelsten Zielen im Sinne der Volksgemeinschaft und im Sinne des einzelnen: sie bauen Brücken inniger Zusammengehörigkeit von Dorf zu Dorf, von Stadt zu Stadt und von Landschaft zu Landschaft, sie führen den einzelnen aus seiner engeren Heimat hinaus in sein großes Vaterland, sie erschließen ihm erst alle Schönheiten seines Heimatlandes bis hinein in die fernsten, von stolzen Bergen überragten Täler.« So schwülstig feierte eine Broschüre, die kurz nach der Eröffnung der Großglockner-Hochalpenstraße erschien, die Straße als Jahrhundertwerk.

Salzburger Land, Kärnten

Wahrzeichen von Heiligenblut ist seine Wallfahrtskirche mit dem spitzen Turm.

Gute Zeiten waren es keine damals, braune Wolken zogen über Europa auf, das in einer schweren Wirtschaftskrise steckte. Politiker beschworen Volk und Vaterland, auch in Österreich. Die faschistische Dollfuß-Regierung forcierte – ganz nach deutschem Vorbild – den Straßenbau und brachte so viele in Lohn und Brot. Über 3000 Männer schufteten während des Sommerhalbjahrs unter dem Großglockner, trieben die Trasse Kilometer um Kilometer voran.

Moderne Zeiten

Fast acht Jahrzehnte sind seit der Eröffnung der Hochalpenstraße vergangen, der Autoverkehr hat längst auch die Alpen erobert, Massen sind überall unterwegs, auch zwischen dem **Fuscher Tal** und **Heiligenblut**. Bereits an der Mautstelle Ferleiten braucht's etwas Geduld, auf der Strecke dann auch. Kolonnenfahren im Hochgebirge, die Reisebusse geben das Tempo vor, nur Motorräder können überholen. Die Parkplätze rund um das Fuscher Törl sind rappelvoll, Gedränge an den Souvenirshops und am Würstlstand. Eine schrille Stimme verlangt Auskunft: »Wo bitte ist der **Großglockner**?« Der würde sich wohl am liebsten aus dem Staub machen, bei all dem Trubel, doch das geht nicht so leicht, bei seiner Statur. Vom Fuscher Törl aus ist er jedenfalls nicht zu sehen, erst auf der Kärntner Seite zeigt sich der ganze alpine Stolz der Nation, und erst noch von der attraktivsten Seite. Über die Gletscherstraße kommt man der eleganten Felspyramide recht nahe, auch dem

Persönlicher Tipp

EINE NACHT AUF DER EDELWEISSSPITZE

Man muss die Reise auf der berühmtesten Alpenstraße Österreichs nicht unbedingt als reines Vergnügen empfinden, vor allem an sommerlichen Wochenenden: zu viel Verkehr, Hektik, Menschen überall – jedenfalls tagsüber. Wenn dann die Sonne über den westseitigen Berggraten der Hohen Tauern untergeht, kehrt bald Ruhe ein an der großen Route. Deshalb der Tipp: oben in der Edelweißhütte übernachten, vor einem der schönsten Panoramen weitum. Nicht weniger als 38 Dreitausender stehen am Horizont, angeführt – natürlich! – vom Großglockner (3798 m), dessen spitze Felspyramide im Südosten in den Himmel ragt. Und wer frühmorgens rechtzeitig aus den Federn kommt, kann zuschauen, wie die Sonne die Gipfelfelsen aufleuchten lässt, während die Täler noch im tiefen Nachtschatten liegen – ein faszinierendes Naturschauspiel! www.edelweissspitze.at

Der Großglockner ist das »Dach« Österreichs: 3798 m über dem Meeresspiegel.

Persönlicher Tipp

NATURLEHRPFAD GAMSGRUBE

Den Abstecher auf der Gletscherstraße zur Pasterze wird man bei ordentlichem Wetter gern zu einem ausgedehnten Spaziergang nutzen. Gehen ist ohnehin gesünder als langes Sitzen, und die Wanderung zur Gamsgrube führt nicht nur weg vom Gewusel rund um den Endpunkt der Straße (Kaiser-Franz-Josephs-Höhe), sie vermittelt auch fantastische Hochgebirgsbilder. Der schön angelegte Weg führt durch ein halbes Dutzend Tunnel (Ausstellung zu den Themen Wasser, Bergkristall und Gold) und vorbei am Pflanzenschutz-Reservat der Gamsgrube, das nicht betreten werden darf, bis zur Gletscherzunge des Südlichen Bockkarkees im Wasserfallwinkel. Es bietet sich eine einmalige Aussicht auf den Großglockner und die Pasterze; reine Gehzeit hin und zurück: etwa zwei Stunden. In der Gamsgrube mit seinen Flugsandkegeln herrschen klimatische Verhältnisse wie auf Grönland; hier gedeiht neben anderen Reliktpflanzen die so seltene wie unscheinbare Schwarzbraune Segge. Verblüffend nahe kommt man der alpinen Natur (Murmeltiere, Steinböcke) in der Swarovski-Beobachtungswarte unweit der Franz-Josephs-Höhe: moderne (optische) Technik macht's möglich.

Hat sich längst an den Trubel auf der Hochalpenstraße gewöhnt: ein Murmeltier

Österreich aus dem Bilderbuch: Glocknermassiv und der Pasterze-Gletscher

größten Gletscher Österreichs, der **Pasterze**. Der macht die Klimaänderung schwer zu schaffen: Als die Hochalpenstraße eröffnet wurde, reichte die Eiszunge noch 2 km weiter talwärts, war sie auch mehr als 50 m dicker. Richtig eingefallen schaut der stolze Gletscher aus, wie er in der mächtigen Karmulde liegt. Geröll bedeckt das schwindende Eis. Das hat Erstaunliches zutage gebracht, u. a. Reste einer 7000 Jahre alten Zirbe, die in einer nacheiszeitlichen Warmphase offenbar gute Lebensbedingungen vorfand. Klimawandel – nichts Neues.

Fast 1 Mio. Menschen sind Jahr für Jahr auf ihrer Straße unterwegs, meldet die Großglockner Hochalpenstraßen AG stolz. Sie können sich unterwegs informieren, über den Bau der Straße, über die Natur, über die Geschichte des Großglockners seit seiner Erstbesteigung im Jahr 1800. Auch über den **Nationalpark Hohe Tauern**, durch dessen Kerngebiet die Touristenstraße verläuft. Das Schutzgebiet reicht von den Krimmler Wasserfällen im Westen bis zur Hochalmspitze im Osten; sein Grundriss gleicht dem einer aus lauter Fjorden bestehenden Inselgruppe. Und Inseln sind sie auch, diese Parks, herausgeschält aus der vom Kommerzdenken dominierten Alpenwelt: Reservate, geschützt, aber trotzdem stets bedroht. So rollt sie weiter, die Blechkarawane, auch nächstes Jahr »von Stadt zu Stadt, von Landschaft zu Landschaft, [...] bis in die fernsten, von stolzen Bergen überragten Täler« (so die oben genannte Broschüre).

Großglockner-Hochalpenstraße

Infos und Adressen

REISEROUTE
Zell am See–Bruck–Fusch–Hochalpenstraße–Fuscher Törl (2445 m)–Hochtor (2504 m)–Franz-Josephs-Höhe (2369 m) – Heiligenblut; 71 km

BESTE REISEZEIT
Die Großglockner-Hochalpenstraße ist normalerweise Anfang Mai bis Anfang November für den Verkehr geöffnet, abhängig von der Witterung (Schnee).

SEHENSWERT
Schmittenhöhe (1965 m). Hervorragender Aussichtspunkt über Zell, mit See- und Tauernblick, bequem per Seilbahn erreichbar. Im Gipfelbereich Sisi-Rundweg (30 Min.). Die Kaiserin bestieg den Berg vor 120 Jahren, um den Sonnenaufgang zu erleben.
Stausee Moserboden (2040 m). Spannender Abstecher in die Hochgebirgswelt des innersten Kapruner Tals mit seinen Kraftwerksanlagen, mit Bus und Schrägaufzug. www.kaprun.at
Wild- und Freizeitpark Ferleiten. Der Tierwelt der Alpen begegnen – ein packendes Erlebnis. Auf dem Parkgelände leben rund 200 im größten Gebirge Europas beheimatete Tiere. Aussichtsturm, Einkehrmöglichkeit.
www.wildpark-fernleiten.at
Haus Alpine Naturschau. Es vermittelt Einblick in das sensible Ökosystem der Hochalpen, kombiniert mit einem botanischen Lehrweg. Sensationell: die Sammlung von Bergkristallen aus dem Glocknergebiet. Das Haus steht an der Nordrampe der Glocknerstraße; Eintritt frei.
Besucherzentrum Franz-Josefs-Höhe (2369 m). Interessantes rund um Österreichs höchsten Berg, den Großglockner (3798 m), präsentiert das Besucherzentrum am Endpunkt der Gletscherstraße; Eintritt frei.
Wallfahrtskirche St Vinzenz. Mit seinem Kirchturm, der noch spitzer ist als der Gipfel des Großglockners, bildet der schöne spätgotische Bau das Wahrzeichen von Heiligenblut.
Goldgräberdorf Heiligenblut. Im Fleißtal nahe Heiligenblut wurde vom 14. bis ins 18. Jh. nach Gold geschürft. Die rekonstruierte Knappensiedlung ist von Juni bis September für Besucher (und Goldwäscher) geöffnet; es werden auch Führungen angeboten. www.goldgraeberdorf-heiligenblut.at

ESSEN UND TRINKEN
Mayer's Restaurant. Köstlich tafeln in historischem Ambiente des Schlosses Prielau am Nordufer des Zeller Sees: ein Erlebnis!
www.mayers-restaurant.at

ÜBERNACHTEN
Heilbad Burgwies. In Stuhlfelden kann man im Heu schlafen – da duftet es fein, und manchmal kitzelt's auch in der Nase. Nach der erholsamen Nacht gibt's ein reichhaltiges Frühstück. Landleben der besonderen Art.
www.heilbad-burgwies.at
Glocknerhof. In dem Hotel in Heiligenblut legt man großen Wert auf Nachhaltigkeit und Naturnähe, was sich auch in der kreativen Küche widerspiegelt: Bio hat Vorrang, viele Produkte stammen aus dem Nationalpark Hohe Tauern.
www.glocknerhof.info

WEITERE INFOS
Tourist Information Großglockner – Zeller See:
www.grossglockner-zellersee.info
Großglockner-Hochalpenstraße: www.grossglockner.at
Info- und Buchungscenter: www.heiligenblut.at

Osttiroler Bauernhaus mit prächtigem Blumenschmuck, in Kals am Großglockner

In den Alpen

99 Große Dolomitenstraße

Berühmter Hotspot an der Großen Dolomitenstraße: der Karersee mit den Latemartürmen

HIGHLIGHTS

Karersee. Wer den Zauber dieses Platzes erleben will, muss früh aufstehen, bevor die ersten Ausflugsbusse eintreffen.

Pordoijoch. Höchster Punkt der Dolomitenstraße (2239 m).

Passo Falzárego. Große Dolomitenbilder bietet dieser Pass, mit der Südwand der Tofana di Rozes als absolutem Hingucker.

Cortina d'Ampezzo. Etwas in die Jahre gekommen, aber trotzdem noch eine Schau, vor allem der großen Kulisse wegen. Und der Corso Italia ist nach wie vor die teuerste Einkaufsmeile der Dolomiten.

FESTE UND VERANSTALTUNGEN

I Suoni delle Dolomiti. Die Trentiner Dolomiten als Kulisse für Konzerte unterschiedlichster Art – ein unvergessliches Erlebnis (Juni bis August, u. a. im Val di Fassa). – **I Rifugi del Gusto.** Einheimische Kost inmitten der Trentiner Dolomiten genießen: Schutzhütten für Feinschmecker. Und davon gibt es im Val di Fassa ein ganzes Dutzend (Sommer, Herbst). – **Festival Dino Ciani:** Klassische Musik, interpretiert von renommierten Künstlern (Juli/August).

Für manche ist sie die schönste Alpenstraße, und wer möchte da widersprechen? Welche andere Gebirgsstrecke kann schon mit vergleichbar grandiosen Ausblicken aufwarten, auf all die Dolomitenriesen?

Reisen wie anno dazumal

Wenn ein Straßenzug gleich hundert Serpentinen hat, ist er entweder ein veritables Verkehrshindernis oder eine echte Sensation. Die Große Dolomitenstraße ist beides, und das seit über einem Jahrhundert. Eigentlich hätte sie bereits 1898 – zum 50. Regierungsjubiläum von Kaiser Franz Joseph – eingeweiht werden sollen, als »Kaiserstraße«, doch erst 1909 war es dann so weit. Die Idee zu einer Straße quer durch die Dolomiten geht auf den Deutschen und Österreichischen Alpenverein zurück, zu den Initiatoren gehörte auch Theodor Christomannos, ein Mann mit Visionen und großem Organisationstalent.

Die Große Dolomitenstraße verbindet die Südtiroler Landeshauptstadt **Bozen** mit Cortina d'Ampezzo und führt dabei über drei Passhöhen: **Karer** (1745 m), **Pordoi** (2239 m) und **Falzárego** (2105 m). Ein Reiseführer von 1927 bezeichnet sie als »den bequemsten Zugang in die Hochgebirgswelt der Dolomiten. Die außerordentlich empfehlenswerte Wagenfahrt führt an den hervorragendsten Sehenswürdigkei-

Südtirol, Venetien

ten zahlreicher Gebirgsstöcke vorbei und ist an abwechslungsreicher Schönheit in dieser Ausdehnung in den Alpen fast ohnegleichen.«

Eine Dolomitenfahrt mit dem Luxusauto, von Mitte Juni bis Mitte September möglich, dauerte damals 9 Stunden und kostete 82,5 Lire. Ein Vierteljahrhundert später passierten beispielsweise an einem Tag im August, nach einem anderen Reisebericht, »um 10 Uhr vormittags innerhalb von 10 Minuten nicht weniger als fünf Autobusse, 71 Autos, 74 Motorräder und 12 Fahrräder den Falzáregopass«. Das waren Zeiten! Heute quält sich an sommerlichen Schönwettertagen ein schier endloser blecherner Tatzelwurm über die Pässe, durch Täler und Dörfer.

Quer durch die Dolomiten

Die 100-Kehren-Reise beginnt im **Eisacktal** mit einer längeren Schluchtstrecke, der zwei neue Tunnel etwas von dem romantischen Flair genommen haben. Immerhin gibt's noch einen ganz kurzen Rückblick auf **Schloss Karneid**, das hoch über der Klammmündung auf einem schroffen Porphyrfelsen hockt. Hellgraues, nicht rotes Gestein kommt später ins Blickfeld. Oberhalb von **Welschnofen** gibt's dann ein berühmtes Bild aus Wasser, Wald und Fels zu bestaunen: der **Karersee**, umrahmt von Fichten und überragt vom Zackenprofil des Latemars. Wer hier im Herbst vorbeikommt, womöglich nach einem regenarmen Sommer, dürfte allerdings eher enttäuscht sein. Der Karersee (1519 m) besitzt nämlich keinen oberirdischen Zufluss, sondern wird unterirdisch von Quellen gespeist, deren Wasserführung sehr stark schwankt, abhängig von Niederschlägen und Jahreszeit. Die maximale gemessene Tiefe beträgt 17 m, das Minimum gerade noch etwa 5 m. Ganz austrocknen kann der See allerdings nicht, weil die tiefste Mulde durch toniges (und deshalb wasserundurchlässiges) Gestein abgedichtet wird.

Auf der Weiterfahrt zum Karerpass, beim ehemaligen Grand Hotel Karersee, wird der Blick auf die Mauer des Rosengarten-Hauptkamms frei. Am **Karerpass** überquert man die Grenze zum Fassatal, am südöstlichen Horizont zeigt sich kurz ein schlankes Felshorn: der Cimòn della Pala, das »Matterhorn der Dolomiten«. Auch vom **Fassatal** aus sind berühmte Bergstöcke zu sehen: der **Rosengarten**, das Langkofel- und das Sellamassiv sowie die vergletscherte **Marmolada** (3343 m), das »Dach« der Dolomiten.

Persönlicher Tipp

TIERSER TAL

Den schönsten Blick auf den Rosengarten genießt man nicht von der Großen Dolomitenstraße aus, sondern vom Tierser Tal. Da stehen sie dann vor einem, die Vajolettürme: steinerne Flammen, die hoch in den Himmel ragen. Vor allem gegen Abend, wenn die tief stehende Sonne ihr Farbspektakel an den grauen Felsen zelebriert, ein unvergessliches Erlebnis. Wer den Dolomitzacken noch näher kommen will, muss bloß die Straßen- mit den Wanderschuhen vertauschen. Vom Nigerpass (1668 m) geht's zu Fuß auf gutem Weg hinauf und hinüber zur Haniger Schwaige (1904 m; 1.45 Std.), wo es zur Brotzeit den ultimativen Blick in den Talschluss von Tiers mit den Vajolettürmen gibt.

Vom Nigerpass setzt sich die Rosengartenstraße südwärts fort. Zur Linken hat man den Hauptkamm des Rosengartens mit der senkrechten Westwand der Rotwand (2806 m), rechts die bewaldeten Vorberge um das Eggental. Blumau–Tiers–Nigerpass–Karerpass (Große Dolomitenstraße); 32 km.

Südtiroler Idylle: das Kirchlein St. Zyprian unter den Zinnen des Rosengartens

Morgennebel über dem Pordoijoch, dem höchsten Punkt der Großen Dolomitenstraße

Persönlicher Tipp

DER BINDELWEG

Während der Fahrt durchs Fassatal hinauf nach Canazei zeigt sich die Marmolada, dann verschwindet sie hinter dem lang gestreckten, aus vulkanischem Gestein aufgebauten Padònkamm. Schade! Freie Sicht auf den höchsten Berg der Dolomiten und ihren einzigen großen Gletscher bietet sich nur den Wanderern, die sich oben am Pordoijoch (2239 m) aufmachen, den legendären Bindelweg unter die Füße zu nehmen. Er ist benannt nach einem ehemaligen Vorsitzenden der Alpenvereinssektion Bamberg, die in den zentralen Dolomiten vor dem Ersten Weltkrieg Erschließungsarbeit leistete. Für den Abstecher bis zu dem im Sommer bewirtschafteten Rifugio Vièl dal Pan (2432 m) muss man mit einer Gehzeit von knapp 1.30 Std. rechnen. Einmalig ist die Aussicht auf die Nordflanke der Marmolada und den Fedaia-Stausee, dazu der Fernblick auf die monumentale Nordwestwand der Civetta. Ein heißer Tipp für Schleckmäuler: Weitum in der Gegend berühmt ist Omas Omelett, die Spezialität im Rifugio Vièl dal Pan!

Über Pordoijoch und Passo Falzárego

In **Canazei** beginnt das Kurvenkarussell hinauf zum Pordoijoch: fast 800 Höhenmeter und 28 (nummerierte) Serpentinen bis zur Scheitelhöhe. Dabei rückt die gewaltige Felsmauer des Sellamassivs immer näher; direkt vom Pass schwingt sich die Funivia del Pordoi hinauf zur Drei-Sterne-Aussichtskanzel des Sas de Pordoi (2950 m). Im Links-rechts-Takt geht's hinunter nach **Arabba**, dann im Tal des jungen Cordévole mit Aussicht auf die monumentale Nordwestwand der **Civetta** (3220 m) weiter nach **Buchenstein/Fodom**. Hinter dem Weiler Andraz beginnt der Anstieg zum Passo Falzárego. Links im Wald zeigt sich kurz die Burgruine Buchenstein, einst Besitz der Brixner Bischöfe, dann steuert die Straße direkt auf das markante Felsdreieck des **Hexensteins** zu. Vom Falzáregopass (2105 m) kann man sich hinauf zum Kleinen Lagazuoi (2752 m) tragen lassen: noch ein tolles Panorama!

Der Berg hat eine blutige Geschichte. Im Ersten Weltkrieg war er zwischen den Kaiserjägern und den Alpini heftig umkämpft. Dabei wurden auch Sprengungen vorgenommen, um die gegnerischen Stellungen auszuschalten. Die mächtigen Geröllkegel am Fuß der Südwand erinnern an das erbitterte, verlustreiche Ringen. Mit EU-Geldern wurden die Stollen teilweise ausgeräumt und wieder begehbar gemacht.

Hinab nach Cortina d'Ampezzo

Während der Talfahrt hinunter nach Cortina d'Ampezzo ist die Südwand der Tofana di Rozes mit ihren gewaltigen Felspfeilern ein absoluter Hingucker. In **Pocol** lohnt sich dann eine kurze Pause, nicht des bombastischen Kriegerdenkmals aus faschistischer Zeit wegen, sondern um vom Belvedere einen Blick auf Cortina und seine Felskulisse zu werfen. Besonders eindrucksvoll präsentiert sich aus dieser Perspektive die lang gestreckte Mauer des Pomagagnon, hinter dem der Cristallo aufragt.

Die letzten Kilometer der **Großen Dolomitenstraße** führen über ein paar Schleifen hinunter zum Boite und hinein nach **Cortina d'Ampezzo**. Stilvoll ausklingen lassen kann man die schöne Reise quer durch die Dolomiten dann am Corso Italia bei einem Apéro mit Blick hinauf in die Felswände des Tofanamassivs.

Große Dolomitenstraße

Infos und Adressen

REISEROUTE
Bozen–Eggental–Karersee–Karerpass–Fassatal–Canazei–Pordoijoch–Arabba–Andraz–Passo Falzárego–Cortina d'Ampezzo; 110 km

BESTE REISEZEIT
Juni–Oktober

SEHENSWERT
Sternwarte Max Valier. Wer für einmal noch viel weiter als bis zu den fernsten Alpengipfeln schauen will, kann das jeweils donnerstags in der Sternwarte auf dem Gummerberg tun – sofern das Wetter mitspielt. Anfahrt von Blumau via Steinegg.

Labyrinthsteig. Hübscher Rundweg durch das Bergsturzgelände am Fuß des Latemars; bestens für Familien geeignet. Gut markierter Pfad, ab Karerpass (1745 m) mindestens 3 Std.

Museo Ladin de Fascia. Im Fassatal empfiehlt sich ein Besuch des neuen ladinischen Museums in Vigo di Fassa. Es präsentiert interessante volkskundliche Exponate. Zum Museum gehören zwei Außenstellen: eine venezianische Säge in Penia di Canazei und eine alte Mühle in Pera di Fassa.

Funivia Sass Pordoi (2950 m). Auch ohne Bergschuhe lässt sich der südwestliche Eckpfeiler der Sella erklimmen: mit der modernen Großkabinen-Seilbahn. Die Seilbahn verkehrt Ende Mai bis Mitte Oktober.

Schloss Buchenstein (Burg Andraz). Burgruine an der Falzárego-Westrampe. Der Platz soll bereits in prähistorischer Zeit befestigt gewesen sein; eine erste Festungsanlage geht möglicherweise auf die Ostgoten zurück. Vom 12. bis Anfang des 19. Jh. war die Feste im Besitz der Brixner Bischöfe.

Festungsmuseum Tre Sassi. Im ehemaligen Sperrfort Tra i Sassi (»zwischen den Steinen«, heute fälschlicherweise Tre Sassi genannt), das 1897 erbaut und gleich zu Kriegsbeginn von der italienischen Artillerie zusammengeschossen wurde, ist ein Museum mit vielen Exponaten des Gebirgskrieges.

Freilichtmuseum Cinque Torri. Rekonstruierte Stellungen am Fuß der Cinque Torri, mit dem Sessellift von der Großen Dolomitenstraße erreichbar.

Regole d'Ampezzo. In einer ehemaligen Mühle im Ortsteil Pontechiesa befindet sich das volkskundliche Museum. Angeschlossen ist das Paläontologische Museum »Rinaldo Zardini«, eine umfangreiche Sammlung von Fossilien aus den Dolomiten.

ESSEN UND TRINKEN
Sonnalp Gourmetstube. In Obereggen, ein paar Kilometer von der Großen Dolomitenstraße entfernt, zelebriert Martin Köll hohe Kochkunst im Genießerhotel Sonnalp. www.sonnalp.com

El Pael. Hier wird eine regionaltypische Küche gepflegt, viele Trentiner Spezialitäten stehen auf der Karte. In Canazei. www.elpael.com

Ristorante al Forte. Hinter diesen Mauern in Arraba muss man sich geborgen fühlen! Immerhin 1,70 m dick sind sie, und ihre Aufgabe war es auch vor mehr als 100 Jahren, Schutz zu bieten. Feinde sind allerdings längst keine mehr in Sicht, Besucher dafür schon, und die kommen gern in die alte österreichische Festung von 1897. www.alforte.com

Rosa Alpina, Restaurant St. Hubertus. Wer sich im Hochabtei ein kulinarisches Highlight gönnen möchte, muss die geniale Küche von Norbert Niederkofler kennenlernen. St. Kassian. www.rosalina.it

Restaurant Mulsanne (Park Hotel Faloria). Hier werden regionale Spezialitäten und mediterrane Gerichte auf hohem Niveau serviert. In Cortina d'Ampezzo. www.parkhotelfaloria.it

ÜBERNACHTEN
Romantik Hotel Post – Weißes Rössl. Von der Poststation zum Wellnesshotel: bald 150 Jahre Hotelgeschichte in Welschnofen. Auch heute ist das Haus noch im Besitz der Familie Wiedenhofer. Auch Pferde gibt's noch, neben einem großzügigen Wellnessbereich. www.postcavallino.com

Cyprianerhof. Allein der Blick auf den Rosengarten ist es schon wert, hier abzusteigen, denn wer mit dieser Aussicht aufwacht, hat garantiert einen guten Tag vor sich. In Tiers. www.cyprianerhof.com

Chalet Gérard. Mit seinem elegant geschwungenen Dach ist das neue »Gérard« in Wolkenstein ein echter Hingucker. Da kehrt man gern ein, bietet die Terrasse doch den schönsten Langkofel- und Sellablick weit und breit. Feine Küche und guter Wein. www.chalet-gerard.com

Rifugio Lagazuoi. Warum nicht einmal ganz oben übernachten, die unvergleichlichen Dämmerstunden mitten in den Dolomiten erleben? Zuschauen, wie das letzte Sonnenlicht an den Felsen der Tofana verglimmt? Besonderer Gag: eine Sauna mit Bergblick! Von Juni bis September bewirtschaftet. www.rifugiolagazuoi.com

Hotel Menardi. Familiäres Dreisternehaus in Cortina d'Ampezzo mit Wellnessbereich sowie feiner Küche und gut bestücktem Weinkeller. www.hotelmenardi.it

WEITERE INFOS
Tourismusverein Welschnofen–Karersee: www.welschnofen.com
APT Val di Fassa: www.fassa.com
Cortina Turismo: www.dolomiti.org

In den Alpen

100 Übers Stilfser Joch in die Lombardei

HIGHLIGHTS

Die 48 Serpentinen zum Stilfser Joch. Legendäre Bergstrecke, die im Links-Rechts-Takt an steilem Hang zur Passhöhe führt. Vor allem Zweiradler – mit und ohne Motor – schwärmen davon.

Sulden mit dem schönsten Ortlerblick von der Kanzel (2348 m). Mit dem Sessellift vom Ort hinauf zur prächtigen Aussichtskanzel.

Braulio-Schlucht. Wilde Klamm auf der Veltliner Seite des Passes, mehrere Tunnel.

Bormio. Historischer Kern des Städtchens mit der Torre del Comune und dem Cuerc, dem alten Versammlungsort.

FESTE UND VERANSTALTUNGEN

Ghosttown Festival. Prad am Stilfer Joch als Geisterstadt aus dem Wilden Westen – etwas für Junge und Junggebliebene (Mai).

Stelviobike. Für einen Tag gehört die legendäre Passstraße jenen, die sich allein auf ihre Kraft und Kondition verlassen: den Radlern (Ende August).

Suldner Straßenfest. Im August findet das Straßenfest in dem bekannten Ferienort statt: Genießen, Brauchtum, Musik.

Traum für jeden Biker: die 48 Serpentinen der Südtiroler Stilfser-Joch-Rampe

Die Stilfser-Joch-Strecke gilt als »Königin der Alpenstraßen«, und bis 1936 markierte sie auch den höchsten anfahrbaren Punkt in den Alpen überhaupt. Diesen Rekord musste sie an den Col de l'Iseran abgeben, jenen des spektakulärsten Straßenzuges aber nicht: 82 Serpentinen sind auf dem Weg über den Pass zu durchfahren!

Ein echtes Kurvenparadies

Dass attraktive Kurven eine Faszination auf Männer ausüben, ist ja nicht unbedingt eine Neuigkeit. Normalerweise sind die Rundungen allerdings nicht aus Stein und Asphalt wie am Stilfser Joch, doch das tut ihrer Wirkung offensichtlich keinen Abbruch. Man muss nur den in schwarzes Leder gehüllten Gestalten zuschauen, wie sie ihre PS-Monster von einer Kurve zur nächsten jagen. Oder den Radlern, die sich den Berg hinaufquälen. Rund 27 km lang ist die Steigung, und 48 Serpentinen sind zu durchfahren, bevor man es oben an der **Cima Coppi** (benannt nach dem legendären italienischen Radprofi der 1940er-Jahre) auslaufen lassen darf: geschafft! Alle Kehren sind nummeriert und mit einer Höhenzahl versehen, was manchen anspornt, andere schier verzweifeln lässt. Die Motorradfahrer nehmen oben den Helm herunter und lassen sich samt Maschine vor dem Ortler (3905 m) ablichten.

Südtirol, Lombardei

König Ortler und Sulden

Der Berg, immerhin »höchster Spitz in Tirol«, zeigt sich als mächtiger Klotz mit vergletscherten Graten. Erstmals bestiegen wurde er im Jahr 1804. Zusammen mit zwei Begleitern startete Joseph Pichler in der Nacht zum langen Anstieg: »Um 1.30 Uhr morgens verließen die drei Männer das Dorf Trafoi, stiegen zu dem Unteren Ortlerferner und dann zu den Hinteren Wandln empor, worauf sie dann über den Oberen nach 10 Uhr die Spitze erreichten.« Eine mutige Tat, zumal die Pioniere auf ihrer Route (die schon lange nicht mehr begangen wird) ohne Seil und Pickel unterwegs waren. Den heute üblichen Normalweg über den Tabarettakamm entdeckte im Jahr 1865 der Suldener Führer Johann Pinggera. Am Seil hatte er Julius Payer (1841–1915). Der aus dem tschechischen Teplitz stammende Kartograf, Expeditionsteilnehmer und Alpinist gilt als großer Erschließer des Ortlermassivs.

An der Nordostrampe der Jochstraße, in **Gomagoi**, zweigt die Straße nach **Sulden** ab, wo im Sommer Reinhold Messners Yaks weiden und im Winter fleißig gewedelt wird. Längst ist der Talschluss nicht mehr ein »End' der Welt«, auch wenn ein Journalist aus Innsbruck das vor 200 Jahren schrieb. Zwei Generationen später, 1863, öffnete die erste Herberge am Fuß des Ortlers ihre Pforten: die Pension Eller.

Nationalpark versus Skigebiet

Das Stilfser Joch hat einem der größten Nationalparks Italiens seinen Namen gegeben. Wer an einem Sommertag oben auf dem Pass ankommt, wird vielleicht an der Aussagekraft all der Hochglanzprospekte mit Bildern unbefleckter Natur zweifeln. Zumal es direkt am Joch hineingeht in eines der letzten Sommerskigebiete der Alpen. Zehn Liftanlagen und 30 km präparierte Pisten – mitten im Nationalpark. Der wurde 1935 gegründet, er ist nach einer Erweiterung 1346 km² groß und erstreckt sich über drei italienische Provinzen. Trotz all der Verwüstungen lohnt es sich, den kleinen Abstecher zur **Dreisprachenspitze** (2843 m) zu unternehmen, auf der – nomen es omen! – Graubünden, Südtirol und die Lombardei zusammentreffen: große Aussicht!

Hinab ins Veltlin

Fast so spektakulär wie die Südtiroler Passrampe ist die Fahrt durch die wilde Braulio-Schlucht hinab nach Bormio.

In Sulden steht das Messner Mountain Museum, das die Welt des Eises zum Thema hat.

Persönlicher Tipp

MESSNER MOUNTAIN MUSEUM SULDEN

Das Museum entführt uns in die Welt des Eises, und das passt mit Blick auf die Gletscher rund um Ortler und Königsspitze bestens. Die eisigen Welten des Hochgebirges und der Pole werden hier anschaulich thematisiert, Gefahren und Schrecken ebenso wie Polfahrten und Eisklettern. Nicht fehlen darf in dieser Messner-Ausstellung natürlich der Schneemensch Yeti. Gezeigt wird weiter eine große Sammlung von Eisgeräten aus zwei Jahrhunderten, dazu viele Ortlerbilder. Während draußen die Ferner vor sich hin schmelzen, Auswirkung des Klimawandels, verspürt der Besucher im unterirdisch angelegten Museum möglicherweise ein leichtes Frösteln, zieht es ihn zurück ans Tageslicht. Eine Nacht in der Antarktis, bei Temperaturen von minus 50 °C – nein, danke! www.messner-mountain-museum.it

Persönlicher Tipp

PASSO DI GAVIA UND PASSO DI FOSCAGNO

Bormio ist nicht nur Endpunkt der Stilfser-Joch-Straße, hier zweigen auch gleich drei interessante Bergstrecken ab: nach Süden, durchs Valfurva, geht's zum Passo di Gavia (2621 m), westlich über den Passo Foscagno (2281 m) nach Livigno und nordwestlich zu den beiden Stauseen am Passo di Fraele (1952 m). Die Zufahrt zum Fraele-Pass folgt nicht dem Lauf der Adda, sondern windet sich über eine Folge von 17 Serpentinen zu den Torri di Fraele (1941 m) hinauf: Fahrspaß pur. Besser ausgebaut ist die Strecke über den Forcagno- und den Eira-Pass (2210 m) nach Livigno, das früher buchstäblich am »End' der Welt« lag, sich mittlerweile zu einem frequentierten Wintersportplatz entwickelt hat. Weil hier – ähnlich wie im schweizerischen Samnaun – zollfrei eingekauft werden kann, verzeichnet der Ort auch viele Besucher aus dem benachbarten Engadin. Zu den ganz großen Passstraßen der italienischen Alpen gehört die Gavia-Strecke, die Bormio mit Ponte di Legno im obersten Val Camonica verbindet.

3 km unterhalb der Scheitelhöhe zweigt rechts die Straße zum nahen Pass Umbrail (2501 m) und hinunter ins bündnerische Val Müstair ab: noch so ein Kurvenkarussell mit 34 Kehren auf 14 km!

Die Stilfser-Joch-Straße führt flach zur **Bocca del Braulio**, zum »Mund des Brauliobachs«. Er markiert das Entrée in die atemberaubend wilde **Braulio-Schlucht**: himmelhoch ragende Felsen links wie rechts, ein rauschender Bach und eine Straße, die immer mal wieder in einem Tunnel verschwindet. Auf den felsigen Höhen sind Steinbock und Gämse zu Hause, hin und wieder ist das Pfeifen eines Murmeltiers zu hören. Mit etwas Glück kann man sogar den größten Vogel Europas, einen Bartgeier, beobachten, der seine Kreise zieht und nach Aas Ausschau hält. In den unzugänglichen Felsabbrüchen hat ein Paar seinen Nistplatz.

Die Talfahrt endet in **Bormio**, der obersten Siedlung im Veltlin, hübsch gelegen an der jungen Adda. Das malerische Städtchen hat eine weit zurückreichende Geschichte. Der Platz war bereits zur Römerzeit besiedelt, und das Thermalwasser der Bagni di Bormio ist schon seit vielen Jahrhunderten für seine heilende Wirkung bekannt. Im Spätmittelalter wurde Bormio mehrfach geplündert, doch nach dem Bau der Stilfser-Joch-Straße gewann es wieder an Bedeutung; und heute ist Bormio ein renommiertes Wintersportzentrum.

Morgenlicht am höchsten Gipfel Südtirols, dem verschneiten Ortler (3905 m)

Um 2 km überragt der Ortlergipfel den weiten Talboden von Sulden.

Übers Stilfser Joch in die Lombardei

Infos und Adressen

REISEROUTE
Spondinig (Vinschgau)–Prad–Gomagoi–Stilfser Joch (2757 m)–Braulio-Schlucht–Bormio; 50 km

BESTE REISEZEIT
Normalerweise ist die Passstraße von Juni bis Mitte/Ende Oktober geöffnet, abhängig vom Wetter (Schnee).

SEHENSWERT
Aquaprad. Das Nationalpark-Haus in Prad ist dem Thema Wasser gewidmet. Es vermittelt interessante Einblicke in die Welt der einheimischen Fischfauna. www.stelviopark.bz.it
Naturpark-Haus »naturatrafoi«. Die sehenswerte Ausstellung in Trafoi dokumentiert das (Über-)Leben von Pflanzen und Tieren unter extremen klimatischen Bedingungen, zwischen Fels und Gletschereis – Leben am Limit. www.naturatrafoi.com
Museo Carlo Donegani. Das kleine Museum auf dem Stilfser Joch (bei der Banca Popolare di Sondrio) ist nach dem Planer und Bauleiter der Passstraße benannt. Neben der Geschichte des Straßenbaus präsentiert es auch Exponate zum »guerra bianca« (1915–1917).
Museum für das Ortlergebiet. Sammlungen zur Tourismusgeschichte, zum Ersten Weltkrieg (Hochgebirgsfront am Ortler) und viele Mineralien der Region zeigt das Museum im Schulhaus von Sulden.

ESSEN UND TRINKEN
Yak & Yeti. Kurios – und vielleicht genau deshalb weitum bekannt: In dem alten, renovierten Südtiroler Bauernhaus gleich neben dem MMM kommt Yakfleisch auf den Tisch, in verschiedenen Variationen, auch als Gulasch oder Kaminwurzen.

ÜBERNACHTEN
Hotel Bella Vista. Die »Schöne Aussicht« der Familie Thöni in Trafoi ist ein familienfreundliches Haus. Zu seiner Geschichte gehören natürlich auch die legendären Erfolge des begnadeten Skiläufers Gustav Thöni, dessen Pokalsammlung den Gast gleich am Eingang empfängt. www.bella-vista.it
Berghotel Franzenshöhe. Das Haus wurde Anfang des 19. Jh. für die K.u.k.-Armee erbaut, diente später als Raststation für die Pferdegespanne und als Zollstation. Seit 100 Jahren ist es im Besitz der Familie Wallnöfer; nach schweren Lawinenschäden im Winter 1975 wurde es sorgsam renoviert und modernisiert. Tolle Lage an der Stilfser-Joch-Straße, www.franzenshoehe.com
Rifugio Garibaldi. Der etwas eigenwillige Turmbau krönt die Dreisprachenspitze (2843 m). Wie wär's mit einer Nacht in hochalpiner Umgebung, freie Sicht zum Ortler inklusive? Einmalig ist der Sonnenaufgang. www.rifugiogaribaldi.it
Hotel Eller. Traditionsreiches Dreisternehaus, wiederholt um- und ausgebaut, mit guter Küche, freundlichen Gastgebern, Wellnessbereich und einem großen Kinderspielraum. In Sulden. www.hoteleller.com

WEITERE INFOS
Ferienregion Ortlergebiet: www.ortlergebiet.it
APT di Bormio: www.aptbormio.it

Links-rechts: die letzten Serpentinen der Stilfser Joch-Straße unter der Passhöhe

Blick in die Berchtesgadener Alpen und Berchtesgaden. Hochhoben wacht der Watzmann als höchster Punkt des Berchtesgadener Landes.

Register

Aalen 40
Abensberg 211
Aischgrund 227
Alsfeld 10
Alt Schwerin 14
Altötting 216, 218 f.
Amrum 57
Amsterdam 142, 144 f.
Andechs 235
Andernach 147
Angern 241
Anklam 34, 65
Ankumer Berge 54
Annaberg 92
Arnsdorf 241
Arnstadt 16, 98, 112
Arzberg 213
Aschaffenburg 173
Augsburg 196
Avolsheim 152

Baabe 47
Bad Aussee 270
Bad Bergzabern 123
Bad Buchau 187
Bad Camberg 28
Bad Dürkheim 122
Bad Ems 176
Bad Honnef 16
Bad Ischl 270
Bad Kreuznach 174 f.
Bad Mergenthe m 198
Bad Pyrmont 143
Bad Schandau 100
Bad Windsheim 226
Bad Wurzach 187
Baden-Baden 78, 200 f.
Baiersbronn 200, 201
Bamberg 136 f., 226
Banz 227, 232
Bayreuth 136, 226
Benediktbeuern 35, 259
Berchtesgaden 256, 258
Bernkastel-Kues 168
Besigheim 29
Bexbach 33
Beyenburg 165
Bielerhöhe 246
Bingen 128, 174, 188
Binz 47
Bochum 141

Bönnigheim 199
Borkum 57
Bormio 281 f.
Bozen 276
Bratislava 222
Braubach 163
Braunau am Inn 219
Braunfels 176
Breege 47
Bregenz 245, 256
Breitenthal 149
Bremen 10, 44
Bremerhaven 33 f.
Breslau 84
Brevnov 232
Brixen 264 ff.
Budapest 220 ff.
Büdingen 28
Burghausen 216 f..
Buxheim 187
Buxtehude 12, 64

Calw 29, 198 f.
Celle 27, 58
Coburg 136 f.
Cochem 168
Colmar 151
Cortina d'Ampezzo 276 f.

Danzig (Gdansk) 68, 83
Deidesheim 123
Delft 144
Den Haag 144
Dessau 15, 34
Dessau-Wörlitz 108, 143
Deutsches Eck 17, 128 f., 169
Dhron 168
Dießen 234
Dillenburg 143
Dinkelsbühl 196
Dithmarschen 56
Dornheim 99
Dreiländereck 206
Dresden 16, 19, 37, 93
Duderstadt 27
Duisburg 141
Durbach 178

Eger (Cheb) 136, 232
Egloffstein 135
Eichstätt 40, 236 f.

Eiderstedt 56
Einbeck 27
Eisacktal 277
Eisenach 18, 98, 110
Eisleben 96
Elbl g (Elbing) 68
Eltville 29
Emmerich 188
Erbach 30
Erfurt 97 f., 110
Essen 140
Ettal 192, 259
Eutingen 195

Färöer-Inseln 51
Fehmarn 47, 52
Flensburger Förde 20
Föhr 57
Frankfurt 28, 203
Fraueninsel 193
Freiberg 93
Freiburg im Breisgau 178 f., 194
Freising 210
Freudenberg 138
Freudenstadt 200
Friedrichshafen 37
Frische Nehrung 69
Frombork (Frauenburg) 69
Fulda 22
Fuscher Tal 273
Füssen 192

Gaienhofen 215
Galtür 247 f.
Garmisch-Partenkirchen 193
Gelnhausen 28 f.
Germersheim 185
Gießen 176
Glurns 250 ff.
Goseck 94
Goslar 22, 104
Gotha 110
Gotthard-Massiv 189
Grainau 193
Graubünden 281
Grötzingen 124 f.

Haithabu 20, 24, 47
Halberstadt 102
Hallertau 210
Hallstatt 271
Hamburg 21, 33, 36, 44

Hameln 59
Hanau 10, 29
Hannover 33
Hauzenberg 207
Hechingen-Stein 194
Heidelberg 35, 125, 134
Heiligenblut 272 f., 275
Heiligendamm 75
Helgoland 57
Heppenheim 125
Hermeskeil 158
Herrenchiemsee 192
Herrstein 149
Hildesheim 104 f.
Hitzacker 144
Hofgeismar 11, 24
Hornberg 201
Hunawihr 151
Husum 56, 65

Idar-Oberstein 148
Ilmenau 114
Innsbruck 265
Insel Wörth 230
Ischgl 246, 248

Jena 114
Juist 57
Jütland 52

Kap Arkona 15
Kaprun 272
Karlsbad 232 f.
Karlsruhe 189
Kassel 11, 23
Kastellaun 158 f.
Kelheim 236 f.
Kempfeld 149
Kevelaer 132
Kipfenberg 237
Kirnitzschtal 101
Klatovy (Klattau) 228
Klausen 265
Knittlingen 199
Koblenz 17, 128, 159, 188
Kochel am See 230, 257
Köln 163, 167, 188
Köngen 194
Königs Wusterhausen 35

Königsberg 69
Konstanz 182, 187
Krems 240
Kressbronn 191
Kreuth 254
Kühlungsborn 75
Kulmbach 226
Kummerow 78
Kurische Nehrung 70

Laatzen 36
Ladenburg 184
Lahn 176
Lahnstein 177
Landsberg am Lech 196
Langeneichstädt 95
Langeoog 57
Langkofelmassiv 277
Lauenburg/Elbe 60
Lautertal-Reichenbach 161
Leipzig 98
Lellingen 155
Lennep 165
Lichtenfels 226
Lieberhausen 165
Limburg 29, 123, 176
Lindau 257
Lindlar 166
Linz 220 f., 223
Lombardei 281
Loreley-Felsen 128, 162, 188 f.
Lorsch 160
Lübeck 44, 60
Ludwigsburg 198 f.
Lüneburg 60
Lüneburger Heide 21 f.

Mainz 32, 189
Mals 252
Manching 211
Mannheim 134, 137, 184 f., 189
Marbach am Neckar 29, 198
Marburg 11, 176
Maria Laach 147
Marktl am Inn 218
Marlenheim 150
Maulbronn 190, 199
Maurach 255
Mayrhofen 268

Meersburg 17, 29, 182, 186 f.
Meißen 16
Meran 252
Merfelder Bruch 67
Metz 156
Miltenberg 160
Mittelbergheim 151
Mittelrheintal 188
Moers 144
Molsheim 151
Möns 53
Montafon 246 ff.
Morbach 158
Mosbach 29
Mühldorf 238
Mulhouse 150
München 33, 35, 37, 230
Murnau 215, 230 f.
Murnauer Moos 214

Nassau 142
Nationalpark Bayerischer Wald 207, 213, 229
Nationalpark Eifel 147
Nationalpark Hohe Tauern 274 f.
Nationalpark Jasmund 47
Nationalpark Šumava 228 f.
Nationalpark Unteres Odertal 80 f.
Naturns 250
Naturpark Hoher Vogelsberg 107
Naturpark Lauenburgische Seen 61
Naturpark Meißner-Kaufunger Land 11
Naturpark Rothaargebirge 117
Naumburg 94, 102
Neandertal 164
Nebra 94 f.
Neu-Anspach 30
Neubrandenburg 77
Neuf-Brisach 151, 179
Neuruppin 77
Neustadt an der Weinstraße 123, 127

Neustift 264, 266
Neustrelitz 15
Neuwiller-lès-Saverne 152
Nida (Nidden) 70
Nürnberg 134, 137, 202, 205

Oberammergau 259
Obergurgl 261
Oberlöstern 159
Obersalzberg 259
Ochsenhausen 186
Odenwald 27 f., 160
Olsztyn (Allenstein) 86
Osnabrück 55
Ottobeuren 187
Ötztal 260 f.

Passau 206, 212, 220 f.
Passeiertal 260, 262
Paznaun 246 ff.
Peene-Urstromtal 75
Perl 156
Pertisau 254
Petrusse-Tal 155
Pfaueninsel 89
Pfyn 195
Pilsen 205
Pinzgau 268
Plöckenstein 208
Pocol 278
Pommersfelden 232
Possenhofen 234
Potsdam 144
Prag 134, 136 f., 204 f.
Pressburg 222
Pyrna 158

Quedlinburg 102, 104

Radebeul 16
Rathenow 35
Rätikon 249
Regensburg 220, 223
Reichenau 182
Reinhardtswald 22
Remagen 163
Rendsburg 62
Reutte 193
Rhein 18, 141, 162
Rheinfall von Schaffhausen 189

Rheingrafenstein 174
Rheinsberg 77
Rheintal 245
Riquewihr 150 f.
Rofan 255
Rot an der Rot 186
Rothenburg ob der Tauber 23, 137, 196 f.
Rottenburg 29, 195
Rotterdam 188
Rottweil 194
Rüdesheim-Assmannshausen 163
Rügen 14, 17, 47

Saalburg 40, 203
Saar-Hunsrück 149
Saarburg 158
Salem 187
Salzburg 270
Sankt Gallen 187
Sassen 15
Schafberg 270
Schärding am Inn 219
Scheidegg 257
Schengen 156
Schleißheim 35
Schnalstal 252
Schönberg 265
Schondorf 235
Schorfheide-Chorin 81
Schrobenhausen 210
Schwanenburg 133
Schwarzwald 29
Schwerin 34, 78
Schwetzingen 184
Seebüll 51
Selb 213
Sélestat (Schlettstadt) 153
Sellamassiv 277
Sellin 46, 47
Sieger- und Sauerland 138
Skagen 53
Sölden 261
Solingen Gräfrath 166
Solms 176
Solnhofen 236
Speinshart 232 f.
Speyer 126 f., 185

St. Goarshausen 162
St. Leonhard 262
Stade 27
Stavenhagen 18
Stein am Rhein 189
Steinach 265
Steinau 10, 172 f.
Steingaden 183, 197
Steinheim 29
Sterzing 264 f.
Stettin (Szczecin) 68
Stettiner Haff 75
Stolberg 143
Stralsund 14, 47 f., 75
Straßburg 150 f., 153
Straubing 220 f.
Stuppach 190
Stuttgart 194, 198
Südjütland 53
Südtirol 266, 281
Sulden 281
Süntelstein 55
Surbourg 152
Sušice (Schüttenhofen) 228
Sylt 56, 57

Tal der Warmen Moldau 229
Talinn 68
Tannenberg 86
Tartu (Dorpat) 70
Teplá 232
Teutoburger Wald 18
Thann 151
Tiroler Lechtal 244
Tirschenreuth 213
Torgau 16, 97
Traben-Trarbach 168
Travemünde 61
Trendelburg 11
Trier 155, 168 f.
Tübingen 198 f.
Tutzing 234
Tux-Finkenberg 268

Ulm 23, 186
Unteruhldingen 182
Utting 235

Val di Fassa 276
Veitsrodt 149
Verdun 257
Via Claudia Augusta 252

Via Regia, Königsweg 60
Vianden 154
Vinschgau 250, 252
Vogelsberg 28
Vogtsburg 178

Waldsassen 212 f., 232 f.
Walgau 245
Walldürn 30
Walsertal 245
Walsrode 22
Warnemünde 47
Warschau 84
Wasserburg 238
Wechmar 98
Weiden 214
Weihenstephan 210
Weikersheim 190
Weimar 98 f., 110, 115
Welschnofen 277
Weltenburg 211
Wendland 27
Wernigerode 27, 143
Wettersteingebirge 193
Wetzlar 176
Wiblingen 186
Wien 222
Wiesbaden 189
Wiesloch 185
Wietze 58
Wilder Kaiser 258
Wildeshauser Geest 54
Wilhelmshöhe 110
Windesheim 175
Wismar 48, 74, 89
Wittenberg 15, 18, 96 f.
Wolfhagen 28
Worms 17, 160, 189
Wuppertal 164
Würzburg 23 f., 161, 196, 202 f.

Xanten 132, 188

Zell am Ziller 268
Zerbst 144
Zillertal 254 f., 268
Zürs 245
Zwiesel 212

Impressum

Verantwortlich: Dorothea Sipilä
Redaktion: Linde Wiesner, Pullach
Layout: BUCHFLINK Rüdiger Wagner, Nördlingen
Korrektorat: Anke Höhne, München
Repro: Repro Ludwig, Zell am See
Kartografie: Astrid Fischer-Leitl, München
Herstellung: Bettina Schippel
Printed in Italy by Printer Trento

★★★★★

Sind Sie mit diesem Titel zufrieden? Dann würden wir uns über Ihre Weiterempfehlung freuen.
Erzählen Sie es im Freundeskreis, berichten Sie Ihrem Buchhändler oder bewerten Sie beim Onlinekauf.
Und wenn Sie Kritik, Korrekturen, Aktualisierungen haben, freuen wir uns über Ihre Nachricht an Bruckmann Verlag, Postfach 40 02 09, D-80702 Munchen oder per E-Mail an lektorat@verlagshaus.de

Unser komplettes Programm finden Sie unter

 www.bruckmann.de

Alle Angaben dieses Werkes wurden von den Autoren sorgfältig recherchiert und auf den neuesten Stand gebracht sowie vom Verlag gepruft. Fur die Richtigkeit der Angaben kann jedoch keine Haftung ubernommen werden.

Die Deutsche Nationalbibliothek verzeichnet diese Publikation in der Deutschen Nationalbibliografie; detaillierte bibliografische Daten sind im Internet uber http://dnb.d-nb.de abrufbar.

© 2015, Bruckmann Verlag GmbH, München

Alle Rechte vorbehalten

ISBN 978-3-7654-8741-5

Bildnachweis
Alle Bilder des Innenteils und des Umschlags stammen von der Bildagentur LOOK:

 Die Bildagentur der Fotografen www.look-foto.de

Mit Ausnahme von:
S. 2/3: shutterstock/bilciu, S. 9: shutterstock/almgren, S. 43: shutterstock/canadastock, S. 73: shutterstock/ clearlens, S. 284/285: shuttersock/Ioan Panaite, S.111: Schlosshotel Friedewald, 261 links/283: Eugen Hüsler, folgende Bilder wurden über Mauritius Images bezogen: S. 12/27 (imageBROKER/Justus de Cuveland), S. 30 (imageBROKER/Jürgen Wackenhut), S. 39 (imageBROKER/Bahnmueller), S. 41/81/95/172/211/229 (Alamy), S. 63 (Rainer Waldkirch), S. 69 (Robert Harding), S. 106 (imageBROKER/Kurt Möbus), S. 107 (United Archives/Werner Otto), S. 112 (Prisma), S. 130 (Radius Images), S. 138/164 (imageBROKER/Hans Blossey), S. 147 (imageBROKER/Thomas Frey), S. 149 (Birgit Gierth), S. 153 (Photononstop), S. 173 (Friedel Gierth), S. 184 (imageBROKER / Ernst Wrba), S. 185/195 (Robert Knöll), S. 194/236 (Westend61), S. 212 (Christian Bäck), S. 228 (Profimedia.CZ a.s./Alamy), S. 239 (imageBROKER/Raimund Kutter).

Umschlag
Vorderseite. oben v. l. n. r.: Nationalpark Jasmund auf Rügen (H. & D. Zielske/LOOK-foto), Landstraße bei St. Goar (mauritius images/ib), norddeutsche Landschaft (Sabine Lubenow/LOOK-foto); unten: Sylvensteinspeicher (huber-images.de/Hans-Peter Huber).
Rückseite, v. l. n. r.: Kastanienallee auf Rügen (Heinz Wohner/LOOK-foto), Silvretta Classic Rallye Montafon (Bernhard Limberger/Look-foto), Allee bei Duderstadt (H.&D. Zielske/LOOK-foto).

Textnachweis
Astor, Ellen: Route 13, 29, 48, 64, 65, 67, 68, 76, 77, 81. Baumüller, Monika: Route 1, 6, 7, 10, 14, 20, 24, 25, 27, 30, 31, 33, 35, 38 bis 40, 44, 51, 53 bis 55, 56, 58 bis 63, 70, 71, 73, 83, 84, 86, 87. Durdel-Hoffmann, Sabine: Route 34. Eckert, Miriam: Route 21, 36, 75, 79. Göbel, Peter: Route 9, 11, 16. Hüsler, Eugen: Route 89 bis 100. Haafke, Udo: Route 57. Kiegel, Heidrun: Route 37, 43, 49. Müssig, Jochen: Route 12, 15, 41, 46, 72, 78, 85. Saße, Dörte: Route 2 bis 5, 8, 17, 19, 22, 23, 32, 42, 45, 47, 50, 52, 66, 69, 80, 82, 88. Winzker, Thomas: Route 18, 28, 74.